Introduction to Social Welfare

사회복지학개론

장미리 김란종 김순옥
김정애 양효석 진 희

박영story

머리말

사회복지는 이제 사회복지 학도들만의 전유물이 아니다. 2급 사회복지사가 130만 명에 달하는 현실에서 이제 사회복지학은 모든 학문과 연관되어 있는 느낌이다. 특히, 학부 교육과정에서 사회복지사 2급 자격취득은 타 학과생들에게도 당연시되고 있다. 이는 사회복지학이 전문분야가 아닌 교양 교과목에 가깝다는 것을 의미한다.

사회복지학의 전개는 사회복지학만의 영역이 아닌 인접 학문과의 소통을 요구하는 시점이라고 할 수 있다. 사회복지학을 공부함에 있어서 다방면의 섭렵이 필요한 시대에 와 있다. 따라서, 사회복지학을 총체적으로 담고 있는 사회복지학개론 역시 흐름에 맞게 저술할 필요가 있으리라.

한국사회는 사회복지에 대한 극심한 혼란을 거듭하고 있다. 정권이 바뀔 때마다 선택제와 보편제를 번갈아 채택하면서 국민여론의 분열상을 보이고 있다. 그러나 미국과 영국을 비롯한 선진 복지국가들은 정권이 바뀌어도 국가예산에 별다른 변동이 없다. 그만큼 고복지국가들은 사회복지정책이 안정화의 길에 있다는 것을 의미한다. 우리나라는 저복지국가로서, 수급자정책에 대한 진통이 불가피한 면이 없지 않다. 여기에서 사회복지 학도들의 올바른 학습태도가 중요할 것이다. 기본적으로 사회복지는 서구 이데올로기의 산물이기 때문이다. 학습자들이 어떤 이데올로기를 주장하든 각자의 몫일 뿐이다. 단지, 사회복지를 실행함에 있어서 클라이언트의 요구에 민감하게 대응하고, 그들을 위해 맡은 바 업무추진에 매진할 것을 당부하는 바이다.

이 책은 사회복지학개론을 공부함에 있어서 진부함보다는 좀 더 새로운 학문을 제시하고자 노력하였음을 밝히고자 한다. 즉, 사회복지학은 살아 있는 학문이며, 끊임없는 자기반성과 혁신이 필요한 분야이기 때문이다.

이 책의 내용구성을 살펴보면,

<개요>

사회복지학 전 분야에 대해 개괄적으로 다루고 있다. 이 책은 사회복지 학습자가 사회복지학을 처음으로 접할 때 학습하는 교과목이므로 비교적 평이하게 다루고 있으나, 내용에 따라서는 난이도가 높은 부분도 있다. 또한 사회복지 필수과목에 대해 중점사항을 선별하여 기술하고 있다.

<특징>

1. 전반적인 사회복지학에 대한 이론을 논리적으로 요약정리하고 있다.
2. 실무적으로 사용할 수 있도록 사례연구에도 충실하였다.
3. 레포트 및 논문 작성에 편리하도록 각주를 상세하게 기술하였다.

<학습목표>

1. 사회복지에 대한 이론 습득
2. 사회복지학의 구성 목차 완성
3. 인접 학문과의 접목
4. 현장실무를 통한 사례연구

책을 펴내고 보니 여러 아쉬움이 남는 것은 어쩔 수 없는 고통이리라 생각한다. 하지만 그래도 좀 더 나은 교재를 저술하고픈 공저자들의 마음은 엄동설한의 추위도 무색하리라 본다. 이제 세상에 책을 내놓아 학습자 여러분의 질책과 충고를 겸허히 받아들이고자 한다. 이 책과 더불어 학습자 여러분의 학문연구에 도움이 될 수 있기를 진심으로 바랄 뿐이다. 이 책이 출판되기까지 박영스토리 대표 및 관계자 여러분들의 수고에 심심한 감사와 위로를 드린다.

2023년 2월

대표저자 **장미리** 박사

차례

PART Ⅰ. 사회복지의 이해 / 13

PART II. 사회복지의 영역 / 93

PART Ⅰ

사회복지의 이해

Chapter 1

사회복지의 이론적 기초

학습목표

1. 사회복지의 이론적 기초 확립
2. 사회복지의 실제 적용 토의
3. 인접 학문과의 접목

학습내용

1. 사회복지의 개념
2. 사회복지의 기능
3. 사회복지의 주체와 객체
4. 사회복지의 연구방법

개요

사회복지학은 인간의 심리나 행동, 환경 등을 연구하는 실천학문으로 현장에는 사회복지사로서 역할을 해낼 수 있도록 하는 것이 중요하다. 사회복지학은 현대 지식·정보화 사회에서 클라이언트가 가진 심리적, 정서적 어려움을 어떻게 극복해야 할 것인가? 서비스 제공자는 어떤 지원책을 마련해야 하는가? 등에 대한 방향과 지침을 제공하는 학문이다. 여기에서는 사회복지의 이론적 기초를 학습하고자 한다.

Chapter 1

사회복지의 이론적 기초

1. 사회복지의 개념

1) 사회복지의 정의

사회복지학은 인간의 심리나 행동, 환경 등을 연구하는 실천학문으로 현장에는 사회복지사로서 역할을 해낼 수 있도록 하는 것이 중요하다. 이를 위해서 대학에서 전문적인 지식과 기술, 태도를 갖춘 사회복지사 인력양성이 필요하다. 사회복지학은 현대 지식·정보화 사회에서 클라이언트가 가진 심리적, 정서적 어려움을 어떻게 극복해야 할 것인가? 서비스 제공자는 어떤 지원책을 마련해야 하는가? 등에 대한 방향과 지침을 제공하는 학문이다(류기덕 외, 2022: 3).

사회복지라는 용어는 현대산업사회의 발전과 더불어 발생한 여러 가지 사회문제와 관련하여 사용하게 되었다. 현대사회가 산업화, 도시화로 발전해 가면 갈수록 사회복지에 대한 관심은 더욱 높아져 가고 있으며, 이에 대한 욕구도 증대되어 가고 있다. 또한 사회복지라는 용어는 시대와 국가에 따라 그 의미가 다르며, 또한 학자들의 견해에 따라 그 의미가 다르기 때문에 반드시 동일한 뜻으로 사용되지 않고 있다(임정문 외, 2021: 41).

'social welfare'의 사전적 의미를 살펴보면, social의 의미는 '지역사회나 집단 속에서 같이 지낸다'는 뜻을 가지고 있다. 즉, 'social'은 사회 안에서 삶의 질과 개인, 집단, 사회 전체 간의 사회 내적인 관계를 뜻하는 것으로, 물질적이거나 영리적인 요소보다는 비영리적이며, 이타적 속성의 공동체적 삶의 요소에 관심을 기울이는 것이라고 할 수 있다. 'welfare'는 사전적 의미로 '만족스러운 상태, 건강, 번영, 안녕' 등이다. 따라서, 'well'과 'fare'가 어우러진 것으로 '만족스럽게 지내는 상태'라는 의미이다. 즉, 사전적 의미로서 '사회복지'는 일단 사회 내의 사람들이 만족스럽고 평안한 상태를 유지할 수 있게 하는 것과 연결되어 있음을 알 수 있다(정무성 외, 2019: 18).

최근 'well-being'이라는 유행어가 사용되고 있다. well-being과 welfare는 용어상 약간의 차이가 있다. well-being은 흔히 복리, 안녕이라고 번역되기도 하는 데, 그 의미는 '복된 상태를 의미한다'고 할 수 있으며, welfare는 '복된 상태로 나아간다'는 역동적인 의미가 있다. 그래서 well-being은 welfare의 결과로서 이루어지는 상태를 말한다(최일섭, 2018: 14).

복지의 개념에 대해 오브라이언과 페나(O'Brien and Penna, 1998: 7-8)는 '안녕(well-being)'을 의미하며, 경제적 번영, 건강, 개인적 안전에 관한 것들과 관련될 수 있다고 하였다. 또한 복지는 협의의 급여제도에서 사회정책의 넓은 의미에 이르기까지 인간의 'well-being'을 뜻한다(김성이, 2006: 14). 이런 관점에서 정원오(2011: 31)는, '사회복지'에서는 복지의 사회적 의미와 공동체적 의미가 더 강조된다고 주장한다.

『복지이론』
(2011년 출판)

피츠패트릭(Tony Fitzpatrick)은 그의 저서 『복지이론: 사회정책의 이론논쟁개론(*Welfare Theory: An Introduction to the Theoretical Debates in Social Policy*, 2011)』에서, 그는 복지 또는 안녕에 관하여 장기적 행복, 안정의 정도, 욕구와 선호가 충족되는지 또는 억제되는지, 보상받을 가치가 있는 것을 획득하는지, 다른 사람들과 비교했을 때는 어떻게 느끼는지 등과 같은 것들에 연관시켰다. 중요한 것은, 객관적인 측정보다 복지의 주관적 특성을 고려하는 일이다(Fitzpatrick, 2011: 5-11). 따라서, 복지는 건강, 교육, 주택, 그리고 현금과 자원 등에 대한 평가도 중요시된다(Taylor, 2007: 24). 이러한 의미를 내포하고 있는 사회복지는 기존의 사회복지제도들이 사회구성원의 기본적인 욕구를 충족시키는 데 실패하고 비공식적 상호부조 기제가 여의하지 않을 때, 공식적인 상호부조 기제를 발전시켜 기능적인 공백을 메우며 성장하였다.

사회복지의 개념은 국가에 따라서, 시대에 따라서 달라질 수밖에 없다. 오늘날 유럽의 복지국가들과는 달리, 전문사회사업(social work)을 중심으로 사회복지를 이해하려는 미국에서는 사회복지를 협의적으로 개념화하는 경향이 있다. 즉, 사회복지가 궁극적으로는 전 국민의 복지를 추구한다고 하지만, 실제로 그 대상범위는 상당히 제한되어 있고, 또 그렇게 될 수밖에 없다는 입장이다.

사회복지와 사회사업이란 용어는 가끔 혼동되고 때로는 동의어로 사용된다. 실제로 사회복지는 폭넓은 의미를 가지며, 사회사업, 공공복지 그리고 기타 관련된 프로그램과 활동을 포함한다(Skidmore et al., 2000). 사회복지와 사회사업은 흔히 혼동을 가져오는 개념으로, 학자들의 견해에 따라 그 의미가 다르기 때문에 이 두 가지 개념을 명확히 규정한다는 것은 쉬운 일이 아니다. 우리나라의 경우, 1950년대부터 1970년대 중반까지 미국 등 서구의 영향을 받아 '사회사업(social work)'이라는 개념이 교육이나 실천현장에서 통용되었다. 그러나 1970년대 후반에 이르면서 '사회사업의 토착화' 과제가 제기되었고, 당시 우리나라의 사회문제를 고려할 때, '사회복지'라는 광의의 제도적 접근이 필요하다고 하여 학계나 실천현장에서 사회사업(social work)의 이념적 접근이 우위를 차지하게 되었다. 그리하여 1980년대에는 사회사업과 사회복지라는 용어가 혼용되어 오다가, 1990년대에 이르러 '사회복지'로 통일되는 경향을 나타나게 되었다(권승, 2021: 64-66). 사회복지와 사회사업의 개념 비교는 <표 1-1>과 같다.

〈표 1-1〉 사회복지와 사회사업의 개념 비교

구분	사회복지	사회사업
어의적	이상적 측면을 강조	실천면을 강조
목적적	환경지향적	인간지향적
대상적	전체적, 불특정적	부분적, 특정적
방법적	제도, 정책, 고정적	지식, 기술, 역동적
기능적	사전적, 예방적, 적극적	사후적, 치료적, 소극적

자료: 이정자 외(2022: 12).

2) 사회복지학의 특성

사회복지학의 특성은 다음과 같다(류기덕 외, 2022: 16-17).

(1) 다학문적 성격

사회복지학의 학문적 주제가 남을 돕는 원조행위라고 하지만, 그 행위는 국가, 기업, 또는 자원단체 등에 의해 시행되는 집합적 행위이기 때문이다. 그것에 대한 이해를 위해서는 사회과학의 여러 분야가 제공되는 지식들의 활용이 요구된다. 이와 같은 다학문적 성격은 사회복지사들로 하여금 사회과학도로서의 긍지를 높여주고 있지만, 그에 못지않게 어려움을 제공해 주고 있다. 왜냐하면 다양한 지식의 습득과 함께 비판 능력을 겸비할 수 있을 정도의 깊이 있는 지식을 습득한다는 것이 쉽지 않기 때문이다. 그뿐만 아니라, 상이한 학문분야가 제시하는 이론들 간의 상호연계성을 파악하는 것이 어렵기 때문이다.

(2) 사회과학의 가치성 관련

사회복지의 기본 개념은 개인주의적 전통과 집합주의적 전통으로 대별될 수 있는데, 사회복지학의 주류는 집합주의에 가깝다고 말할 수 있을 정도로 가치지향적인 것이 특징이다. 여기서 사회복지학은 인간의 모든 원조행위를 무차별적으로 취급하는 것이 아니라, 영리 목적의 상업적 행위와는 구별될 수 있는 탈상품화를 연구주제로 하는 것이다. 그뿐만 아니라, 클라이언트의 존엄성, 자율성, 그리고 발전가능의 잠재력에 대한 강조에서 볼 수 있듯이 타 학문분야에 비해 특정 가치의 중요성을 인정하고, 수용하는 강도가 높다.

(3) 절충주의적 태도

사회복지가 상호 협동적 사회의 구현을 지향하기 위해 평등의 가치에 대해 핵심적 중요성을 부여하며, 동시에 개개인에게 주어진 과제를 과학적인 방법에 의하여 그 법칙을 규명하는 학문이다. 따라서, 사회복지사들은 상대적으로 더 높은 수준의 평형감각을 요구받게 된다. 즉, 이상과 현실 정신과 물질, 이기심과 이타심, 권리와 의무, 자유와 평등 등과 같은 상호충돌 가능성이 있는 양극단의 어느 하나를 선택하기보다 양자의 장점을 함께 극대화하려는 것이다.

3) 사회복지의 구성요소

사회복지는 클라이언트의 욕구와 그 욕구를 해결할 수 있는 자원, 자원을 전달할 수 있는 전달체계를 기반으로 한다. 즉, 사회복지의 궁극적 목표의 하나는 대상자들(개인, 가족, 집단, 공동체 구성원 등)에게 그들이 필요로 하는 서비스를 제공하여 문제를 해결하는 것이다. 이러한 목표를 달성하기 위해 사회복지서비스를 제공하는 정부나 민간기관의 사회복지사는 해결해야 하는 사회문제가 무엇인지, 클라이언트가 가지고 있는 욕구가 어떤 것인지를 파악해야 한다. 그리고 해당하는 문제와 욕구를 해결할 수 있는 적절한 자원을 찾아낼 수 있어야 하며, 그러한 자원이 클라이언트에게 가장 효과적이고 효율적으로 전달될 수 있는 체계를 가지고 있어야 한다. 이처럼 사회복지는 욕구와 자원, 전달체계를 필수 요소로 가진다. 그 내용은 다음과 같다(류기형 외, 2018: 48-51).

(1) 욕구

바커(Robert L. Barker)의 저서 『사회복지사전(*The social work dictionary*, 2013)』에 따르면, 욕구는 생존이나 안녕의 충족을 위한 물리적·심리적·경제적·사회적 필요라고 정의된다. 즉, 욕구는 무엇이 부족하여 충족되어야 하거나, 또는 해결되어야 할 문제로 볼 수도 있다. 따라서, 누군가 스스로 자신의 욕구를 충족시킬 수 없을 때, 외부로부터 도움을 받지 않을 수 없는데, 이때 외부의 도움을 사회적으로 체계화, 제도화한 것이 사회복지이다. 따라서, 사회복지를 이해하기 위해서는 욕구에 대한 이해가 필수적이며, 사회복지학에서는 인간의 기본적 욕구 및 사회적 욕구, 사회문제, 욕구를 사정하는 방법 등에 대해 공부하게 된다.

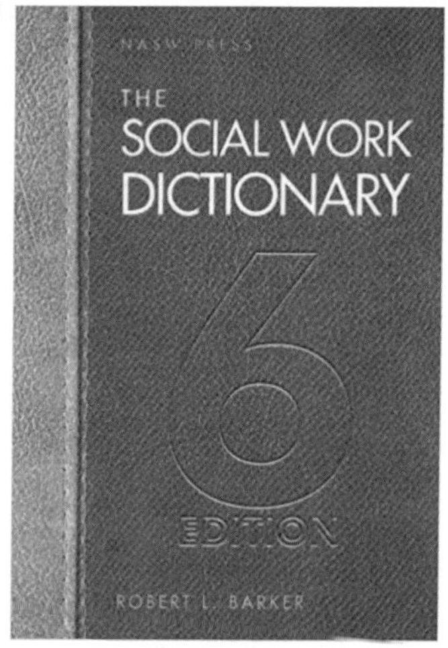

『사회복지사전』
(2013년 출판)

욕구는 범위, 강도, 지속 정도 등에서 다양성을 띠고 있기 때문에 여러 유형으로 분류된다. 사회복지활동이 욕구를 해결하기 위해 존재한다 하더라도, 모든 종류의 욕구가 하나같이 사회복지의 대상이 되는 것은 아니다. 사회복지는 사회적 욕구라고 정의되는 욕구만 다루게 된다.

(2) 자원

자원은 개인, 가족, 지역사회 구성원 및 국민 전체의 사회적인 욕구나 문제를 해결하기 위하여 필요한 수단을 의미한다. 사회복지자원은 자원을 부담하는 주체가 누구인가에 따라 공공자원과 민간자원으로 구분할 수 있으며, 자원의 형태에 따라 인적자원과 물적자원 등으로 구분할 수도 있다.

클라이언트의 욕구충족과 문제해결을 위해서는 충분한 양의 자원확보가 필수적이며, 사회복지사는 클라이언트의 욕구와 문제해결에 적합한 수준의 자원을 확보하기 위해 노력하게 된다. 즉, 자원과 욕구의 중개자로서 사회복지사는 서비스를 필요로 하는 대상자를 찾아내고, 그들에게 서비스에 대한 정보를 제공해 주며, 서비스가 제대로 전달되는가를 확인해야 한다. 한편, 사회적 약자인 클라이언트가 자신의 권리를 침해받고 적절한 자원을 확보하지 못하는 경우, 사회복지사는 합법적 수단을 활용하여 클라이언트의 권리를 옹호하고 방어하는 옹호자의 역할을 하기도 한다. 또한 지역사회 내에서 문제해결을 위해 필요한 적절한 자원이 확보되어 있지 않다면, 공동체의 문제를 해결하고 구성원의 욕구에 부합한 새로운 자원을 창출해 내는 자원동원의 역할을 수행하기도 한다.

(3) 전달체계

클라이언트에 대한 서비스가 효과적이고 효율적으로 제공되기 위해서는 서비스를 전달하는 체계 또한 제대로 작동해야 한다. 사회복지 전달체계는 사회복지의 주체로부터 사회복지의 대상에 이르기까지 연결되는 사회복지급여 및 서비스 전달망을 의미한다. 즉, 사회복지를 공급하는 자와 수요자를 연결시켜 주는 체계를 의미하며, 이러한 체계가 잘 갖추어져 있으면 사회복지 급여 및 서비스가 효과적으로 수요자에게 전달된다.

사회복지 전달체계는 크게 국가 및 지방자치단체가 주체가 되는 공공전달체계, 민간사회복지 기관 및 조직이 주체가 되는 민간전달체계, 국가와 민간이 함께 전달체계의 과정에 포함되는 민·관혼합전달체계 등으로 구분된다(한신애 외, 2018: 129). 클라이언트에 대한 서비스가 효과적이고 효율적으로 제공되기 위해서는 서비스를 전달하는 체계 또한 제대로 작동해야 한다. 사회복지 전달체계는 사회복지의 주체로부터 사회복지의 대상에 이르기까지 연결되는 사회복지급여 및 서비스 전달망을 의미한다. 즉, 사회복지를 공급하는 자와 수요자를 연결시켜 주는 체계를 의미하며, 이러한 체계가 잘 갖추어져 있으면, 사회복지 급여 및 서비스가 효과적으로 수요자에게 전달된다.

사회복지서비스 전달체계의 주요 원칙은 다음과 같다(한신애 외, 2018: 136－142).

첫째, 책임성의 원칙이다. 사회복지서비스의 책임자는 사회에 대한 책임, 클라이언트에 대한 책임, 전문가로서의 책임 등을 가진다. 사회로부터 위임받은 소정의 기능을 적절히 수행했는가, 클라이언트의 욕구를 최대한으로 해결해야 할 책임을 다하였는가, 전문가로서의 윤리강령을 준수하고 전문가로서의 지식과 기술을 지속적으로 연마하고 발전시켰는가와 관련한다.

둘째, 접근용이성의 원칙이다. 사회복지서비스를 필요로 하는 사람이 필요할 때 편리한 곳에서 해당 서비스를 받을 수 있는가 하는 문제는 매우 중요하다. 서비스 공급의 시기가 늦어진다면, 클라이언트의 문제가 그만큼 더 악화되어 서비스의 효과가 떨어지고 문제의 악영향이 크게 파급될 가능성도 높아지기 때문이다. 서비스가 제공되는 위치와 장소도 마찬가지이다.

셋째, 포괄성의 원칙이다. 클라이언트는 복합적 욕구를 가지고 다양한 서비스를 필요로 한다. 따라서, 이상적 전달체계는 클라이언트의 다양한 욕구를 처리할 수 있게 구성되어야 한다. 이를 위해 서비스는 통합·조정되어야 한다.

넷째, 적절성의 원칙이다. 클리이언트는 서비스의 궁극적 목표인 자활 및 재활을 성취하는 과정에서 필요로 하는 충분한 서비스의 양과 질을 공급받을 수 있어야 한다.

다섯째, 지역사회 참여의 원칙이다. 현대사회의 사회복지문제는 공식적 사회복지체계만으로 해결하기에는 서비스와 양과 질이 부족하다. 이상적 관점에서 보면, 공식적 체계가 비공식적 체계를 최대한 수용, 활용해야 한다.

2. 사회복지의 기능

국가와 사회의 존립요건으로는 국가와 사회의 구성원들이 근심 없이 살아갈 수 있도록 수많은 기능이 사회로부터 제공되어야 하며, 그러한 기능을 수행하기 위한 사회제도가 함께 마련되어야 한다. 국가와 사회가 그 구성원들에게 제공해야 할 기능 속에는 자녀양육, 생산과 분배, 교육, 여가 등 인간다운 삶을 살기 위한 인간활동의 대부분이 포함되어 있다(오봉욱 외, 2022: 33).

사회복지의 기능은 사회적의 복지적 기능과 사회제도로 파악한 사회복지의 기능으로 분류한다(임정문 외, 2021: 44－47).

1) 사회제도의 복지적 기능

사회복지는 기존의 사회복지제도들이 사회구성원의 기본적인 욕구를 충족시키는 데 실패하고 비공식적 상호부조 기제도 여의치 않을 때, 공식적인 상호부조 기제를 발전시켜 기능적인 공백을 메우며 성장하였다.

국가와 사회의 존립요건으로는 국가와 사회의 구성원들이 근심 없이 살아갈 수 있도록 수많은 기능이 사회로부터 제공되어야 하며, 그러한 기능을 수행하기 위한 사회제도가 함께 마련되어야 한다. 국가와 사회가 그 구성원들에게 제공해야 할 기능 속에는 생산과 분배, 교육, 여가 등 인간다운 삶을 살기 위한 인간활동의 대부분이 포함되어 있다. 즉, 전통사회에서 인간의 기본적 욕구를 충족시키는 일차적인 자원은 가족과 시장(경제)이었는데, 가족의 보호기능이 약화되고 시장의 생산과 분배기능이 균형을 이루지 못하여, 이에 국가의 개입이 늘어나면서 사회복지가 점차 발달하게 된 것이다. 주요한 사회제도는 다음과 같은 핵심기능을 수행하면서 나름대로 복지적 기능을 병행하고 있다.

2) 사회제도로 파악한 사회복지의 기능

(1) 생산·분배·소비의 기능(경제제도)

생활에 필요한 재화나 서비스를 생산하고 분배하며, 소비하는 과정과 관련된 기능을 의미한다. 이러한 기능은 교통과 통신이 발달하지 않아 인구의 이동과 교역이 제한되었던 전통사회에서는 가족, 이웃, 마을 등의 지역공동체를 중심으로 수행되었으나, 현대사회에서는 국내외의 기업들, 정부를 위시한 각종 전문기관, 종교단체, 교육기관 등에 의해서 수행된다. 이러한 기능을 주로 수행하는 제도는 경제제도이다.

(2) 사회화의 기능(가족제도)

사회화(socialization)는 사회존속에 필요한 가치관·관습 및 규범 등을 그 구성원에게 전수하는 기능을 의미한다. 이러한 과정을 통해서 사회성원들은 다른 사회의 구성원들과 구별되는 생활양식을 터득하게 된다. 사회화 과정은 개인의 어린 시절에 특히 중요하나 일생을 통해서 계속되는 것이 보통이다. 한 개인은 세상에 태어나면, 부모로부터 세상을 살아가는 데 필요한 가장 필요한 지식, 가치, 행동방식을 배우게 되며, 성장하면서 학교, 종교기관, 직장에서 또 인간관계를 통해서 보다 복잡하고 다양한 사회화를 경험하게 된다. 사회화의 기능을 수행하는 가장 일차적인 제도는 가족제도이다.

(3) 사회적 통제의 기능(정치제도)

사회통제(social control)는 사회구성원들에게 일정한 법과 규범을 지키도록 함으로써 사회의 존속을 유지하는 기능을 의미한다. 모든 사회는 그 구성원들이 지켜야 할 법, 도덕, 규칙 등의 규범을 갖게 된다. 이러한 사회통제의 일차적 집단은 정부로서, 정부는 경찰력(공권력)과 사법권을 통해서 보다 보편적으로 적용될 수 있는 법을 집행하는 강제력을 발휘한다. 한편, 다른 조직인 가정, 학교, 종교기관과 사회복지기관들도 이러한 기능을 부분적으로 수행한다. 그러나 사회구성원들에게 가장 광범위하고 강력하게 규범의 준수를 요구하는 곳은 정부이기 때문에 사회통제를 담당하는 일차적인 제도를 정치제도라고 부른다.

(4) 사회통합의 기능(종교제도)

사회통합(social integration)이란 사회체계를 구성하는 여러 집단·단체, 기관들 간의 결속력을 갖도록 하여 사회의 존속을 유지하는 기능을 의미한다. 사회통합이라는 용어 대신에 사회참여(social participation)란 용어를 사용하기도 한다. 이는 지역사회가 제공하는 제반활동에 그 구성원들이 자발적으로 참여하게 하는 것으로 이러한 기능을 수행하는 가장 대표적인 기관은 종교기관이다. 그러나 다른 사회적 기능에서와 마찬가지로 사회적 통합에 필요한 사회적 가치와 규범을 만들어 내는 사회조직으로서는 가정, 학교, 사회단체 등을 들 수 있다.

(5) 상부상조의 기능(사회복지제도)

상부상조(mutual support, aid, assistance)는 개인 스스로 문제를 해결할 수 없을 때, 사회구성원들 간에 서로 도와주는 기능을 의미한다. 과거의 전통적 사회나 오늘날의 후진사회에서 상부상조의 기능은 가족과 친척, 이웃사람들, 친목단체나 자선단체와 같은 일차적 집단에 의해 수행되었으나, 현대사회에서는 이러한 기능이 정부, 민간사회복지단체, 종교단체, 경제단체, 자조집단 등으로 옮겨지게 되었다.

3. 사회복지의 주체와 객체

1) 주체

사회복지의 주체란 사회복지를 실천하는 주된 체계를 의미한다. 즉, 공여자이다. 역사적으로 보면, 사회복지의 주체는 사회복지가 하나의 제도로서 분화되지 않았던 시기에는 가족이나 시장기구에 통합된 상태로 존재해 왔다. 그러나 시대의 변화와 함께 다른 제도들이 각기 기능적 전문화가 일어나면서 사회복지도 세분화의 길에 접어들어 지금까지 활동하고 있다.

일반적으로 사회복지의 주체는 '공공부문'과 '민간부문'으로 구분할 수 있다. 즉, 공공부문은 중앙정부 및 지방자치단체 등이고, 민간부문은 법인의 형태로 운영되는 것과 종교단체, 기업체, 자원봉사단체, 개인 등이다. 이러한 주체별 구분은 현실적으로 의미를 상실하고 있는데, 그것은 각국에서 대부분 사회복지가 공공부문과 민간부문이 함께 혼합된 형태로 이루어지고 있기 때문이다. 그럼에도 불구하고, 사회복지의 주체에 관한 분석적이고 구체적인 구분이 필요하다. 사회복지를 합리적이고 효율적으로 운영하며, 사회복지서비스의 효과성을 높이기 위해서는 분석적인 검토가 요구되기 때문이다. 공공부문은 사회복지를 제공하는 사회복지기관이나 시설의 소유자가 중앙정부이다. 그리고 사회복지의 재원은 대부분 정부예산에서 확보되고 있으며, 그 운영은 공무원들이 담당하고 있다. 반면에, 민간부문은 사회복지를 제공하는 기관의 소유자가 민간이며, 재원은 민간차원에서 이루어지고 있다.

사회복지의 주체별 구분을 파악하기 위해서 사회복지재원의 출처와 사회복지 급여를 상호 연관시킬 필요가 있다. 즉, 동일한 공적부문이라고 하더라도, 사회복지재원의 출처에 따라 완전 또는 부분으로 세분화할 수 있다. '공적부문'과 '사적부문'을 재원과 생산이라는 두 가지 차원에서 주체별 형태로 세분화하고 있다. 사회복지의 주체는 순수하게 공공부문과 민간부문으로 명확하게 구분하기보다는 매우 복잡하게 혼합되어 실시되고 있음을 알 수 있다. 오늘날 사회복지의 주체는 혼합된 형태로 이루어지고 있지만, 일단 공적인 사회복지 주체와 사적인 사회복지 주체가 지니고 있는 특성을 이해함으로써 양자를 적절하게 원용할 수 있을 것으로 본다. 즉, 기존의 연구문헌에서 도출된 공공주체와 민간주체 양자의 장단점을 상호 보완하면서 우리의 실정에 맞는 사회복지의 주체별 형태로 운용할 필요가 있다.

사회복지의 주체별 프로그램은 <표 1-2>와 같다.

〈표 1-2〉 사회복지의 주체별 프로그램

주체	프로그램
개인	개별적 원조, 상호부조
가족	가족복리, 가정복지
친척	친족 부양, 가족 간 경제적 지원
마을	계, 두레, 품앗이, 부역, 인보사업
직장	공공복지, 기업복지, 근로자복지, 직업복지
종교단체	자선사업, 박애사업
시장	상업적 사회복지 상품과 서비스
지역사회	공동모금, 지역복지
상호부조조직	자조, 자원봉사, 비영리 사회복지서비스
정부	빈곤정책, 경제적 보장, 보건의료, 교육, 사회복지서비스
국가	사회사업, 사회정책, 사회복지

자료: 원석조(2018: 20) 재구성.

2) 객체(대상)

사회복지의 객체(대상)란 사회복지가 일차적으로 관심을 가지고 있는 것, 즉 이미 문제에 봉착한 사람들, 문제를 지닐 가능성이 있는 사람들, 문제를 야기시키는 조건 등을 의미한다. 사회복지의 대상은 단순히 빈곤이나 질병 등에 국한된 사회문제가 아니라, 복합체로서 보다 현실적이고 구체적인 반사회복지적 상황을 말한다. 이러한 대상은 사회복지가 역사적이고 사회적인 형성체이므로, 사회복지의 변화와 함께 다양하게 변천되어 왔다. 이런 맥락에서 사회복지의 대상을 일관성 있고 전체적인 특성을 조망하여 제시하는 것은 사실상 어렵다. 사회복지의 대상을 포착하는 것은 사회복지를 보는 관점과 밀접하게 연관되어 있으므로, 학자들에 따라 다양한 접근방법으로 논의되고 있는 실정이다.

사회복지 대상자 중심은 사회복지를 필요로 하는 사람들이 누구인가 하는 것인데, 이는 역사적으로 많은 변화를 거쳐 선정되어 왔다. 사회복지 초기단계에 있어서는 소수의 사회적 약자에 국한하여 사회복지서비스가 제공되어 왔으나, 현대사회로 접어들면서 모든 국민을 대상으로 사회복지가 확대되는 현상을 볼 수 있다.

『사회복지』
(1971년 출판)

로마니쉰(John M Romanyshyn)의 저서 『사회복지: 자선에서 정의로(*Social Welfare: Charity to Justice*, 1971)』에 따르면, 산업화 이전 사회에서 산업화 이후 사회로 변화됨에 따라 사회복지도 개인의 방향과 인식이 점차 확대되어 가는 경향을 보인다. 사회복지의 변화 내용은 다음과 같다(Romanyshyn, 1971).

① '보충적 서비스'에서 '제도적 서비스'로 변화되고 있다.

② '자선적 도움'에서 '시민의 권리'로 변화되고 있다.

③ '특수적 원리'에서 '보편적 원리'로 변화되고 있다.

④ '최저조건의 급부'에서 '최적조건의 급부'로 변화되고 있다.

⑤ '개인적 변화'에서 '사회적 개혁'으로 변화되고 있다.

⑥ '민간차원의 지원'에서 '공공차원의 지원'으로 변화되고 있다.

⑦ '빈민복지'에서 '복지사회'로 변화되고 있다.

사회복지 대상자 중심은 사회복지를 필요로 하는 사람들이 어떤 욕구의 변화를 갖게 되었는가 하는 것인데, 이것은 역사적으로 변화의 과정을 거치면서 발전되어 왔다. 사회복지 초기단계에서는 소수의 사회적 약자들을 대상으로 서비스가 제공되어 왔으나, 현대사회로 가면서 사회복지가 확대되는 현상을 볼 수 있다.

4. 사회복지의 연구방법

사회복지는 사회문제를 해결하는 응용과학으로써 사회정책과 사회사업을 포괄하는 실천학문이라 할 수 있다. 특히, 사회복지의 방법으로써 사회문제에 대한 개입은 정책론적, 병리론적, 기술론적 접근방법으로 구분하는 데, 그 구체적인 내용은 다음과 같다(이정자 외, 2022: 31－33).

1) 정책론적 접근방법

사회제도의 결함으로 생긴 사회문제를 해결하는 사회정책으로 보는 견해이다. 이것은 사회문제가 개인의 책임에 있다기보다는 국가나 사회의 책임으로써 국가정책에 의해 사회복지가 전개되어야 한다. 따라서, 사회정책의 연구대상은 빈곤문제, 노동문제, 계층문제, 사회구조문제 등에 관심을 두고 거시적인 맥락에서 접근하고 있다.

2) 기술론적 접근방법

개인의 성격결함에 대한 인간관계의 조정기술로 보는 견해이다. 이 관점은 인간의 욕구를 위기나 문제적 상황으로 규정하고, 문제의 소재가 부적응이나 욕구불만에서 일어난다고 본다. 이 접근방법은 주로 개인의 탈선행위, 심리적 부적응, 정신질환의 문제에 관심을 두고, 심리요법이나 환경조정 등을 통해서 해결하고 있다.

3) 병리론적 접근방법

사회병리현상의 원인을 발견하고 과학적 분석과 사회적 진단을 통해서 접근하는 견해다. 이 관점은 개인이나 집단의 병리적 근본문제를 해결하는 데 관심을 두고, 궁극적으로는 사회의 부분적 개량을 가능하게 하는 데 그 목적이 있다. 이 접근방법은 생물학적, 심리학적 입장에서 신체장애인, 정신질병자, 자살자 등과 같은 '개인적 병리', 매춘, 이혼 등과 같은 '혈연적 병리', 빈민가, 홍등가 등의 '지연적 병리', 부랑인, 직장부적응 등의 '직업적 병리' 등으로 구분하여 접근하고 있다.

이러한 접근방법은 나름대로 특정 상황에 따라 문제해결을 위해 접근하지만, 현실적인 사회문제의 상황으로 볼 때, 한 가지 방법에 의해 해결하는 것은 한계 사회복지가 있다. 따라서, 개인, 가족, 직장, 지역사회 등의 특정문제에 대해 두 가지 방법이 동시에 적용되거나, 세 가지 방법이 절충되어 통합적으로 접근해야 하는 경우도 있다.

연습문제
EXERCISE

01 사회복지 개념의 속성이 아닌 것은?

① 사회복지는 다른 사회제도와 구별될 수 있는 특유의 사회적 기능을 갖는다.
② 사회복지는 특수대상층뿐만 아니라, 사회전체 성원의 안녕(well－being)을 추구한다.
③ 사회성원의 안녕은 그들의 사회적 욕구를 충족시킴으로써 증진된다.
④ 사회복지는 인간생활을 향상시키려는 제반시책과 노력을 포함한다.
⑤ 사회복지는 국가재정의 지출을 의미하므로 이 제도를 실시할 필요가 없다.

02 사회복지의 목적이 아닌 것은?

① 인간의 존엄성 확보
② 개인의 자립과 성장·발달 촉진
③ 사회의 통합과 안정
④ 최저생활보장
⑤ 통치수단

03 사회복지의 핵심가치가 아닌 것은?

① 인간의 존엄성
② 인간의 자기결정권
③ 인간의 기회균등
④ 인간다운 생활보장
⑤ 정치적 자유

04 사회복지정책 관련 원칙과 가치를 연결한 것으로 옳지 않은 것은?

① 보충성 원칙－자력구제 우선
② 열등처우 원칙－비례적 평등
③ 보험수리 원칙－개인적 형평성
④ 소득재분배 원칙－능력에 따른 부담
⑤ 최소극대화(maximin) 원칙－개인적 자유

정답 1. ⑤ 2. ⑤ 3. ⑤ 4. ⑤

Chapter 2

사회복지의 발전과정

학습목표

1. 역사관 인식
2. 각국 사회복지 역사
3. 각국 사회복지의 장단점 토의

학습내용

1. 영국 사회복지의 발전과정
2. 미국 사회복지의 발전과정
3. 한국 사회복지의 발전과정

개요

사회복지의 발전과정을 이해하려는 시도는 해당 사회의 시대별 사회문제와 그 대응 노력의 성패에 관한 고찰을 통해 현재 우리 사회에 적용할 수 있는 적합한 사회복지제도를 수립하는 데 유용한 지침을 얻기 위함이다. 따라서, 현재의 사회복지를 제대로 이해하기 위해서는, 사회복지가 역사적으로 어떻게 등장하였고, 또한 그 후에 어떻게 발전되어 오늘에 이르렀는지를 논의할 필요가 있다. 여기에서는 사회복지의 발전과정을 학습하고자 한다.

Chapter 2

사회복지의 발전과정

1. 영국 사회복지의 발전과정

1) 중세의 사회복지

중세 초기는 로마제국의 붕괴(476년)로 시작된 대략 6세기에서 10세기에 걸치는 기간으로 볼 수 있다. 영국의 각 지방은 장원제도에 따라 영주와 기사·평민·농노 등의 신분을 가지고 있었으며, 가장 하층계급인 농노들의 생활은 극도로 열악하였다. 농노들은 영주의 토지에 귀속되어 토지와 함께 매매되어 그들의 생활은 영주의 관리하에 놓여 있었다. 따라서, 농노들의 삶의 환경은 전적으로 자신이 소속된 영주의 지배형태에 따라 좌우되었다.

중세 영국의 공식적인 사회서비스 활동은 대부분 교구를 중심으로 주로 이루어졌다. 각 교구마다 지역 내 가난한 사람들에게 구제활동을 실시하였다. 또한 중세 상인들의 길드(Guild)제도는 상호부조의 기능을 수행하였고, 민간자선단체에 의하여 구빈원 등 임시보호시설들이 설치되어 가난한 이주자들에게 무료숙식을 제공하거나 응급구호 서비스 등을 실시하였다.

15세기 노동자들의 실제 임금은 영국 역사에 있어 가장 높은 수준이었으며,

14세기부터 15세기에 걸친 백년전쟁(Hundred Years' War, 1337－1453)과 장미전쟁(Wars of the Roses, 1455－1485)에 참전했던 많은 군인들에게 적절한 지원이 이루어지지 않아 이들은 부랑인과 빈민으로 전락할 수밖에 없었다.

이러한 현실로 인하여 국민들의 자유와 노동력을 통제하기 위하여 관련 제도들이 출현하게 되었는데, 노동능력이 있는 사람들에게 노동을 강요하는 내용들로 이루어졌다. 노동능력이 없는 노인이나 빈민의 구호신청을 조사하고 걸인을 등록하도록 하여 구걸허가증을 발급하기에 이르렀다. 이와 같이 구걸과 자선은 노동능력이 없는 사람들에게만 허용되었다(최원규 외, 2021: 80－84).

중세 영국의 복지역사는 교회를 중심으로 자선과 구호로 시작하였으나, 흑사병 등과 같은 일련의 현상으로 인해 점차 국가가 개입하여야 하는 대상으로 바뀌는 전환점에 이르게 된다. 물론 당시 국가개입 또는 책임의 의미는 오늘날 국민의 권리와 국가 의무라는 측면에서 해석될 수 있는 특징과는 거리가 멀다. 그럼에도 불구하고, 빈민에 대한 접근이 국가를 통해 이루어져야 할 필요성이 등장했다는 점은 후일 등장하게 되는 본격적인 구빈제도의 견인차가 되었다는 점에서 중요한 의미가 있다(박태정, 2020: 51).

2) 엘리자베스 구빈법

엘리자베스 I

영국에서는 일찍이 「엘리자베스 구빈법」 이전에 구빈법이라는 일련의 제도들이 만들어졌다. 엘리자베스(Elizabeth I, 1553－1603) 여왕은 그동안 제정되고 실시되어 온 구빈 관련법들을 집대성한 「엘리자베스 구빈법(The Elizabeth Act for Relief of the Poor)」(1601, 빈민법)을 제정하게 되었다. 이 법에서는 구빈사업을 교구 단위의 자선행위로부터 국가가 구빈세에 의한 재정과 행정지원으로 시행하게 되는 계기를 만들었다. 당시 부랑자 수가 꾸준히 늘어났기 때문에 국가가 이에 대한 가시적인 조치를 취할 수밖에 없었다. 「구빈법」은 문자 그대로 빈곤한 사람의 구제를 목적으로 만들어졌다. 이 법은 정치적·경제적·종교적인 변화의 시기에서 빈곤에 대한 정부의 조치에 일반 국민의 여론을 수렴한 법이라고 할 수 있다. 이 법은 주로 농촌사회에 초점을 맞춘 것으로, 가족이나 친족으로부터 부양받지 못하는 빈곤한 사람들의 생활유지는 그 지방의 공동체인 교구가 책임진다는 것을 확인하였다(장갑수 외, 2019: 101).

이 법은 모든 교구에 무급의 구빈감독관을 임명·배치하여 치안판사의 동의를 얻어 교구 내의 부자에게 적당한 금액의 구빈세를 부과하여 징수할 수 있도록 하였다. 또한 교구 내에 있는 빈민들을 위해 구제를 제공할 만한 재정이 부족한 경우, 다른 교구에 지원을 요청할 수 있도록 제도화하였다(박태정, 2020: 53).

이 법의 가장 중요한 원칙은 무능력자에 관한 사항이다. 무능력자들은 최저임금노동자 이하의 능력이라는 조건하에서만 도움을 받을 수 있다. 이 원칙은, 구빈원(workhouse)에 들어오기 어렵게 만들어져 있다. 구빈원에서는 공통의 기준을 두도록 시도하고 있지만, 매우 가혹한 곳도 있다.

「엘리자베스 구빈법」은 시행과정에서 여러 가지 부작용을 낳았다. 교구들은 교구 내 결혼을 가능한 한 억제했다. 새로 결혼한 부부 사이에 태어난 아이의 경우, 교구가 보살펴야만 하는 부랑자가 될 가능성이 컸기 때문이다. 이에 따라, 다수의 사생아가 출생했다. 또한 빈곤아동들은 토지노동, 가사노동 및 숙련노동의 고역을 도맡아야만 했고, 거의 노예에 가까운 비참한 대우를 받았다. 모든 형태의 빈민을 구제할 능력을 가진 교구는 극소수였다. 무보수 구빈감독관은 자신의 일에 성실하지 않았고 부패하기까지 하였다(원석조, 2019: 49).

「구빈법」은 20세기 초 사회적 서비스망의 설립을 통하여 허물어지기 시작하였다. 이러한 발전을 위한 많은 공적은 웹 부처(Webbs)와 같은 사회개혁가의 힘에 기인한다. 이들은 영국법률위원회(Royal Commission on the Poor Laws, 1905–1909)에 의해 취해진 「구빈법」 운영의 재검토를 위해 중요한 역할을 하였다. 「구빈법」은 1949년에야 폐지되었다.

본래 이 법은 빈민통제에 목적을 두었기 때문에 대상자 선정의 엄격성을 견지하였고, 원외구호를 일정 수준 인정하면서도 본연의 방식은 원내구호를 기본 원칙으로 유지해 강제노동과 처벌 등 빈민억압정책을 주로 적용하였다. 특히, 빈민에 대한 가족 및 친족의 우선 책임을 명시하고, 대상자 선정에서도 엄격한 자산조사를 하였다는 점에서 공공부조제도의 시초라 할 수 있다. 그럼에도 불구하고, 빈민구제에 대한 국가(지방정부)의 책임을 최초로 규정하고 행정체계를 마련한 것은, 빈민에 대한 공적 개입과 지방정부 중심의 행정체계 구축의 시도라고 할 수 있는데, 이는 향후 근대적인 사회복지제도를 도입할 때 행정적 기반이 되었다고 평가되기도 한다(심상용 외, 2021: 59).

3) 정주법

「구빈법」에 따른 빈민구제의 책임은 전적으로 교구 중심의 지방정부에 있었다. 따라서, 만일 구제해야 할 빈민이 많을 경우에는 그만큼 교구민으로부터 더 많은 구빈세를 거둬야 하였다. 1660년대부터 농촌인구, 특히 빈민들이 대규모로 도시로 유입되면서 빈민을 구제해야 할 책임이 있던 교구 입장에서는 자신의 교구에 빈민들이 유입되어 구빈세가 증가하는 것을 달갑지 않게 여겼다. 그중에서도 재정형편이 어려운 교구에서는 가능하다면 빈민의 수를 줄이거나 구빈의 수준을 낮추려고 하였고, 그 결과 빈민에 대한 처우는 매우 열악해질 수밖에 없었다. 이 같은 열악한 처우는 빈민이 보다 나은 생활환경 또는 일자리 형편과 재정 형편이 좋은 교구를 찾아다니게 만드는 문제를 불러왔다. 반면, 귀족계급은 자신의 농지에 유입해 온 농촌 빈민에게 더는 관대하지 않았다. 이에 「엘리자베스 구민법」이 제정된 지 약 60년의 시간이 흘러 구빈세를 부담하는 귀족과 교구에서는 빈민들의 거주이전을 보다 엄격히 제한하는 법률의 필요성을 제기하기 시작하였다(심상용 외, 2021: 64).

1662년 찰스 2세(Charles II, 1630–1685) 제위 시 제정된 「정주법(Settlement Act)」은 영국에서 성립된 부랑자 금지법을 말한다. 「정주법」은 빈번한 인구이동을 금지시키고, 빈민들을 농촌에 정착시키며, 구빈세(poor rate) 증가를 억제시킬 목적으로 제정하였다. 「정주법」은 「엘리자베스 구빈법」의 거주에 관한 규정을 독립법으로 분리·강화한 것으로, 교구로 하여금 구빈의 관할지역에 새로운 빈민들이 들어올 경우, 특별한 사유가 없는 한 이전의 거주지로 송환할 수 있도록 한 법이었다.

그러나 「정주법」은 빈민에게는 거주이전의 자유를 통제하는 것이 되었고, 임금노동자를 필요로 하는 상공업 신흥자본가들에게 노동력의 확보를 어렵게 하였으며, 일할 수 있는 노동자들에게는 실업의 원인이 되는 결과를 낳았다. 이 법령은 빈민의 자유로운 이동을 금지하여 선의의 빈민의 거주선택의 자유와 정의에 대한 뚜렷한 침해라는 비판을 받았다.

하지만 「정주법」도 산업화의 불가피한 현상인 대도시로의 노동력 유입을 막을 수는 없었다. 경제가 확대되는 사회에서 많은 노동력이 필요했기 때문에 「정주법」이 실제에서는 엄격하게 적용되지는 않았지만, 지방정부의 책임을 강조하고 복지혜택을 받기 위해서는 거주조건을 충족해야 한다는 원칙은 오늘날에도 지속되고 있다. 지방주의의 극단을 보인 「정주법」은 1795년 폐지되었다(원석조, 2019: 51).

4) 신구빈법

1832년에 「구빈법」의 조사를 위한 왕실위원회(royal commission)가 발족하게 되었다. 왕실위원회의 보고에 따라 1834년 「구빈법」이 전면적으로 수정됨으로써, 이 수정된 법을 1601년 「엘리자베스 구빈법」과 비교하여 「신구빈법(New Poor Law)」 또는 「구빈수정법」으로 일컫는다. 「구빈법」이 교구를 단위로 하고 지방행정을 지주로 하고 있는 데 반하여, 국가통제로 빈민처우의 전국적 통일화와 구빈행정의 중앙집권화를 위하여 3명의 정부위원 밑에 각 지방의 선거에 의한 구빈위원회를 설치하였다. 조직의 특색은 중앙에 3명의 위원, 지방에는 구빈위원을 두어 교구연합을 통괄했고, 중앙위원은 국왕에 의해 절대권을 가졌다.

19세기 초 영국의 사회복지제도는 높은 구빈세 부담으로 자본가들의 기존 제도에 대한 불만이 커졌다. 또한 나폴레옹전쟁의 패배에 따른 실업자의 증가와 식료품을 비롯한 생활용품비의 폭락으로 인해 많은 영세농들이 몰락함으로써 기아가 급증하고 구제를 요구하는 사람들의 수는 폭발적으로 늘어났었다. 「신구빈법」의 목적은 구빈비용을 최소화하는 데 있었으며, 균일처우의 원칙, 열등처우의 원칙, 작업장 활용의 원칙 등 3대 원칙이 강조되었다.

「원외구제법」을 폐지하고, 원내의 구빈 기준도 낮추고 「정주법」도 완화하여 노동능력이 있는 자에게 노동을 강제하는 것을 목표로 하였다. 즉, 공적구빈제도는 빈곤을 해결하지 못한다는 주장으로 빈곤의 자주 해결을 요구하고 원외구호를 최소화 내지 폐지, 재원은 구빈세로 하나, 종전의 지방자치단체에서는 관리하지 못하고 중앙정부에 의한 전국 획일적인 구제를 기도하였다. 그러나 자본주의의 모순이 심화되고 사회문제의 심각화로 파탄되어 1948년 「국민부조법」이 공포됨에 따라 폐지되었다.

그러므로 「신구빈법」은 영국 사회정책 역사에서 하나의 분수령이 되었다. 「신구빈법」이후 빈민에 대한 어정쩡한 자비심이 완전한 억제로, 빈곤은 재발되는 문제가 아니라, 가차 없이 제거되어야 할 문제로 인식이 바뀐 것이다(원석조, 2019: 73).

5) 자선조직협회와 인보관운동

(1) 자선조직협회

민간자선기관과 단체 간의 연락·조정·협력의 조직화와 구제의 적정화를 시도하기 위하여 1869년에 자선조직협회(Charity Organization Society, COS)가 설립되었다. 자선조직협회는 자원봉사자인 우애방문원(friendly visitor)을 통해 빈민의 생활상태를 조사하기 위하여 가정방문과 면접을 실시하고, 구호신청자들에게 협회에 등록하게 하여 구호의 중복을 방지하고자 하였다. 이러한 자선조직협회의 활동은 이후 사회사업방법론인 개별사회사업과 지역사회조직론의 발전에 기초를 마련하게 되었다. 또한 우애방문원의 구성원은 대부분 여성으로 되어 있었는데, 단기간의 공식적인 교육과 훈련을 통하여 사회사업가의 자질을 확보하여 전문사회사업가의 양성이 이루어지게 되었다.

자선조직협회의 활동과 함께 당시 민간자원봉사운동이 발생하게 되는데, 도시빈민을 위한 조직적인 자선사업의 하나로서 옥스퍼드대학교와 케임브리지대학교의 학생들을 중심으로 시작된 인보관운동을 들 수 있다. 이들은 도시빈곤지역에서 빈민들과 함께 거주하면서 도시빈곤지역의 문제를 실제로 조사하여 도시빈민의 생활실태를 자세히 파악하고, 교육과 계몽 그리고 집단활동을 통하여 지역사회의 환경을 개선하고 빈민들의 자활능력을 향상시켜 빈곤의 문제를 해결하려 하였다.

(2) 인보관운동

경제적 상류층에 의하여 주도된 것이 자선조직화운동이라면, 급진적이고 개혁을 지향하는 대학생과 지식인들을 중심으로 이루어진 것이 인보관운동(Settlement Movement)이다. 인보관운동은 대학생을 중심으로 지식인들이 빈민지역에서 빈민들과 함께 공동생활하면서 빈민들에게 교육과 문화수준 향상을 목적으로 하는 사회개량운동으로, 집단사회사업, 사회행동, 지역사회조직의 사회사업 기술발전에 기여하였다(박태정, 2020: 93).

토인비 홀(Toynbee Hall, 영국 런던)

영국의 유명한 인보관으로 토인비 홀(Toynbee Hall, 1884)이 있다. 또한 인보관운동과 동시에 이루어진 것은 빈곤에 대한 사회조사활동이었다. 자선조직협회에서 활동하던 우애방문원들이 빈곤의 원인을 개인에게서 찾았던 것과는 대조적으로, 인보관운동에 참여한 사람들은 주거환경과 사회제도의 결함에 관심을 두었다(박원진 외, 2018: 57).

도시노동자들의 빈곤문제에 관심이 있었던 찰스 부스(Charles Booth, 1840–1916)를 비롯한 사람들이 런던시민 생활실태에 관한 조사를 통하여 직업, 생활 및 노동조건, 작업시간 및 임금, 실업상태 등을 조사하였다. 그 결과, 런던 인구의 30%가 빈곤선(poverty threshold, 빈곤소득선) 이하의 생활을 하고 있음을 발견하였고, 빈곤의 원인이 개인의 책임보다는 불충분한 임금, 부적절한 주택, 불결한 위생시설 등이라고 지적하였다.

이러한 조사결과들은 빈곤의 원인이 개인에게 있기보다는 사회구조적 결함에 의해 발생하는 것이기 때문에 사회문제에 대하여 범사회적인 대책이 필요함을 입증한 것이다. 이러한 사회조사활동들은 합리적인 조사를 통한 사회복지의 과학화에 기여하였다.

6) 베버리지 보고서와 사회보장제도의 발전

윌리엄 베버리지

영국의 처칠(Winston Leonard Spencer Churchill, 1874–1965) 정부는 제2차 세계대전 이후 붕괴된 사회복구에 필요한 조치를 강구하게 되었다. 경제학자인 베버리지(William Henry Beveridge, 1879–1963)를 위원장으로 하는 '사회보험과 관련 서비스에 관한 정부부처 간 조사위원회'를 설치하고, 1942년 「사회보험 및 관련 서비스(Social Insurance and Allied Services)에 관한 보고서」를 작성하여 국회에 제출하였다(원석조, 2020: 152–153).

「베버리지 보고서(Beveridge Report)」의 주요 내용은 국민생활의 불안요인이 되고 있는 5대 사회악으로 결핍(want)·질병(disease)·불결(squalor)·무지(ignorance)·태만(idleness)을 규정하였다. 이 가운데 사회보장의 궁극적 목표로 '빈곤'을 최우선적으로 제거해야 할 사회악으로 간주하고, '빈곤'한 국민들을 경제적 빈곤에서 벗어날 수 있도록 소득을 보장하는 사회보장제도의 기준을 제시하였다. 핵심적인 내용으로는 사회보험제도로서, 사회보험제도의 원칙을 체계적으로 확대하여 적용하면 모든 국민의 빈곤문제를 해결할 수 있다고 주장하고 있다. 사회보험제도는 소득이 중단되거나 부수적인 비용지출이 생기는 경우, 사망·질병·재해·노령·결혼·출산·실업 등에 대비하여 일정 소득액을 보장하는 것을 내용으로 하고 있다(김영화 외, 2020: 63).

베버리지는 사회보험이 성공하기 위해서는 세 가지 기본 전제조건이 필요하다고 주장하였다. 즉, 가족수당(family allowances), 포괄적인 보건서비스 (comprehensive health service), 완전고용(full employment)이 그것이다. 가족수당은 가족의 크기와 소득을 고려하여 결정되어야 하고, 보건서비스는 치료적일 뿐만 아니라, 예방적이어야 한다. 실업은 실업수당의 비용과 그에 따른 임금 손실을 감안하면 가장 낭비적인 문제이므로 완전고용은 매우 긴요한 전제조건이다(원석조, 2019: 238).

7) 대처리즘과 제3의 길

1960년대까지 영국은 세계적인 경제적 호황에 힘입어 「베버리지 보고서」에서 제시한 복지국가를 안정적으로 발전시켜 나갔다. 그러나 1970년대 이후 불어 닥친 세계석유파동에 따른 경기침체로 영국은 경제적 위기를 맞게 되었고, 1970년대 후반에는 소위 '복지국가 위기론'이 등장하게 되었다. 따라서, 「베버리지 보고서」가 제시한 전 국민을 대상으로 한 복지서비스를 국가의 책임으로 하였던 보편주의 원칙을 포기하고, 욕구대상자를 중심으로 한 선별주의적 사회복지정책으로 선회함으로써 제도적 서비스에서 보충적 서비스로 전환하게 되었다.

마가렛 대처

신자유주의의 이념을 국정목표로 삼았던 마가렛 대처(Margaret Hilda Thatcher, 1925–2013) 수상의 보수당 정부(1979–1990)는 사회복지의 공공재정 지출을 축소하고, 사회보장과 사회서비스 전달체계를 변화시켰으며, 대인적사회서비스 영역에서는 지역 내의 사회보호서비스를 강조하였다. 그리고 지방정부 사회서비스의 조직과 운영을 개혁하여 서비스 전달체계에서 정부 및 공공부문 중심의 역할을 축소하고, 민간부문의 역할을 강조하는 정책을 단행하게 되었다(박태정, 2020: 162).

프리드리히 하이에크

대처 수상은 오스트리아 출신 신자유주의 경제학자 하이에크(Friedrich August von Hayek, 1899–1992)의 이론인 경쟁을 강조하는 자유시장 경제체제 이론을 바탕으로 사회복지를 공격하면서 「신구빈법」이 번창했던 "빅토리아 시대로 돌아가자."라는 슬로건을 세우고, 복지에 대한 국가책임 대신 자조(self–help)와 개인주의의 원칙을 강조하였다. 대처 정부에서 복지수급자가 되기 위해서는 자산조사를 거쳐야 했는데, 지나친 엄격함으로 인해 복지수급자에게 엄청난 수치심을 갖게 했다. 특히, 실업자들에게 유례없는 가혹한 조치들을 취했는데, 이들을 '일할 능력이 있음에도 불구하고, 일하지 않는 자, 국가복지에 기생하려는 복지의존자들'이라고 공격하면서 집권기간 내내 실업급여를 삭감하고 통제하는 정책으로 일관했다. 또한 노동유인을 강화하기 위해 실업급여를 받기 위한 근속기간 규정을 강화하는 한편, 남용을 방지한다는 명분 아래 자격규정을 까다롭게 함으로써 사실상 자격 있는 실업자 역시 굴욕감으로 수급을 포기하도록 유도했다.

대처 수상은 1983년과 연이어 1987년 총선에서도 승리하였고, 1990년 사임하기까지 11년 반 동안 영국 수상으로 재임하면서 성공한 정치가였다. 그러나 복지국가시대에 구축되었던 복지에 대한 합의를 파괴하고, 강력한 복지감축정책을 실시하였으며, 시민권으로 주어지는 국가복지 대신, 능력에 따른 시장에의 의존을 고무함으로써 '작지만 강한 정부'를 달성하고자 하였다. 대처 수상은 자조원칙을 외치면서, "스스로 돕고 싶지만 여러 가지 장애로 스스로 도울 수 없는 사람들이 많다"는 사실을 애써 외면했다. 이런 점에서 대처 집권기는 복지의 암흑기였다(박병현, 2015: 128-129).

결국 대처 정부의 등장은 영국의 사회보장 및 사회복지역사에 있어서 전환점을 이루는 대 사건이다. 즉, 전후시대를 지배했던 베버리지적 복지원칙은 자유주의적, 빅토리아적 복지원칙으로 대체되었다. 이는 국가에 의한 국민적 최소생활의 유지와 연대적 공동체의 형성이라는 제2차 세계대전 이래의 복지국가 대원칙을 무너뜨리고, 그 자리에 자유경쟁과 적자생존의 논리를 채워 넣은 복지국가의 새로운 단계를 의미하는 것이다. 그러나 대처의 신자유주의 이념의 복지정책은 이후 보수당 정권에서뿐만 아니라, 노동당 정권에서도 답습되었다(박진화, 2020: 216).

토니 블레어

1997년 정권을 창출한 노동당의 토니 블레어(Tony Blair, Anthony Charies Lynton Blair, 1953-) 수상은 과거 보수당 정부에서 추진하였던 복지축소정책을 고수할 것인지에 대해 딜레마에 빠지게 되었다. 복지개혁을 추진함에 있어 이전 보수당 정부의 선별주의 복지정책을 추진하느냐, 아니면 노동당의 전통인 보편주의 복지를 추진하느냐 하는 딜레마 속에서 블레어는 사회학자인 기든스(Anthony Giddens)가 주장하는 '제3의 길(the third way)'이라는 새로운 복지정책노선을 채택하게 되었다. 즉, 고복지-고부담-저효율로 요약되는 사회민주주의 복지국가 노선(제1의 길)과 고효율-저부담-불평등으로 정리되는 신자유주의적 시장경제 노선(제2의 길)을 지양하고 새로운 정책노선으로서, 시민의 사회경제생활을 보장하는 동시에, 시장의 활력을 높이자는 신노동당 프로젝트, 즉 구식 사회민주주의와 신자유주의로부터의 차별화 전략이었다(원석조, 2019: 339).

블레어 정부는 대처 정부에서 추진했던 복지축소정책의 틀에서 교육과 노동을 통합한 복지, 그리고 개인의 저축을 강조하는 방법론을 선택하고, 적극적인 서비스, 소비자 중심 서비스, 전산 서비스를 통한 투명적 서비스 전달체계, 사회서비스 남용을 근절하기 위한 통합복지 시스템 구축, 서비스조직 간의 협력과 서비스전달의 효율을 강조하는 효율적 서비스를 구축하는 정책을 시행하였다.

2. 미국 사회복지의 발전과정

1) 초기의 사회복지

19세기 초 미국은 주로 영국에서 이주해 온 식민지 개척자들이 대부분 사회의 각 분야에서 중추적인 활동을 하였는데, 그들은 영국의 법제나 관습을 그대로 가져와 미국의 정책에 적용시키려고 하였다. 청교도 윤리(puritanism)가 지배적이었기 때문에 노동을 미덕으로 여기고 나태는 죄로 여겼는데, 빈곤의 책임은 개인의 책임이라는 생각을 뒷받침하였다. 따라서, 이 시기의 빈민에 대한 구호활동도 이러한 빈곤관에 입각하여 시행되었다. 또한 활동의 주요 범위는 최소한의 범위로 이루어졌고, 대상도 고아, 과부, 병자, 장애인 등 노동능력이 없는 자와 일시적으로 노동능력이 상실되어 구제를 필요로 하는 자로 제한하여 시행되었다. 1886년 뉴욕에 근린조합이 설립되었으며, 이것은 미국 최초의 인보관이었다. 그 후 시카고에서 아담스(Jane Adams, 1860-1935)에 의해 헐 하우스(Hull House)가 세워졌는데, 이곳에는 오늘날의 지역사회복지관이

헐 하우스(Hull House, 미국 시카고)

제공하는 서비스가 존재하였고, 노동조합의 활동공간이자 각종 사회문제를 토론하는 공간이기도 하였다(박원진 외, 2018: 65).

제1차 세계대전에 이어 1929년 시작된 경제 대공황(the Great Depression)은 10월 주식시장의 붕괴로 이어지면서 상품의 가격은 떨어지고, 실업자의 급증을 초래하여 약 1,200만 명에서 1,500만 명에 이르는 노동자들이 직장을 잃게 되었다. 이로 인해 1920년대에는 실업과 빈곤이 급증하고 노동자, 소작인, 흑인 및 미망인 등의 불평등이 표출되었다.

대량의 빈민과 실업자들을 구제하기 위한 민간단체나 주정부의 자원과 재정이 고갈되어, 이러한 사회문제를 해결하기 어려운 상황에 봉착하게 되었다. 이에 루즈벨트(Franklin Delano Roosevelt, 1882–1945) 대통령(제26대)은 뉴딜(New Deal)정책을 발표하여 실업자를 구제하기에 이르렀다. 뉴딜정책의 목적은 정부의 개입과 규제력에 의해 자본과 노동을 조직화하고, 이것을 통하여 산업에서는 일정한 이윤을 보증하게 함과 동시에, 실업이나 저임금이 더 이상 확대되지 않도록 하자는 데 있다(김영화 외, 2020: 61).

루즈벨트 대통령은 1933년 「연방긴급구호법」을 제정하고, 연방긴급구호청을 창설하여 연방정부의 실업대책으로 구제사업을 위한 보조금을 주에 교부하고, 대규모의 노동력을 투입하고 공공사업을 단행하였다. 1935년 8월 14일에 제정 공포된 「사회보장법」은 강제적 사회보험과 공공부조를 양축으로 하고 세 부분으로 구성되어 있는데, 그 내용은 다음과 같다.

① 사회보험 프로그램으로 연방노령보험체계와 연방정부와 주정부가 함께하는 실업보장제도
② 공공부조 프로그램으로 노령부조, 요보호 시각장애인 부조, 요보호아동부조 등을 포함시키는 3개 집단을 위한 연방정부지원제도
③ 사회복지서비스 프로그램으로 모자보건서비스, 아동복지서비스, 지체장애아동 서비스, 직업재활 및 공중보건서비스 등에 대한 연방정부의 보조금 지급

그 후 1943년 「직업재활법」과 1944년의 「공중보건서비스법」, 1946년에는 사회보장의 단일행정기구로서 사회보장청이 설립되었다. 미국 사회보장제도의 특징을 살펴보면 다음과 같다.

① 연방정부가 직접 운영·관리하는 노령연금제도

② 각 주정부의 실업보험, 공공부조, 사회복지서비스에 대한 지원제도

이처럼 여기에서 특기할 점은, 종전의 영국 사회보험제도는 사회보험만을 대책으로 하고 있으나, 미국에서는 공공부조, 사회복지사업을 포함한 종합적인 대책이라는 점에서 다르다.

2) 복지국가 지향

미국 사회복지는 베트남 전쟁으로 인해 후퇴하지 않을 수 없었다. 존슨 대통령은 막대한 전쟁비용을 충당하기 위해 케인즈(John Maynard Keynes, 1883－1946)의 수정자본주의를 사회복지에 적용할 수 없었다(원석조, 2019: 32). 케인즈의 복지이론은 소극적 복지에서 적극적 복지로, 작은 정부에서 정부개입으로의 전환을 의미하는 데, 신자유주의 이후 재도입되었다.

미국의 경우, 1960년대와 1970년대 베트남 전쟁 후 경제적 호황과 유가파동으로 인한 불황 등 사회적 변화가 복지정책에 끼친 영향은 다음과 같다.

① 유가파동에 의한 경기침체로 실업과 빈곤대책을 강구하기 위한 많은 정책들의 수립

② 흑인과 여성의 인권운동, 반전운동, 학생운동, 복리권 시위 등 시민의 권익옹호운동으로 사회사업 분야에서도 많은 법령을 새로 제정하거나 개정하였고, 관대한 사회복지정책 시행

1980년대에는 복지국가 위기론이 대두되면서 신자유주의 성향의 정책이 시행되었다. 이로 인해 복지국가는 사회보장제도의 내용과 양적인 측면에서 모두 축소되는 경향을 보였다. 즉, 이러한 변화는 정부의 복지비용의 삭감 및 지출구성의 변

화, 공공서비스를 포함한 공공부문의 민영화 및 기업에 대한 규제의 완화, 지방정부의 역할축소, 노조를 포함한 사회세력의 역할 등의 정책기조를 취하는 등 최소정부를 지향하게 되는데, 이를 '레이거노믹스(Reaganomics)'라고 한다. 결과적으로, 레이건 행정부(1981-1988)의 정책은 인플레이션을 감소시키고 미국경제의 일시적인 호황을 가져왔지만, 영국의 대처리즘(Thatcherism)과 같이 불평등의 증대를 큰 한계로 남기게 되었다. 이는 사회복지 지출을 감소하고 역진적 조세를 부과한 결과로 발생한 것이며, 실질적으로 불로소득과 자본이득의 증대로 노동자계층이 소외당하고 실질임금이 감소하고 실업이 증가하는 격심한 불평등을 발생시켰다. 이렇듯 레이거노믹스는 자본의 새로운 축적구조를 형성하지 못한 채 한계를 안고 있었다(박진화, 2020: 218). 사회복지의 세계사적 의미에서 볼 때, 동시대에 이루어진 레이거노믹스와 대처리즘으로 인해 사회복지는 신자유주의의 엄청난 파도에 휩쓸리게 되어 후퇴의 길을 겪게 되었다.

1992년 민주당 빌 클린턴(Bill Clinton)이 대통령에 당선되면서 보편주의에 입각한 사회복지 프로그램을 제안하였으나, 여소야대의 의회에서 거부되었다. 그리고 과거 빈곤층에 대한 일률적인 복지정책이 빈곤층의 고착화를 야기하였다는 야당인 공화당의 빈곤정책 재검토의 요구에 의하여 빈곤층에 대한 대책으로 일자리 창출에 '근로자 연계형 복지(welfare to work)'제도를 도입하여, 생활보호대상자가 일을 할 경우 일정 금액을 정부가 지원해 주는 방식으로 관련법을 전면 개정하였다(홍봉수 외, 2017: 106).

1990년대 미국 의회는 상원과 하원 모두 보수성향이 높은 공화당이 다수를 확보함으로써 사회복지정책은 단계적으로 축소되었다. 그 결과, 부양아동이 있는 빈곤가족에 대한 보조제도인 공공부조 등의 자격요건을 강화시켰고, 생산적 복지를 강조하게 되었다.

미국 사회복지는 신자유주의 시장경제 이념에 기초한 정책을 지속적으로 유지하고 있다. 미국은 개인주의와 지방분권주의를 중시하는 자조를 강조하는 데, 이런 차원에서 공공부조의 의존도를 낮추고 자조능력을 갖춘 자에 대한 빈곤대책을 활발히 전개하고 있다. 그리고 지방분권주의에 입각한 제도의 운영이 기본적으로 각주의 자치에 맡겨진 결과, 주정부마다 급부조건에 큰 차이가 있다는 특징을 지니고 있다.

미국과 영국의 사회복지를 역사적인 관점에서 비교해 볼 때, 서로 상반되는 면을 볼 수 있다. 영국은 사회제도정책을 발전시켜 왔으나, 오늘날은 이에 못지않게 직접적 대인서비스와 사회복지방법론적 접근에도 역점을 두고 있는 데 반하여, 미국은 역사적인 특수성이나 개인존중이라는 신자유주의의 특징으로 대인적 서비스, 즉 사회방법론의 발달에 큰 성과를 거두어왔으나, 최근 보다 바람직한 제도와 사회정책 및 계획의 과제연구가 활발히 전개되고 있다.

20세기 말 이후 영국과 미국 등 서구 복지국가들은 조정단계에 있다. 전후 복지국가들의 사회복지제도들은 대부분 대량생산방식에 기반을 둔 산업사회의 구조에 맞는 제도들이었다. 그러나 세계화, 탈산업화, 정보화 등이 진행되면서 국가 간 경쟁이 심화되었고, 이러한 국가 간 경쟁은 과거 국가단위 사회복지체제에 변화를 요구하게 되었다.

일찍 세계화와 정보화에 성공한 영국과 미국 등 영미계 국가들은 1990년대 이후 동서냉전이 끝나고 정치적 이데올로기가 무너져 가고 있던 상황에서, 새로운 무역·금융 질서와 경제체제(WTO, FTA)로 세계질서를 재편해 나가기 시작하였다. 즉, 정치적 이데올로기에 의하여 유지되었던 균형이 시장을 중심으로 한 신자유주의적 경제질서로 대체되었던 것이다. 그리고 이러한 변화에서 상대적으로 뒤떨어진 독일, 프랑스, 스웨덴 등 전통적인 유럽의 복지국가들은 국가경쟁력이 상대적으로 약화되면서, 사회민주주의적 이데올로기를 지닌 국가 중심의 사회복지체제에서 벗어나 국가경쟁력을 확보하고자 하는 노력들이 나타나고 있다.

3. 한국 사회복지의 발전과정

한국 사회복지는 정부수립 전까지 큰 성과를 내지 못하고 있었다. 과거 봉건국가체제에서는 시혜적 성격이 있었다고 한다면, 일제강점기에는 식민지통치의 성격이 강했다고 할 수 있다. 미군정 역시 일시적이고 과도기적인 형태에 불과했다. 따라서, 정부수립 전까지는 국가적 차원의 사회복지라고 하기에는 미흡한 점이 많았다. 이런 면에서 한국의 사회복지 시행은 정부수립 이후로 보는 것이 타당하다. 그 내용은 다음과 같다.

1) 일제강점기

일제강점기의 사회복지(구호)사업은 근대적인 복지이념에 의해 시행되었다기보다는 일제강점기 식민정책의 일부로서 시혜 또는 자선으로서 우리 민족이 그들에게 충성을 하도록 하는 사회통제적, 정치적 의미가 컸다. 그럼에도 불구하고, 근대적 의미의 사회복지제도가 도입·실시되게 되었다. 이를 ① 사회복지지도기관, ② 구호법, ③ 사회복지시설과 사업 등으로 서술하고자 한다(최일섭, 2018: 53-55).

(1) 사회복지지도기관

한일합방 당시 사회복지사업의 업무는 총독부 내무부 지방국 지방과에서 휼구 및 자선사업에 관한 사항으로서 맡게 되었고, 1912년에 내무부 지방국 제2과를 두어 사회복지사업에 관한 사무를 관장하게 했다. 1919년에 각 부를 폐함에 따라 내무부 지방국이 내무국으로 고쳐졌고, 1921년부터는 내무국 제2과에서 사회복지사업의 지도·통제를 담당하게 하였다. 그 후 1932년에 일반적 행정정리에 따라 사회과를 업무국으로 이관하여, 사회복지사업의 업무와 종래의 업무과 소관이던 사회교육에 관한 사무 및 종교과의 소관이던 종교, 교적 등의 사무를 합하여 관장하게 되었다.

각 도에서는 총독부에 사회과를 설치한 것을 기본으로, 내무국에 사회과를 신설하여 도내 사회복지사업을 지도·통제했으며, 1924년에는 그 사무가 다시 내무부 지방과로 귀속되었다. 경성부에는 종내 내무과에 사회계를 두고 있었으나 사회복지사업의 발전과 그 중요성을 인정하여 1932년 6월에는 사회과를 신설했다.

이 밖에 사설의 사회복지사업의 연락·조사 연구기관으로 1929년 4월에 조선사회사업연구회가 관계자 간에 조직되었는데, 1929년 4월에는 이를 재단법인 조선

사회사업협회로 개칭·확대하고, 총독부 사회과 내에 사무실을 두고, 회장에는 정무총감, 부회장에는 사무국장, 간사에는 사회과장에 있는 자로 하고, 각 도에도 순차적으로 지부를 두고 활동을 개시했다. 그 주요한 사업은 다음과 같다.

① 사회사업 상호의 연락·통일을 도모한다.

② 사회사업의 조사연구를 한다.

③ 사회사업의 장려·원조를 한다.

④ 사회사업 관계자 및 일반 독지가의 간친(懇親) 및 지식의 교환을 도모하고, 사회사업에 대한 관심을 진작시킨다.

⑤ 강습회, 강연회 등을 개최한다.

⑥ 사회사업에 관하여 공로가 있는 자의 표창을 한다.

⑦ 기관지를 발행하고 사업에 관한 도서를 출판한다.

⑧ 필요에 의해 본 협회 스스로 사업을 경영한다.

⑨ 기타 본 협회의 목적을 달성하는 데 필요한 사업을 한다.

이 협회는 오늘날의 사회복지협의회와 유사한 업무를 가진 협의체이나, 그 조직이 관에 의해 통제되고 있었다는 점에서 정부기관이라고 본다.

(2) 구호법의 실시

국내에서는 제1차 세계대전을 계기로, 빈곤은 반드시 개인의 책임이 아니라, 사회적·경제적 변동에 의해 필연적으로 발생되는 것이어서 개인의 힘으로는 어쩔 수 없다는 사실이 일반적으로 인식되기에 이르렀다.

일제는 이러한 사회정세 아래 1929년에 벌써 「구호법」을 제정·공포했으나, 국가재정 형편으로 1932년에야 일본 본토에서 이 법의 실시를 보게 되었다. 국내에서는 이로부터 12년이 지난 1944년 3월 1일에 이르러서야 비로소 이 법의 전문 33조를 그대로 가져다가 「조선구호령」으로 공포·실시되었다. 그 주된 내용은 65세 이상의 노약자, 3세 이하의 유아, 임산부, 불구·폐질·질병, 기타 정신 또는 신체의 장애로 노동을 할 수 없는 경우, 생활부조와 의료부조를 제공하는 것이었다. 이 구호령은 해방 후 1961년에 「생활보호법」이 제정되기 전까지 우리나라의 공공부조를 맡아 온 기본법으로서 그 역사적 의의가 있다.

(3) 사회복지시설과 사업

일제강점기 특기할 만한 사회복지시설로는 육아시설(전국 22개소), 임산부상담소(5개소), 탁아시설(4개소), 영아건강상담소(5개소), 빈궁아교육기관(9개소), 불량아감화시설(5개소), 맹아아 보호시설(2개소), 육아협회 등 각종 어린이 보호시설이 1934년까지는 전국적으로 설립·경영되기에 이르렀다.

어린이 보호사업 이외에도 1918년에 공설일용품시장, 1912년에 인사상담소, 같은 해에 경성부립도서관 등을 개설했고, 1927년에는 방면사업, 1929년에 공익전당포 등을 설치하여 구빈뿐 아니라, 방빈사업을 위한 시설을 갖추게 되었다.

1937년에 중일전쟁이 시작되자, 인보, 상부상조와 국민 자각을 향상시킨다는 명목으로, 1938년에 서부인보관, 1939년에 용강인보관, 1940년에 성동인보관, 1941년에 영등포인보관을 개설하였다. 1941년에 방면위원제도를 전면적으로 개편하여, 경성부 내에 8개의 방면에 총 250명의 위원을 위촉하여 요보호자들에 대한 보호, 구제, 직업알선 등의 '케이스워크'의 업무를 담당하게 했다.

2) 미군정시대

광복 후 3년간 미군정이 실시되었다. 이 시기는 열악한 경제적 상황 속에서 수많은 월남·귀환민들을 중심으로 광범위한 빈곤이 형성되었던 시기였다. 노동운동을 중심으로 한 파업과 소요 및 폭동 등의 투쟁 양상은 미군정 전 기간의 시대적 배경에서 전개되었다. 미군정 시대의 구호행정은 일제강점기의 법적·제도적 형식을 그대로 계승하였지만 군정하의 법령과 필요한 규정에 의해 구성되었다. 일반적인 구호사업은 시설구호, 공공구호, 응급구호 및 이재민 구호가 있었고, 귀환전재민과 월남피난민의 수용구호사업과 주택구호사업, 실업구제사업 등이 있었다.

미군정은 1945년에 보건후생국을 설립하였으며, 1946년에는 보건후생부로 승격하였다. 보건후생국은 1946년 공공부조에 관한 후생국보 제3호를 발표하여, 일본이 제정한 「조선구호령」과 함께 사용하였다. 그 뒤 후생국보 제3A호를 발표하여 재해민과 피난민 구호계획을 발표하고, 그들에게 식량, 의류, 연료, 긴급의료, 매장, 차표 등의 편의를 제공하였으며, 후생국보 제3C호(1946)는 이재민, 피난민, 빈궁자, 고아 등에 관한 응급처리와 임시구호를 규정하였다. 미군정은 군정법령 제112호(1946)로 「아동노동법규」를 제정하여 전 세계의 문명국가가 채용하는 인도적·계몽적 원리에 따라 어린이의 노동을 보호하였다. 그 이후 과도정부 법령 제4호로 「미성년자노동보호법」을 제정하여 미성년자를 유해, 위험한 작업 또는 과중한 노동으로부터 보호하여 어린이의 건전한 발육과 정당한 이익을 보장하도록 하였다. 이 법은 「근로기준법」(1953)이 실시되기 전까지 아동복지 증진에 커다란 영향을 미쳤다(박병현, 2016: 311).

전반적으로 미군정기 구호사업은 일제강점기의 잔재가 그대로 남아 있는 임시방편적인 성격이 강했으므로 근본적인 구호문제를 해결하기에는 많은 한계가 있었다. 따라서, 미군정기의 사회복지사업의 특성은 적극적이고, 계획적이며 장기적으로 이루어지지 않고, 주로 빈곤과 사회적 혼란에 대처하기 위한 구호적·응급적 대책으로서의 성격을 가진다(오종희 외, 2018: 113-114).

3) 정부수립 이후

(1) 이승만 정부

1948년 8월 15일 대한민국 제1공화국 이승만 정부(1948.8-1960.6.)가 수립되어 보건후생부 및 노동부가 사회부로 통합됨에 따라 보건, 후생, 노동 및 부녀 등에 관한 행정을 관장하였다. 그 후 1949년 3월에 보건부가 창설되어 사회부에서 관장하던 보건행정을 분할하여 주관하였으나, 1955년 2월에 보건 및 사회 양부는 다시 보건사회부로 통합되었다.

정부수립 당시 제정된 헌법 제19조에는 "노령, 질병, 기타 근로능력이 없는 자는 법률이 정하는 바에 의하여 국가의 보호를 받는다."라고 하여 국민의 생존권을 명문으로 규정하였다. 그러나 이 헌법이 규정한 국민의 생존권을 보장하는 관계 법률이 제정되기도 전인 1950년에 한국전쟁이 발발하여, 신생 대한민국으로서는 도저히 물적으로나 인적으로나 감당하기 곤란한 일대 궁지에 빠지게 되었다.

즉, 요구호자는 일시에 엄청난 수로 급격히 증가하는 반면, 소요 물자와 자금은 극히 제한되어 있어서, 전쟁 중에는 주로 요구호자들의 최소한의 생명유지를 위한 응급구호에 치중할 수밖에 없었다.

1952년 3월 현재 전국에 3,935,152명의 피난민과 4,583,974명의 이재민 및 1백만 명의 전·사상자가 발생했다. 그중에서도 요보호아동의 구호와 보호문제는 당시의 여러 가지 사회문제와 더불어 긴급히 해결해야 할 문제로 제기되었다. 정부는 재정 부족 때문에 요구호자 구호를 위해 외국 원조단체들의 협조를 받게 되었다. 미군정 때부터 한국을 원조하고 있던 국제원조처, 경제협력처, 전시 긴급원조 한국민간구호단체, 유엔한국재건단(UNKRA) 등의 외국 원조단체는 중앙구호위원회를 조직하여 긴급구호를 실시하였다. 지방에서도 각급 구호위원회를 조직하여 중앙구호위원회의 지휘감독 아래, 부산지역에 우선 피난민수용소를 설치하여 수용·보호하는 한편, 거제도와 제주도에는 집단수용소를 설치하여 피난민 응급구호를 하였다(손병덕, 2020: 85－86).

한국전쟁으로 시설수용보호를 필요로 하는 난민이 다수 생겨났다. 이와 같은 사회적 요구에 따라 고아시설, 양로시설, 모자원 등의 각종 후생시설이 휴전협정 성립 후에 급속히 증가하여, 1959년에는 총 686개의 각종 시설이 설립되었다.

한국전쟁은 사회복지에 두 가지 큰 변화를 가져왔다.

첫째, 정부수립 후 단계적·계획적으로 준비해 오던 사회부의 모든 정책이 무산되고 임시적·응급적 정책으로 전락하였다.

둘째, 막대한 외국 원조로 인해 한국사회에 의존적 구제방식을 심화시켜 놓았다.

이 시기에는 한국전쟁 발발로 수많은 전쟁이재민, 고아와 미망인, 부상자 등이 발생하여 미국을 중심으로 한 외국 민간원조단체가 주축이 된 공공부조적인 구호활동이 주로 이루어졌다. 당시 정부는 사회복지를 추진할 적극적 의사는 물론 능력도 없었다. 따라서, 사회복지에 대한 법률로는 「근로기준법」과 「공무원연금법」 제정 외에는 특별한 입법이 없었다. 그리고 이러한 사회복지입법은 사회복지법의 개념적 정의를 아직까지 내리지 못한 상태에서 실시되었다. 즉, 사회복지에 관한 입법이 법률적·입법적 근거에 의해 시행된 것이 아니라, 정부 관계 부처의 행정명령에 의해 시행되었던 것이다. 물론 제헌 헌법에 생존권을 명문화하였으나, 하위조항이 없어서 실제로 생존권은 보장되지 못하였다(박진화, 2020: 261).

이와 같이 정부수립 이후 1950년대의 사회복지는 임시응급구호와 전후 복구에 급급하였으며, 근대적인 사회복지제도가 제대로 자리 잡지 못하였다.

(2) 박정희 정부

박정희 정부는 제3·4공화국(1961.5－1981.3.)을 이끌었다. 1960년 4·19혁명에 의해 이승만 정부가 붕괴된 후 탄생한 제2공화국 민주당 정부(1960.6－1961.5.)는 나름대로 자주적이고 민주적인 발전의 길을 모색하였다. 그러나 반목과 대립 속에서 정치적·사회적 혼란이 그칠 줄 몰랐고, 그 와중에 무정부적 혼란을 청산한다는 명분으로 1961년 5월 16일 군부가 쿠데타를 일으켰다. 군사정부는 절대 빈곤을 해소한다는 공약의 실천을 위해 1962년부터 제1차 경제개발 5개년 계획을 추진하였고, 1963년에는 박정희 대통령을 중심으로 한 제3공화국이 출범하였다. 사회복지제도가 그나마 형식을 갖추게 된 것은 이때부터이다(박태정, 2020: 218).

1962년부터 시작한 경제개발로 도시화 및 산업화 현상이 나타나고, 도시 빈곤층, 가출 및 비행, 미혼모, 주택 부족 등 과거와는 다른 여러 가지 사회문제들이 드러나기 시작하였다. 그러나 당시 군사정부는 한정된 재원을 경제개발에 집중하기 위해 사회복지에 대해서 소극적이었다. 한편, 노동자계층의 미성숙으로 노조의 조직력이 미약했고, 그들의 권익을 추구하기 위한 이익 표출은 거의 없었으며, 일반국민의 경우도 사회복지에 대한 이해나 주장이 거의 없었다.

군사정부는 국민의 지지를 얻기 위해 여러 가지 사회복지 관련법들이 제정·공포되었다. 사회보험 부문에서 「공무원연금법」(1960), 「선원보험법」(1962), 「군인연금법」(1963), 「산업재해보상보험법」(1963), 「의료보험법」(1963) 등이 제정되었고, 공공부조 부문에서 「생활보호법」(1961), 「군사원호보상법」(1961), 「재해구호법」(1962), 「국가유공자 및 월남 귀순자 특별보호법」(1962) 그리고 사회복지서비스 부문에서 「아동복리법」(1961), 「윤락행위 등 방지법」(1961), 「자활지도에 관한 임시조치법」(1968) 등이 제정되었다. 그 밖에 1963년에는 「사회보장법」이 제정되었다.

이와 같이 1960년대는 전례 없이 사회보험 및 생활보호를 중심으로 한 근대적인 사회복지법제를 마련하였다. 이와 같은 사회복지법제는 그 내용상으로는 비교적 장기적인 안목과 효율적인 합리성을 가지고 있었지만, 형식적인 사회복지법제의 도입이라는 의견이 많았다. 이는 사회복지제도가 구빈적·단편적 성격으로부터 벗어나 국가 중심의 체계적인 사회복지제도로 자리 잡는 계기는 되었으나, 그 시행은 성공적이지 못하였다.

1960년대 사회복지의 특징 중 하나는 공무원, 군인 등 사회적 지배계층을 위한 사회보장제도가 우선적으로 제정되었다는 것이다. 이는 후진적 사회복지 발달의 한 형태로서, 사회보장제도의 확충이 복지적인 측면보다는 정치적 지배의 편의성을 위해 이루어졌다. 1972년 박정희 대통령이 유신헌법을 만들어 대통령의 권한을 대폭 강화하고 유신체제를 유지하자, 이에 대한 체제 도전이 끊임없이 일어났다. 따라서, 체제의 정통성 확립을 위해 무언가 최소한 국민들의 지지를 받을 수 있는 유인을 제공하지 않으면 안 되는 정치적 상황이었다.

당시 사회경제적 상황을 보면, 1960년대 제1차 및 제2차 경제개발 5개년 계획이 성공적으로 수행됨으로써 산업화·도시화 현상이 나타나기 시작했고, 절대빈곤에서 탈피하여 고도의 경제성장을 이룩하게 되었지만, 산업화·도시화 현상은 필연적으로 각종 사회문제를 가져왔다. 특히, 빈부의 격차가 심해져 상대적 박탈감 및 위화감이 사회에 팽배하여 사회적 불안이 조성되었다. 이런 상황에서 1972년부터 시작된 제3차 경제개발 5개년 계획부터는 본격적으로 사회개발정책을 수행하게 되었다.

1970년대의 사회복지 관련법들을 보면, 사회보험 부문에서는 「사립학교 교원연금법」(1973), 「국민복지연금법」(1973), 「개정 의료보험법」(1976), 「공무원 및 사립학교 교직원 의료보험법」(1977), 「월남귀순자 특별보상법」(1978)이 제정되었으며, 사회복지서비스 부문에서는「사회복지사업법」(1970)이 제정되었다. 이 가운데 「사립학교 교원연금법」과 「공무원 및 사립학교 교직원 의료보험법」은 국가 건설과 유지에 필수적인 공무원과 교직원에 대한 특별한 배려로 통치수단의 일환이라고 볼 수 있다. 「국민복지연금법」은 법만 제정해 놓고 실시하지 못하였는데, 그 이유는 제도의 수립목적이 중화학공업을 위한 내자조달의 수단으로 국민들이 인식하게 됨으로써, 국민의 지지와 호응을 받지 못했기 때문이다.

4) 1980년 이후

(1) 전두환·노태우 정부

1979년 10·26 사건으로 박정희 대통령의 유신체제가 종말을 고하고, 1980년 5·17 군사 쿠데타의 성공으로 전두환 정부(1981.3–1988.2.)의 제5공화국이 출범하였다. 전두환 정부는 민주주의의 토착화, 정의사회 구현, 교육혁신 및 문화창달과 더불어 복지사회의 건설을 국정지표로 내세웠으며, 1982년부터 시작된 '제5차 5개년 개발계획'에서도 경제와 사회의 균형적인 발전을 기본 목표로 삼았다.

전두환 정부는 부족한 체제 정통성을 확보하기 위하여 일단의 사회복지 입법을 단행하였다. 사회복지서비스 부문에서는 「사회복지사업기금법」(1980), 「심신장애자복지법」(1981), 「노인복지법」(1981)을 제정하였고, 「아동복리법」을 「아동복지법」(1981)으로 개정하였으며, 「사회복지사업법」(1983)을 전면 개정하여 사회복지종사자를 사회복지사로 그 명칭을 변경하고 사회복지사 자격을 1급, 2급, 3급으로 구분하였다. 그리고 공공부조 부문에서는 「생활보호법」(1983)을 개정하여, 생활보호 유형에 자활보호와 교육보호를 추가하였고, 「최저임금법」(1986)을 제정하였다.

전두환 정부 후반부터는 '한국형 복지모형'이 논의되기 시작하였다. 한국형 복지모형이 등장하게 된 배경은 1970년 중반 이후 선진복지국가에서 복지국가 위기론이 대두되고 있었기 때문에, 한국에서도 자칫 잘못하면 복지병을 유발할 수 있다는 정책 관련자들의 우려 때문이었다. 이는 엄밀한 의미에서 당시 영국 등의 사회주의 복지정책에 대한 반감과 복지재원마련의 곤란을 이유로 한 복지 후퇴의 성격이 짙다고 할 수 있다.

이러한 한국형 복지모형은 제6차 경제사회발전 5개년 계획(1987–1991)과 맥락을 같이하고 있다. 제6차 계획의 기본 방향은 ① 우리 경제·사회 발전수준에 맞는 복지시책이어야 하고, ② 가족과 지역사회의 복지기능을 최대한 조장하며, ③ 자립

정신에 입각한 복지시책을 전개하고, ④ 민간의 복지자원을 최대한 동원한다는 것 등이다. 그리하여 1980년대 후반부터는 시설수용 위주의 복지사업으로부터 탈피하여 지역복지와 재가복지가 강조되기 시작하였다.

1988년 출범한 노태우 정부(1988.2－1993.2.)는 제5공화국의 사회보험제도를 대부분 확대 시행하여, 국민연금제도(1988), 전국민의료보험제도(1989), 최저임금제도(1988)를 시행하였다. 제6공화국 정부에서 제정 또는 개정된 사회복지 관련법은 「모자복지법」(1989) 제정, 「심신장애자복지법」을 「장애인복지법」(1989)으로 개정, 「노인복지법」(1989) 개정, 「장애인 고용촉진 등에 관한 법률」(1990) 제정, 「의료보호」(1991) 개정, 「영유아보육법」(1991) 제정, 「고령자고용촉진법」(1992) 제정,「사회복지사업법」(1992) 개정 등이었다.

노태우 정부의 사회복지제도 발전의 특징은 다음과 같다.

첫째, 국민연금제도, 최저임금제도, 전국민의료보험제도 실시 등 소득 및 의료보장의 확대가 이루어지기 시작하였다.

둘째, 1988년 '서울 장애자 올림픽' 이후 장애인 종합대책을 수립하였으며, 이어서 「장애인 고용촉진 등에 관한 법률」을 제정하여 장애인복지에 대한 변화를 시도하였다.

셋째, 지역복지의 중추적인 서비스 전달체계인 사회복지관을 전국적으로 확대 실시하였다.

넷째, 「아동복지법」과는 별도로 「영유아보육법」이 제정되면서 영유아 보육사업이 크게 부각되었다.

다섯째, 재가복지를 중시하여 재가복지봉사센터가 급격하게 증가, 1987년부터는 사회복지 전문요원을 영세민 밀집지역의 동사무소에 배치하기 시작하였다.

(2) 김영삼 정부

김영삼 대통령의 '문민정부(1993.2－1998.2.)'가 등장한 1990년대는 세계화라는 흐름이 새로운 국제질서로 자리 잡아 가고 있었다. '우루과이라운드(UR)' 협상 타결에 이은 세계무역기구(WTO)체제가 세계경제를 규정하는 요소로 등장하면서 국가경쟁력이 중요한 국가적 과제로 떠올랐다. 이와 함께 독일의 통일, 동구 공산권의 몰락, 복지국가 위기론 이후 신자유주의 이데올로기의 확산 등 세계는 빠른 속도로 변화하고 있었다. 공산권이 몰락하면서 제2차 세계대전 이후 유지되어 오던 동서대립의 양극체제가 무너진 공간을 미국은 유일한 강대국으로서 세계화와 정보화라는 새로운 기준으로 세계를 재편해 나갔다.

김영삼 정부는 1993년 아시아태평양경제협력체(APEC) 정상회담 이후 개방과 무한경쟁을 의미하는 세계화를 정책목표로 설정하였으나, 1960년대 이후 계속된 정부 주도 압축성장은 많은 문제점을 내포하고 있었다. 그중에서도 가장 취약한 부문은 외환금융 부문이었다. 외환금융 부문에서 시작된 외환위기로 인하여 김영삼 정부는 국제통화기금(IMF)의 구제금융을 요청할 수밖에 없었고, 한국경제는 최악의 침체와 함께 상당부분을 외국자본에 의존하게 되었다.

김영삼 정부는 1993년 신경제 5개년계획의 사회복지 부문에서 '제7차 경제사회발전 5개년 계획'에서 복지정책의 기본 방향을 국가발전 수준에 부응하는 사회복지제도의 내실화에 두고, 국민복지를 증진시킬 것을 제시하였다. 또한 1995년에는 성장 위주의 정책에서 벗어나 삶의 질과 생산적인 국민복지에 적극적인 관심을 기울여야 할 것이라고 강조하였다(최원규 외, 2021: 419). 그러나 실질적인 성과는 미미하였다.

김영삼 정부에서 제정 또는 개정된 사회복지 관련법들을 보면, 사회보험 부문에서는 「고용보험법」(1993) 제정, 사회복지서비스 부문에서는 「정신보건법」(1993) 제정, 「사회복지공동모금법」(1997)을 제정하였다. 또한 「사회보장에 관한 법률」을 폐지하고, 「사회보장기본법」(1995)을 제정하였다. 김영삼 정부의 사회복지제도에서 가장 큰 변화는 사회보험 부문으로, 전 국민 대상 국민연금제도의 확대 실시와 더불어 전 사업장에 대한 고용보험제도의 적용, 전 국민 의료보험의 실시 등으로 기존의 산재보험제도를 포함한 4대 보험체계를 완성하였다.

(3) 김대중·노무현 정부

1997년의 이른바 'IMF 외환위기'하에서 출범한 김대중 대통령의 '국민의 정부(1998.2-2003.2.)'에서는 대량실업사태로 인해 사회안전망이 취약하다는 분석과 함께 사회복지제도의 발전에 중요한 전기가 마련되었다. 주목할 만한 조치와 입법으로는 노사정위원회 출범(1998), 고용보험의 모든 사업장으로 확대(1998), 「사회복지공동모금회법」제정(1998), 「국민건강보험법」제정(의료보험 전체 통합, 1999), 전 국민연금 실시(1999), 「국민기초생활보장법」(1999) 제정 등 사회안전망 구축에 힘을 쏟았다. 특히, 이른바 '생산적 복지'의 근간이 되는 국민기초생활보장제도는 지난 40년간의 시혜적 단순보호차원의 생활보호제도로부터 국가책임을 강화하는 현대식 복지제도로 대전환했다는 점에서 한국에서 복지국가의 출범을 가져다 준 획기적인 것으로 평가되고 있다(박진화, 2020: 282).

국민의 정부에 의한 적극적 사회복지정책에 힘입어 한국은 비록 OECD국가들의 복지수준에는 뒤지지만, GNP 대비 10% 이상을 사회복지에 투자하는 이른바 '후진복지국가'의 대열에 진입하게 된 것이다.

국민의 정부를 승계한 노무현 대통령의 이른바 '참여정부(2003.2-2008.2.)'에서는 '참여복지'가 주창되었다. 참여복지의 핵심은 '선성장 후분배'의 기조를 유지해왔던 역대 정부들과는 달리, 경제성장과 분배정의 간의 균형발전을 모색하는 것이었다. 참여복지의 이념은 복지에 대한 국가의 책임 강화, 복지정책의 수립·집행·평가과정에서의 국민참여를 무엇보다 강조하였다. 그리고 참여복지의 시각에서는 복지와 경제, 분배와 성장의 선순환관계를 강조하였다. 즉, 복지증진을 통해 경제가 성장하고, 경제성장을 통해 복지증진을 꾀할 수 있다(박태정, 2020: 228).

참여정부의 참여복지 이념을 실현하기 위한 '참여복지 5개년 계획'은 「사회보장기본법」에 의거하여 2004년부터 2008년까지 추진될 '사회보장장기발전계획'이었다. 이는 보건복지부 주관 아래 민간 전문가와 5개 관계부처(문화관광부, 정보통신부, 노동부, 여성부, 건설교통부)가 공동으로 참여하여 수립된 범정부 차원의 장기복지종합정책이었다. 이 계획은 제1차 사회보장장기발전계획(1999–2003)에 의해 그 기본 틀이 갖추어진 사회안전망의 내실화를 목표로 하였다. 그리고 저출산·고령화 등 사회경제적 변화에 대응한 복지인프라 구축 및 복지서비스의 확대를 도모하였다. 나아가 전 국민에 대한 보편적 복지서비스 제공, 상대빈곤의 완화 등을 통해 풍요로운 삶의 질이 구현되는 참여복지공동체 구축을 목표로 하였다.

이러한 목표에 따라 참여정부는 기초생활수급자와 의료급여수급자를 확대하는 등 기초보장의 확대를 추진하며, 장애수당 대상자를 확대하거나, 노인일자리를 확대하고, 빈곤아동에 대한 지원을 확대하는 등 사회서비스의 개선에도 노력하였다.

그 외 기존 복지제도로 대처하기 어려운 위기상황에 대처하기 위한 「긴급복지지원법」(2005)을 제정하였고, 24시간 긴급지원을 위한 '보건복지통합콜센터129'를 운영하기 시작했다.

새로운 지방의 복지수요 증대에 대처하여 사회복지재정의 지방 이양과 함께 지역복지인프라 확충에 노력하였다. 그 결과, 전국 시·군·구에 지역복지협의체가

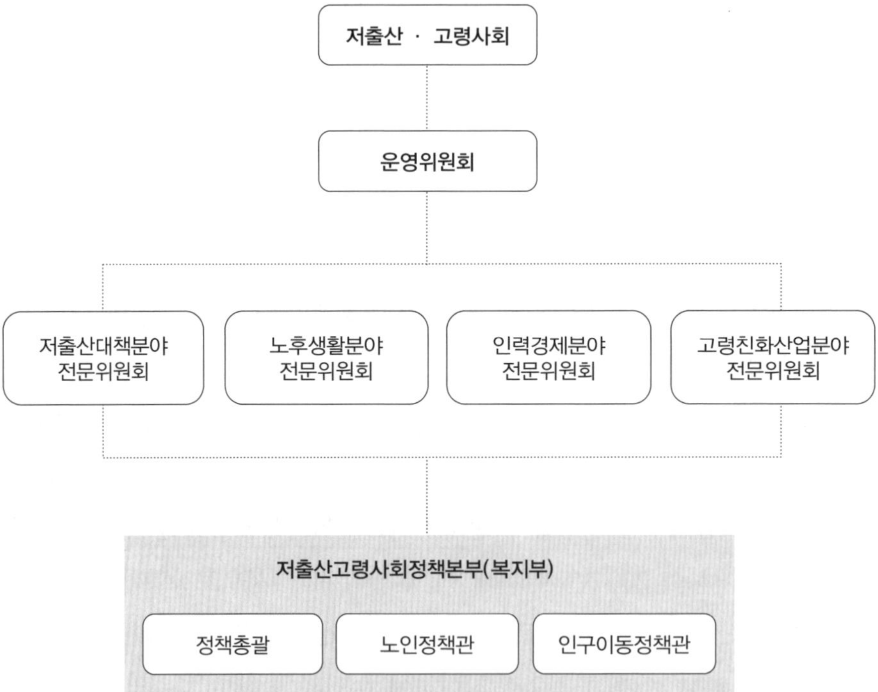

[그림 2-1] 저출산·고령사회위원회 조직도

구성되어 '지역사회복지계획'을 수립하고, 지역복지시책을 심의, 의결하는 기능을 하고 있다. 저출산대책으로 대통령이 위원장을 맡는 '저출산·고령사회위원회'를 출범시켜(2005년 9월) 5개년 기본 계획을 마련하였다(박진화, 2020: 284).

참여정부가 실시한 새로운 사회복지제도는 2007년 노인장기요양보험과 2008년 기초노령연금(2014년 기초연금으로 변경)이다. 노인장기요양보험은 노인케어비용을 사회보험화한 고령화 대비책이었다. 우리나라 고령화 수준에 비해 다소 이른 감이 있었지만, 세계 최고속도로 진행 중인 고령화에 선제적으로 대응한다는 의미가 있었다. 기초노령연금은 국민연금에서 배제된 노인을 위한 소득보장제도라는 점에서 의미를 부여할 수 있다(원석조, 2019: 422-423).

(4) 이명박·박근혜 정부

이명박 정부(2008.2-2013.2.)는 사회복지의 기조를 '능동적 복지'로 정했는데, 능동적 복지는 일할 능력이 있는 사람에게 일자리를 주고, 도움이 필요한 사람에게 국가가 따뜻한 손길을 제공하는 것이다. 정부는 이를 달성하기 위하여 평생복지 기반 마련, 예방·맞춤·통합형 복지, 시장기능을 활용한 서민생활안정, 사회적 위험으로부터 안전한 사회를 위한 성장과 분배 등 네 가지를 전략으로 내세운 사회복지정책을 추진하였다(원석조, 2019: 423).

이 시기에 사회복지 관련 법률에는 「다문화가족지원법」(2008), 기존의 「고령자고용촉진법」을 폐지하고 「고용상 연령차별금지 및 고령자고용촉진에 관한 법률」(2008) 및 「실종아동 등의 보호 및 지원에 관한 법률」(2008)의 개정, 2005년 제정 당시는 한시법이었던 「긴급복지지원법」을 영속법으로 개정(2009), 기존의 「청소년의 성보호에 관한 법률」을 폐지하고 「아동·청소년의 성보호에 관한 법률」(2009) 개정, 「장애인연금법」(2010)을 제정하였다. 1994년에 제정된 「성폭력 범죄의 처벌 및 피해자 보호 등에 관한 법률」이 '성폭력 범죄의 처벌 등에 특례'와 성폭력 범죄의 피해자 보호 등에 관한 사항'을 함께 규정하고 있어서, 이에 대한 효율적 대처에 한계가 있음을 인식하고, 2010년 4월 15일 「성폭력범죄 의 처벌 등에 관한 특례법」과 「성폭력방지 및 피해자보호 등에 관한 법률」로 분리하여 제정하였다. 그리고 「장애인활동지원에 관한 법률」(2011) 제정과 사회복지사의 처우향상을 위하여 「사회복지사 등의 처우 및 지위향상을 위한 법률」(2011)을 제정하였고, 「노숙인 등의 복지 및 자립지원에 관한 법률」(2011)과 「장애아동복지지원법」(2011)을 제정하였고,「사회보장기본법」(2012.1.26.)의 전면 개정과 인화학교 아동 성폭력문제로 「사회복지사업법」(2012)이 대폭 개정되었다. 또한 「가족친화 사회환경의 조성촉진에 관한 법률」(2012)과 「장애인·고령자 등 주거약자 지원에 관한 법률」(2012)을 제정·시행함으로써 사회복지를 한 단계 더 성숙시켰다.

이명박 정부가 추진했던 '사회안전망'정책은 세 가지로 분류할 수 있다.

첫째, 보편적 복지정책으로 빈곤층뿐만 아니라, 중산층 이하의 일반 국민 대다수를 국가복지정책의 직접적 수혜대상으로 확대한 것이다.

둘째, 예방적 복지정책으로 실직이나 교육사각지대에 놓인 사람들이 적시에 도움을 받을 수 있도록 하는 정책을 표방하였다.

셋째, 맞춤형 복지정책으로 각각의 취약계층에게 맞춤형 복지혜택의 지속적인 제공이 가능하도록 사회복지 전달체계를 획기적으로 개선한 정책이다.

박근혜 정부(2013.2－2017.3.)는 2013년 1월부터 시행된 「사회보장기본법」의 전면 개정에 맞추어 '사회보장기본계획(2014)'을 수립하였는데, 사회보장의 비전을 '더 나은 내일, 국민 모두가 행복한 사회'로 하였으며, 생애주기별 맞춤형 사회안전망 구축, 일을 통한 자립지원, 지속가능한 사회보장기반 구축의 3대 정책방향을 제시하였다. 이는 이전에 수립되었던 사회보장 장기발전방향과는 달리, 개별 계획보다 우선한다고 명시함으로써 기본 계획으로서 구속력을 강화하였으며, 소요재원 및 조달방안을 포함하여 구체성을 강화하였다.

박근혜 정부에서 사회복지 관련 법률로는, 기존의 「기초노령연금법」(2007)을 폐지하고 「기초연금법」(2014)을 제정하였다. 이는 노인세대를 위한 안정적인 공적 연금제도를 마련하여 소득과 재산을 환산한 소득인정액이 보건복지부장관이 정하여 고시한 금액 이하인 65세 이상의 노인 중 소득 기반이 취약한 70%의 노인에게 기초연금을 지급함으로써, 노인 빈곤문제를 해소하고 노인의 생활안정과 복지증진에 기여하게 되었다.

2014년에는 「국민기초생활보장법」을 개정하여 탈수급의 경우, 지원이 전무한 상황에서 사각지대가 발생하고 있으므로 맞춤형 빈곤정책으로 전환하여 지원대상을 확대하고, 개별 맞춤형 급여체계를 마련함으로써 탈수급 유인을 촉진하고 빈곤 예방기능을 강화하였다. 따라서, 절대적 빈곤선인 최저생계비 기준을 폐지하고, 상대적 빈곤선의 기준인 중위소득에 의한 보장대상자 선정기준에 따라 급여종류별로 다층화한 맞춤형 급여체계를 도입하였다. 또한 「사회보장급여의 이용·제공 및 수급권자 발굴에 관한 법률」(2014)을 제정하여 「사회보장기본법」에 따른 사회보장급여의 이용 및 제공에 관한 기준과 절차 등 기본적 사항을 규정하고, 지원을 받지 못하는 지원대상자를 발굴하여 지원함으로써 사회보장급여를 필요로 하는 사람의 인간다운 생활을 할 권리를 최대한 보장하고, 사회보장급여가 공정하고 효과적으로 제공되도록 하며, 사회보장제도가 지역사회에서 통합적으로 시행될 수 있도록 그 기반을 구축하는 것을 목적으로 하였다. 특히, 공공전달체계를 확립하였다.

2016년 「정신건강증진 및 정신질환자 복지서비스 지원에 관한 법률」은 1995년 제정된 「정신보건법」을 대체하였다. 이 법은 정신질환의 예방·치료, 정신질환자의 재활·복지·권리보장과 정신건강 친화적인 환경조성에 필요한 사항을 규정함으로써, 국민의 정신건강증진 및 정신질환자의 인간다운 삶을 영위하는 데 기여하기 위하여 제정하였다. 이 법은 정신질환자의 범위를 중증정신질환자로 축소 정의하고, 전 국민 대상의 정신건강증진의 장을 신설하며, 비자의 입원·퇴원을 강화하고 정신질환자에 대한 복지서비스 제공을 추가하였다.

박근혜 정부의 중요한 복지정책은 다음과 같다.

첫째, '국가책임보육'의 명제 아래 소득수준에 관계없이 보편적으로 0-5세 무상보육과 양육수당정책의 도입이다.

둘째, 2014년 7월 1일부터 기초노령연금을 기초연금으로 확대 개편하여 65세 이상 노인에게 상향된 연금을 지급하는 정책이다.

셋째, 4대 중증질환에 대한 건강보험 지원율에 대해 일부 급여항목을 대상으로 국가부담을 확대한 정책이다.

박근혜 정부 출범 시 사회복지정책은 과거의 지속적인 노력에도 불구하고, 여전히 해결해야 할 많은 문제점이 내재하고 있었다. 즉, 양극화 문제와 저출산·고령화 문제해결이 시대적 요청이었다. 박근혜 정부의 복지정책은 보수정권임에도 진일보하여 잔여적 복지모델에서 벗어나 보편적 복지정책의 시도가 많았다는 평가이다. 그럼에도 불구하고, 대선공약으로 기초연금을 65세 이상 노인 전부에게 지급하겠다는 보편주의 도입은 집권 후 전체 노인인구의 65%만을 수급대상으로 국한시킴으로써 신자유주의적 발상에서 벗어나지 못했다는 평가가 있다. 특히, 노인복지를 빙자한 정권재창출이라는 불명예를 얻기도 하였다.

그러던 중 2017년 3월 10일 박근혜 대통령은 탄핵으로 인해 헌법재판소에서 파면이 결정되었다. 이는 한국 헌정사상 초유의 사태로, 이 과정에서 사회는 혼란을 가져오게 되었고, 사회복지정책에서도 새로운 정책이 요구되었다.

(5) 문재인 정부

박근혜 대통령의 탄핵으로 2017년 5월 10일에 문재인 대통령의 진보정권이 출범함에 따라 보편적 사회복지정책의 추구로 사회복지정책에 있어서 근본적인 변화가 일어나게 되었다. 즉, 신자유주의에서 사회민주주의의 요소를 추가하는 방향으로 정책기조가 변경됨으로써, 사회복지 각 분야에서 획기적인 전환이 이루어지게 되었다. 문재인 정부는 경제성장률 이상으로 정부지출을 더 늘리는 '확장적 재정정책'을 천명하고, 일자리 창출과 복지서비스 수혜범위의 대폭 확대를 강조하였다. 2017년 8월 29일에 발표된 '2018년 예산안'과 '2017－2021년 국가재정운용계획'에 따르면, 2018년 복지예산은 2017년보다 12.9% 증가한 146조 2천억 원으로, 전체 지출 429조 원의 34%에 해당하는 사상 초유의 규모이다. 대통령 임기 중 연평균 9.8%씩 늘릴 계획이며, 2021년 전체 예산 중 38%까지 올릴 것으로 계획·발표하였다. 그러나 2019년 12월 중국 우한(武漢)에서 처음 발생

코로나 19

한 후, 전 세계로 확산된 새로운 유형의 코로나19(COVID－19, corona virus disease 19)로 인한 막대한 재정지출은 문재인 정부의 보편적 복지정책에 대해 선택제로의 정책 선회를 요구받기에 이르렀다.

문재인 정부의 사회복지정책은 '포용적 사회복지체계의 구축'에 있다. 문재인 정부는 이를 통해 국민의 삶의 질 수준을 2040년까지 세계 10위 수준으로 높이겠다는 목표를 제시했다.

(6) 윤석열 정부

문재인 정부의 말기는 차기 대통령이 된 윤석열 당시 검찰총장과의 알력으로 인해 국정 자체가 제대로 운용되지 못하였다. 2022년 5월 10일 등장한 윤석열 정부는 등장 전부터 청와대 이전 등으로 국민적 분노를 유발시켰다. 특히, 윤석열 정부는 신자유주의로 정책 전환함에 따라 문재인 정부의 보편적 복지정책은 무시되었다. 윤석열 정부는 선택제를 채택함에 따라 국민건강보험을 비롯한 사회 각 분야에서 이해당사자와 충돌을 피할 수 없게 되었다. 더구나 집권 초기 소위 여소야대의 국회상황에서 윤석열 정부의 사회복지정책은 야당에 의해 거부됨으로써 집권기간 사회복지정책의 혼돈을 피할 수 없게 되었다.

21세기에 들어와서 한국 사회복지정책은 대상, 내용, 범위, 실시체계의 측면에서 복지국가에 진입한 것으로 평가되고 있다. 그러나 고부담 고복지에 대한 각계의 합의가 이루어지지 못하고 있고, 일단 증가된 복지지출은 감소할 수가 없어 재정위기를 겪은 국가의 대부분은 복지예산을 방만하게 운영하다가 어려움에 빠졌다는 지적이 있는 만큼, 경제와 복지의 균형발전에 정부, 기업, 민간부문의 합의가 요청되고 있다.

연습문제
EXERCISE

01 영국의 복지국가 발달과정에 관한 설명으로 옳지 않은 것은?

① 1930년대 경제공황으로 경제문제에 대한 국가개입의 필요성이 증대되었다.
② 베버리지는 강제적인 사회보험을 국민최저선 달성을 위해 가장 중요한 제도로 보았다.
③ 1950년대와 1960년대는 복지국가의 황금기에 해당된다.
④ 베버리지는 결핍(궁핍), 질병, 무지, 불결, 나태를 5대 악으로 규정하였다.
⑤ 영국의 구빈법이 공식적으로 폐지된 것은 1차 대전 이전의 일이다.

02 독일 비스마르크의 사회입법에 관한 설명으로 옳은 것은?

① 1883년 제정된 질병(건강)보험은 세계 최초의 사회보험이다.
② 1884년 산재보험의 재원은 노사가 반씩 부담하였다.
③ 1889년 노령폐질연금이 전 국민을 대상으로 시행되었다.
④ 사회민주당이 사회보험 입법을 주도하였다.
⑤ 질병(건강)보험은 전국적으로 일원화된 통합적 조직에 의하여 운영되었다.

03 한국 사회복지정책의 역사에서 가장 나중에 나타난 일은?

① 일반적 공공부조제도의 실시
② 산재보험의 전 사업장 확대
③ 통합주의 건강보험 실시
④ 기초노령연금 실시
⑤ 생산적 복지 추진

04 1970년대 복지국가 위기 이후 일어난 일이 아닌 것은?

① 신자유주의 정치 이념의 확대
② 새로운 사회적 위험에 대한 관심 증가
③ 복지에 대한 시민권 강조
④ 복지의 민간공급 확대
⑤ 사회투자국가모형 대두

정답 1. ⑤ 2. ① 3. ④ 4. ③

Chapter 3

사회복지의 철학

학습목표

1. 가치, 이념, 윤리에 대한 이해
2. 각 이론의 철학적 사고 토론
3. 각 이론 간 비교 분석

학습내용

1. 가치
2. 이념
3. 윤리

개요

사회복지정책은 가치 지향적이다. 사회복지정책은 사회복지정책이 중요하다고 생각되는 가치가 사회에서 실현될 수 있도록 하기 위한 활동이다. 즉, 가치는 사회복지정책의 목표가 되는 것이다. 여기에서는 사회복지의 철학을 학습하고자 한다.

Chapter 3

사회복지의 철학

1. 가치

1) 가치의 개념

가치는 귀중함의 정도 또는 중요함의 비중을 구분하는 것과도 연관된다. 또한 가치는 주관적이며, 개인마다 다른 비중을 가지며, 연령과 자신이 살아가는 상황에 따라 변화될 수 있다. 사회구성원들의 완전히 일치되는 가치는 존재하기 힘들지만, 공공정책을 수행하는 데 있어서 사회적 자원을 사회구성원에게 어떻게 배분할 것인가에 대한 합의를 만들어 내는 가치분석과 선택은 매우 중요하다. 예를 들어, 정책목표가 이중적이거나 애매할 경우, 정책목표를 명확히 밝히는 것이 매우 중요하기 때문에 가치는 사회복지정책의 형태나 모형을 결정짓는 중요한 역할을 한다(김보기, 2022a: 23).

그렇다면 가치는 무엇이고, 사회복지정책이 추구하는 가치는 무엇인가? 가치는 일상생활에서 필요와 욕구를 충족시킬 수 있는 것을 뜻한다. 그런 의미에서 상품은 모두 가치이다. 그러나 이런 경제적 가치 외에 육체적인 쾌적·건강도 가치 있는 것이며, 나아가 인간의 정신적 활동에 만족을 주는 가치가 있다. 즉, 논리적 가치와 도덕적 가치, 미적 가치, 종교적 가치로 생각할 수 있다. 물론 가치란 인간을 떠나 실재하는 것이 아니다. 가치를 느껴서 아는 인간의 존재가 있어야 비로소 존재한다. 또한 가치가 생기기 위해서는 대상에 관계하는 자기의 일정한 태도, 즉 평가작용이 예상되며 그러한 평가작용의 주체인 자기 성격에 따라 가치 자체에도 개인적, 사회적, 자연적, 이상적이라는 구별이 생긴다(박주현, 2021: 51).

사회복지정책은 가치 지향적이다. 사회복지정책은 인간의 존엄성을 유지시켜 주고 인간다운 생활을 영위할 수 있도록 최소한의 생활을 보장해 주는 것을 목적으로 하는 활동이라는 점에서 그렇다. 따라서, 사회복지정책은 사회복지정책이 중요하다고 생각되는 가치가 사회에서 실현될 수 있도록 하기 위한 활동이다. 즉, 가치는 사회복지정책의 목표가 되는 것이다.

가치(value)라는 말은 라틴어 '*valere*'인데, 이는 '강함, 승리, 또는 그럴 만함'을 의미한다. 가치의 정의에 대한 설명으로는 ① 선(good)이나 바람직한(desirable) 것이며, 정서를 가진 질적인 판단, ② 사람에 관하여 그리고 사람을 다루는 적절한 방법에 대하여 전문직이 갖고 있는 신념, ③ 믿음과 같은 것으로 좋고 바람직한 것에 대한 지침이며, 적절한 행동의 선택에 대한 지침, ④ 어떤 선택을 하도록 영향을 미치는 이념 등이다.

이와 같이 가치에 대한 정의는 달리 표현될 수 있지만, 공통적인 의미가 담겨 있다. 즉, 가치는 바람직하다고 생각하는 삶의 방식이나 기준, 신념을 의미한다. 가치는 사회복지정책의 수립과 집행의 준거가 되고 또한 사회복지정책의 분석 기준이 된다. 말하자면 가치는 사회복지정책이 추구해야 하는 방향성을 제시한다(오세영, 2020: 46). 따라서, 사회복지정책의 가치를 파악하는 것이 매우 중요하다. 사회복지정책의 가치는 다음과 같다.

2) 사회복지의 핵심 가치

사회복지 전문직이 사회복지를 실천하기 위해 실천의 가치로 삼아야 하는 것에 대한 논의는 여러 차원에서 진행되고 있다. 사회복지실천의 핵심 가치는 다음과 같다(양옥경 외, 2018 : 55).

첫째, 인간존엄(human dignify)이다. 인간이라면 천부적으로 갖고 태어난 인간 존엄성과 인간에 대한 가치의 존중이다.

둘째, 자원접근의 평등(equality)이다. 모든 인간은 생애주기 문제를 해결하기 위해 필요한 자원에 접근할 권한을 가져야 하며, 이는 기회의 평등까지도 포함한다.

셋째, 진실성(integrity)이다. 사회복지사는 항상 진실되게 행동해야 한다.

넷째, 인간관계(relationship)의 중요성이다. 관계는 클라이언트의 변화를 초래하기 위해 사회복지사가 사용하는 가장 중요한 도구이다. 따라서, 이 관계를 사용할 때는 인간존엄에 기초해서 사용해야 한다.

다섯째, 능력(competence)이다. 사회복지사가 전문적 능력을 갖추는 것은 오늘날 사회복지사의 의무이자 기본 가치가 되었다.

결론적으로 사회복지사는 지식과 기술, 전문성의 범위 안에서 최선을 다해 클라이언트에게 서비스를 제공해야 한다. 이것이 사회복지실천의 가치이다.

3) 사회복지실천과 가치 갈등

사회복지사의 실천활동은 개인적 가치, 전문적 가치, 클라이언트와 클라이언트 집단의 가치, 사회의 가치에 의해 영향을 받으며 이러한 가치 갈등으로 윤리적 딜레마에 빠지기도 한다. 사회복지사가 겪게 되는 다양한 가치 갈등의 유형을 살펴보면 다음과 같다(최세영, 2021: 46–48).

(1) 가치 상충

가치 상충은 윤리적 갈등이 가장 빈번히 야기될 수 있는 상황으로, 사회복지사가 두 개 또는 그 이상의 대립적 가치 또는 경쟁적 가치에 직면했을 때, 어떤 가치를 우선적으로 선택해야 할지 결정하지 못하는 경우 겪게 되는 윤리적 갈등을 말한다. 윤리적 문제에서 상충되는 가치뿐만 아니라, 전문가의 가치와 개인적 가치 사이의 상충, 클라이언트의 가치 상충 등이 있을 수 있다. 가치 상충으로 인한 윤리적 갈등은 가장 빈번하게 발생하는 상황이다.

(2) 의무 상충

사회복지사가 자신이 속한 기관에 대한 의무와 클라이언트에 대한 의무 사이에서 갈등하게 되는 경우 겪게 되는 윤리적 갈등을 말한다. 사회복지사는 자신이 속한 기관의 정책을 지켜야 할 의무뿐 아니라, 클라이언트를 위해 행동해야 할 의무도 있는데, 이 두 가지 의무가 상충되면서 윤리적 갈등을 겪을 수 있다.

(3) 클라이언트체계의 다중성

클라이언트가 여러 명일 경우, 누가 클라이언트이고, 누구의 이익을 최우선적으로 고려하여 개입해야 하는지를 판단하기 어려워 겪게 되는 윤리적 갈등을 말한다. 누구의 이익을 우선시할 것인가의 문제는 개입의 우선순위와 내용에 중요한 영향을 미친다. 또한 특정 클라이언트를 위한 선택이 다른 클라이언트에게 부정적 결과를 가져올 경우에도 윤리적 갈등이 발생한다.

(4) 결과의 모호성

사회복지사가 내릴 결정의 결과가 불투명할 때, 사회복지사는 어떤 결정을 내려야 할지에 대한 윤리적 갈등을 말한다. 특히, 사회복지사는 클라이언트가 아동일 때 어떻게 결정하는 것이 아이를 위한 최선인지, 앞으로 5~10년 후에도 최선일 수 있는지, 무슨 권리로 아동에 대한 결정을 해야 하며, 바른 윤리적 결정이 무엇인지 모호한 상황에 종종 부딪히게 된다.

(5) 힘 또는 권력의 불균형

사회복지사와 클라이언트의 관계가 권력적으로 평등하지 않기 때문에 생기는 윤리적 갈등을 말한다. 클라이언트는 도움을 받는 입장이고, 사회복지사는 전문가로서 도움을 제공하기 때문에 클라이언트가 전문가에게 의존하는 관계가 되기 쉬운데, 이러한 상황에서 발생하는 갈등이다.

2. 이념

1) 인간의 존엄성

인간의 존엄성은 인간이 신분이나 직업, 경제상태나 신체적 조건, 출신지역이나 민족, 피부색, 성별, 연령 등을 이유로 해서 차별하거나 차별받거나 인간성이 부정되어서는 안 된다는 가치이다.

인간의 존엄성은 인간 사회에서 절대적인 가치이자 최고의 목적적 이념이다. 인간의 몸에서 인간으로 태어난 이상, 인간은 존엄하다. 이 이념이 왜 절대적인가 하는 데에는 논란의 여지가 없다. 그것은 우리가 인간이기 때문이다. 다시 말해서 현대사회에서 인간의 존엄성은 “인간의 몸에서 태어난 모든 인간은 인간으로서 살아갈 존엄한 가치가 있으며, 권리가 있다”는 사실을 인정하는 것이다. 현대사회에서는 이러한 인간의 존엄성을 전제로 한 복지라는 이념이 중요한 가치로 추구된다. 모든 인간은 인간으로서 살아갈 존엄한 가치가 있으며 권리가 있다는 사실을 전제로, 만약 누구든 기본적 욕구가 충족되지 못하거나 못할 가능성이 있는 경우, 이를 사회 또는 국가가 도와주어야 한다는 사상이 사회복지사상이다. 사회복지는 인간의 존엄성을 기본 가치로 하는 인간 지향적인 제도와 활동이라는 데 그 특징이 있다. 즉, 사회복지는 인간이면 누구나 인간으로서의 존엄성을 지켜나가면서 인간다운 삶을 보장하는 데 그 목적을 둔다(이정자 외, 2022: 21).

대부분의 현대국가는 나름대로 ‘국민에게 건강하고 문화적인 삶의 수준을 보장하는 것이 국가의 의무’라고 헌법에 명시하고 있다. 국가는 국민의 생존권 보장을 위해 국민최저기준(national minimum)의 확보를 위해 노력해 왔는데, 그 내용은 사회보장제도의 충실화로 대변된다. 생존권이 보장되기 위해서는 국민최저수준의 생활을 영위하지 못하는 국민이 자신의 삶의 수준을 향상시켜 주도록 국가에 요구하는 권리, 즉 사회권으로서의 생존권이 보장되어야 하는 것이다. 그러나 사회보장제도에 의한 최저생활보장은 인간존엄성의 가치를 실현하기 위한 필요조건일 뿐 충분조건은 아니다. 이 가치는 사회문화차원에서 노력이 병행되어야 한다. 그 노력이란 편견과 차별이 없는 사회를 만들기 위한 노력이며, 그것에 의해서 인간존엄의 완전한 실현이 비로소 가능한 것이다. 정상화(normalization)의 실천과 그 문화의 보급은 그 노력으로서 평가되는 것이다.

인간의 존엄은 인간이 주체적인 존재라는 사실과 적극적인 자극과 기회제공에 의해 반드시 바람직한 변화를 가져오는 존재라고 하는 사실을 인식한다. 전자의 인식에 의해 '자기결정의 가치'가, 후자의 인식에 의해 '발달보장의 가치'가 생성되는 것이다. 인간의 존엄과 가치가 사회복지에 의해 어떻게 구현되는가는 사회의 지배적 가치체계에 의해 결정된다(오세영, 2020: 47-48).

2) 자유와 평등

(1) 자유

사회복지정책에서 고려해야 할 중요한 가치 중의 하나가 자유(freedom)이다. 자유는 사회복지정책의 확대를 비판하는 사람이 중요하게 생각하는 가치이기도 하면서 사회복지정책의 확대를 지지하는 사람들 또한 사회복지정책을 통해 추구하는 가치라는 점에서 흥미롭다.

이러한 자유(freedom)의 개념은 두 가지로 나누어 논의된다. 하나는 소극적 자유(negative freedom)이며, 다른 하나는 적극적 자유(positive freedom)이다(Berlin, 1969). 여기서 소극적 자유란 다른 사람의 간섭 또는 의지(will)로부터의 자유를 말하는 반면, 적극적 자유는 자신이 원하는 것을 할 수 있는 자유를 말한다. 전자는 자유의 '기회(opportunity)'의 측면을 강조하는 반면, 후자는 자유의 '능력(capacity)'의 측면을 강조한다(양정하 외, 2020: 82).

벌린(Isaiah Berlin, 1909-1997)은 그의 저서 『자유론(*Liberty Incorporating Four Essays on Liberty*, 2002)』에서, 자유를 소극적 자유라고 하였다. 벌린은 '일체의 억압으로부터의 자유'라는 소극적 자유의 중요성을 강조하면서 적극적 자유를 비판적으로 검토하고 있다. 또한 소극적 자유는 홉스(Thomas Hobbes, 1588-1679), 로크(John Locke, 1632-1704) 이래 전통적 고전적 자유의 개념으로, 외적 강제가 없는 상태를 의미하며, 언론과 사상의 자유, 종교의 자유 등 소위 국가로부터의 자유, 자유권의 내용이 이에 해당된다.

이에 반해, 적극적 자유는 자주적으로 또는 타인과의 협동에 의해 인격의 성장에 노력하는 자유인데, 그린(Thpmas Hill Green, 1836-1882)은 적극적 자유를 강조한다. 그린에 따르면, 인간에게 있어 목적은 인격의 성장이며, 자유는 그 목적을 달성하기 위한 수단이므로 공공의 복지를 위해서는 개인 자유의 제한이 있을 수 있다는 적극적 자유라는 새로운 관념을 확립시켰다. 그린이 자유의 의미를 변경한 것은 정부의 적극적 기능을 정당화하기 위한 것이다(Wempe, 2017).

freedom과 liberty의 차이

'자유'는 두 단어가 있다. liberty는 바로 '벗어나는 자유'인데, 구속이 없는 상태를 말한다. 이에 반해, freedom은 추구하는 자유를 말한다. 자신이 원하는 것을 추구하는 과정에서, 느껴지는 자유이다. 예를 들어, 만일 일이 힘들거나, 직장상사가 숨 막혀서 여행을 떠나 자유로움을 느낀다면, 이는 liberty이다. 그에 비해, 유명 미술관에 가기 위해 여행을 떠난다면, 이는 freedom이다. freedom을 가진 사람은 더 큰 자유를 위해 기꺼이 작은 구속을 선택한다. 자신이 원하는 것을 추구하기 위해 기꺼이 불편이나 제약을 감수하는 것이다. 그러나 liberty만을 가진 사람은 늘 작은 구속이나 불편도 견디지 못하고 벗어나려고 할 뿐이다. 그의 삶도 그렇다. 추구하는 삶이 아니라 벗어나는 삶으로 흘러갈 뿐이다.

Freedom은 물리적, 또는 육체적으로 자유로운 상태, 즉 자유롭게 움직이고 삶을 누릴 수 있는 상태라고 한다. 반면, Liberty는 법적인 권리로서의 자유를 말하는 데, 쉽게 말해서 문서상의, 또는 개념상의 비물리적인 자유를 뜻한다.

사회복지정책의 확대를 비판하는 사람들이 지지하는 자유의 개념은 '개인의 생각·행위에 대한 억압이나 통제가 없는 상태'를 의미한다. 이는 소극적 자유이다. 자유의 가치를 신봉하는 사람들은 시장에서의 '자유로운 선택'에 의한 자원분배가 가장 바람직하다고 본다. 이들은 국가가 시장에 개입하여 사람들의 자유로운 선택을 제한하는 것은 비효율적인 자원분배를 초래한다고 생각한다. 소극적 자유는 강요와 강압의 부재를 의미하기 때문에 침해당할 수 있는 경우가 간혹 존재하게 되는데, 대표적 예가 사회복지사의 가정방문을 받게 된다거나, 아동이 학교를 다니지 않으면 안 되는 경우이다.

현대 복지국가에서 사회보험은 강제적 가입을 기본 요건으로 한다. 소득이 있는 사람들은 세금과 마찬가지로 사회보험료를 납부해야 하는 것이다. 빈곤층의 기본적 생활을 보장하는 공공부조제도 역시 세금을 재원으로 한다. 이때 소극적 자유를 지지하는 사람들은 자신의 재산권을 침해하는 사회보험료, 소득세, 재산세 등을 비판한다. 그러나 사회복지정책을 통해서 자유를 이룰 수 있다고 주장하는 사람도 있다. 이때 자유의 개념은 위에서 설명한 자유 개념과 다르다. 사회복지정책을 통해 추구하는 자유는 '사람들이 자신이 원하는 것을 적극적으로 할 수 있는 자유'를 의미한다. 자유를 누릴 여건이나 상황이 안 되는 상태에서는 소극적 자유가 주어진다 해도 실제로 누릴 수 있는 자유는 크게 줄어든다. 자신이 원하는 것을 할 수 있는 자유(적극적 자유)가 어떻게 보면 소극적 자유의 전제조건이라고 할 수 있다.

소극적 자유의 가치를 지지하는 사람들은 사회복지정책의 확대를 위하여 세금을 늘리는 것을 반대하고, 적극적 자유를 지지하는 사람들은 사회복지의 확대를 주장한다. 어떤 자유의 개념이 더 중시되는가는 사회구성원의 가치관에 따라 달라진다. 사회복지정책의 확대를 지지하는 사람들은 소극적 자유를 침해함으로써 감소하는 효용이 다른 사람들의 적극적 자유를 신장시킴으로써 증가하는 효용보다 작다고 주장한다. 이것은 사람들이 자유를 누릴 때 발생하는 한계효용은 자유가 커질수록 줄어든다는 논리(한계효용체감의 법칙)에 근거하고 있다. 가난한 사람들을 위하여 사회복지정책을 확대하고자 부자들에게 세금을 부과할 때 부자들의 소극적 자유가 침해되어 효용이 감소한다. 그러나 부자들은 일반적으로 많은 양의 자유를 향유할 수 있기 때문에 이러한 효용의 감소는 크지 않다고 보는 것이다. 반면에, 사회복지정책으로 급여나 서비스를 받는 가난한 사람들의 적극적 자유가 커짐으로써 나타나는 효용의 증가는 부자가 잃게 되는 효용의 양보다는 크다는 것이다(류연규, 2021: 33-34).

자유를 이데올로기 측면에서 분류한다면, 고전적 자유주의와 사회주의로 나누어 설명할 수 있다. 그 내용은 다음과 같다(박주현, 2021: 54-55).

고전적 자유주의는 인간이 그의 이익을 추구하고, 그 행동 결과에 대한 책임을 질 수 있도록 어느 누구의 간섭도 받지 않고 자유를 누려야 한다고 보기 때문에 국가개입도 반대한다. 즉, 어떤 개인이 다른 사람이나 국가의 부당한 강제로부터 자유롭다면, 그는 그 자신과 국가의 이익을 위하여 그의 능력을 최대한 발휘하게 될 것이며, 따라서 자유는 개인주의와 밀접하게 관련되어 있다.

사회주의는 자유의 개념에 경제적 자유를 포함한다. 개인이 법적·정치적 자유를 누린다고 하여도 경제제도에 발이 묶여 있다면, 자유롭지 못하기 때문에 진정한 자유는 경제적 불평등과는 결코 함께 존재할 수 없다. 따라서, 진정한 자유를 위해 국가의 정책이 필요하다. 이러한 이유로 사회주의자들은 개인의 경제활동에 대한 국가개입이 개인의 자유를 침해한다는 자본주의자들의 주장을 받아들이지 않는다. 특히, 개인의 부, 재산, 권력 등의 축적에 대한 자유는 공적인 조치가 없을 경우, 소수의 권력집단만이 이러한 자유를 누리게 되기 때문이다. 따라서, 이 권력집단의 법적·정치적·경제적 자유를 제약하고, 자유 대다수를 보장하기 위한 국가행위가 필요하다.

사회복지정책은 다분히 사회주의적 자유의 개념에 입각해 있다. 국가의 조세를 통한 소득보장, 교육, 건강프로그램 등은 정부의 기능과 역할에 대한 고전적 자유주의자의 견해로부터 벗어나는 것을 의미한다. 그러나 사회복지정책에는 자유주의의 영향도 많이 남아 있다. 즉, 사회문제의 원인을 개인의 잘못으로 보고, 자산조사를 통하여 최소한의 급여나 서비스를 제공하거나, 개인의 자조를 강조하는 것 등은 고전적 자유주의의 잔재라고 볼 수 있다.

(2) 평등

평등(equality)에는 태어날 때부터 평등하다는 관념과, 실제적으로 평등한 대우를 받아야 한다는 규범적인 측면이 포함되어 있다. 이 이념은 인간의 존엄성과 관련시켜 논의할 수 있다. 인간의 존엄성과 평등의 개념을 연관시켜 볼 때, 평등의 이념에 기본적으로 내재되어 있는 것이 인간의 존엄성이다. 곧 사람의 능력, 그리고 사람이 처해 있는 환경 역시 각각 다르지만, 인간으로서의 가치나 존엄성은 모든 사람에게 태어날 때부터 절대적으로 평등하다. 따라서, 어떠한 사람도 사람의 몸에서 태어난 이상, 인간으로서 대우받을 권리가 있다. 인간으로서 대우받는다는 것은 인간이 수단이 아니라, 인격 그 자체로 대우받아야 한다는 것을 뜻하며, 이러한 대우는 누구에게든지 평등하게 보장되어야 한다(김보기 외, 2022a: 76).

평등은 일체의 차별을 부정한 균형의 상태를 의미하며, 조화라는 의미와도 상통한다. 사회복지가 생각하는 이상적인 사회의 모습 중의 하나는 바로 인간다운 삶의 질이 보장된 조화로운 사회이다. 인간다운 삶의 가장 기본적인 조건은 차별 없는 사회이다. 어떤 사람이라도 인종이나 출신지역, 신체적·정신적 조건, 사상적 신조, 학력이나 직업, 소득수준 등에 의하여 인간성이 무시되거나 경시되는 일이 없는 사회를 일컫는다. 또한 인간다운 삶이 보장되는 사회의 조건은 사회구성원들 간에 삶의 질의 격차가 심하지 않은 사회, 즉 조화로운 사회이다. 조화란 심각한 불평등이 없는 상태이다. 경제와 사회의 조화, 남녀의 조화, 지역의 조화, 연령의 조화, 장애를 가진 사람과 그렇지 않은 사람 간의 조화, 정규직 노동자와 비정규직 노동자의 조화 등이 실현된 사회가 삶의 질이 높다(오세영, 2020: 49).

일반적으로 평등에는 세 가지 유형이 있다. 그 내용은 다음과 같다(박경일, 2020: 59-60).

첫째, 기회의 평등(equality of opportunity)은 오늘날 자본주의 사회에서 가장 널리 퍼져 있는 평등의 범주이다. 이것은 각 개인은 자신의 소질과 능력을 자유롭게 계발할 평등한 권리와 기회를 가질 뿐 아니라, 동일한 업적에 대해서는 동일한 보상이 주어진다는 입장이다. 또한 모든 사회적 제도에 대한 접근을 모든 사람에게 균등하게 열어 놓는다는 입장을 밝히고 있다. 거기에는 혈통, 종교, 가문 등의 객관적 조건이 아니라, 개인의 주관적 능력이 결정적인 규정 요소로 등장한다. 예를 들어, 모든 사람을-신체장애인, 건강한 청년, 부유층의 자녀, 철거민의 아이든 가리지 않고-100m 출발선 위에 똑같이 세워놓고 자유롭게 달리기 경주를 시키는 경우와 흡사하다. 즉, 평등한 출발이라고 할 수 있는 뛸 수 있는 기회를 똑같이 제공하는 것이다. 이와 같이 기회의 균등은 가장 소극적인 평등 개념으로 결과가 평등한가 아닌가를 완전히 무시한 채 결과를 얻을 수 있는 과정상의 기회만을 똑같이 평등하게 해주는 것이다. 따라서, 과정상의 기회만 평등하다면 그로 인한 결과의 불평등은 아무런 상관이 없다는 것이다. 결과적으로 이러한 평등 개념을 취한다면, 기회의 평등이라는 이름 아래 수많은 결과의 불평등 존재를 합법화할 수 있을 것이다. 대표적인 예로, 1960년대 미국의 '대빈곤전쟁(War on Poverty)' 시기에 강조되었던 각종 빈곤층 대상의 교육 및 훈련 프로그램이다. 우리나라의 대표적인 기회평등정책으로는 '드림스타트(Dream Start)' 프로그램이 있다. 드림스타트 사업은 취약계층 아동에게 맞춤형 통합서비스를 제공하여 아동의 건강한 성장과 발달을 도모하고 공평한 출발기회를 보장함으로써, 건강하고 행복한 사회구성원으로 성장할 수 있도록 지원하는 사업이다. 이는 0세(임산부) 이상 만 12세(초등학생 이하) 아동 및 가족을 대상으로 아동 양육환경 및 발달상태에 대한 사정을 통해 서비스 대상 아동을 선정한다. 이때 국민기초수급 및 차상위계층 가정, 법정 한부모가정(조손 가정 포함), 학대 및 성폭력피해아동 등에 대해서는 우선 지원된다.

두 번째, 조건의 평등(equality of condition)은 기회의 평등과 연결되는 것으로 사회적 기회를 획득하려는 자유경쟁의 출발 조건을 평등하게 정비하고자 노력한다. 따라서, 순수하게 개인의 능력에 모든 것을 맡기는 것이 아니라, 개인의 능력 부족을 사회적으로 메워주는 작업이 필수적이라고 인식한다. 예컨대, 100m 달리기에서 신체장애인은 얼마쯤 앞에서 출발하도록 하는 것이다. 이러한 조건의 평등은 사회적 약자에게 호의적 조치를 취함으로써 실질적 평등을 이루려는 것으로 볼 수 있으므로 이것은 긍정적 조치, 적극적 조치 또는 차별철폐행동(affirmative action)이라고 말할 수 있다.

세 번째, 결과의 평등(equality of outcome)은 출발점이나 자연적 능력은 고려하지 않고 법적 조치나 정치적 수단을 이용하여 마지막 결과의 평등만을 얻고자 한다. 즉, 출발단계의 불평등을 마지막 단계의 사회적 평등으로 뒤바꾸어 놓으려 한다. 따라서, 이 경우 자유로운 경쟁이나 개인적 역량의 발휘는 억제되거나 무시된다. 예를 들어, 100m 달리기에서 모든 사람을 똑같이 골인시키는 것과 같다. 이러한 결과의 평등은 가장 적극적인 평등개념으로, 모든 사람에게 그들의 욕구나 능력의 차이에는 관계없이 사회적 자원을 똑같이 분배하는 것을 말한다. 그러나 수량적 평등의 개념이 의미하는 결과의 완전한 평등은 어떠한 사회에도 존재하지 않으며 현실적으로도 존재할 수 없다. 그렇지만 사회복지에는 완전한 수량적 평등은 아니더라도, 부분적인 수량적 평등을 가치로 삼고 있으며, 대표적 예로 공공부조를 들 수 있다.

3) 정의, 연대, 공공성

정의, 연대, 공공성은 다음과 같다(조추용 외, 2021: 43－47 ; 박경일, 2020: 57－58).

(1) 정의

정의(justice)는 공정함을 말하며, 아리스토텔레스(Aristoteles, B.C 384－B.C 322)는 평균적 정의와 배분적 정의로 나누었다. '평균적 정의'는 '같은 것을 같게'를 이르는 것으로 절대적 평균을 이른다. 예를 들어, 한 나라의 국민이라면 모든 사람에게 똑같이 선거권을 인정해 주어야 한다는 것이다. 영국이나 프랑스의 경우, 100여 년 전에는 여자와 노동자, 농민에게는 선거권을 주지 않았기 때문에 정의롭지 않은 사회였다고 할 수 있을 것이다. 배분적 정의는 '다른 것은 다르게'를 이르는 것으로 이는 각각의 사람들에게 각자의 몫을 나누어주라는 것으로, 급여나 성적을 줄 때 다른 사람보다 더 열심히 일한 사람이나 더 열심히 공부한 사람에게는 그에 상응하는 만큼의 대가를 주는 것이다.

『정의론』
(2005년 출판)

롤즈(John Bordley Rawls, 1921－2002)는 1971년 그의 저서 『정의론(*A Theory of Justice*)』에서 정의로운 상태에 관해 언급하였으며, 정의와 관련해 두 가지 원칙을 주장하였다. 하나는 '평등의 원칙'으로 모든 사람은 자유와 권리를 평등하게 갖는다는 것과, 다른 하나는 '차등의 원칙'이다. 즉, 사회적 · 경제적으로 불평등이 존재한다면, 그 사회에서 가장 혜택을 받지 못하는 사람에게 가장 큰 이익을 줄 때 정의가 실현된다. 예컨대, 저소득층에게만 문화비를 지원해 주는 '문화 바우처'가 있다면, 그 혜택을 받지 못하는 사람들은 상대적으로 불평등하다고 느낄 수도 있을 것이다. 그러나 그러한 불평등이 그 사회에서 경제적인 어려움을 겪고 있는 사람에게 이익을 주는 것이라면 모든 사람에게 공평하지 않다고 하더라도 정의롭다고 할 수 있다. 다른 하나는 '사회정의'로 공리주의는 최대 다수의 최대행복을, 롤즈는 '무지의 베일(veil of ignorance)'에서 선택할 최소극대화 원칙을 말하고 있다. 정의로운 사회의 기준은 사회의 최소 수혜자, 즉 소외계층에 대한 사회적 역할이 중요하다는 결론을 내리게 된다. 공리주의는 사회적 약자인 소외계층에 대해서는 희생을 강요할 수 있다는 비판을 받고 있다. 롤즈의 정의론은 공리주의 대안으로 소외계층의 자유까지도 포함할 수 있는 정의의 원칙을 제시한다.

① 분배적 정의

분배적 정의는 어떤 것을 나눌 때 어떻게 하는 것이 공정한 것인가와 관련된 것을 말한다. 특히, 분배는 이익이 되는 것과 부담이 되는 것으로 나눌 수 있다. 예컨대, 이익이 되는 것은 임금이나 용돈, 성적, 선거권 같은 것이며, 부담이 되는 것은 숙제, 세금, 청소나 집안일 같은 노동, 벌 등이다. 아리스토텔레스나 롤즈에 따르면, 분배 시에 '같은 것은 같게', '다른 것은 다르게'의 원칙을 적용하면, 정의로운 분배가 될 것이다. 어떤 것을 받기 위해 노력한 정도나, 그것을 받을 만한 일을 했다거나, 꼭 그것을 받아야 할 필요가 같은 사람이 있다면 서로 같도록 분배하고, 다르다면 서로 다르게 분배하는 것을 이르는 것이다.

② 교정적 정의

교정적 정의란 어떤 잘못이나 피해에 대한 대응이 공정한가와 관련된 것이다. 예컨대, 수업시간에 교실에 있지 않고 운동장에 있다가 친구와 싸워서 친구를 다치게 했을 때, 수업시간에 자리를 이탈한 것과 친구와 싸운 것은 교칙을 위반한 잘못을 한 것이며 교칙위반과 상관없이 친구를 다치게 한 것은 피해를 입힌 것이라고 할 것이다. 즉, 교정적 정의는 '잘못'에 대해 어떤 처벌을 할지, '피해'에 대해 어떤 배상을 할지를 결정하는 것이다. 이때 정의로운 해결을 하려면, 당연히 잘못은 교칙에 따라 공정하게 처벌하여야 할 것이며, 피해에 대해서는 합당한 배상을 받아야 할 것이다.

③ 절차적 정의

절차적 정의란 어떤 것을 결정하고 판단하기 위해 필요한 정보를 모으는 방법이 공정했는지, 결정과 판단 과정의 공정 여부와 관련한 정의이다. 예컨대, 어떤 재판에서 재판 결과를 바꿀 만한 결정적인 증거를 새롭게 확보하였다고 했을 때, 새로운 증거확보과정에서 법으로 금지된 도청이나 불법으로 개인정보를 확보한 경우는 증거의 효력이 없는 경우와 같다. 이는 과정이 정의롭지 못했기 때문이므로 절차적 정의에 위배되었다고 할 수 있다. 또 다른 예를 살펴보면, 학교시험에서 부정행위한 학생을 어떻게 처벌할지를 두고 열린 회의에서 부정행위를 했다고 의심되는 학생 당사자에게 자신의 의견을 말할 기회도 주지 않고 감독자의 견해만으로 처벌을 한다면, 이 또한 정의롭지 못하다는 것이다. 따라서, 절차적 정의는 어떤 것을 결정하거나 판단할 때의 과정이 공정한지를 판단하는 것으로, 사회복지정책에서 말하는 사회정의(social justice)는 모든 국민이 인간다운 생활을 누리도록 보장하는 윤리라고 할 수 있다.

롤즈의 사회정의론은 공정성으로서의 정의(justice as fairness)를 강조한다. 즉, 어떠한 불평등도 가장 불리한 입장에 있는 사람들에게 최대의 이익을 부여하는 경우에는 허용이 가능하지만, 기타의 경우에는 모든 결과가 평등해야 한다. 예컨대, 부, 권위, 사회적 기회가 모든 사람을 위해 골고루 수혜되거나, 특히 사회적으로 가장 불리한 구성원을 위해 혜택이 주어질 경우에만 정당하다.

(2) 연대

연대(solidarity)는 개인 간의 상호의존에 근거한 결합의 총칭을 의미하며, 사회연대는 사회구성원 상호 간 또는 구성원과 사회 간의 상호의존을 지탱하는 의식, 또는 같은 사회구성원으로서 공통적으로 나누어 가지는 귀속의식을 말하며, 서로에 대한 책임감을 강조한다.

사회연대 의식은 사회구성원들이 사회에 대하여 가지고 있는 소속감 및 연대감을 말한다. 자본주의 사회가 개개인의 능력이나 경쟁을 지나치게 강조한 나머지 사회적 불평등과 인간소외 현상을 가져왔다고 보고, 사회복지정책은 사회구성원 간의 따뜻한 정과 협동정신을 강조한다. 사람들은 공통의 위험에 빠지게 되면 이를 제거하기 위해 협동하는 것이 필요하고, 이러한 협동과 상호부조를 통하여 위험을 제거하거나 예방하게 된다. 오늘날 대표적인 사회적 위험이라고 할 수 있는 빈곤, 질병, 노령, 사망, 재해 등에 대해 국가적인 차원에서 마련되고 있는 사회보험제도들은 바로 이러한 사회적 위험에 대한 공동의 협동과 책임을 전제로 한 사회적 연대의식이라는 가치의 실현이다.

(3) 공공성

공공성(public)은 실제로 다양한 측면에서 해석되기 때문에 하나의 간단한 명제로 표현하기는 쉽지가 않다. 사전적 정의로는 어떤 사물이나 기관이 널리 사회 전반에 이해관계나 영향을 미치는 성격이나 성질을 이르며, 사회구성원 전체에 두루 관련된 것으로 어떤 실체가 아닌 사생활이나 사적인 것과 구분되는 공동의 공개된 성질을 이른다.

사회구성원 각자의 생각과 이해관계가 다르기 때문에 내용만이 아니라, 성질을 밝히는 과정이 중요하다. 공공성은 개인과 사회가 함께 시민의 삶을 지속해 나갈 구조를 만들어 가는 과정이자 가치로써 다수의 사람과 두루 연관된 문제라면 개인에게만 맡기거나 바라만 보고 있을 것이 아니라, 다 함께 해결해야 한다는 것이 공공성의 논리이다.

신자유주의의 등장으로 자유로운 경쟁이 중요시되고 개인, 기업, 국가 차원에서 경제성장과 경쟁력 강화가 핵심이 되는 사회적 분위기가 만연해 있다. 이러한 사회가 다양성과 자유를 보장해 주는 것처럼 보일 수도 있겠으나, 실제로는 그 반대의 경우가 될 수도 있다. 이는 의견의 다양성, 기회의 균등, 사회적 약자의 보호 등은 오히려 소홀히 다루어질 수도 있음을 간과해서는 안 된다. 즉, 공공성을 내세우지만, 각 집단마다 규정하는 공공성의 의미와 대상은 매우 다르고, 다수의 집단들은 공공성의 의미를 자신들의 입장에서 남용하는 경우가 있기 때문이다. 공공복리는 어떻게 규정하느냐에 따라 다르다. 특히, 권력이 있는 집단에 의해 그 의미가 달라질 가능성도 있기 때문이다. 따라서, 논의과정을 공개하고 자유롭고 평등한 합의가 이루어지는 의사소통이 공공복리를 실현할 수 있는 바탕이 될 것이다.

공공성의 예는 다음과 같다.

① 재산권의 공공성

재산권이 보장된다고 하여도, 재산권은 이미 근대 초기에 생각하고 있었던 바와 같은 신성불가침의 권리는 아니다. 20세기에 들어오면서 자본주의의 발달로 인한 사회적 모순과 여러 폐해가 발생함에 따라, 재산권의 신성불가침사상에 대한 반성과 수정이 불가피하게 되었다. 1919년 독일 바이마르헌법은 제153조에서 "…소유권은 의무를 수반한다. 그 행사는 공공복리를 위하여야 한다."라고 규정하여 소유권의 의무성(사회성)을 선언하게 되자, 모든 현대 헌법이 이를 본받아 재산권의 의무성을 규정하게 되었다. 우리나라 헌법도 재산권의 내용과 한계를 법률로 정하며, 그 행사는 공공복리에 적합하도록 하여야 한다고 선언하고 있다(제23조제2항).

② 방송의 공공성

방송의 공공성은 방송전파의 소유권과 방송활동의 주권이 수용자에게 있다는 전제에서 나온다. 방송의 공공성은 어떤 행위주체도 반박할 수 없는 절대성을 지닌 개념이다. 일반적으로 방송의 공공성은 방송자원의 소유적 근거, 전파자원의 제한성 근거, 국가이익적 근거, 사회문화적 근거로 발생한 개념이다. 그 내용은 다음과 같다.

첫째, 방송자원의 소유적 근거는 방송국이 국민이 소유하고 있는 재산의 일부인 전파를 대여하여 사용함으로써 공공성이 의무화된다는 것이다.

둘째, 전파자원의 제한성 근거는 방송이 제한되어 있는 전파자원을 이용함으로써 운용되기 때문에 강력한 공공성을 발휘하도록 규제되어야 한다는 것이다.

셋째, 정부에게서 방송을 국가이익을 위해 이용할 수 있는 근거가 주어져 있다는 것이다.

넷째, 국민의 이익적 근거로, 이는 방송을 성립하게 해 주는 재정적 부담이 궁극적으로 국민에 의존한다는 사실 때문에 방송은 국민의 이익을 적극적으로 모색하여 충족시켜 줄 의무가 있다는 것이다.

다섯째, 사회문화적 근거로, 이는 방송에 접하는 시간이 생활의 일부가 되어가고 있으며, 방송의 내용은 필연적으로 공공성에 부합해야 한다는 것을 의미한다.

4) 사회적 적절성

적절성(adequacy)의 가치는 사회복지급여수준이 그 사회에서 바람직한 생활수준을 유지할 수 있을 만큼 적정한가의 문제이다. 「사회보장기본법」 제10조제1항에서 "국가는 모든 국민이 건강하고 문화적인 생활을 유지할 수 있도록 사회보장급여의 수준 향상을 위하여 노력하여야 한다."라고 규정하고 있어, '건강하고 문화적인 생활을 유지할 수 있는 수준'을 사회적 적절성이라고 볼 수 있다.

「국민기초생활보장법」 제2조에서는 "'최저보장수준'이란 국민의 소득·지출 수준과 수급권자의 가구 유형 등 생활실태, 물가상승률 등을 고려하여 제6조에 따라 급여의 종류별로 공표하는 금액이나 보장수준을 말한다."고 규정하여 사회복지정책의 종류에 따라 보장하는 사회적 적절성의 수준이 다른 것으로 보이기도 한다(류연규, 2021: 37-38).

적절성의 가치는 사회복지급여 할당이 평등한가 또는 그의 업적에 따른 비례적인 것(형평)이냐 하는 것과는 달리, 급여수준이 신체적·정신적 안녕에 적절한 정도가 되어야 한다는 것을 말한다. 즉, 사회복지급여는 개인이 살아가고 있는 사회적 수준에 적절한 정도의 수준이어야 한다는 것을 말한다. 이 사회적 수준에 적절성의 가치는 시장과 환경에 따라 변화하는 성격을 지닌다. 이와 같이 적절성은 최저생계비 또는 최저임금, 빈곤선 등으로 구체화된다. 사회복지정책과 관련하여 사회복지의 목적이 삶의 질 향상과 인간다운 삶의 보장에 있으므로 적절성의 가치가 많이 관련되어 있다고 할 수 있다. 사회적 적절성은 급여수준이 높을수록 실현 가능성이 높다. 이런 점에서 사회보험의 사회적 적절성 실현 정도가 공공부조나 사회수당보다 높다고 볼 수 있다. 왜냐하면 공공부조는 최저생활 수준에 맞추어 급여를 주기 때문이고, 사회수당은 대상자가 아주 많아서 1인당 급여가 낮다는 점에서 사회적 적절성을 달성하기에 한계가 있기 때문이다(박경일, 2020: 61-62).

사회적 적절성의 기준은 시대와 상황에 따라서도 다르다. 2004년에는 4인가구 최저생계비가 110만 원 정도였는데, 2015년에는 167만 원, 2021년에는 292만 원으로 상승하였다. 최근에는 최저임금 인상에 대한 찬반 논의가 매우 뜨거운데,

사회를 바라보는 가치관에 따라 사회적 적절성의 수준이 달라지기도 한다.

5) 효율성

효율성(efficiency)은 최소한의 자원을 투입하여 최대의 결과를 만들어 내는 것으로, 사회복지정책에서 효율성은 제한된 국가예산으로 사람들의 욕구를 최대로 해결할 수 있도록 하는 데 관심을 갖는다. 이러한 효율성은 수단으로서의 효율성과 배분적 효율성으로 구분할 수 있다. 그 내용은 다음과 같다(고광신 외, 2017: 24-25).

(1) 수단적 효율성

사회복지정책에서 수단적 효율성은 특정 목표를 달성하는 데 있어서, 가능한 한 적은 인적·문적 자원을 투입(input)하여 최대한의 정책효과를 산출(output)해 내는 것을 의미하며, 목표효율성과 운영효율성으로 나눌 수 있다.

목표효율성은 정책에서 목표하는 대상자에게 자원이 얼마나 집중적으로 할당되는가를 판단하는 기준이다. 사회보험과 공공부조를 비교하면, 공공부조가 상대적으로 저소득층에게 집중적으로 자원을 할당한다는 측면으로 볼 때, 목표효율성이 높다고 할 수 있다.

목표효율성은 정책집행과 운영과정에서 투입되는 비용 여부의 효율성을 판단하는 기준이다. 사회보험의 경우, 우리나라의 4대 사회보험의 통합시스템 구축은 운영효율성이 높은 반면, 공공부조의 자산조사나 개별욕구조사 등은 막대한 행정비용이 소모되어 운영효율성이 낮다고 볼 수 있다.

(2) 배분적 효율성

배분적 효율성이란 사회 전체 효용(만족감)이 높을 수 있도록, 더 이상의 개선이 불가능하도록 최적의 사회적 자원배분을 하는 것으로 '파레토 효율(Pareto efficiency)'이라고도 한다. 사회적 자원이 가장 효율적으로 배분되었을 때를 '파레토 최적(Pareto optimal)'이라고 하는 데, 다른 사람의 효용을 줄이지 않고서는 특정 사람의 효용을 높일 수 없는 상태를 말하는 것이다. 현실에서 시장을 통한 자원배분이 비효율적인 경우가 발생하며, 파레토 효율적인 사회적 자원배분은 불가능하다.

6) 국민적 최저기준

국민적 최저기준(national minimum)은 국가가 사회보장, 기타의 공공정책에 의해 모든 국민에게 보장하는 최저생활수준을 말한다. 원래는 국민적 효율(national efficiency)과 연계되어 주장된 것으로, 영국 국민이 국민적 효율에 적합한 생활을 유지하는 것이 가능한 정도의 최저한을 의미한다. 페이비언주의자(fabianist)인 영국의 웹(Webb) 부부는 고한산업(sweating industry)에서 근로자의 열악한 생활환경을 보고 처음으로 국민적 최저기준을 제창하였고, 국민적 최저기준은 1942년의 베버리지 사회보장계획에서 구체적인 정책목표로 설정되었다. 이것은 국민적 합의를 얻은 기준이라는 의미로 규범적 니드(normative need)로서, 규범적 개념으로 사용되는 경우도 있고, 베버리지 계획처럼 구체적인 정책 개념으로 쓰이는 경우도 있다. 국민적 최저기준이 구체적으로 나타난 것이 최저생계비이지만, 그 수준은 국가나 사회에 따라 서로 다르거나 변하기도 한다. 국민적 최저수준을 보장하는 목적은 급여수준을 결정하는 주요 요인이기 때문이다. 그러나 그는 영국의 사회보장 발달사에 비추어 보면, 국민적 최저기준이 급여수준을 결정하는 데 있어서 애매모호(ambiguity)하다.

한편, 최근 지방분권화가 추진되면서 지역적 최저수준(regional minimum)이나 시민적 최저수준(civil minimum)이 강조되고 있다. 시민적 최저수준은 1970년대 전후에 논의된 것으로 복지영역뿐만 아니라, 교육, 여가 등 넓은 생활영역에 관계되어 있다. 시민적 최저수준은 생활권과 도시의 정책기준의 두 가지 측면으로 구성되어 있다. 생활권은 시민의 권리이고 그 권리가 보장되지 않을 경우, 시민은 이의를 제기하고 그 실현을 요구할 수 있다. 또 생활기준의 측면은 정책기준의 실현이 자치단체의 의무로 부여되어 있고 수치화되어 표시되는 것이 바람직하다. 예를 들어, 인구당 복지시설 수, 전담공무원당 수급자 수, 인구당 의료병상 수, 인구당 공원면적 등과 같이 목표치로 나타내고 있다.

3. 윤리

1) 윤리의 개념

사회복지실천에서 고려해야만 하는 것으로 윤리(ethics)가 있다. 여기서 말하는 윤리는 직업윤리를 의미하며, 전문적 행위로서, '해서 옳은 일과 하지 말아야 할 일'의 판단기준을 지칭하는 말이다.

일반적으로 윤리는 '도덕(morality)'과 비슷하게 해석되기 쉽다. 도덕과 윤리를 구분하면, 도덕은 인간으로서 바람직한 생각, 좋게 생각되는 행위를 그 사회나 시대가 가지고 있는 사회적 규범에 비추어 결정하는 것이다. 그에 반해, 윤리는 인간의 양심에 기초하여 그가 놓인 사회나 시대의 특수성을 넘어 보편적으로 인간으로서 올바른 행위나 정의의 가치관을 지칭한다. 윤리는 사람에게 무엇이 옳은지 그른지를 결정하면서 어떤 지침이 되는 원칙을 발견해 내는 데 초점을 둔다.

오늘날 윤리의 중요성이 대두된 것은, 과학기술과 사회발전에 의한 영향이 크다. 특히, 의학과 공학의 발달로 생명연장이 가능해지고 장기이식, 유전공학 등을 실현하면서 클라이언트의 욕구도 다양해졌다. 예를 들어, 인공수정, 안락사, 성을 감별한 후 유산하는 등 윤리적 결정을 해야 하는 다양한 상황이 생겼다. 그와 함께 사회가 성숙하면서 사회복지 대상자의 권리를 인정하자는 사회분위기로 다양한 형태의 윤리적 갈등이 발생하였고, 이를 해결하기 위해 윤리적 지침이 필요하게 되었다.

레비(Charles S. Levy)는 1976년 그의 저서 『사회복지와 윤리(*Social Work and Ethics*)』에서, 사회복지실천윤리에 대한 정의에 대해 사회복지실천윤리는 다양한 배경을 지닌 사회복지사들이 복잡한 실천 분야에서 직면할 수 있는 다양한 윤리적 쟁점에 대하여 올바른 판단을 내릴 수 있도록 하는 '체계적 준거 틀'이라고 하였다.

가치와 윤리의 비교는 <표 3-1>과 같다.

〈표 3-1〉 가치와 윤리의 비교

구분	가치	윤리
특징	• 믿음, 신념 같은 것 • 어떤 행동이 좋고 바람직한가와 관련-객관적으로는 증명할 수 없고 주관적으로 선호하는 것 • 인간의 적절한 행동을 선택하는 데 지침이나 기준이 됨(방향 제시)	• 무엇이 옳고, 그른가에 대한 판단 • 가치 기반 위에 구현된 행동지침 • 가치에서 나오기 때문에 가치와 조화를 이루어야 함.
관심	• 선하고 바람직한 것에 관심	• 올바르고 정확한 것에 대한 관심
표현	• 인간의 생각 속에서만 그치기도 함.	• 행동으로 나타나는 것
기준	• 하나의 신념으로 과학적 근거가 없음-규범적 기준이 필요하지 않음.	• 행동에 대한 사회적 태도로 규범적인 것
개입	• 인간관계가 개입되지 않기도 함.	• 인간관계의 상호작용 속에서만 해당됨.

자료: 최세영(2021 : 44).

2) 전문직 윤리강령의 의미

최근 들어 법, 의료, 사회복지, 심리, 정신의료, 기술, 언론 등 각종 전문직에 종사하고 있는 실천가들의 행동에 대한 책임 추궁이 빈번히 발생하면서 전문직 윤리에 대한 중요성이 갈수록 강조되고 있다. 모든 전문직들은 윤리강령을 가지고 있다. 가장 오랜 전통을 가진 의료윤리강령의 역사는 고대 그리스시대로 거슬러 올라간다. 히포크라테스(Hippocrates, B.C 460－B.C 377)는 의사를 위한 윤리강령을 작성하여 의사들의 전문적이며 윤리적인 행위를 강조하였다. 그가 만든 의료윤리강령은 오늘날까지 의사들을 위한 행동지침으로 널리 사용되고 있다.

특정 직업을 전문직으로 발전시키기 위해서는 윤리강령이 필요하다. 사회복지도 예외는 아니다. 미국에서는 리치몬드의 도움으로 1920년에 최초의 사회복지사 윤리강령 초안을 만들었다. 미국사회복지사협회(AASW, The American Association of Social Workers)에서도 사회복지를 전문직으로 발전시키기 위한 전문가 윤리강령의 중요성을 제시하였다. 1924년에 이 협회의 공식저널인 *The Compass*에서 "사람들이 과연 사회복지사가 일상적인 상황에서 어떻게 행동하는지를 알아야 할 권리를 갖고 있는가?"라는 질문을 던짐으로써 윤리적 실천의 문제를 밝히고 사회복지사를 위한 윤리강령을 만들도록 재촉하였다. 1960년에 미국사회복지사협회(NASW, National Association of Social Workers)에서는 사회복지사들을 위한 공식적인 윤리강령을 채택하여 발표하였다. 그 후 미국에서는 사회복지사 윤리강령의 실천적 유용성과 현실성을 고려하여, 1979년에는 그전의 것과는 다른 새로운 윤리강령을 선포하였고, 1990년에 개정하였다. 사회복지사 윤리강령은 사회복지 전문직의 위상을 높이고 실천의 지침을 제공한다는 점에서 큰 의미를 갖는다.

3) 사회복지실천과 윤리적 갈등

윤리적 갈등(ethical dilemmas)은 사회복지사가 전문가로서 지켜야 하는 윤리적 의무와 책무가 서로 충돌함에 따라 어떠한 실천행동을 선택하는 것이 윤리적으로 올바른 것인지 판단하기 힘든 상태를 말한다. 사회복지실천에서 윤리적 갈등이 발생하는 이유는 사회복지사를 비롯한 전문가들은 전문적 가치에 맞는 행동을 해야 한다. 그러나 사회복지사의 행동이 어떤 측면에서 보면 윤리적인 반면, 다른 측면에서 보면 비윤리적인 경우가 종종 발생한다. 이러한 경우 두 가지 이상의 의무나 가치, 원칙 등이 동등하게 유용하다고 여겨지지만, 이 원칙들이 서로 모순되거나 충돌하는 상황이 생기기 때문에 어떤 결정을 해야 할지 판단하기 어려운 윤리적 상황에 놓이면서 발생한다.

사회복지실천과정에서 윤리적 갈등의 범주를 살펴보면 세 가지 측면에서 살펴볼 수 있다(최세영, 2021: 45-46).

(1) 직접적인 실천과 관련된 윤리적 갈등

직접적인 실천과 관련된 상황에서 사회복지사는 개인, 가족, 또는 집단을 대상으로 직접적인 사회복지실천 활동을 수행해 나가는 과정에서 여러 윤리적 갈등에 직면한다.

(2) 사회복지정책 및 프로그램 차원에서 갈등

사회복지정책 및 프로그램을 기획하고 실행해 나가는 과정에서 발생하는 것으로 간접적인 사회복지실천 활동으로 분류되는 영역에서 제기되는 갈등이다. 대표적으로 분배문제에서 제한된 자원은 누구에게, 어떻게, 얼마큼 배분하는 것이 가장 공평한 것인가를 결정하는 과정에서 윤리적 문제를 경험할 수 있다.

(3) 사회복지 조직체 및 동료 사회복지사와 관련된 윤리적 갈등

사회복지 조직체 및 동료 사회복지사 사이의 관계와 관련된 것으로 한 조직체의 일원, 즉 고용된 사람으로서의 사회복지사가 겪을 수 있는 갈등이다. 예를 들어, 사회복지사가 함께 근무하는 동료 사회복지사가 인터넷도박 중독에 빠져 업무를 소홀히 하거나, 클라이언트에게 피해를 입힌 사실을 알게 되었을 때, 이 사실을 전문 직업인으로서 기관장에게 알려야 하는가의 문제에 윤리적 갈등을 경험할 수 있다.

연습문제
EXERCISE

01 소극적 자유에 대한 설명으로 틀린 것은?

① 국가권력의 간섭을 받지 않을 자유를 의미한다.
② 개인의 기본 인권 및 정치적 자유를 의미한다. 즉, 시민적 자유를 말한다.
③ 신체의 자유, 양심의 자유, 언론과 사상의 자유, 신앙의 자유 등이다.
④ 소극적 자유와 권리를 보장해줄 수 있는 제도로는 법원이다.
⑤ 사회적·경제적 자유를 의미하기도 한다.

02 사회복지정책의 가치에 관한 설명으로 옳은 것은?

① 결과의 평등정책보다 기회의 평등정책은 빈자들의 적극적 자유를 증진하는 데 유리하다.
② 적극적 자유는 타인의 간섭이나 구속으로부터의 자유를 의미한다.
③ 결과의 평등정책은 부자들의 소극적 자유는 침해하지 않는다.
④ 열등처우의 원칙은 형평의 가치를 반영한 것이다.
⑤ 긍정적 차별(positive discrimination)은 형평의 가치를 저해한다.

03 3. 사회복지정책 관련 원칙과 가치를 연결한 것으로 옳지 않은 것은?

① 보충성 원칙 – 자력구제 우선
② 열등처우 원칙 – 비례적 평등
③ 보험수리 원칙 – 개인적 형평성
④ 소득재분배 원칙 – 능력에 따른 부담
⑤ 최소극대화(maximin) 원칙 – 개인적 자유

04 사회적 적절성에 관한 설명으로 옳은 것은?

① 사회적 적절성은 '원하는 것(want)을 얼마나 얻을 수 있게 할 것인가'에 관한 것이다.
② 사회적 적절성에 기초하여 자원을 배분하는 데에는 시장이 국가보다 효율적이다.
③ 사회적 적절성과 형평성은 상충하는 개념이다.
④ 기여의 크기에 따라 보상의 수준도 비례하여 커지는 것은 사회적 적절성의 개념에 따른 것이다.
⑤ 사회적 적절성은 욕구의 객관성보다 주관성을 중시한다.

정답 1. ⑤ 2. ④ 3. ⑤ 4. ③

PART II

사회복지의 영역

Chapter 4

사회복지행정

학습목표

1. 행정에 대한 기본적 이해
2. 전달체계에 대한 이해
3. 관리체계의 업무분담 학습

학습내용

1. 사회복지행정의 개념
2. 사회복지조직
3. 인적자원관리
4. 재정관리
5. 정보관리

개요

사회복지행정은 사회복지목표의 체계적인 실현을 위해 사회복지조직을 중심으로 사회복지정책이 서비스대상자에게 보다 더 효과적이고, 효율적인 서비스로 전환하는 일련의 과정을 의미한다. 따라서, 사회복지행정은 사회복지 대상자가 최적의 서비스를 제공받을 수 있는 일련의 행위를 포괄하고 있다. 여기에서는 사회복지행정을 학습하고자 한다.

Chapter 4

사회복지행정

1. 사회복지행정의 개념

사회복지행정(social welfare administration)은 일반적으로 사회복지(social welfare)와 행정(administration)의 합성어로 설명한다. 즉, 사회복지행정은 사회복지목표의 체계적인 실현을 위해 사회복지조직을 중심으로 사회복지정책이 서비스대상자에게 보다 더 효과적이고, 효율적인 서비스로 전환하는 일련의 과정을 의미한다. 따라서, 사회복지행정은 사회복지 대상자가 최적의 서비스를 제공받을 수 있는 일련의 행위를 포괄하고 있다(이정서, 2021: 16).

사회복지행정은 사회복지를 행정 또는 관리한다는 뜻이다. 여기에서 행정이란 정부조직의 활동을 지칭하는 것이 아니라, 보다 폭넓게 공공이나 민간 조직의 경영이나 관리를 포괄하는 용어이다. 여기서 행정(administration)과 관리(management)라는 용어는 유사한 성격의 개념이다. 다만, 행정은 공공의 사무를 지칭하는 것으로 많이 쓰였고, 관리는 보다 일반적인 용어로 쓰이는 경향이 있다. 우리나라에서 '경영'이라는 용어는 보다 상급 차원의 관리를 의미하는 것처럼 쓰인다. 따라서, 사회복지행정이라고 할 때, 행정, 관리, 경영의 의미를 포괄한다(이정자 외, 2022: 122).

광의의 개념은 모든 계층을 대상으로 사회적 욕구를 충족시키기 위한 사회복지서비스 방법으로 프로그램 급부 및 서비스 체계와 최소한의 욕구를 제공한다. 즉, 의식주, 보건, 의료, 교육, 훈련, 경제활동 등 국민생활에 대한 최저수준을 확보해 주는 사회적 서비스를 총칭한다. 종합적인 사회복지 개념은 모든 국민의 인간다운 생활을 보장하고 삶의 질을 향상시키기 위하여 국가와 여러 단체들의 조직적이고 체계적인 노력을 통하여 이루어지는 제반활동을 말한다. 행정은 정치권력을 배경으로 공공정책을 형성하고 구체화를 이룩하려는 행정조직의 집단행동이라고 할 수 있다. 대개 강제성을 지닌 정치권력으로 권력과 관리능력을 동시에 가지고 있으며, 행정조직을 중심으로 공익을 추구하는 일련의 집단행동이다. 따라서, 사회복지행정은 사회복지조직의 운영과 목표달성을 위하여 관리자의 가치, 지식, 기술, 리더십을 반영하여 조직의 목표를 기획(planning)하여 실천(doing)하고 성과를 평가(seeing)하는 체계적인 관리활동이다. 협의의 사회복지행정이 관리자에 의한 체계적인 개입의 관리활동이라면, 광의의 사회복지행정은 조직의 운영과 목표달성을 위하여 조직의 모든 구성원들이 참여하고 기여하는 사회과학적 지식으로 접근하는 것이다. 물론 협의의 관점과 광의의 관점이 중첩되어 있지만, 협의의 사회복지행정인 개별사회사업(case work), 집단사회사업(group work), 지역사회조직사업(community organization)만으로는 사회의 욕구와 문제를 해결할 수 없어 현대에는 사회복지조직의 운영과 목표달성을 위해 사회과학적 지식과 기술을 접목시키고 있으며(Patti, 1983), 사회복지행정의 이 두 개념을 엄격하게 구별하기보다는 지식과 기술을 연속적으로 활용한다. 그리하여 사회복지행정이란 사회복지정책을 사회복지서비스로 전환시키는 데 필요한 사회복지조직의 총체적인 관리활동이다. 사회복지가 하나의 제도로 발전되어 공적·사적 조직을 통해 전달되므로 협의의 개념을 포함한 광의의 개념으로 보는 것이 바람직하다(전해황 외, 2021: 11).

그러므로 사회복지행정의 정의는 하나의 정책전환과정의 특성을 강조하기도 하고, 사회복지실천의 한 방법으로 보기도 하며, 전문적인 개입활동 또는 실천활동의 특성을 가진다고 파악하기도 한다. 또한 행정의 특성을 강조하여 사회복지행정이 관리기술 또는 관리과정으로 제시되기도 한다.

2. 사회복지조직

1) 사회복지조직의 개념

조직은 복수의 직원이 모여서 목적달성을 위해 협동하는 구조이며, 조직기능을 다 할 수 있도록 팀워크가 이루어져야 한다. 관리자는 조직 이념과 방침을 주지시키고 분명한 커뮤니케이션과 역할분담, 적절한 인재배치, 작업 사이의 상호연계가 가능한 체제를 만들어야 한다. 특히, 클라이언트 욕구에 맞는 서비스개선이 신속히 이루어지도록 현장의 사회복지사에게 적절하게 권한이 위임될 필요가 있다.

조직구조는 구성요소들 사이에 상호작용이 이루어지는 객관적인 유형으로서 조직을 구성하는 틀을 의미한다. 일반적으로 공식적 조직은 업무분화와 위계질서, 통제범위 같은 조직의 요소를 고려하여 틀을 구성하게 된다.

현대적 조직은 권한이 분산된 형태를 유지하므로 행정가와 직원 사이에 책임을 분담하고, 협동적으로 일을 하며, 창의성과 동기를 유발하려고 한다. 권한 분산의 정도가 높을수록 조직 효과성은 높아질 것이다. 조직구조에 대한 개념을 명확히 함으로써 조직의 내부적 운영과정을 보다 깊이 이해하게 될 것이다.

조직구조를 구성하는 요소는 조직구조의 국면 또는 구조적 특성에 영향을 미치는 요인과 지표를 말한다. 여기에는 조직의 규모, 조직의 기술, 조직의 공식화, 집권화와 분권화가 포함된다. 그 내용은 다음과 같다(신복기 외, 2020: 102-104).

(1) 규모

조직의 규모를 나타내는 기준은 프로그램 이용자 수, 종사자 수, 건물 면적, 연간 예산, 보조금 규모 등을 들 수 있다. 조직 규모가 커지면 대체로 전문화가 지속되다가 일정한 수준에 도달하면, 전문화의 진행정도가 떨어진다. 규모가 커질수록 공식화가 진행되고 분권화가 촉진된다. 최근 사회복지기관은 내부적으로는 팀중심의 업무수행으로 조직화가 이루어지고 있다.

(2) 기술

조직기술은 일하는 방법과 작업과정에 사용되는 지식을 말한다. 다시 말해서 조직이 목표달성을 위하여 투입물을 산출물로 변환시키는 데 이용하는 지식이나 도구, 기법 등을 의미한다. 예를 들어, 자원봉사센터는 봉사자를 모집하여 그들의 활동을 필요로 하는 기관의 선호에 맞게 조정·배치하는 중개기법(mediating technology)이 주된 기술이 될 것이다.

(3) 공식화의 정도

조직 내의 직무표준화의 정도를 뜻하며 종사자들이 언제, 무엇을, 어떻게 해야 할지를 규정한다. 따라서, 공식화의 정도가 지나치게 높으면, 사회복지사들이 전문적으로 판단할 수 있는 재량권은 매우 낮아지게 된다. 조직기술과 관련하여 일상적이고 단순화된 기술을 사용하는 조직은 공식화 경향이 높다. 지나친 공식화는 목표와 수단의 전도현상을 초래하며, 갈등과 소외현상을 심화시킬 수 있다. 따라서, 사회복지사와 같은 전문직종의 경우 공식화 정도가 너무 높으면, 전문적인 서비스 적용이 어려워지고 소진이 초래될 수 있다.

(4) 집권화와 분권화의 수준

집권화와 분권화는 조직 내의 권력배분과 위임수준에 따라 달라진다. 행정활동의 통일성을 확보하거나, 최고 관리층이 일사불란한 결정이나 규칙 적용을 선호할 경우 집권화가 촉진될 것이다. 반면에, 조직의 사기를 높이거나 인적자원의 역량을 향상시키고 참여를 선호할 경우에는 분권화가 강조될 것이다. 만일 소규모 조직이나 강력한 리더십이 필요한 위급상황, 종사자의 능력이나 자질이 부족한 상황일 경우에는 집권화가 바람직하지만, 권위주의와 형식주의를 강화함으로써 창의성과 자발성이 저해될 수 있다. 분권화는 신속한 의사결정이 가능하고 업무를 감소시키며, 책임감과 협조감을 증진시킬 수 있지만, 업무가 중복되고 행정역량이 분산되는 경향이 있다.

2) 사회복지 조직구조의 형태

조직은 조직을 구성할 수 있는 기본 골격이 있다. 이를 조직구조라고 한다. 조직의 구조를 만드는 것은 조직의 목표를 보다 효과적이고 효율적으로 달성하기 위한 것이다. 조직구조의 유형은 매우 다양하다. 조직구조의 형태는 다음과 같다(김수목 외, 2021: 109－117).

(1) 공식조직과 비공식조직

① 공식조직

공식조직(formal organization)은 기관장(director), 부기관장(assistant director), 슈퍼바이저(supervisor), 실무자(practitioner)가 있는 조직이다. 여기에는 직원관계에서의 위계질서의 조직과 위원회, 이사회의 배열을 포함한다.

② 비공식조직

비공식조직(informal organization)은 말 그대로 어떤 공식적인 절차를 통해서 형성된 조직이 아니다. 조직 내 빈번하게 접촉하는 구성원들 사이에서 자연적으로 발생하는 소규모 집단(자생집단)을 말한다. 공식조직을 제도적인 조직이라고 한다면, 비공식조직은 현실상의 조직이라고 할 수 있다.

(2) 집권적 조직과 분권적 조직

집권적 조직구조와 분권적 조직구조는 주로 권한위양의 조직구조 결정요소에 의하여 형성되는 조직구조 형태이다. 일반적으로 하위계층에 권한이 많이 위양될수록 분권적 조직이 형성되고, 반면에 권한위양이 제한되어 상위계층에 집중되어 있는 경우 집권적 조직이 형성된다. 이러한 권한의 수직적 계층에 의한 위양은 조직구조 설계에 있어 부문화 방법과 조직의 수직적 또는 수평적 조직구조 결정에 작용하는 관리한계와 밀접한 관계가 있다.

집권적 조직은 경영활동의 집중화로 일관된 의사결정을 할 수 있다는 장점이 있다. 반면에, 단점으로는 모든 의사결정권이 집중되어 명령체계가 너무 길어지므로 변화에 신속하고 탄력적으로 적응할 수 없고 의사소통이 신속하게 이루어지지 않는다는 점이다.

(3) 위원회 조직

위원회 조직은 분화된 각 담당자들이나 부서 간의 협조와 조정을 통하여 전사적 입장에서 의사결정을 하기 위하여 구성되는 조직구조 형태이다. 위원회는 조직목표의 달성을 위하여 특별한 과업이나 문제를 해결하는 조직의 일상적인 업무를 수행하는 기구와는 별도로 구성한 전문가 또는 업무관계자들의 활동조직이다. 위원회는 두 유형으로 구분되는데, 조직에서 발생하는 특별업무를 처리하기 위한 인사위원회나 예산위원회와 같은 상임위원회와 특별한 업무를 처리하기 위하여 조직되는 임시위원회로 구성된다.

위원회의 장점으로는 각 전문 분야의 정보를 반영할 수 있기 때문에 합리적 의사결정을 할 수 있는 가능성이 높고, 결정과정이 민주적이고 구성원들의 창의력이 발휘될 수 있다는 점이다. 단점으로는 책임이 명확하지 못하거나 책임이 분산된다는 점과, 회의과정에 시간적 낭비가 많다는 점, 위원들 상호 간에 논쟁으로 반목이 생기거나 타협적인 결정이 이루어져 최선의 결정이 되지 못한다는 점이다.

(4) 기능조직(직능부제 조직)

조직구조의 기본 변수(복잡성, 집권화, 공식화)를 상황(규모, 기술, 환경, 전략, 권력)에 따라 조절함으로써 조직을 설계한다. 기능조직에서는 구매·인사·회계·영업 등의 업무활동을 기능별로 분화하고 기능관리자는 업무활동에 대한 제반사항을 최고경영층에 보고하도록 설계된다. 각 부서의 관리자는 해당업무에 관련된 모든 사항을 책임지고 관리하게 된다.

이와 같은 조직구조는 업무가 표준화된 서비스를 위주로 하는 조직, 예를 들어 사회보험 관련 조직 또는 정신보건서비스 조직 등과 같은 데서 가능하다. 그러나 대부분의 사회복지서비스는 생산 일선에서의 완성품과 같이 서비스의 결과에 대해서 합의를 이루기 어렵기 때문에 사회복지 조직구조로서는 그리 흔하지 않다고 볼 수 있다. 이와 같은 조직구조가 효과적으로 되기 위해서는 서비스 검사 및 진단, 사정도구의 표준화가 이루어지고 이를 네트워크로 공유하는 방향으로의 과학화가 훨씬 더 진전되어야 할 것이다.

(5) 사업부제 조직

사업부제란 1차 조직 구분에 제품별, 지역별, 고객별로 분할하여 독자적인 생산과정과 시장을 갖는 자기완결성이 높은 부문화를 이루고, 이익 책임을 갖는 경영단위를 말한다. 사업부제 조직구조는 대규모 조직에서 분권적인 조직원리를 이용하여 사업부 단위로 조직을 편성하고, 각 사업부 단위의 독자적 생산과 마케팅, 관리 권한을 부여하는 구조이다. 그리고 제품별, 지역별, 시장별로 이익 중심점을 설정하여 독립채산제를 실시하고 각 사업부는 모든 과업의 계획과 집행, 성과의 분석까지 하나의 개별 조직처럼 운영되는 구조이다. 예를 들어, 모 화학회사의 경우 사업본부와 사업부로 구분된 18개 내부사업조직의 책임자가 모두 대표이사로 구성되어 있고, 6개월에 1회 보고만 하게 되어 있고 주주봉사실, 직원봉사실의 지원조직만 존재한다. 그리고 모 화학과 내부 사업조직은 계약관계를 맺는 구조로 되어 있다.

이와 같이 기업성장과 전략 다각화로 인하여 기업이 직능부제 조직의 한계를 넘어서서 기업수익을 향상시키고자 할 때에는 시장환경에 따른 혁신적이고 전략적인 의사결정으로만 가능하게 된다.

3) 사회복지조직의 설계

(1) 사회복지조직의 모형

바인바흐(Robert W. Weinbach)의 저서 『관리자로서의 사회복지사(*The Social Worker as Manager－A Practical Guide to Success*, 2014)』에 따르면, 사회복지조직은 조직활동의 성격에 맞게 조직모형을 선택할 필요가 있다(Weinbach, 1993). 사회복지조직의 모형에는 생산일선조직모형, 연계조직모형 및 고객서비스조직모형이 있다. 그 내용은 다음과 같다(Weinbach, 2014).

생산일선조직모형은 조직 효과성을 추구하기 위해 조직과정을 고도로 합리화하는 방안이다. 이 모형은 표준화된 서비스를 전달하는 조직에 적용된다. 여기에서는 업무 단위는 중첩되지 않도록 세분화되고, 조직의 주요 기능은 업무단위별로 병렬 나열돼 수행된다. 사회보험관리조직을 예로 들 수 있다. 그러나 이 모델은 일선 조직구성원들의 전문적인 활동에 의존하는 대부분의 사회복지조직에 적용하기에는 한계가 있다. 사회복지조직들은 주로 적용하는 이론의 효과성을 측정하기 어렵고, 서비스 제공에 윤리 및 가치 판단이 개입되기 때문에 서비스 전달과정을 표준화할 여지가 크지 않다. 게다가 개입 결과의 바람직한 상태인 목표에 대한 합의 가능성이 높지 않기 때문에 조직활동의 합리성 수준을 판단할 기준을 마련하기 어렵다.

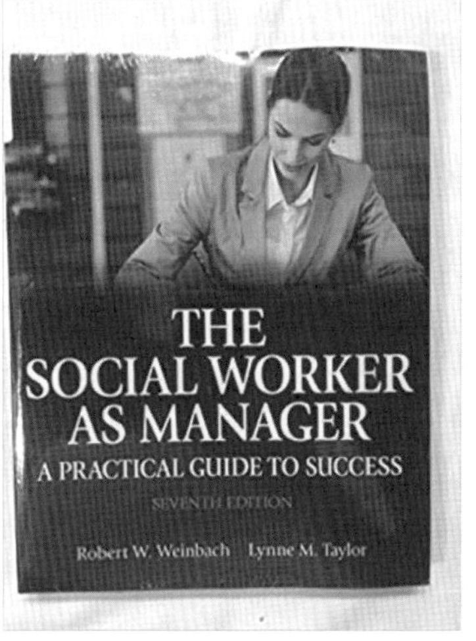

『관리자로서의 사회복지사』
(2014년 출판)

연계조직모형은 조직의 일차적 기능이 중계자의 역할인 조직에 적용되는 모형이다. 연계조직은 사람과 서비스를 연결 지어 주는 활동을 주된 업무로 삼는다. 입양기관과 사회복지서비스 안내 및 의뢰기관을 예로 들 수 있다. 이 조직의 세부적인 역할은 지역사회 자원에 대한 자료수집, 타 기관의 접수담당요원과의 연결체계의 구축, 개인과 서비스가 잘 연계되도록 하는 계약관계의 주선 등이다.

고객서비스조직모형은 서비스의 비표준화가 특징인 조직에 적용되는 모형이다. 많은 사회복지조직에 적용되는 모형으로 전문직관료제모형과 유사하다. 이 모형에서는 조직의 목표달성과 기능수행에 있어서 일선 조직구성원들의 개별화된 서비스의 비중이 절대적이다. 일선 조직구성원들의 전문적인 서비스 제공 활동에 크게 의존하기 때문에 이들은 전문적인 업무수행에 관해 상당한 자율성을 갖는다(심상용, 2017: 207-208).

(2) 사회복지조직의 조직화 방법

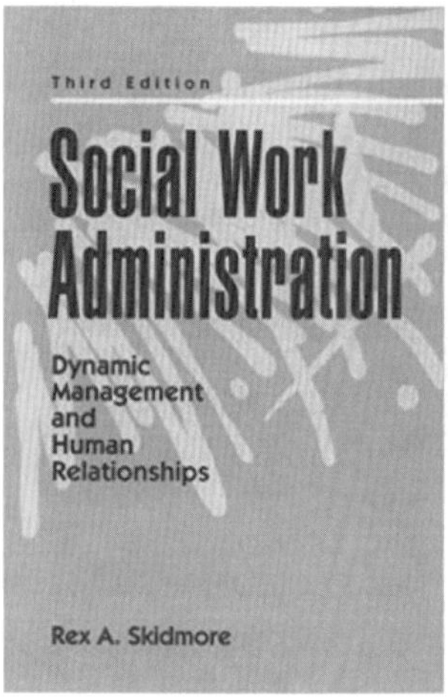

『사회복지행정』
(1994년 출판)

스키모어(Rex A. Skidmore)는 『사회복지행정: 역동적 행정과 인간관계(*Social Work Administration: Dynamic Management and Human Relationship*, 1994)』에 따르면, 조직화는 조직의 목표달성을 위해 조직이 최적의 조직 효과성을 발휘하도록 조직구조를 설계하는 것을 말한다. 사회복지조직의 조직 효과성을 높이기 위한 핵심적인 조직화 과제는 조직 전체의 업무를 적절한 단위로 부문화하는 것이다. 이는 관리에 적합하고 슈퍼비전에 적절한 서비스 단위로 조직을 기능적으로 분할하는 것을 의미한다. 여기에는 수 기준 부문화, 시간 기준 부문화, 기능 기준 부문화, 지리적 영역 기준 부문화, 서비스 기준 부문화, 고객 기준 부문화, 서비스 접근통로 기준 부문화 등이 있다.

4) 사회복지조직과 환경

사회복지조직의 환경은 사회복지조직의 기능에 영향을 주는 내·외적 요소와 각종 인적·물적·문화적·사회적 자원 활용, 상호 관계, 행정조치 및 사회복지서비스 이용과 욕구충족 정도 등에 따라 구분할 수 있다. 그리고 현대 우리 사회의 고령화에 따른 노인복지의 질적·양적 향상과 장애인·부녀자·청소년·소외계층의 사회복지서비스를 효율적으로 추진할 수 있는 사회복지조직이 필요하다.

사회복지조직의 환경을 잘 조성하기 위해서는 사회복지조직의 재정적 안전성, 사회복지 전문가 육성과 사회복지조직원의 처우개선이 이루어져야 하고, 지역사회와 각종 유관기관 및 시민단체의 자율적 참여와 네트워크가 형성되어야 하며, 주민과 수요자가 질 높은 사회복지서비스를 받을 수 있는 인프라 구축과 프로그램 개발 그리고 정부와 지방자치단체장의 높은 관심이 요구된다.

3. 인적자원관리

1) 인적자원관리의 개념

인적자원관리(Human Resource Management)는 조직의 성장과 유지라는 양대 목적을 달성하기 위하여 필요한 자원 중 인적자원(HR)에 대한 관리(Management)라는 의미가 있다. 즉, '인적자원'과 '관리'라는 두 용어의 합성어로서 인적자원은 사회·경제적 가치를 생산·분배하는 투입요소를 뜻하고 관리는 하나의 제도(institution)나 방식(rule)이다. 따라서, 인적자원관리의 의미는 조직에 필요한 인적자원(인력)의 수요와 공급을 계획하는 인적자원계획(Human Resource Planning)에서부터 일단 충원된 인적자원이 조직 내에서 업무수행을 개선할 수 있도록 지식, 기술, 역량을 증진시키는 인적자원개발(Human Resource Development), 그리고 배치, 이동, 평가관리 등의 인적자원활용(Human Resource Utilization)에 이르기까지의 다양한 측면의 활동이라고 정의할 수 있다. 이렇게 볼 때, 공공조직이나 민간조직에서의 인적자원관리는 종래의 '인사관리'나 인사행정'의 개념에 비하여 확대된 개념이다. 왜냐하면 인적자원관리는 조직의 목적 달성을 위한 자원활용 차원에서 인적자원을 대상으로 획득·개발·평가에 관한 전반적 활동이기 때문이다(고수현 외, 2016: 156).

그러므로 인적자원관리는 인사관리라고도 하며, 개인과 조직의 목표를 달성하기 위해 장·단기적인 인적자원을 계획(Planning)하고, 조직화(Organizing)하면서, 지도(Leading)하고 통제(controlling)하는 총체적 관리행위로써 정의될 수 있다. 즉, 기관의 운영목적을 달성하기 위하여 인적자원을 최대로 활용하기 위한 관리활동이라고 할 수 있다.

인적자원관리는 조직에서 가장 중요한 요소로 인식되고 있는 사람에 관계되는 문제를 다루고 있으며, 조직의 관리일반과 유기적인 관련을 맺고 있다. 따라서, 인적자원관리를 인력의 조달과 유지, 활용, 개발에 관한 계획적이고 조직적인 관리활동의 체계라고 정의할 수 있다.

첫째, 인적자원관리는 조직체의 인적자원을 관리하는 경영의 한 부분 또는 하위과정이다.

둘째, 인적자원관리는 조직의 목표를 달성하기 위하여 모든 조직구성원을 대상으로 경영 각 계층에서 발휘되는 필수기능이므로 조직체의 최고관리층에서 하부의 일선관리자에 이르기까지 모든 실무관리자들이 수행해야 하는 기본적인 일반관리기능이다.

인사관리의 기능은 인력계획, 경력관리, 보수 및 퇴직금, 보건, 안전 및 복지후생, 사기와 인간관계관리, 복무와 근무규율, 노사협조, 인사관리정보체계이다. 인사관리의 핵심요소는 업무분석 및 업무성과에 대한 평가, 직원개발 및 보상 등을 들 수 있다.

인사관리의 과정은 충원계획수립에 의해 모집하고 선발하며 임용한다. 그리고 오리엔테이션을 통해 평가하고 승진하며 해임하는 과정을 거치고 있다. 인적자원관리의 변화방향은 다음과 같다. 전통적인 인적자원관리는 승진중심의 수직적 이동, 조직 간 이동성이 낮다. 또한 지시통제의 관리방식과 직급중심의 인사체계라고 할 수 있다. 오늘날의 인적자원관리는 전문성 위주의 수평·수직 이동으로 조직 간 이동성이 높으며, 임파워먼트형 관리방식, 그리고 직무와 역량중심의 인사체계로의 변화가 요구된다.

2) 직무분석

직무분석(job analysis)은 효율적인 인적자원관리에 필요한 정보를 제공하기 위해 직무에 대한 광범위한 정보를 체계적으로 확보하는 활동이다. 그런 점에서 직무분석은 특정 직무의 내용과 직무수행에 필요한 직무수행자의 행동, 육체적 및 지적 능력을 밝히는 체계적인 활동으로 정의된다(심상용, 2017: 258).

조직에서는 구성원을 모집, 선발, 배치, 교육하고 인사평가를 하기 위한 가장 기초적인 정보를 직무분석(job analysis)에서 얻는다. 직무분석은 직무에서 어떤 활동이 이루어지고, 직무를 수행할 때 사용되는 도구나 장비가 무엇이며, 어떠한 환경에서 작업을 하고, 직무수행에 요구되는 인간적 능력이 어떤 것인지를 알 수 있도록 도와준다. 다시 말해서 어떤 일을 어떤 목적으로 어떤 방법에 의해 어떤 장소에서 수행하는지 알아내고, 직무를 수행하는 데 요구되는 지식, 능력, 기술, 경험, 책임 등이 무엇인지를 과학적이고 합리적으로 알아내는 것이 직무분석이다.

직무분석은 직무에서 수행하는 과제와 도구, 장비, 작업 요건과 같은 작업이 수행되는 상황, 그리고 작업 수행에 요구되는 인적 요건들에 관한 정보를 제공한다. 직무분석은 이와 같은 자료들을 통해 많은 인사 결정에 필요한 기본적 정보를 제공하기 때문에 조직 내의 인적자원 관리의 가장 핵심적인 기능이며, 출발점이라고 할 수 있다.

3) 직무만족

직무만족(job satisfaction)은 직원이 직무수행과정에서 얻게 되는 내적이고 외적인 만족감을 의미하며 다분히 주관적인 개념이다. 내적만족으로는 직무의 난이도, 도전감, 중요성, 다양성, 책임 등 직무 자체의 내재적 가치 만족감이고 외적만족으로는 보상, 작업환경, 승진 등 직무 외부의 가치만족감이다.

직무수행에 대한 결과는 평가자가 직무수행의 정도를 생산성, 효율성, 효과성, 서비스의 질의 평가기준에 따라 등급화하는 직무평가로 나타나기도 하지만, 직원 스스로가 자신의 업무에 대해 만족하는 정도를 나타내는 직무만족으로도 가늠할 수 있다. 직무만족도가 높다는 것은, 결국 직무평가의 기준에도 영향을 미칠 수 있기 때문에 조직에서는 직무평가뿐만 아니라, 직무만족도 평가가 이루어져야 할 부문이다. 직무에 불만족한 직원의 예상되는 행동에는 퇴직, 불평, 불복종, 책임회피, 공금횡령, 기물파괴, 무관심 등이 있으며, 이는 조직성과에 당연히 부정적 영향을 미친다.

4. 재정관리

1) 재정관리의 개념

재정관리란 수입에 대한 지출을 합리적으로 관리하는 것으로 할당받은 자원을 어떻게 유효적절하게 사용할 것인가를 계획해서 합리적으로 관리하는 것이다. 다시 말해서 조직이 목표달성을 위해 필요한 재정자원을 합리적이고 계획적으로 동원, 배분하고 이를 효율적으로 사용, 관리하는 과정이다(김수목 외, 2021:260).

재정관리 자체로서 한 조직이 추구하는 목표나 실행방식에 관한 대부분의 의사결정을 대변한다. 재정관리의 출발은 예산의 편성과 책정에 있다. 예산이란 특정 기간 동안 특정 목표를 성취하는 데 수반되는 수입과 지출에 관한 예상계획이다. 예산은 의사결정의 도구로서, 조직의 목적을 현실적 서비스로 전환하는 도구로서 예산과정에 필요한 자질을 갖추지 못하면 관리자는 예산에 종속되는 부작용이 나타날 수 있다. 예산과정(budgeting)은 조직이나 프로그램에 필요한 예산을 편성하고 책정되는 과정으로 의사소통과 그 결과로서의 의사결정을 수반한다. 예산과정에서 의사소통의 주된 도구는 '예산양식'이다.

예산양식(budget form)은 예산에 관한 의사소통 방식을 규정하는 것으로 예산양식은 품목예산, 기능 또는 수행예산, 프로그램예산, PPBS, ZBB, PPB 등으로 전통적으로 품목예산이 많이 사용되었으나, 점차 프로그램예산에 대한 강조가 높아지고 있다.

2) 사회복지재정

(1) 사회복지재정의 개념

사회복지재정은 사회복지활동을 위하여 필요한 제경비의 획득, 지출, 관리의 계획적·조직적 행위로서, 본래는 국가 또는 지방자치단체가 행하는 재정행위를 말하며, 민간사회복지시설의 경영에 관해서도 확대하여 사용하는 경우도 있다.

사회복지재정의 형태는 크게 공공부문의 재원과 민간부문의 재원으로 나눌 수 있다. 공공부문의 재원은 다시 정부의 일반예산(general revenue), 사회보장을 위한 조세, 그리고 조세비용(tax expenditures)의 세 가지로 나눌 수 있으며 민간부문의 재원은 크게 사용자부담금(user fee), 자발적 기여금(개인, 재단, 기업), 기업복지, 그리고 가족 내, 또는 가족 간 이전(intra, 혹은 interfamily transfer)으로 나눌 수 있다.

참여정부 트레이드마크 중 하나인 '지방분권'정책의 세부 모습인 지방분권과 관련된 법률의 재개정, 지방위임사무의 재배치, 특별지방행정기관의 설립, 지방교부세율의 인상, 지방정부예산지침의 수립, 복식부기제의 전면 실시, 지방정부 및 의회의 인사권 확대, 주민소환제 및 주민소송제의 실시 등이 포함되어 있었다. 그러나 이러한 추진목록 속에 '국고보조사업의 정비'라는 것이 들어 있었고, 여기에서 지방분권정책의 핵심은 재정분권이었음을 주목할 필요가 있다.

(2) 사회복지재정의 유형

사회복지정책을 서비스로 전환하는 데는 많은 비용을 필요로 한다. 사회복지재정의 주체는 정부나 지방자치단체와 민간사회복지단체를 들 수 있다. 따라서, 사회복지행정을 구체화하는 재원은 정부 및 지방자치단체가 지출하는 공적자금과 민간자금으로 나뉜다.

① 공공재정

공적 책임으로 행하는 사회복지행정에 소요되는 비용으로서의 공비에 있어, 직접 국가가 실시주체로 되어 있는 것은 적고 대부분은 지방자치단체가 행하고 있다.

그 가운데에는 원래 국가가 실시하지 않으면 안 되는 것과, 법에 의하여 지방자치단체가 행하지 않으면 안 되는 것이 있다. 국가가 실시하지 않으면 안 되는 것(공공부조 또는 사회복지의 비목으로 지출되는 것)은 당연히 경비의 전액을 국가가 부담하지 않으면 안 되게 되어 있으며, 지방자치단체가 행하는 사업에 대해서는 일정의 비율을 국가가 보조하도록 되어 있다. 그리하여 국가와 지방자치단체 간의 재정상의 부담 구분은 그 대상이 「지방재정법」에 의하여 정해지며, 나아가서 국고부담이 행해지는 종목이나 그 부담의 비율 등은 사회복지법령에 의하여 행해진다.

② 민간재정

민간사회복지사업의 지원은 국가 및 지방자치단체의 보조금과 위탁금(조치비) 등의 공비와 공동모금, 그리고 그 밖에 기부금에 의한 배분기부금과 대부금, 공영경기수익금과 기타 수익사업부문의 수익 및 조성, 법인으로부터의 조성 등이다.

위탁비란 본래는 국가 또는 지방자치단체가 행해야 할 사업을 민간사회복지시설에서 실시되고 있는 경우로 서비스를 위탁하지만, 국가의 책임 아래 실시하는 것으로 조치위탁이라고 부르며, 그 대가로서 위탁비가 지불되는 것이다. 따라서, 이와 같은 위탁비는 시설운영에 요하는 경비의 보조금과는 전혀 그 성격을 달리하는 것이다.

5. 정보관리

1) 정보관리의 개념

정보(information)는 자료를 기반으로 한 개인이나 조직이 의사결정을 내리는 데 실질적인 가치가 있거나, 유용하게 쓰이도록 전환되는 것을 의미한다. 따라서, 자료(원료)가 정보로서의 가치를 발휘하기까지는 여러 단계를 거쳐 특정한 목적에 맞는 정보를 생산하게 되는 것이다.

어느 시대에나 사람들은 정보를 필요로 했고, 이를 만들어서 사용해 왔다. 그러나 정보 자체를 중요한 관리의 대상으로 삼은 것은 불과 최근의 일이다. 정보통신기술(ICT)의 발달에 힘입은 탓도 크지만, 보다 근원적인 동인은 현대 조직사회의 대규모화와 복잡성 때문이다. 수많은 사람 사이에서 복잡한 의사소통이 확대되는 사회에서는 정보를 관리하는 일이 필수적으로 될 수밖에 없다. 사회복지조직의 경우도 이러한 동일한 사회적 맥락의 영향 아래 있다.

정보관리는 문서와 문서보관, 그리고 종이로 된 문서, 매체와 기록들의 수명관리로 크게 제한되었으나, 1970년에 시작된 정보기술의 확산으로 데이터 보관 분야를 포함한 정보관리 직업은 새로운 빛이 되었으며, 1990년대 말 정보가 컴퓨터 네트워크와 다른 전자기기들 간에 정식으로 확산되었을 때 네트워크 관리자들은 정보 관리자들이 되었다. 따라서, 정보관리는 가장 최근에 사용 가능한 도구로 강력한 자원이 되었다.

정보가 의사결정에 도움이 되기 위해서는 정확성·신속성·적시성·대량성 등의 조건이 충족되어야 한다. 그러기 위해서는 우선 수집의 시스템이 완비되어야 함은 물론, 그것이 처리·전달·저장의 각 시스템과 유기적으로 결합되어 있지 않으면 안 된다. 이러한 일은 종래 사무관리 분야에서 문제되었던 것이나, 정보과학의 발달과 응용, 컴퓨터에 의한 정보의 처리·전달·저장의 응용 등과 함께 사무관리와는 별도로 정보관리(Information Management)라는 말이 쓰이게 되었다.

2) 사회복지조직과 정보관리체계

(1) 정보시스템의 개념

정보시스템은 조직에 필요한 정보제공이나 업무처리를 수행하도록 정보기술을 응용해 유용한 정보를 생산하기 위해 자료를 수집, 정리, 분석처리, 보고, 배분하는 구조이다. 최근 정보기술은 하루가 다르게 빠른 속도로 발전해 가고 있다. 이에 따라, 정보기술의 활용분야 및 형태도 매우 다양해지고 있다. 이에 관리자는 어떤 정보기술을 업무에 적용할 것인가에 대한 결정에 적극적으로 참여해야 하고, 또한 그러한 기대효과가 달성되도록 정보기술의 이용을 계속 관리해야 할 책임을 안고 있는 것이다(오종희 외, 2021: 368-369).

일반적으로 정보체계는 조직의 운영, 관리 및 의사결정기능을 지원할 수 있는 정보를 제공하는 하나의 통합된 인간·기계 시스템으로 이해할 수 있으며, 이러한 정보체계는 수집, 기록, 분류, 정렬, 조작, 저장, 검색, 재생산 및 의사소통의 기능을 수행하게 된다.

정보체계는 사회복지조직의 일상 업무와 관리업무 나아가 클라이언트 관련 업무 등을 위한 일련의 의사결정, 또는 문제해결과정에 필요한 정보관리를 위해 사용되는 통합적인 사용자·기계시스템이라고 정의할 수 있다.

(2) 사회복지의 정보체계

사회복지조직의 정보시스템은 크게 클라이언트정보시스템, 조직정보시스템, 수행정보시스템 등 세 가지 하위체계로 나누어진다(Gates, 1980). 정보시스템에 대한 구체적인 내용을 살펴보면 다음과 같다(오종희 외, 2021: 369-371 ; 서보준 외, 2021: 249-251).

① 클라이언트정보시스템

클라이언트 정보체계(Client Information System, CIS)는 클라이언트, 클라이언트와 프로그램 간 상호작용 등에 관한 정보를 만들고 조직하고 보고하는 정보체계이다. 주로 서비스와 프로그램을 이용하는 클라이언트의 과정에 초점을 맞춘다.

② 조직정보시스템

조직정보시스템(Organization Information System, OIS)은 시설이나 운영, 기획, 회계, 인사, 비용 통제 등에 관한 정보체계를 말하며, 주로 관리자 또는 외부의 자금제공자가 필요로 한다. 조직정보는 운영단위 또는 개업무자가 생산한다. '누가, 언제, 어떤 서비스를 제공받았는지'가 주된 관심이라면, 조직정보시스템은 '누가, 어디에, 얼마를 사용했는지'가 주된 관심사이다.

③ 수행정보시스템

수행정보시스템은 의사결정의 향상이나 프로그램의 생산성 및 효과성의 다양한 측면들을 평가하기 위해 요구되는 정보들을 다룬다. 이 시스템은 굳이 새로운 정보시스템을 운영하지 않더라도, 기존 클라이언트정보시스템과 조직정보시스템의 합성에 의해서 가능하다. 물론 이러한 합성은 두 시스템이 자료들을 호환하거나 공유할 수 있는 통합성을 갖고 있는가에 의해서 좌우된다.

(3) 사회복지조직 정보관리체계의 유형

보건복지 정보의 수집·제공과 보건복지 관련 정보시스템개발 및 운영 등 보건복지 정보화사업을 수행함으로써 보건복지 업무를 효율적으로 수행할 수 있도록 지원하는 보건복지부 산하 위탁집행형 준정부기관으로 한국사회 보장정보원이 사회보장정보원이 통합 운영·관리하는 정보시스템은 다음과 같다.

① 사회보장정보시스템(행복e음)

사회보장정보시스템(행복e음)은 국가와 지방자치단체가 지원하는 다양한 사회복지급여 및 서비스의 대상자와 지원내역을 통합·관리하는 복지업무 처리지원시스템이다. 즉, 각종 사회복지 급여 및 서비스 지원 대상자의 자격과 이력에 관한 정보를 통합 관리하고, 지방자치단체의 사회복지 업무처리를 지원하는 시스템이다. 「사회복지사업법」에 의해 사회복지시설 업무에 필요한 각종 자료 또는 정보의 효율적 처리와 기록·관리업무의 전자화를 위해 구축된 정보시스템으로 2010년 1월부터 운영되고 있다. 지방자치단체 공무원은 '행복e음'을 통해 복지 대상자의 신청, 자산조사, 지원여부결정, 급여서비스, 추가서비스까지 필요한 모든 과정을 빠르고 정확하게 처리할 수 있다.

② 사회보장정보시스템(범정부)

사회보장정보시스템(범정부)은 복지서비스가 필요한 대상자들에게 필요한 복지혜택을 이어 주는 맞춤형 복지지원시스템이다. 이것은 각 부처 및 정보 보유기관에서 제공하고 있는 복지사업정보와 지원대상자의 자격정보, 수급이력정보를 통합관리하는 시스템이다. 16개 부처 293개 복지사업정보를 연계하여 개인별·가구별 복지서비스 이력관리, 중복·부정적 수급방지, 중앙부처 복지사업 정보제공, 복지사업 업무처리 지원 등을 위해 2013년 개통하였다.

③ 사회서비스전자바우처시스템

사회서비스전자바우처시스템은 사회서비스의 신청·이용, 비용지급, 정산 등 사회서비스 전달과정을 전자화하여 이용자의 편리한 서비스 이용과 제공기관 및 지방자치단체의 효율적인 업무처리를 돕는 시스템이다. 여기에는 취약계층뿐만 아니라, 전 국민이 필요로 하는 사회복지, 보건의료, 교육, 고용, 주거, 문화, 환경, 안전 등 다양한 사회서비스를 제공하고 있다.

④ 보육통합정보시스템

보육통합정보시스템은 부모들이 보육서비스를 보다 편리하고 투명하게 이용하도록 어린이집, 지방자치단체, 보육 관련 기관의 행정처리를 지원하는 시스템이다. 주요 서비스에는 아이사랑보육포털(www.childcare.go.kr), 어린이집 정보공시포

털(infor.childcare.go.kr), 어린이집 지원시스템, 행정지원시스템, 바우처 지원시스템, 보육정책 통계분석시스템 등을 포함한다.

⑤ 지역보건의료정보시스템

지역보건의료정보시스템은 보건기관의 진료업무, 보건사업 및 행정업무를 정보화하고 유관기관 간 전자적 정보교류를 위한 통합정보시스템을 말한다. 주요 서비스로는 진료 및 진료지원 업무의 정보화, 수요자 맞춤형 건강관리 기능강화, 실적·통계 업무의 자동화, 온라인을 통한 편리한 보건의료서비스 등을 제공한다.

⑥ 사회복지시설 정보시스템

사회복지시설 정보시스템은 맞춤형 서비스 정보제공과 공공자료 개방을 통해 정확하고 투명한 사회복지시설의 행정업무를 지원하는 시스템을 말한다. 이것은 사회복지시설 업무의 일원화·표준화·투명화·전자화, 보고절차의 간소화, 신속한 업무처리를 위한 통합업무관리시스템을 말한다. 2008년 1월 국가차원의 복지정보시스템으로 도입되었는데, 2009년에 6월 사회복지시설 정보시스템으로 명칭을 변경하였다. 사회복지법인 및 시설에서는 회계, 급여, 인사, 세무, 입소자, 종사자관리 등 제반 업무의 전자화로 시설관리업무의 간소화 및 표준화, 보조금 집행의 효율화, 회계 투명성을 높일 수 있다.

연습문제
EXERCISE

01 다음 중 사회복지조직의 특성이 아닌 것은?

① 원료가 도덕적 가치를 지닌 인간이다.
② 목표가 분명하다.
③ 기술이 불확실하다.
④ 전문성을 갖고 있는 직원에게 의존한다.
⑤ 핵심적 활동은 직원과 서비스이용자 관계로 구성된다.

02 우리나라 사회복지행정의 역사적 사실로 틀린 것은?

① 사회복지사 1급 시험은 2003년에 처음으로 시행되었다.
② 사회복지행정이 별도의 교육과정으로 설치된 것은 1960년대 들어서이다.
③ 한국사회사업가협회는 1967년에 창립되었다.
④ 사회복지공동모금회는 1998년 설립되었다.
⑤ 사회복지전담공무원의 법적 근거는 2000년대에 들어 마련되었다.

03 총체적 품질관리(TQM)에 관한 설명으로 옳지 않은 것은?

① 서비스 품질은 마지막 단계에 고려한다.
② 지속적인 서비스 품질향상을 강조한다.
③ 고객중심관리를 한다.
④ 의사결정은 자료분석에 기반한다.
⑤ 품질향상은 모든 조직구성원들의 헌신을 필요로 한다.

04 사회복지재정의 확충방안으로 적절하지 못한 것은?

① 정부의 복지예산 증액
② 공동모금 활성화
③ 지방재정에 대한 국고보조금의 축소
④ 사회복지사업에 대한 세제상의 혜택
⑤ 법인 및 개인 후원자에 대한 세제 혜택

정답 1. ② 2. ⑤ 3. ② 4. ③

Chapter 5

사회복지법제와 실천

학습목표

1. 법 지식 확보
2. 사회복지 관련법의 이해도 증진
3. 적용 사례연구

학습내용

1. 사회복지법의 개념
2. 사회복지법의 법률관계
3. 사회복지법의 권리
4. 사회복지법 해설

개요

사회복지는 사회적 관계 속에 있는 인간의 인간다운 삶을 달성시키기 위한 모든 사회적 노력을 말하며, '법'은 도덕, 윤리, 관습과 같은 하나의 규범으로서 사회 속의 인간의 행위를 안내하는 행위규범이다. 따라서, 사회복지법은 사회적 관계 속에 있는 인간의 인간다운 삶을 달성시키기 위한 모든 사회적 노력에 관한 인간의 행위규범이다. 여기에서는 사회복지법제와 실천을 학습하고자 한다.

Chapter 5

사회복지법제와 실천

1. 사회복지법의 개념

1) 사회복지법의 정의

'사회복지법'은 '사회복지'와 '법'이란 단어의 합성어이다. 즉, 사회복지법은 '사회복지에 관한 법'으로서 법의 일반적인 성격과 틀을 지니고 있되, 그 내용은 사회복지를 다루는 법이라고 말할 수 있다. 즉, 사회복지법은 사회복지와 법의 합성어로 사회복지에 관한 법을 총칭하는 것으로, 사회복지정책 또는 사회정책의 실현과 관련된 각종 법률을 의미한다. 또한 모든 사회구성원들의 욕구를 충족시키고, 그들의 인간다운 생활을 보장하며, 사회적 정의를 실현하기 위한 공적·사적 제도와 정책들을 규율하기 위한 제반 법규를 의미하는 것이다.

'사회복지'는 사회적 관계 속에 있는 인간의 인간다운 삶을 달성시키기 위한 모든 사회적 노력을 말하며, '법'은 도덕, 윤리, 관습과 같은 하나의 규범으로서 사회 속의 인간의 행위를 안내하는 행위규범이다. 따라서, 사회복지법은 사회적 관계 속에 있는 인간의 인간다운 삶을 달성시키기 위한 모든 사회적 노력에 관한 인간의 행위규범이다. 그러나 사회복지법을 보다 명확히 이해하기 위해서 연구대상으로서 사회복지법의 개념과 범위를 정할 필요가 있다. 여기서 사회복지 개념의 규정이 중요한데, 그 이유는 그것에 따라 사회복지법의 개념과 범위가 달라지기 때문이다.

사회복지란 용어가 요즈음처럼 보편적으로 사용되었던 시기는 없었던 것 같다. 그러나 그 이해는 매우 다양하게 나타나고 있다. 그러나 사회복지법의 학습에서는 그 사회복지의 정의는 합의된 것으로 받아들이고 '법'이라고 하는 특성에 초점을 두고 논의된다.

사회복지법의 개념은 형식적 의미와 실질적 의미로 구분하여 이해할 수 있으며, 형식적 의미의 사회복지법은 외적 형식을 갖춘 사회복지와 관련된 모든 법의 형태인 각국의 모든 법이며, 실질적 의미의 사회복지법은 법의 형식과 관계없이 사회복지에 관한 목적과 내용 등을 법규범에 명시하고 있는 경우, 실질적 의미의 사회복지법으로 정의한다(서동명, 2020: 32-33).

2) 사회복지법의 법적 성격

사회복지법은 사회복지 현상에 관한 법이다. 현실적으로 사회복지의 이념과 가치를 구체화하는 법이며, 이 구체화를 위한 급부내용, 전달체계, 재정조달, 권리구제 등에 관한 법이다. 사회복지법의 성격을 규정하는 일은 한 국가의 법체계 속에서 사회복지법의 독자적인 존립근거를 규명하는 일이다. 이것은 사회복지법이 다른 법들과의 관계 속에서 독특하고 고유한 기능을 가지고 있는가에 관한 문제와 직결된다.

사회복지법은 사회복지에 특유한 국내법이다. 사회복지법의 체계적 성격은 다음과 같다(노기남 외, 2020: 20).

첫째, 사회복지법은 헌법의 추상적인 내용을 구체화한 법이다. 이는 헌법의 추상적인 사회복지 관련규정을 실현하기 위하여 구체적으로 각 영역에 해당하는 사회복지법을 제정한 것이다.

둘째, 사회복지법은 자연법이 아닌 제정법에 해당하는 사회복지에 관한 실정법이다.

셋째, 사회복지법은 주로 사회복지에 관한 실체법적 규정을 두고 있으며, 절차법적 규정도 두고 있다. 이는 사회복지의 조직과 작용 및 권리구제에 관한 법이다. 따라서, 실체법과 절차법적 규정을 두고 있다.

넷째, 사회복지법은 사회복지에 관한 국내법이다. 국내법이란 한 국가의 내에서만 적용되는 법규범을 말한다.

다섯째, 사회복지법은 국내법의 체계에서 공·사법의 성격이 혼재된 사회법 영역에 속한다. 사회법은 공법과 사법의 원리가 혼재되어 있어 중간적 법 영역에 있다. 여기에는 노동법, 경제법, 사회복지법이 있다.

3) 사회복지법의 구성요소

사회복지법의 구성요소는 사회복지법의 내용을 구성하는 요소들로서 사회복지법의 분석적 차원이 될 뿐만 아니라, 사회복지법을 내용적인 면에서 다른 법과 구별해 주는 특징을 말한다. 사회복지법은 주체, 객체, 개입대상 또는 문제, 목적, 방법 등으로 그 내용을 구별할 수 있다(고수현, 2020: 35−39).

(1) 주체

사회복지법상의 행위 주체는 국민의 인간다운 생활을 보장하는 급여를 제공하는 것으로 예정된 주체를 말한다. 이 급여는 실체적 의미의 급여뿐만 아니라, 그 급여를 가능하게 하는 급여구조(제도, 시설, 재정, 인적 자원 등)도 포함한다. 이런 의미의 행위 주체는 국가와 민간으로서 전 국민이다.

오늘날 모든 국가들이 복지국가를 표방하는 것처럼 사회복지의 실현에서 국가의 책임은 매우 막대하다. 그러나 실제로 국민의 복지실현은 국가(정부)의 단독 능력으로는 가능하지 않다. 오히려 민간의 다양한 참여에 의해서 사회복지는 보다 효과적으로 달성될 수 있다. 따라서, 사회복지의 실현에는 국가와 민간, 양자의 책임이 존재하고, 결과적으로 공적 사회복지와 민간사회복지의 영역으로 구별된다. 이 두 영역의 역할을 구별한다면, 국가는 예방적, 제도적, 재정적 책임을 다하고, 민간은 자발적, 전문적, 개입적 책임을 다한다. 국가는 국민의 복지실현을 위한 정책을 세우고, 법제도를 만들며, 필요한 재정적 지원을 제공하는 책임을 갖는다. 민간은 시설기관의 운영이나 심리적·사회적 개입 등 전문적 실천의 역할을 하는 데, 이는 국가의 위임을 받아 주로 사회복지의 법령 안에서 행하게 된다.

(2) 적용대상

사회복지법상의 법의 적용대상(객체)은 작게는 요보호성의 미자립자들이며, 크게는 일반 국민이다. 요보호성의 미자립자는 전형적인 복지의 대상자들인데, 이들은 연령, 건강, 소득, 장애 등으로 인한 비복지적 문제를 지니고 있는, 도움이 필요한 사람들이다. 이들은 사회의 도움이 없으면, 이 사회에서 독자적인 삶을 영위할 수 없는 사람들이다. 이들을 위한 사회복지법의 영역이 국민기초생활보장사업이나 사회복지사업이다.

현대사회는 신자유주의 시장경제로 인해 매우 복잡한 사회환경을 갖고 있다. 이러한 시대의 국민은 언제 어떠한 문제로 비복지적 상황에 처해지게 될지 모르는 일이다. 사회복지법은 국민이 겪게 될 수 있는 미래의 사고를 사회공동체 속에서 분산시키는 사회보험제도를 갖고 있다. 이 보험제도는 미래의 사고로 인해 발생하는 예상지출을 미리 축적해 놓는다는 의미가 있다.

미래의 위험에 처할 가능성이 있는 일반 국민도 사회복지의 대상이다. 여기에는 국민연금, 건강보험, 산재보험, 고용보험 등이 해당한다. 기본적으로 사회복지사업에는 미자립자를 위한 내용이 주류를 이루지만, 현대사회에서 일반 국민의 보다 나은 생활을 위한 서비스도 포함하므로 사회복지의 대상은 전 국민일 만큼 포괄적이다.

(3) 개입의 문제

사회복지법이 다루려는 현상은 국민의 복지를 저해시키는 문제현상이다. 이러한 문제는 현대사회에서 다양하다. 사회복지법이 관련되는 문제현상은 사망, 장애, 질병, 실업, 저소득, 매춘, 범죄, 정신질환 등 인간다운 생활을 저해하는 모든 것이 해당된다. 사회복지가 개입하려는 문제들은 시대환경에 따라 변화하기도 한다. 과거에는 저소득, 장애, 질병, 노년 등이 주요한 개입의 대상이었다면, 가정폭력, 마약, 학대 등 변화되어 추가되는 문제들이다.

법은 사회현상을 반영하는 것이고, 사회현상은 변화되므로 사회복지의 법도 변화되어 간다. 최근에 제정된 성매매방지 및 피해자 보호 등에 관한 법률, 가정폭력방지 및 피해자 보호 등에 관한 법률, 일제강점기 일본군 위안부에 대한 생활안정지원법 등은 한국사회의 새로운 현상을 반영한 것이다.

(4) 개입방법

사회복지의 개입의 필요성은 사회문제로 인한 욕구의 결핍에서 출발한다. 인간의 욕구는 다양하며, 기본적으로 화폐적 욕구와 비화폐적 욕구로 구별된다. 화폐적 욕구는 소득적지원에 의해서 해결될 수 있다. 그러나 비화폐적 욕구는 비금전적이며, 심리적·사회적이며, 의존적 성격을 갖고 있기 때문에 해결이 쉽지 않다.

사회복지의 개입방법은 소득적 차원에서는 화폐적 접근, 비화폐적 접근, 개입대상의 단위에 따라 개별사회사업, 집단사회사업, 지역사회조직사업, 통합적 방법이 있다. 개입대상에 따라 아동, 여성, 장애인, 노인 등의 복지사업이 있으며, 서비스의 직접성에 따라 직접적 서비스, 간접적 서비스, 지원적 서비스 등이 있다. 사회복지법에서는 이처럼 다양한 접근을 구현하고 있다.

2. 사회복지법의 법률관계

사회복지법의 법률관계는, 사회복지법상의 당사자가 가지는 권리와 의무의 관계를 말한다. 사회복지법의 실행과정에서 구현하려는 권리의 핵심은 각 사회복지법상의 대상자가 향유하는 사회복지수급권이므로, 이를 중심으로 사회복지법의 법률관계를 논하여야 한다.

1) 사회복지수급권

사회복지수급권은 사회복지법상 사회복지서비스를 받을 권리를 말한다. 사회복지서비스를 받을 권리는 금전적·비금전적 방법에 의하여 최저한도의 생활보장, 자립을 목적으로 하는 생활보호, 재활, 생활안정과 복지의 증진을 목적으로 하는 사회복지서비스에 대한 급여청구권을 말한다.

사회복지서비스가 단순히 국가 행정행위의 반사적 이익이거나, 구빈의 관점에서 시혜적인 것이라고 한다면, 사회복지수급권은 인정되지 않을 것이다. 그러나 자유권을 중심으로 하는 시민법체계에 대한 수정의 원리로, 시민의 권리로서 생존권이 중요시되는 상황에서 사회복지서비스의 권리적 성격은 명백해졌다.

이 사회복지수급권은 헌법에서 생존권적 기본권의 법적 성격을 무엇이라고 규정하느냐에 따라 그 보장의 정도가 달라진다. 여기에는 프로그램 규정설과 법적 권리설이 있으며, 법적 권리설은 추상적 권리설, 구체적 권리설로 구별된다. 지금은 법적 효과에는 차이가 있을지언정 권리로서 인정되는 것에는 이의가 없다.

2) 사회복지법의 해석

사회복지법의 해석은 법의 실정법적인 성격에 따라 달라진다. 사회복지법은 실정법 차원에서 상위법과 하위법, 일반법과 특별법, 강행법과 임의법, 원칙법과 예외법, 신법과 구법으로 분류할 수 있다. 적용하려는 법이 어느 분류에 속하느냐에 따라 적용과 해석의 차이가 있다. 그 내용은 다음과 같다(서동명, 2020: 25－28 ; 최정일, 2017: 36－40).

(1) 상위법과 하위법

법은 수직적 체계를 이루고 있다. 우리나라의 법체계를 보면 헌법, 법률, 시행령, 시행규칙, 자치법규의 순서로 법제정형식에 따른 위계를 갖고 있다. 따라서, 법들은 상위법과 하위법의 관계에 있다.

사회복지법들도 수직적 체계 속에 있다. 상위법·하위법 체계에 의한 법해석의 예를 들면, 헌법은 국가의 기본법으로서 다른 법들의 상위법이다. 따라서, 헌법의 규정을 위반한 하위의 법률은 위헌 법률이 되며, 그 효력이 상실된다. 법의 해석에서 해당규정이 상위법에 근거하는가, 상위법의 위임을 받은 것인가, 상위법의 허용범위 내에 있는 것인가를 판단해야 한다.

(2) 일반법과 특별법

법은 법적용 및 효력의 범위에 따라서 일반법(보통법)과 특별법으로 구별된다. 법적용 및 효력의 범위가 넓은 법을 일반법이라고 하며, 제한된 영역에서 적용되는 법을 특별법이라고 한다.

첫째, 법이 적용되는 '사람'을 기준으로 일반국민에게 적용되는 법(「국민건강보험법」)과 특정 신분에 적용되는 법(「의료급여법」)

둘째, 법이 적용되는 '사항의 범위'를 기준으로 일반적 사항에 적용하는 법(사회복지사업법)과 특별한 사항에 적용하는 법(「노인복지법」)

셋째, 법이 적용되는 '지역적 범위'를 기준으로 전국적 지역에 적용되는 법과 특정지역에만 적용되는 법 등 세 가지 형태로 구별된다.

일반법과 특별법의 관계는 법률(또는 법전)들 간에 적용될 뿐만 아니라, 같은 법률 속에서도 조문과 조문 사이에도 존재한다. 일반법과 특별법의 구분의 실익은 "특별법은 일반법을 우선한다."라는 원칙에 의해서 우선 특별법을 적용하고, 그 보충으로 일반법을 적용한다는 점에 있다. 예를 들어, 아동의 입양에 관해서는 「아동복지법」이 일반법이고, 「입양촉진 및 절차에 관한 특례법」이 특별법이 된다. 따라서, 아동입양에 관해서는 「아동복지법」보다 「입양촉진 및 절차에 관한 특례법」이 우선 적용된다.

(3) 강행법과 임의법

법은 법률 또는 법조문의 적용이 '강제적이냐 임의적이냐'에 따라 강행법 또는 임의법으로 구별된다. 강행법은 법률행위 당사자의 의사 여하에 관계없이 적용되는 법이며, 임의법은 법률행위 당사자의 의사로 적용이 배제될 수 있는 법이다. 임의법을 인정하는 이유는, 원래 법은 권력관계를 근거로 강행되는 것이지만, 공적 질서와 무관한 개인적 관계에 대해서는 당사자의 의사를 존중하여, 그 자치를 허용하는 것이 오히려 사익과 사회질서 유지에 적합하고, 법의 목적에도 합치되기 때문이다. 보통 공법(헌법, 행정법, 형법 등)이 강행법에 해당하고, 사법(민법, 상법 등)은 임의법에 해당한다. 사회복지법의 경우, 사회법의 영역이므로 사회법의 성격에 따라 구별된다.

그런데 강행법과 임의법의 구별기준으로 법률의 공·사 법적 성격도 중요하지만, 법문의 표현, 기타 법규가 가지는 가치 등을 고려하여 구체적으로 판단할 필요가 있다. 사회복지법에서 규정하고 있는 각종 사회복지급여규정에 있어서, 수급자의 권리성을 인정한다는 면에서 보면 강행규정적 성격을 지니고 있지만, 만약 해석상 수급권의 반사적 이익을 인정한다면, 그 점에서는 사회복지급여규정의 임의성을 인정하게 되는 것이다. 현실적으로 사회복지법의 경우, 임의법이 많은 것 또한 현실이다. 임의법적 조항이 많을수록 수급자의 권리 청구는 어려워질 수 있다.

(4) 원칙법과 예외법

원칙법은 일정한 사항에 대해서 일반적으로 적용되는 법을 말하고, 예외법은 그 일정한 사항에 관하여 특별한 사정이 있는 경우, 그 예외를 인정하는 법을 말한다. 일반법과 특별법의 관계와 달리, 예외법은 원칙법의 적용을 완전히 배제하므로 원칙법이 예외법에 대해서 보충관계에 있지 않다.

보통 여러 가지의 법령에서 보이는 단서규정은 대체로 예외법이라고 할 수 있다. 「사회복지사업법」 제34조제2항의 “국가 또는 지방자치단체 외의 자가시설을 설치·운영하려는 경우에는 보건복지부령으로 정하는 바에 따라 시장·군수·구청장에게 신고하여야 한다. 다만, 다음 각 호의 어느 하나에 해당하는 자는 시설의 설치·운영 신고를 할 수 없다.”라는 부분은 사회복지시설의 설치 주체에 관한 원칙법에 해당하고, “시설의 설치·운영 신고를 할 수 없다.”라는 단서 부분은 예외법에 해당한다.

이 구별의 필요성은 법해석의 원칙으로서 예외법은 원칙법과 달리 특히 엄격하게 해석하여야 하고, 이를 함부로 확장하여 해석하여서는 안 된다는 점에 있다. 이 원칙은 “예외법은 엄격히 해석하여야 한다.”라는 법원칙에서 표현되고 있다.

(5) 신법과 구법

신법은 새로 제정된 법을 말하고, 구법은 신법에 의해 폐지되는 법을 말한다. 그러므로 신법은 구법을 폐지하고 적용되는 것이다.

우리의 사회현상은 항상 진행과정에 있으므로 어느 순간에 완벽하게 새로운 법이 적용될 수 있는 변화된 모습으로 나타나는 것은 아니다. 따라서, 신법의 시행시기와 구법의 종료시기에서는 상호 불일치가 존재할 수 있다. 이러한 불일치를 해결하기 위하여 신법에 경과규정 또는 부칙을 둔다. 예를 들어, 「사회복지사업법」에는 사회복지사 1급 자격취득에 관한 경과규정이 있다. 이 경과규정은 구법을 준수한 준수자의 권리를 보호할 뿐만 아니라, 법의 보수성을 유지하는 데에 도움이 된다.

3. 사회복지법의 권리

1) 인권

인권의 역사적 기원은 미국의 독립선언과 프랑스의 인권선언으로 절정에 달하였던 18세기로 거슬러 올라간다. 그러나 인권의 핵심적 요소는 대부분 오래전부터 동·서양의 문화와 사회 속에 존재하여 시행되어 왔음을 인식하는 것이 중요하다. 18세기에 이르러 개인의 생명과 자유에 대한 권리를 바탕으로 인권을 개념화하였던 것이다. 이러한 개념화는 과거의 위대한 문명으로 물려받은 역사와 전통에서 비롯되었다. 인권의 발전은 점진적인 사회 변화의 일부이다. 18세기에 있어서 인권의 개념화에 최초의 동기가 되었던 시민적·정치적 권리에 대한 관심은 점차 경제적·사회적·문화적 권리에 대한 요구로 대체되었다. 이제 권리 개념의 세 번째는 집합적 권리로서, 전체 인류를 위한 합법적이며, 보편적 욕구와 평화 발전에 대한 권리와 파괴로부터 보호된 깨끗한 환경에 대한 권리로 점차 인식되고 있다(고명석, 2019: 23).

인권(human rights)은 말 그대로 '사람의 권리', 사람이기 때문에 누려야 하는 권리이다. 즉, 인권은 인종, 국적, 장애, 연령, 성별, 직업을 떠나 인간이라면 누구나 소유하고 인정받을 수 있으며, 향유해야 할 권리이다. 또한 인권은 특정 시기와 조건 속에서만 인정되는 것이 아니라, 인간이 존재하는 동안 항구적으로 인정되는 권리이다. 이러한 인권의 보편성과 항구성은 인권이 개인의 불가침의 권리임을 말해 준다. 따라서, 인권은 법 이전의 개념이며, 법의 근거가 되는 개념이기도 하다(김구, 2021: 55).

인권이 존중되는 사회복지시설 환경에서 시설이용자와 생활인은 나의 의사와 감정을 분명히 표현하는 능력, 남의 의견을 경청하고 토론하는 능력, 민주적 인간관계를 맺어나가는 능력, 평화적·합리적 문제해결능력, 서로의 차이를 포용하고 존중하는 능력, 배제와 차별에 맞서 인권을 옹호할 수 있는 사회적 연대의 능력 등을 향상시킬 수 있을 것이다.

인권이 존중된 시설에서 인권의 개념과 가치를 올바르게 적용하는 사회복지사는 결코 나의 권리와 존엄성만 주장하지 않을 것이다. 다른 사람을 차별하거나 사회적으로 배제시키지도 않을 것이다. 오히려 모든 사람의 인권이 균등하게 존중될 수 있는 사회를 만드는 데 선도적인 역할자인 '인권지킴이'가 될 수 있다. 또한 동료, 친구와 이웃, 특히 우리 사회에서 가장 쉽게 권리를 침해받기 쉬운 취약집단의 인권보장을 위해 활동하는 '인권 길라잡이'가 될 것이다.

우리 사회의 인권을 이끌어가는 미래의 인권 리더(leader)가 될 것이다. 또한 인권은 일정한 책임과 의무를 다한 경우에만 보장되는 것은 아니다. 인권침해 행위를 하였을 때, 그 행위에 대한 책임을 물을 수는 있지만, 그 사람의 인권이 침해되어서는 안 된다. 인권은 사람이면 누구나 자기 존엄을 지키기 위해 포기할 수 없는 권리들로 구성되어 있기 때문이다. 또한 권리가 주어질 때 책임 또한 명확히 요구할 수 있다. 따라서, 사회복지시설에서 상대적으로 약자의 지위에 있는 복지 대상자에게는 인권이 더욱 중요하고 필요한 것이다(고명석, 2019: 55).

2) 기본권

(1) 기본권의 개념

기본권(fundamental rights)은 인간이 인간이기에 갖는 권리인 '인권' 개념을 바탕으로 한 국민의 기본적 권리로서 헌법에 보장된 권리이다. 인권을 인간이 갖는 천부적 권리라고 규정한다면, 기본권은 헌법이 보장하는 국민의 기본적인 모든 권리로서, 법적으로 보장된 실정법적 성격을 띤다. 따라서, 해당 국가에 따라 규정 내용과 효력이 제한될 수도 있다. 우리나라 헌법의 기본권 개념은 독일에서 유래하였다. 미국에서는 권리장전에 기본권이 기술되어 있고, 프랑스에서는 기본권 대신 공적 자유라는 용어가 쓰이고 있다.

(2) 기본권의 유형

기본권의 유형에는 포괄적 기본권인 인간의 존엄과 가치존중, 행복추구권이 있으며, 개별적 기본권으로 평등권, 자유권, 참정권, 사회권, 청구권이 있다.

① 포괄적 기본권

포괄적 기본권은 여타 기본권의 기반이 되는 기본권으로, 인간존엄과 가치존중, 행복추구권(헌법 제10조)이 있다. 인간존엄과 가치존중은 모든 기본권 보장의 전제가 되며, 어떤 경우라도 침해당하지 않을 기본적 인권으로서, 국가는 이를 보장할 의무가 있다.

행복추구권은 물질적 풍요와 정신적 만족을 추구할 수 있는 권리로, 일반적 인격권과 일반적 행동의 자유권 등 다양한 권리를 포함하고 있다. 그러나 행복추구권에 포함되는 행위라고 하더라도 공공복리의 사회질서를 위협하는 경우, 그 권리를 제한받을 수 있다.

② 개별적 기본권

개별적 기본권은 포괄적 기본권인 인간존엄과 가치존중 및 행복추구권을 실현하기 위해 명시된 기본권으로, 평등권, 자유권, 정치권, 청구권, 사회권 등이 있다.

평등권(헌법 제11조)은 모든 국민은 법 앞에 평등하며, 누구든지 성별, 종교 또는 사회적 신분에 의하여 정치적·경제적·사회적·문화적 생활의 모든 영역에 있어서 차별을 받지 아니하는 것을 내용으로 한다.

자유권은 국가의 간섭을 받지 않고 자유롭게 생활할 수 있는 권리로, 누구나 법률에 의하지 않고는 체포 구속되지 않는다는 신체의 자유권(헌법 제12조), 종교의 자유(헌법 제20조), 언론·출판의 자유(헌법 제21조) 등과 같은 정신적 자유권, 거주이전의 자유(헌법 제14조), 주거의 자유(헌법 제16조)와 같은 사생활 관련 자유권, 재산보장의 자유(헌법 제23조), 직업선택의 자유(헌법 제15조)와 같은 사회적·경제적 자유권 등이 있다.

정치권은 참정권이라고도 하며, 국가의 중요한 의사결정 과정에 참여할 수 있는 권리이다. 정치권에는 선거권(헌법 제24조)과 공무담임권(헌법 제25조)이 포함된다.

사회권은 생존권이라고도 하며, 국가에게 인간다운 생활을 할 권리를 요구할 수 있는 권리(헌법 제34조)이다. 사회권에는 근로의 권리(헌법 제32조), 교육을 받을 권리(헌법 제31조), 환경권(헌법 제35조) 등이 있다.

청구권은 기본권이 침해당했을 경우, 국가에 대해 일정한 행위를 적극적으로 청구할 수 있는 권리로, 국민의 어려움이나 의견을 문서로 신청할 수 있는 청원권(헌법 제26조)과 공정한 재판을 통해 문제를 해결할 수 있는 재판청구권(헌법 제27조) 등이 있다.

(3) 기본권의 주체

기본권은 인간의 천부적 권리인 인권 사상에 그 바탕이 있으므로 권리의 주체 또한 해당 국가의 국민뿐 아니라, 외국인도 포함된다. 그러나 외국인의 경우 인간 존엄과 가치, 행복추구권 등 천부인권 성격의 기본권이 주체가 될 수 있지만, 재산권, 참정권 등에서는 제한을 받는다. 외국인뿐만 아니라, 내국인이라 하더라도 연령(선거권)이나 특정 법의 적용대상(모성보호·노동3권 조항)에 따라 기본권 제한이 있을 수 있다.

3) 사회권

(1) 사회권의 정의

사회권(복지권)은 1919년 바이마르헌법에서 최초로 보장된 이래, 세계 각국의 헌법이 이를 규정하고 있다. 바이마르헌법 제151조는 "경제생활의 질서는 각인으로 하여금 인간다운 생활을 보장하는 것을 목적으로 하는 정의의 원칙에 합치하여야 한다."고 규정하면서 사회권을 국민의 기본권으로 규정하였다(김구, 2021: 58).

사회권은 인간의 존엄과 가치가 실질적으로 보장되도록 국민이 인간다운 생활을 할 조건을 마련해 주도록 국가에 요구할 수 있는 권리이다. 사회권은 수익권, 생활권적 기본권, 생존권적 기본권, 생활권, 사회적 기본권, 사회국가적 기본권이라고도 부른다(허완중, 2020: 549).

(2) 헌법 규정

1948년 헌법에서 이미 교육을 받을 권리(제16조), 근로의 권리(제17조), 근로3권(제내조), 생활무능력자 국가보호(제19조), 혼인의 순결·보건(제20조)이 규정되었다. 그리고 1962년 헌법 제30조제1항부터 인간다운 생활을 권리가 규정되었고, 1980년 헌법 제33조를 통해서 환경권이 들어왔다. 1987년 헌법에서는 최저임금제(제32조제1항), 여자의 복지와 권익향상(제34조제3항), 노인과 청소년의 복지향상(제34조제4항), 신체장애자에 대한 국가보호(제34조제5항), 재해예방과 재해위험에서 국민 보호(제34조제6항), 쾌적한 주거생활(제35조제3항), 국가의 모성보호의무(제36조제2항)가 신설되었다.

(3) 사회권의 특성

사회권의 특성은 다음과 같다(허완중, 2020: 552-553).

① 국가의 적극적 활동 필요성

사회권은 형성·존중·보호되는 것만으로는 실현될 수 없고, 거기에 내포된 사회적 프로그램을 실현하려는 국가활동이 필요하다. 이때 보통 입법자의 활동뿐 아니라, 행정활동도 요구된다. 즉, 자유권은 국가권력 침해에 대한 소극적인 방어만으로 보호될 수 있지만, 사회권은 국가의 적극적 급부와 배려를 통해서 비로소 보장될 수 있다. 따라서, 자유권은 국가권력의 개입이나 간섭을 배제하지만, 사회권은 국가의 개입과 간섭이 필수적이다.

② 내용의 불명확성

사회권 내용은 매우 불명확하다는 특성이 있다. 법 규정의 불명확성이나 모호성은 사회권에 국한된 문제는 물론 아니다. 그러나 사회권은 그 구체적 내용과 구조를 확정하는 데 필요하고 충분한 기준을 내포하지 못한 특수성이 있다. 물론 헌법은 사회권의 내용을 구체적이고 분명하게 규정하여 개인에게 급부청구권을 부여해 줄 수 있다. 그러나 이때 그 내용이 방대해질 뿐 아니라, 헌법 개정 곤란성 때문에 바뀌는 경제적 현실과 사회적 상황에 탄력적으로 대응하기 어렵다는 문제가 생긴다. 따라서, 사회권을 헌법에 규정할 때 이를 불명확하게 규정할 수밖에 없다.

③ 입법적 구체화 필요성

사회권 내용은 불확정적이므로 사회권을 실현하려면 법적 구체화가 필요하다. 즉, 사회권은 입법자가 그 내용을 구체적으로 형성하고, 이를 기초하여 행정 집행이 이루어져야 비로소 실현된다. 사회권은 법률이 구체화하지 않으면, 그 자체로는 사법적 소구가 '원칙적으로' 불가능하다.

④ 국가의 재정적 능력

사회권은 국가의 재정적 지원 없이는 실현될 수 없다. 따라서, 사회권은 국가의 재정적 능력 범위 안에서만 실현될 수 있다. 즉, 국가의 경제적 여건과 재정적 능력에 따라 실현 여부와 정도가 결정될 수밖에 없는 권리이다. 이러한 의미에서 모든 사회적 급부청구권은 가능성 유보 아래 있다.

⑤ 다른 사람의 자유 침해 가능성

사회권 실현은 다른 사람의 자유 침해를 초래할 수 있다. 예를 들어, 근로의 권리를 실현하려고 사기업이 실업자를 의무적으로 고용하게 한다면, 기업주의 자유와 권리가 침해된다. 그리고 사회권 실현을 위한 비용은 다른 사람에게 부과한 조세에 의존할 수밖에 없다. 그뿐만 아니라, 사회권 실현은 다른 권리와 충돌할 수 있다. 예를 들어, 완전고용을 지향하며 많은 일자리의 조성의무를 부과하는 근로의 권리는 쾌적한 환경의 유지와 조성을 내용으로 하는 환경권과 충돌할 수 있다.

4) 사회복지영역의 권리성

사회복지의 권리성을 영역별로 논의하면 다음과 같다(김기원, 2019: 156－159).

(1) 사회보험의 권리성

「사회보장기본법」 제3조제2항에 따르면, 사회보험이란 국민에게 발생하는 사회적 위험을 보험의 방식으로 대처함으로써 국민의 건강과 소득을 보장하는 제도를 말한다. 사회보험은 보험운영에 필요한 주된 재원을 주로 보험급여를 받게 되는 가입자의 기여금으로 충당되고 있다. 따라서, 사회보험은 향후 발생할 사회적 사고에 대비해서 미리 가입자가 자신의 경제적 부담으로 보험료를 부담하고, 일정한 사회적 사고가 발생했을 때 응당 현금 또는 현물로 급여를 받게 되기 때문에 사회보험수급권의 권리성이 매우 강하다.

일정한 범위의 국민은 법률상 당연히 국민연금에 가입되고, 급여의 종류와 내용이 법률로 정하여져 있으며, 연금보험료의 액수와 징수방법도 법률로 정하여져 있는 등 보험관계의 내용을 당사자들이 개별적으로 선택할 수 없다. 더구나 사회보험의 경우 일정한 범위의 국민은 법률상 당연히 가입하게 되고, 급여의 종류와 내용이 법률로 규정되어 있으며, 보험료 액수와 징수방법도 법률로 정하여져 있기 때문에 보험관계의 내용을 당사자들이 개별적으로 선택하거나 변경하거나 소멸시킬 수 없다. 만일 수급권자의 사회보험수급권이나 보험관계내용을 제한하거나 변경하거나 소멸시킬 경우에는 원칙적으로 법률로 위임된 사항이 아니면 행정재량에 의해 이를 제한하거나 변경하거나 소멸할 수 없고, 반드시 당해 「사회보험법」의 개정을 통해서만 가능하도록 되어 있다. 결과적으로 사회보험수급권은 구체적으로 법으로 보장된 구체적·법적 권리이다.

사회보험수급권은 헌법에 보장된 인간다운 생활을 보장하기 위한 사회보장적 급여로서 생존권을 구체화하는 권리이다. 「사회보험법」에 구체적으로 보장된 권리이기 때문에 국민은 사회적 사고가 발생했을 때 국가에 대해 보험급여를 적극적으로 요청할 법적인 권리가 있으며, 국가는 이에 대해 적극적으로 응해야 할 의무가 있다. 만일 국가가 사회보험수급권을 법률이 정하는 대로 보장하지 못하는 경우, 수급권자인 국민은 국가를 대상으로 구체적 소송을 통해서 법으로 정해진 권리를 구제받을 수 있다. 사회보험의 권리성은 구체적인 법적 권리로서의 특징을 갖고 있다.

사회보험수급권은 재산권으로서 특징을 갖는다. 국가는 매년 사회보험의 관리·운영에 필요한 관리비와 운영비만을 전부 또는 일부 부담하고, 실제 급여에 필요한 재원을 이루는 보험료는 가입자 본인이 전부 또는 일부를 부담하므로 법상의 각종 급여수급권은 헌법 제23조에 의하여 보장되는 재산권으로서의 성격도 가지고 있는 것으로 보아야 한다. 또한 헌법재판소는 사회보험의 강제가입과 강제징수제도가 헌법에 보장된 인간으로서 존엄과 가치·행복추구권을 침해하는지 여부에 관해서 사회보험제도의 입법목적이 정당하고 국가안전보장, 질서유지, 공공복리를 위해서 그리고 그 기본권 제한의 방법 내지 수단에 있어서 과잉금지하지 않는 한 사회보험의 강제가입과 강제징수제도로 인한 행복추구권 침해가 헌법에 위반된다고 할 수 없다고 판시하고 있다. 다만, 국가에 의한 강제가입과 강제징수가 이루어지는 만큼 사회보험수급권자의 복지권은 국가가 철저하게 보장해 주어야 한다.

(2) 공공부조의 권리성

「사회보장기본법」 제3조제3항에 따르면, 공공부조란 국가와 지방자치단체의 책임하에 생활유지 능력이 없거나 생활이 어려운 국민의 최저생활을 보장하고, 자립을 지원하는 제도를 말한다. 다시 말해서 공공부조는 국가가 규정한 일정한 수준 이하에서 경제적으로 빈곤한 생활을 하고 있으며, 자신의 능력으로 독립적인 생활이 불가능하거나, 부양의무자의 도움을 받을 수 없어 보호를 필요로 하는 상태, 즉 요보호상태에 있는 자에 대해 신청에 의하여 또는 직권으로 소득인정액 조사(자산조사)와 상태조사를 실시한 후, 수급권자로 판명되면, 이들에 대해 건강하고 문화적인 최저한도의 기초생활을 유지할 수 있도록 현금급여, 현물급여 또는 증서를 제공해 주고, 자활능력이 있는 자에 대해서는 이들의 자립자활을 촉진하기 위한 필요한 조치를 취하거나 근로를 조건으로 원조를 제공(workfare)하는 근로 연계를 실시하며, 수혜자의 비용부담 없이 국가와 지방자치단체가 일반조세수입을 기초로 한 공적인 재원을 활용하여 필요한 비용을 충당하는 무기여·보충적 원조이며, 자본주의 사회의 공적인 최후의 안전망이다.

헌법은 공공부조에 관한 복지조치나 급여가 국민의 권리이자 국가의 의무임을 명시하고 있다. 또한 이를 구체화할 공공부조 관련법의 제정과 운영을 위한 틀을 제공하고 있다. 공공부조의 권리와 의무의 발생, 변경, 소멸, 성질, 내용, 범위 등과 관련된 내용을 규정하고 있는 실체법으로는 「국민기초생활 보장법」, 「의료보호법」, 「재해구호법」 등이 있다.

공공부조수급권은 생활능력이 없는 국민들의 '인간다운 생활'을 유지시켜 주기 위한 헌법상 규정이다. 따라서, 생활능력이 없는 국민은 국가로부터 건강하고 문화적인 최저한도의 인간다운 생활을 보장받을 수 있는 권리가 있고, 국가는 이들이 최소한 최저수준의 인간다운 생활을 영위할 수 있도록 사회보장과 사회복지의 증진을 위해 노력해야 할 의무가 있다. 공공부조수급권의 헌법상 권리에 대한 법적 성격에 관해 서로 다른 학설들이 서로 다른 논리로 법적 성격을 규정하고 있다.

공공부조수급권이 기본권으로서 어떠한 법적 성격을 갖는가에 관한 헌법재판소의 판례는 공공부조수급권이 구체적인 법적 권리로서 행사될 수 없으며, 프로그램규정적인 권리로서 또는 추상적 권리로서 인정된다고 판시하고 있다. 그러나 「생활보호법」을 대체하여 「국민기초생활 보장법」이 제정됨에 따라 수급권자란 용어가 새로이 만들어졌다. 수급권자는 이 법에 따른 급여를 받을 수 있는 자격을 가진 사람, 즉 권리를 가진 사람이며, 법에 급여를 받을 수 있는 권리가 명시되어 기초생활보장수급권이 법적인 권리가 되었다. 그러나 기초생활보장을 받기 위해 수급권자가 경제적 기여를 하지 않았기 때문에 실제 권리를 행사함에 있어서 애매모호한 측면이 있다. 따라서, 이는 가입자의 경제적 기여를 필수로 하는 사회보험에서와 같이 구체적 권리가 아니라, 추상적 권리에 불과하다. 그러나 모든 국민들에게 최저보장수준을 보장받을 권리가 법에 명시됨으로써 공공부조수급권은 과거의 「생활보호법」상의 프로그램규정적인 권리에서 벗어나, 비록 구체적 권리는 아니지만, 추상적인 법적 권리로 그 권리성이 일보 진전되었다.

(3) 사회서비스의 권리성

「사회보장기본법」 제3조제4항에 따르면, 사회서비스란 국가·지방자치단체 및 민간부문의 도움이 필요한 모든 국민에게 복지, 보건의료, 교육, 고용, 주거, 문화, 환경 등의 분야에서 인간다운 생활을 보장하고, 상담, 재활, 돌봄, 정보의 제공, 관련 시설의 이용, 역량개발, 사회참여 지원 등을 통하여 국민의 삶의 질이 향상되도록 지원하는 제도를 말한다. 사회서비스의 사회적 권리성에 대한 기존 연구는 전무한 편이다. 따라서, 기존 헌법재판소나 대법원의 판례를 중심으로 논리를 전개해야 한다.

서비스수혜대상자의 선정기준 및 지급수준 등에 관한 구체적인 사항을 보건복지·가족부 장관에게 위임하고 있으므로, 보건복지부·가족부 장관은 서비스수혜대상자의 선정기준과 지급수준을 매년 예산확보상황 등을 고려한 후, 구체적인 지급수준과 지급시기, 지급방법, 선정기준 등을 법령이 위임한 범위 내에서 결정할 수 있다. 다시 말해서 사회서비스수급권은 법적인 권리가 아니라, 국가의 예산확보상황에 따른 반사적 이익이기 때문에 일종의 프로그램규정 내지 입법방침으로 간주하여야 한다. 따라서, 사회서비스수급권은 국민의 국가보호에 관한 구체적이고 현실적인 권리를 부여한 규정이 아니라, 입법에 의해서만 효력을 발생하는 강령규정으로서 입법자에게 입법의 방침을 지시하는 규정이라는 것이다. 즉, 현실적으로 직접 적용되지 않고 집행법률에 의한 현실화를 요하는 법규범으로서 입법부에 대해 입법방침(program)을 규정하는 것이라는 주장이다. 즉, 사회서비스수급권은 입법권만을 구속하고, 행정권과 사법권을 구속하지 않는다고 본다. 따라서, 그 실시는 국가의 자유재량이며, 일종의 반사적 이익에 속한다. 국민은 인간다운 생활에 필요한 사회서비스를 구체적으로 청구할 수 없으며, 국가는 입법을 할 정치적·도의적 책임을 지는 데 불과하다. 사회서비스수급권은 일종의 반사적 이익 또는 반사적 수익권으로 국가의 행정적·재정적 능력에 의존한다. 따라서, 복지사업은 정부가 예산의 범위 내에서, 재정능력의 한도 내에서 행정적으로 가능한 범위 내에서 실시할 수 있다.

(4) 사회수당의 권리성

2019년 1월부터 실시되는 개정된 「아동수당법」은 기존 하위 가정의 아동에게만 지급하던 아동수당을 모든 가정의 아동에게 지급하게 함으로써 보편적인 사회수당식 아동수당으로 바뀌게 된다. 이러한 보편적 프로그램 또는 데모그란트(demogrant)는 귀속적 욕구에 근거한 할당으로 급여에 대한 권리성이 매우 강하다.

4. 사회복지법 해설

1) 사회보장법

사회보장법은 사회보장제도의 실시와 관련된 법적 규정 또는 법률이라고 한다면, 사회보장은 무엇인가. 흔히 사회보장은 "국민이 그의 생활을 영위해 나감에 있어 봉착하는 바 소득의 중단 또는 영구적 상실 및 질병과 부상 등의 생활상의 모든 곤란에 대하여 국가가 국민의 생존권의 실현을 위해 소득의 재분배를 통하여 국민의 최저생활의 확보를 전제로, 그의 소득보장을 도모하는 총체적인 국가정책"이라고 한다. 물론 학자나 국가 및 시대적 변화에 따라 사회보장제도의 개념과 방법 그리고 형태도 변화, 발전해 왔다. 따라서, 사회보장에 관한 다양한 정의가 존재한다(노기남 외, 2020: 111).

한국의 사회보장에 관한 기본법이라고 불리는 「사회보장기본법」 제3조제1항에 "사회보장이란 출산, 양육, 실업, 노령, 장애, 질병, 빈곤 및 사망 등의 사회적 위험으로부터 모든 국민을 보호하고 국민 삶의 질을 향상시키는 데 필요한 소득·서비스를 보장하는 사회보험, 공공부조, 사회서비스를 말한다."고 규정하고 있다. 따라서, 사회보장법은 이러한 사회보장제도를 실시, 운영하는 데 연관되는 법률이다.

여기서 중요한 점은, 모든 사람들이 살아가는 가운데 봉착할 수 있는 사회적 위험을 미리 예견하고, 여기에 대비하여 각종의 제도를 시행하는 점이다. 현대사회에서 불가피한 질병·장애·노령·실업·사망 등에 특별하게 대응하는 것인데, 이는 공동으로 대처하고 위험을 분산시키는 원리와 방법을 통해서 만들어진다. 또한 여기에 대응하는 사회보장제도의 다양한 장치는 사회보장제도의 내용으로, 결국 사람들이 직면하게 되는 사회적 위험의 특수성에 따른 대응으로 볼 수 있다(현외성, 2016: 178-179).

2) 사회보험법

사회보험법은 사회보험제도의 운영과 실시에 관한 법률이다. 이 경우, 사회보험은 사회보장제도의 하나로서, 생활상에 직면하는 제반 사회적 위험을 민간보험 원리를 적용하여 국가가 시행하는 강제보험을 총칭한다. 「사회보장기본법」 제3조 제2항에 "사회보험이란 국민에게 발생하는 사회적 위험을 보험의 방식으로 대처함으로써 국민의 건강과 소득을 보장하는 제도를 말한다."고 규정하고 있다. 즉, 사회보험은 민간보험의 원리를 채택하지만, 사회적 위험을 보장한다는 점에서 민간보험과는 여러 가지 점에서 다른 특성을 가지고 있다. 그중 가장 특징적인 점은 가입의 강제성과 운영주체가 국가의 독점이라는 점 등이다. 그리고 사회보험의 목적으로 국민건강과 소득보장이라는 2가지를 지칭하고 있음을 알 수 있다.

사회보험법에는 흔히 4대보험이라고 일컬어지는 국민연금, 건강보험, 산재보험, 고용보험에 해당하는 법률을 비롯하여 노인장기요양법 등이 있다.

3) 공공부조법

「사회보장기본법」 제3조제2항에 "공공부조란 국가와 지방자치단체의 책임하에 생활유지 능력이 없거나, 생활이 어려운 국민의 최저생활을 보장하고 자립을 지원하는 제도를 말한다."고 규정하고 있다. 또한 「국민기초생활법」의 목적은 생활이 어려운 자에게 필요한 급여를 행하여 이들의 최저생활을 보장하고 자활을 조성하는 것이다. 공공부조제도는 잔여적 개념의 선별주의 제도로, 그 재원을 일반조세로 충당하면서 소득이전을 통한 소득의 재분배 기능을 수행한다. 우리나라 공공부조법은 헌법상의 인간다운 생활보장을 목적으로 한 생존권 보장을 핵심으로 자립지원과 병행하여 지원이 실시되고 있는 바, 공공부조법으로서 「국민기초생활보장법」은 빈곤에 대한 사회적 대책으로 공공부조제도의 실시에 관한 법이다.

공공부조법은 국민의 사회적 위험 및 빈곤에 대한 최후의 국가적 대책으로 공공부조제도의 특성은 공공부조법 규정으로 실현되며, 사회보험제도와는 대별된다. 공공부조법제는 사회보장제도로서 생활이 어려운 자에 대하여 가족을 중심으로 하는 사후적 대응책으로서 기능하는 한편, 사회보험은 미래에 직면할 수 있는 사회적 위험을 정형화하여 보험기술을 통해 미리 대비하는 제도적 장치이다.

공공부조제도의 시행은 생활이 어려운 사람을 선정기준에 따라 선별하는 과정을 통하여 개입하므로 선별주의(선택주의) 채택으로 구분되며, 모든 국민을 대상으로 하는 사회보험의 보편주의 채택과는 상이한 사회복지급여 전달체계를 통하여 시행되고 있다. 그리고 무차별 평등주의의 원칙으로 빈곤에 처한 국민들을 위하여 전국적으로 동일한 복지급여를 제공한다는 점과, 소수의 저소득층 국민이 주 대상이 되므로, 전 국민을 대상으로 하여 가입한 자의 기여와 가입기간에 비례하여 급여를 실시하는 사회보험제도와 대별되고 있어 각 대상에 따라 권리의 종류가 상이하다. 즉, 「국민기초생활보장법」에서 사회보험법과는 달리, 국가에 의해 수급자에게 일방적으로 급여를 제공할 수 있으며, 국민의 기초생활보장수급권에 대하여 국가는 기초생활보장급여를 통한 생존권적 기본권을 보장함으로써 궁극적으로 국민의 사회복지의 권리를 보장함을 목적으로 한다(노기남 외, 2020: 207).

공공부조법에는 「국민기초생활보장법」, 「의료급여법」, 「기초연금법」, 「긴급복지지원법」 등이 있다.

4) 사회복지서비스법

사회복지서비스는 국가·지방자치단체 및 민간부문의 도움이 필요한 모든 국민에게 상담, 재활, 직업의 소개 및 지도, 사회복지시설의 이용 등을 제공하여 정상적인 사회생활이 가능하도록 지원하는 제도이다. 사회복지서비스 관련 법률은 헌법－사회보장기본법－사회복지사업법－사회복지서비스 관련 개별 법률로 이어지는 입법원칙에 따라 복지 대상자별, 욕구별 사회복지서비스 실행에 관한 목적과 주체, 구체적 방법을 규정하고 있다. 따라서, 아동, 가족, 노인, 장애인, 여성, 청소년, 노숙인, 교정, 정신보건, 지역복지 분야 등의 사회복지서비스 관련 법률들은 사회보험과 공공부조제도의 시행과 별도 또는 병행하여 국민의 사회복지서비스에 대한 공·사의 개입에 관한 내용들을 명시하고 있다.

사회복지서비스에 관한 기본법 입법의 필요성이 1960년대부터 제기되고, 1970년 「사회복지사업법」이 입법된 이후, 사회복지서비스 관련 개별 법률들의 입법과 제·개정의 과정은 「사회복지사업법」상의 원칙에 의거하여 각 법의 목적에 의한 사업 범위, 주체, 사회복지전달체계, 지원과 보호, 재정, 권리의 구제에 관한 사항을 규정하고 있다.

2000년대에 들어 공공과 민간의 사회서비스제도 확대 실시와 병행하여 사회복지서비스 관련 개별 법률의 시행은 아동, 노인, 장애인 등 대상자별 전 국민의 생애주기에 개입하는 서비스로 변화해 나가고 있다. 또한 최근 보편적인 국민의 복지와 결부된 정책이 사회복지서비스로 전환되고 실행되는 과정에서, 사회복지서비스 관련 개별 법률의 입법과 제·개정에서는 사후적 서비스 및 예방적 기능을 모두 고려하여 가족기능을 강화하면서, 복지사각지대에 처한 국민들에 대한 사회복지서비스 접근성의 강화 전략이 요구된다(황미경, 2012: 206).

사회복지서비스법에는 「사회복지사업법」, 「영유아보육법」, 「아동복지법」, 「노인복지법」, 「장애인복지법」 등 다수의 법률이 있다.

연습문제
EXERCISE

01 다음 중 가장 최근에 제정된 법률은?

① 장애인복지법 ② 사회복지사업법
③ 고용보험법 ④ 노인장기요양보험법
⑤ 산업재해보상보험법

02 법률의 제정에 관한 헌법의 내용으로 옳은 것은?

① 법률은 국무회의의 의결을 거쳐 대통령이 제정한다.
② 대통령은 법률안의 일부에 대하여 재의를 요구할 수 있다.
③ 국무회의에서 의결된 법률안은 지체 없이 대통령이 공포한다.
④ 대통령이 15일 이내에 재의 요구를 하지 아니한 때에는 그 법률안은 폐기된다.
⑤ 법률은 특별한 규정이 없는 한 공포한 날로부터 20일을 경과함으로써 효력을 발생한다.

03 사회복지사업법상 사회복지의 날은?

① 4월 10일 ② 5월 5일
③ 7월 17일 ④ 9월 7일 ⑤ 10월 3일

04 사회복지사업법상 사회복지법인에 관한 설명으로 옳지 않은 것은?

① 사회복지법인의 이사 중에 결원이 생겼을 때에는 3개월 이내에 보충하여야 한다.
② 사회복지법인의 이사는 해당 법인이 설치한 사회복지시설의 장을 제외한 그 시설의 직원을 겸할 수 없다.
③ 시·도지사는 임시이사가 선임되었음에도 불구하고, 해당 사회복지법인이 정당한 사유 없이 이사회 소집을 기피할 경우 이사회 소집을 권고할 수 있다.
④ 해산한 사회복지법인의 남은 재산은 정관으로 정하는 바에 따라 국가 또는 지방자치단체에 귀속된다.
⑤ 사회복지법인을 설립하려는 자는 시·도지사의 허가를 받아야 한다.

정답 1. ④ 2. ⑤ 3. ④ 4. ①

Chapter 6

사회복지정책

학습목표

1. 사회복지정책의 이론 파악
2. 사회복지의 이데올로기 학습
3. 복지국가의 유형 토의

학습내용

1. 사회복지정책의 개념
2. 사회복지정책의 분석
3. 사회복지정책의 급여
4. 사회복지정책의 재원
5. 복지국가

개요

사회복지정책은 사회적 약자 계층에게 그렇지 않은 사람들이 제도적 원조나 소득을 일방적으로 이전함으로써 사회통합에 이르게 하는 국가정책이다. 사회복지는 헌법에서 보장하는 모든 국민의 생존권을 확보하고, 사회적·경제적 약자를 보호하기 위한 사회복지정책으로 사회복지의 실현을 의미한다. 여기에서는 사회복지정책을 학습하고자 한다.

Chapter 6
사회복지정책

1. 사회복지정책의 개념

1) 사회복지정책의 어의적 개념

사회복지정책에 대한 개념 정의는 결론이 쉽지 않다. 이는 학자들마다, 각 나라마다 정치적·사회적·경제적 여건과 시대적인 상황을 반영하는 역사적 결과물이기 때문이다. 따라서, 사회복지정책 개념은 변화하는 개념으로 생각해야 하고 접근해야 한다. 사회복지정책의 개념은 다음과 같다(조추용 외, 2021: 15－20 ; 김기원, 2020: 60－68 ; 현외성, 2009: 31－35).

어의적으로 사회복지정책은 '사회복지'와 '정책'의 합성어이다. 사회복지는 다시 '사회'와 '복지'의 합성어이다. 여기에도 복잡한 내용이 들어 있지만, 우선 사회복지는 사람들이 인간다운 생활을 할 수 있도록 기본적인 욕구를 사회적으로 지원하는 제반 사회적 노력의 총화라고 정의할 수 있다. 사회복지정책은 이러한 노력, 즉 사회복지에 대한 정책적 활동이다.

칸(Alfred J. Kahn)에 따르면, 정책은 목표의 결정, 대안의 검토, 전략의 수립과 같은 합리적인 과정을 거친 '일정한 계획'이다(Kahn, 1979). 또한 길버트와 테렐

(Gilbert and Terrell, 2014)에 따르면, 정책은 공사의 기관에 있어서 행동의 방향이나 계획의 바탕을 이루는 제반 결정과 선택이다. 티트머스(Richard Morris Titmuss)에 따르면, 정책은 정해진 목적을 향한 행동을 결정하는 원칙에 관련된 것으로서, 이는 목적과 함께 수단과 연관된 행동을 의미한다고 하였다. 이는 변화하는 상황, 체계, 실천 및 행동을 내포하고 있다(Titmuss, 1974).

그러므로 정책은 어떠한 목표를 향한 일련의 행동지침으로서, 무엇을 향하고 있으며, 왜 그렇게 해야 하는가, 그리고 누가, 어떤 원칙과 선택기준으로 행동하는가 하는 복잡한 질문이 함께 포함된 개념이다. 또 정책은 일단 연속적·논리적·합리적 단계와 과정을 내포하고 있는 집단적 행동의 원칙이다.

2) 영국 사회복지정책의 개념

영국에서는 사회복지정책 개념보다는 '사회정책(social policy)'이란 용어를 선호한다. 우리나라에서 사용되는 사회정책 개념은 미국적인 전통을 이어받은 것으로서, 영국과는 다른 개념을 사용하고 있다. 이는 영국의 사회정책이 오랜 구빈행정의 역사적 발전과 연결되어 있으며, 1950년대 말부터 시작된 사회행정(social administration) 연구가 1980년대로 오면서 점진적으로 사회정책으로 확대, 변화되고 있는 데서 그 배경을 짐작할 수 있다.

영국 사회정책의 또 다른 특징은 학제적 성격에 있다. 영국의 사회정책은 다른 학문 분야와 상호 의존하는 관계이므로 사회정책 연구에는 사회철학, 사회학, 정치학, 경제학 등의 연구자들이 참여한다. 타운센드(Charles Townshend)의 저서 『영국의 빈곤: 가계자원 및 생활수준 조사(*Poverty in the United Kingdom: A survey of household resources and standards of living*, 1979)』에 따르면, 사회정책은 공공행정과 관련된 정책이고, 이것은 일반적으로 인정된 특수한 사회문제를 해결하거나, 사회목적을 추구하기 위한 국가와 지방당국의 건강, 교육, 복지 및 사회보장서비스와 같은 서비스 개발과 관리에 관련된 정책이다.

『영국의 빈곤』
(1979년 출판)

3) 미국 사회복지정책의 개념

미국 사회복지정책의 개념은 자유주의·자본주의 정신이 강한 국가임을 반영하듯, 매우 소극적인 개념을 사용하는 경향이 있다. 미국은 건국 배경에서 볼 수 있듯이, 프런티어 정신이 강하게 남아 있고, 경제사회적으로도 개인의 노력으로 자립할 수 있는 기회가 다른 나라에 비하여 많은 국가이다. 따라서, 미국은 '사회사업(social work)'이 잘 발달된 국가이다. 이러한 맥락에서 사회복지정책의 개념은 좁은 의미의 개념, 즉 스스로 사회적 적응이 어려운 사람들을 대상으로 제한적으로 사회적 급여를 제공하는 정책을 선호하는 것이 주류를 이루고 있다.

미국의 사회복지정책은 공공부문뿐만 아니라, 민간부문과 사회복지활동까지 포함하는 개념으로 사용되기도 한다. 길(David G. Gil)은 사회복지정책이라는 용어보다는 사회정책이라는 용어를 더 선호하는 데, 사회복지정책은 빈곤, 아동학대, 주택 등과 같은 특수한 욕구나 문제에 대한 사회적 대응과 관계되는 것이며, 사회정책은 사회에서 전반적인 삶의 질, 사회구성원의 삶의 상태, 인간과 인간과의 관계, 인간과 전체 사회와의 관계를 형성하는 노력과 관계되는 것으로 보고 있다(Gil, 1992). 얀손(Bruce S. Jansson)에 따르면, 사회정책은 사회문제를 해결하기 위한 집단적 전략이다. 그는 사회정책이 해결해야 할 사회문제를 일곱 가지로 유형화하였다. 그것은 ① 물질적 자원의 박탈, ② 정신적 또는 정서적 박탈, ③ 인지적 박탈, ④ 대인관계의 박탈, ⑤ 기회의 박탈, ⑥ 개인적 권리의 박탈 및 ⑦ 신체적 박탈 등이다(Jansson, 1884). 따라서, 길버트와 테렐에 따르면, 사회복지정책 개념은 매우 유연하고 확장적인 개념을 내포하고 있다. 여섯 가지 사회제도 – 가족, 종교, 직업, 시장, 상호부조 및 정부 – 모두에 사회복지의 기능이 있고, 따라서 사회복지정책의 존재 역시 각각 가능한 것으로 이해된다(Gilbert and Terrell, 2014).

4) 독일 사회복지정책의 개념

독일의 사회복지정책은 '사회정책(sozial politik)'이라는 용어를 사용한다. 독일의 사회정책은 독일제국 통일 이후 사회경제적 변화와 문제에 대처하는 대안으로 발전되었다. 1871년 국가를 통일한 독일은 급속한 산업화와 경제성장을 이루었으며, 그러한 과정에서 노동자들의 도시집중과 아울러 심각한 물가인상, 열악한 노동조건, 주택난 등 생활난이 겹치면서 사회민주당과 노동조합을 중심으로 강력한 사회주의운동이 발전하게 되었다.

여기에 마르크스주의가 새로운 사상적 조류로 등장하였다. 이러한 사회적 혼란을 잠재우기 위하여 비스마르크(Otto Eduard Leopold von Bismarck, 1861–1871)가 1878년 「사회주의자탄압법」을 제정하였다. 비스마르크의 사회정책은 종종 '채찍과 당근' 또는 '채찍과 사탕' 정책으로 비유된다.

오토 폰 비스마르크

비스마르크의 「사회주의자탄압법」은 채찍정책으로 그 자체는 사회주의운동 가담자들을 엄하게 진압하기 위한 법이기에 사회복지와 관련된 내용을 직접 포함하지는 않았지만, 한편으로 비스마르크가 사회주의운동에 가담하지 않은 노동자를 회유하기 위한 정책으로서 사회보장 입법을 실행하는 계기가 되었다. 1881년 황제칙서에서 비스마르크는 "사회적 상처의 회복은 사회민주적인 폭동의 억압뿐만 아니라, 노동자들의 복지를 적극적으로 장려하는 데서 찾아야 할 것"이라고 밝히고, 회유정책의 일환으로 「질병보험법」의 초안과 「재해보상보험법」의 수정안을 제출하였으며, 나아가 「폐질 및 노령보험법」을 제정해 노령과 폐질로 노동 불능이 된 사람에게 국가구조를 요구할 권리가 주어져야 한다고 주장하였다.

독일의 사회정책은 크게 노사협조론과 노사비협조론으로 구분된다. 노사협조론자인 바그너(A. Wagner)에 따르면, 사회정책은 분배과정에서 나타나는 여러 사회적 폐해를 입법 및 행정수단으로서 해결하려는 윤리적 조치이자 계급 간 대립을 완화하기 위한 국가의 정책이다(Wagner, 1891). 계급투쟁론에 입각하여 자본주의를 부정하고 극복하려는 노사비협조론자 가운데 좀바르트(Werner Sombart, 1863–1941)에 따르면, 사회정책은 경제적 생산력을 대변하는 사회계층의 이익을 적극적으로 지지하는 계급정책이다. 따라서, 노동계급이 사회정책의 주체가 되어야 한다. 하이

만(Eduard Heimann, 1889–1957)에 따르면, 사회정책은 계급협조가 아니라, 자본주의에 대항하는 이념 및 운동이다. 사회정책은 보수적으로는 자본주의 경제질서를 유지하기 위한 산업정책이며, 혁명적으로는 대자본에 의해 매몰된 피억압자의 자유를 위한 저항운동으로 사회운동을 제도적으로 여과한 것이다.

5) 한국 사회복지정책의 개념

우리나라에서 사용하는 사회복지정책의 개념은 영미계통의 개념과 유사하다. 그러나 학문적 개념과 관련 실정법 및 제도상의 개념은 다소 차이를 보인다. 학문적 사회복지정책의 개념은 소득, 의료, 주택, 교육, 고용 및 개인적 서비스를 포함하는 광의의 사회복지 개념과 연관되어 있다. 즉, 이들에 대한 일련의 행동지침이나 이들을 통하여 인간다운 생활을 유지할 수 있도록 하는 제반 서비스 및 급여의 배분원칙이나 목표달성을 위한 행동지침으로 이해할 수 있다. 그러나 실정법상이나 제도상으로는 협의의 사회복지정책 개념이 사용되는 경향이 있는데, 이것은 공공부조와 사회복지서비스와 관련된 정책을 말하는 것으로 이들의 배분과 급여를 통하여 일정한 목적을 달성하려는 일련의 행동지침으로 볼 수 있다.

2. 사회복지정책의 분석

사회복지정책을 정책학적으로 보면, 국가 또는 민간기관이 주체가 되어 시민들의 복지를 향상시키기 위해 시행하는 정책들의 집합체이다. 사회복지정책의 전문가가 되기 위해서는 정책의 내용을 분석하고, 정책이 형성되는 과정을 파악할 수 있어야 한다. 즉, 사회복지정책에 대한 분석방법까지도 이해해야 한다. 사회복지정책에 대한 분석은 크게 볼 때, 두 가지가 있다. 하나는 사회복지정책을 해부하듯이 몇 개의 차원으로 나누어 분석하는 것(차원분석)이고, 다른 하나는 사회복지정책이 만들어지는 제반 과정을 분석하는 것(정책형성과정 분석)이다.

사회복지정책의 연구와 실천 영역에 있어서 가장 중요한 것 중의 하나가 바로 정책분석이다. 정책분석을 위해서는 정책분석의 개념과 유형, 그리고 정책의 분석틀을 이해해야 한다. 그 내용은 다음과 같다(김보기 외, 2022a: 22－24 ; 오세영, 2021: 39－44 ; 현외성, 2019: 321－349).

1) 정책분석의 개념

정책분석은 문제해결을 위해 개발된 각 대안들 가운데 최적의 대안을 선택하기 위해 각 대안의 효과 및 비용을 분석하는 과학적 방법론을 말한다. 정책분석은 다음과 같은 특성을 지니고 있다.

첫째, 정책목표와 정책목표의 달성 수단을 명확하게 규정한다는 점에서 목표 지향적이다.

둘째, 정책분석은 사회과정의 여러 가지 요인이 정책현상에 상호 관련되어 있다는 점에서 체계적이다.

셋째, 정책분석은 정책시행을 예측하고 서술할 뿐만 아니라, 필요한 조치를 제언한다는 점에서 행위 지향적이다.

넷째, 정책분석은 정책목표를 달성하기 위한 방법을 구체적으로 검토한다는 점에서 조작적 성격이 강하다.

다섯째, 정책분석은 다양한 성격을 지닌다.

여섯째, 정책분석은 문제의 접근방법도 학제적 성격이 강하다.

2) 사회복지정책의 분석 유형

길버트와 테렐(Neil Gilbert and Paul Terrell)의 저서 『사회복지정책의 차원들(*Dimensions of Social Welfare Policy*, 2014)』에 따르면, 사회복지정책의 분석 유형 중에서 일반적으로 사용되는 3P는 과정(Process), 산출(Product), 성과(Performance) 분석을 말한다. 이 들 세 가지 접근방법은 각각은 사회복지정책의 문제들 중 주로 정책의 계획과 정책의 운영(행정), 그리고 정책에 관한 조사연구와 관련된 문제들을 다루는 것이다. 물론 이러한 분석적 접근방법은 상호 관련되어 있고, 때로는 서로 중첩되기도 한다. 그 내용은 다음과 같다(Gilbert and Terrell, 2014: 13－15).

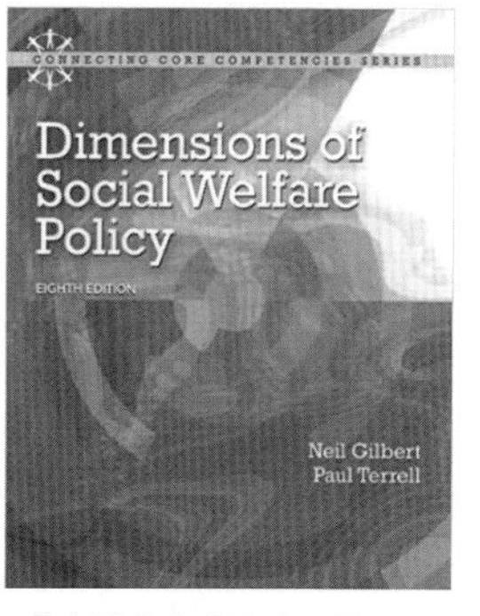

『사회복지정책의 차원들』
(2012년 출판)

(1) 과정분석

과정분석(studies of process)은 사회복지정책 형성의 '역동성(dynamics)'을 사회정치적 변수와 기술적·방법적 변수를 중심으로 하여 분석하는 접근을 말한다. 정치학과 역사학이 과정분석의 주요 이론적 기반이 된다. 과정분석은 계획과 관련된 각종 정보가 정책형성에 어떻게 영향을 미치는가, 그리고 다양한 정치조직, 정부조직, 기타 이익집단들 간의 관계와 상호작용이 어떻게 영향을 미치는가에 관심을 둔다. 따라서, 과정분석은 주로 정책결정과 관련된 정치적·기술적 투입요소를 파악하는 사례연구의 형태를 띠게 된다. 즉, 과정분석은 분석 수준에 있어서 사회복지제도 전체를 대상으로 할 수도 있고, 특정한 제도 한 가지만을 대상으로 할 수도 있다. 또한 시간차원에 있어서도 장기간에 걸친 제도의 발달을 다룰 수도 있고 그보다 단기간을 다룰 수도 있는 것이다.

과정분석은 연구자의 관점, 가치, 또는 편견이 개입될 소지가 있지만, 과정분석을 통해 사회복지정책 형성에 영향을 주는 사회적·정치적·경제적 배경요인 등을 파악할 수 있는 장점이 있다.

(2) 산출분석

산출분석(studies of product)은 정책선택에 관한 프로그램, 관련 법, 기획안 등을 분석하는 것이다. 산출분석은 '정책 선택(policy choices)'에 초점을 두고 있는데, 다음의 세 가지 문제를 분석한다.

① 정책을 구성하고 있는 정책선택의 형태와 내용은 무엇인가?
② 그러한 선택이 이루어지므로 해서 선택에서 배제된 대안들은 어떤 것인가?
③ 그러한 선택의 근거가 되는 가치와 이론, 가설은 무엇인가?

즉, 산출분석은 과정을 통해 선택된 정책의 내용을 특정기준이나 분석틀을 통해 분석하는 것이다.

(3) 성과분석

성과분석(studies of performance)은 정책 프로그램이 실행된 결과나 영향을 평가하는 것이며, 과정분석이나 산출분석에 비해 더 객관적이고 체계적인 분석을 요구한다. 따라서, 성과분석은 주로 정책의 조사연구에 관한 문제들은 다룬다. 성과는 질적·양적 자료의 수집을 통해서 다양한 학문분야에서 개발된 방법론적 도구를 통해서 측정될 수 있다. 조사방법론은 성과를 측정하는 데 관련된 중요한 기술적·이론적 지식과 기법을 제공하고 있다.

3) 사회복지정책 분석틀

많은 학자들이 사회복지정책의 내용(산출)을 분석하기 위한 분석틀을 개발했는데, 그중에서도 가장 많이 활용되고 있는 것이 길버트와 테렐의 분석틀(a framework for social welfare policy analysis)이다. 길버트와 테렐은 다음과 같은 네 가지 질문을 통해 사회복지정책 분석의 '기본 틀(basic framework)'을 제시하고 있다(김보기 외, 2021b, 26).

① 사회적 배분의 기반은 무엇인가?
② 사회적 급여의 형태는 무엇인가?
③ 사회적 급여를 전달하기 위한 전략은 무엇인가?
④ 사회적 급여에 필요한 재원조달 방법은 무엇인가?

길버트와 테렐에 따르면, 사회복지정책은 이 네 가지 질문, 즉 선택의 차원(dimensions of choice)에 대해 어떤 선택을 할 것인가를 결정하는 것이라고 규정한다. 그들은 이 네 가지 질문에 대한 대답을 통해 네 가지 분석틀을 제시하고 있다. 그 내용은 다음과 같다(Gilbert and Terrell, 2014: 76-77).

첫째, 사회적 배분(social allocation)은 '사회복지급여를 누구(who)에게 제공해야 할 것인가'에 관한 것이다. 즉, 급여대상의 문제를 말한다. 여기서 중요한 것은, 사회복지급여를 특정의 사람 또는 특정의 집단에 국한시킬 것인가, 아니면 전 국민에게 제공할 것인가 하는 문제이다.

둘째, 사회적 공급(social provisions)은 '사회복지 대상자들에게 무엇(what)을 제공할 것인가, 어떤 종류의 급여를 전달할 것인가'에 관한 것이다. 즉, 급여형태의 문제를 말한다. 예컨대, 현물급여(in kind)로 할 것인가, 현금급여(in cash)로 할 것인가 하는 것이다. 현물과 현금 이외에도 권력(power), 바우처(voucher), 기회(opportunity)와 같은 다른 여러 가지 방법들이 있다.

셋째, 전달체계(delivery system)는 앞의 두 가지가 결정되고 난 후, '어떠한 방식으로 전달할 것인가'에 관한 것이다. 즉, 사회복지급여를 제공하는 주체와 그 수급자 간의 조직체계를 말한다. 여기서는 서비스 전달체계의 전체적인 구조, 서비스 전달단위들 간의 연결, 전달단위의 지리적 위치, 서비스 전달을 담당할 인력의 자질과 능력 등이 관건이다.

넷째, 재정(finance)은 '어떤 재원을 사용하는가'에 관한 것으로 재원조달방식을 의미한다. 예컨대, 공공재원을 사용할 것인지, 민간재원을 사용할 것인지, 아니면 두 가지 재원 모두 선택할 것인지와, 정부를 어느 정도 개입시킬 것인지, 어떤 형태의 조세를 징수할 것인지에 관한 문제이다.

이상의 네 가지 분석틀은 사회복지정책에 있어서 누구에게(급여대상), 무엇을(급여내용), 어떻게 전달하고(전달체계), 거기에 소요되는 재정을 어떻게 마련할 것인가(재원조달)라는 질문에 대한 응답이라고 할 수 있다.

3. 사회복지정책의 급여

1) 사회복지급여의 대상

사회복지정책에 있어서 누가 혜택을 받을 것이며, 그 자격조건을 어떻게 규정할 것인가라는 문제는 오랫동안 쟁점이 되어 왔다. 누구에게 사회복지정책의 혜택을 줄 것인가를 결정하는 데 적용되는 원칙은 매우 다양하다. 사회복지정책의 대상은 바로 이들 다양한 기준에 내재되어 있는 일반적 원칙을 가리킨다. 보편주의와 선별주의는 가장 기본적인 급여대상의 기준이 된다.

(1) 보편주의와 선별주의

① 보편주의

보편주의(universalism)는 사회복지정책 급여를 일종의 사회권으로서 모든 국민이 보편적으로 누릴 권리라고 보는 관점이다. 모든 복지급여에 대한 수급자격을 모든 국민에게 평등하게 부여하여 서비스를 제공하는 방법이다. 즉, 소득·자산 조사를 하지 않고 보편적으로 평등한 급여를 원칙으로 삼아야 한다는 생각이 보편주의이며, 그 전형적인 예로는 사회보장급여를 들 수 있다. 보편주의에 기초한 사회보장제도는 의무가입 대상자 범위와 급여수준의 보편성을 강조하는 제도이다. 즉, 가입대상자 범위의 보편성은 직업 또는 지역의 연대에 얽매이지 않고, 모든 주민들 또는 경제활동인구 전체를 가입대상에 포함시키는 것을 의미한다. 급여의 보편성은 기본 욕구충족이 가능한 수준의 급여가 가입자 모두에게 동등하게 보장됨을 의미한다(김보기 외, 2022a: 218－219).

보편주의는 복지수혜 자격과 기준을 균등히 하여 복지서비스 수급자들이 어떠한 열등감이나 낙인감을 갖지 않게 한다. 보편주의는 사회복지의 권리성, 사회적 연대성, 사회통합의 가치를 강조하고, 포괄성의 원칙에 입각한 복지 프로그램을 중시한다.

② 선별주의

선별주의(selectivism)는 사회복지 대상자들을 사회적·신체적·교육적·경제적 기준에 따라 구분한 다음 복지서비스를 제공하는 것을 의미한다. 선별주의에서는 급여에 대한 개인적 욕구(individual needs)에 기초하여 대상자가 결정되며, 욕구의 존재여부는 자산조사에 의해 판별된다. 다시 말해서 선별주의는 급여가 개인의 욕구에 기초하여 제공되어야 한다는 원칙으로서 사회복지의 급여를 제공받길 원하는 개인과 가족은 자산조사를 통해 욕구가 있음을 증명해야 한다는 것이다. 이를 통해 총지출은 감소시키고 가장 욕구가 큰 사람에게 가용재원을 집중시킬 수 있지만,

자산조사과정에서 낙인을 피할 수 없다. 일반적으로 자산조사나 자격조사 과정에서 개인의 재산상태뿐만 아니라, 가족관계 등에 관한 설명을 해야 하는 경우가 발생하기도 하고, 대상자에 포함되기 위해 스스로 빈민임을 증명하는 과정에서 좌절감이나 굴욕감이 발생하기도 한다. 낙인(stigma)은 인간의 존엄성이라는 가치를 훼손할 수 있다. 즉, 사회복지급여를 제공받는 사람들이 무가치한 존재 또는 사회적으로 인정받지 못하는 사람으로 간주될 수 있다는 의미이다(오세영, 2021: 116).

선별주의에 원칙적으로 상응하는 제도로는 공공부조가 대표적이다. 즉, 공공부조는 빈곤선 이하의 사회구성원에게 인구학적 기준을 적용하지 않고 일반적인 빈곤대책으로 운영되는 제도이기 때문이다. 공공부조의 재원은 조세로 마련된다.

보편주의와 선별주의의 비교는 <표 6-1>과 같다.

〈표 6-1〉 보편주의와 선별주의 비교

구분	보편주의	선별주의
의미	• 전 국민을 사회복지의 대상자로 삼는 것임.	• 사회복지 대상자들을 기준에 따라 구분하여 서비스를 제공하는 것임.
원칙	• 권리보장 : 수입에 관계없이 모든 사람에게 복지권을 부여함. • 사회통합 : 기여자와 수급자를 구분 안 함.	• 자산조사에 의해 원조가 필요하다고 인정되는 사람
대상	• 모든 시민	• 행동으로 나타나는 것
장점	• 최저소득을 보장 : 빈곤예방 • 수혜자에게 낙인을 가하지 않음. • 행정절차용이 • 시혜의 균일성 유지 • 정치적 장점 중시	• 필요한 사람에게 서비스 집중 · 자원낭비를 줄임. • 비용이 적게 들어감.
단점	• 한정된 자원을 꼭 필요한 부분에 효과적으로 사용하는 데 한계	• 수혜자에게 심리적 · 사회적 낙인을 줄 수 있음.

자료: 김보기 외(2022a: 223) 재인용.

(2) 대상자 선정기준

보편주의와 선별주의의 이분법적 구분은 수급자격에 관한 개념을 확립하는 데 매우 유용한 도구이지만, 실제로 사회적 할당의 기반은 그러한 이분법적인 개념보다 훨씬 더 복잡한 성격을 가지고 있다. 현실적으로 보편주의와 선별주의라는 이분법보다는 선택을 하나의 연속체상에서 개념화하는 것이 더 유용하다. 길버트와 테렐(Gilbert & Terrell, 2014)은 사회복지 대상자 선정의 기준을 보편주의와 선별주의의 이분법보다 더 세분화하였다. 그 내용은 다음과 같다.

① 귀속적 욕구

귀속적 욕구(attributed need)는 시장에 존재하는 기존의 제도에 의해서는 충족되지 않는 욕구를 공통적으로 가진 집단에 속한 경우를 대상자로 선정하는 것이다. 인구학적 기준만으로 급여를 지급하기 때문에 사회수당(social allowance) 또는 데모그란트(demogrant)라고도 한다. 이때 귀속적 욕구는 전문가의 규범적 판단기준에 의해 정해진다. 여기서 욕구는 가장 광범위하게는 모든 국민에게 귀속된 것일 수 있다. 이러한 욕구규정에 의한 제도로는 모든 노인에게 지급되는 노령수당, 모든 아동에게 제공되는 아동수당, 모든 시민을 대상으로 하는 영국의 국민보건서비스(국민건강보험, National Health Service, NHS)를 들 수 있다.

② 보상

보상(compensation)은 사회적·경제적으로 특별한 또는 일정한 기여를 한 사람들의 집단 또는 사회로부터 부당한 피해를 입은 사람들의 집단에 속한 경우를 대상자로 선정하는 경우이다. 사회경제적으로 특별한 또는 일정한 기여를 한 사람들로는 퇴역군인이나 사회보험에 보험료를 납부한 사람들이며, 사회로부터 부당한 피해를 입은 사람들로는 사회적 차별에 의해 불이익을 당한 사람들이나 도시재개발에 의해 피해를 입은 사람들이다.

③ 진단적 차등

진단적 차등(diagnostic differentiation)은 전문가의 분류나 판단에 근거하여 대상자를 선정하는 것이다. 예를 들어, 장애인의 경우에는 그들이 각각 어떤 재화와 서비스를 특별히 필요로 할지를 전문가가 판단해야 한다. 즉, 전문가가 정한 장애 기준과 등급에 따라 개인적으로 급여를 제공하는 것이다. 진단적 차등의 원칙은 ① 욕구에 대한 기술적·진단적 기준에 근거한 ② 개인별 할당(individual allocations)이라는 두 가지 조건을 가지고 있다. 즉, 욕구에 대한 기술적 분류에 따라 개별적으로 대상을 선정하는 것이다.

④ 자산조사 욕구

자산조사 욕구에 기초한 자격조건은 한 개인이 필요한 재화나 서비스를 구입할 능력이 없음을 나타내는 증거를 기초로 하여 수급자격을 판정하는 것을 말한다. 어떤 개인이 사회적 급여를 받을 수 있는지의 여부는 주로 경제적 조건에 의해 결정된다. 자산조사에 의한 욕구원칙은 ① 욕구에 대한 경제적 기준에 근거한 ② 개인별 할당이라는 두 가지 조건에 근거한다. 즉, 욕구의 경제적 기준에 따라 개별적으로 대상자를 선정하는 것이 기본 원칙이다.

2) 사회복지급여의 형태

길버트와 테렐(Gilbert & Terrell, 2014)은 사회적 급여의 형태로 기회, 서비스, 재화, 상환권 및 세금감면, 현금, 권력 등 여섯 가지를 제시한 바 있다. 여기에서는 길버트와 테렐의 분류를 중심으로 직접적 급여와 간접적 급여로 구분하여 서술하고자 한다. 그 내용은 다음과 같다.

(1) 직접적 급여

① 현금급여

오늘날 서구 복지국가에서 사회복지 급여유형 중에서 지출액이나 수급대상자 등에서 가장 큰 비중은 현금급여이다. 현금급여는 복지수급자에게 서비스가 화폐 형태로 전달되어 개인이 사회적 장애요인을 극복할 수 있는 경제적 능력을 갖출 수 있도록 소득의 형태로 제공되는 급여를 말한다. 즉, 국민연금(기초연금, 장애연금, 유족연금), 건강보험의 질병수당, 산재보험의 장애수당, 고용급여, 가족수당, 아동수당, 주택수당 등이 현금급여에 해당한다.

② 현물급여

현물급여는 사회복지의 역사적 발전단계에서 보면 복지국가가 발전되기 이전(20세기 이전)에는 중요하였으나, 그 이후 국가에 의한 본격적 소득보장정책이 발전되면서 현금급여보다 상대적으로 비중이 약해졌다. 왜냐하면 현물급여는 오늘날에도 제한된 사회복지자원에서 사회복지정책에의 필요가 매우 높은 소수인에게 급여가 필요하기 때문이다. 현물급여는 현금이 아니라, 상품이나 현물의 형태로 전달되는 급여이다. 이러한 현물급여는 사회복지기관이 직접적으로 생산, 공급하는 방법과 시장의 기능을 토대로 생산된 복지상품을 개인이 소비를 하도록 하고, 그 비용을 대신 지원하는 방법이 있다.

일반적으로 세계적 추세는 현물급여의 역할비중이 점차 높아지는 경향을 보이고 있다. 중요한 이유로 주로 현물급여의 형태로 이루어지게 되는 교육서비스, 재활사업과 예방사업에 대한 사회적 관심이 높아지고 있기 때문이다.

현금급여와 현물급여의 비교는 <표 6-2>와 같다.

〈표 6-2〉 현금급여와 현물급여 비교

구분	현금급여	현물급여
주요 내용	수급자에게 복지서비스가 현금의 형태로 전달되는 것으로 사회보장연금이나 공공부조의 현금급여 등을 예로 들 수 있다. 개인의 자유와 소비자 선택을 중시한다.	복지서비스가 현물의 형태로 전달되는 것을 의미하는 데, 현물급여로는 건강보험의 진료 서비스, 장애인복지급여의 보장구 등이 그 예이다. 사회통제와 집합적 선을 중시한다.
장점	선택의 자유를 극대화하고, 관리비용을 절감할 수 있다.	대량생산과 분배를 통해 낭비를 줄이고, 꼭 필요한 곳에 현물로 지급함으로써 용도 외 사용을 막아 목표달성에 효과적이다.
단점	용도 외 사용이 가능하다.	선택의 자유를 제한하고, 관리비용이 많이 든다.

자료: 원석조(2020: 61).

(2) 간접적 급여형태

사회적 급여의 형태는 현금급여와 현물급여라는 두 가지 기본적인 급여형태가 있지만, 현금급여와 현물급여의 현실적 제한에 따른 급여선택의 확장을 가져와 보다 세분화된 형태로 나타난다. 그 내용은 다음과 같다.

① 기회

사회복지정책에서 급여형태의 하나인 '기회(opportunity)'란 기대하는 목표를 성취하기 위해 사용되는 유인과 제재를 의미한다. 현금, 현물, 바우처 같은 직접적인 급여보다는 모호한 형태이지만, 현대 사회복지정책에서 매우 중요하게 다뤄지고 있다. 사회복지정책은 기회의 창출, 기회의 분배와 밀접히 관련 있기 때문이다.

현대사회에서 교육과 취업은 사회적으로 적절한 생활수준을 영위하기 위해 필수적이라고 할 만하다. 그런데 가정형편이 안 좋거나, 사회적 불평 등 때문에 교육이나 취업의 기회조차 박탈당하면 교육이나 취업 이후의 혜택으로부터도 원천적으로 배제된다. 예를 들어, 근로소득이 사회보험 가입의 전제조건인데, 근로의 기회조차 갖지 못한다면, 사회보험을 통한 다양한 혜택으로부터도 배제된다. 소수 인종 및 사회적 소수자에게 적극적 조치(affirmative action)를 실시하는 것, 빈곤층이나 농어촌 자녀들이 고등교육을 받을 기회가 부족하다고 판단되어 대학입시에서 사회배려자 전형 또는 국가유공자 자녀 전형을 실시하는 것 등이 모두 기회급여에 해당한다(류연규, 2021: 150).

기회급여를 제공하는 방법의 궁극적 목표는 노동시장의 경쟁에서 불리한 점을 제거, 보완함으로써 사회적 약자의 소득을 높이는 사회복지정책의 목표를 달성하는 데 있다. 기회는 궁극적으로 다른 급여의 혜택을 받도록 유인하지만, 직접적 교환가치는 없고 제공된 목적이나 용도로만 사용되므로 타인에게 양도할 수 없으며, 재화와 서비스와 같은 다른 형태의 급여와 바꿀 수 없다는 특징을 가지고 있다.

② 서비스

서비스(services)는 클라이언트를 위해 제공되는 활동을 말한다. 국가가 국민에게 급여하는 모든 복지혜택을 복지급여라고 한다면, 이 복지급여에는 유형적 현금급여 또는 현물급여뿐만 아니라, 무형적 복지서비스도 포함된다. 복지서비스는 대상별로 볼 때, 노인서비스, 가족서비스, 이동서비스, 청소년서비스, 출산서비스, 장애인서비스 등으로 나눌 수 있다. 서비스 내용은 복지 대상자의 문제해결을 위해 케이스매니지먼트, 교육, 상담, 치료, 지도, 재활, 보호, 의료 및 직업훈련 등에 걸쳐 광범위하다(오세영, 2021: 134). 서비스는 구체적인 형상을 가지고 있는 것이 아니기 때문에 수혜자에게 즉각적인 시장가치를 부여하지 않는다. 서비스 급여는 기회급여와 마찬가지로 다른 재화와 교환할 수 없다. 서비스는 사회구성원들의 욕구를 해결하려고 제공되는 것이다.

③ 권력

사회복지정책에서 급여로서의 권력(power)은 재화나 자원에 대한 통제력이나 영향력을 재분배하는 것을 의미한다. 특정 집단에게 사회복지정책의 결정과정에 참여할 권리를 부여하고, 실제로 그 정책의 의사 결정에 영향력을 행사하도록 하는 것이 대표적인 '권력'급여의 형태이다. 국민연금사업에 대한 사항을 심의하는 국민연금심의위원회에 근로자를 대표하는 위원이나 지역가입자를 대표하는 위원을 위촉하고, 사회복지관 등 사회복지기관의 운영위원회에 클라이언트 대표가 참여하며, 지역사회보장에 관한 계획을 수립할 때 지역주민 등 이해관계인의 의견을 들어 지역사회보장계획을 수립하는 것 등이 권력급여의 사례라고 할 수 있다.

4. 사회복지정책의 재원

1) 사회복지정책 재원의 개념

재원이란 사회복지정책을 실현하는 데 있어서 사용되는 제반 비용과 관련된 것을 의미한다. 사회복지정책에 있어서 사회복지 재정에 대한 관심은 사회복지정책의 목표를 달성하기 위해 필요한 재원을 어떻게 얼마만큼 조달하느냐는 문제와 함께 재원을 어떻게 배분하느냐는 문제로 분류할 수 있다. 그것은 재정이 사회복지 실행을 뒷받침할 뿐만 아니라, 그 결과를 좌우하기 때문이다. 20세기 이후, 복지국가의 성정과 발전은 복지비용의 증가로 나타나게 되었고, 그로 인하여 국가와 개인에게 중요한 관심이 되었다. 중요한 사실은 사회복지 재정운영 자체가 사회복지정책적 효과와 함께 한다는 것이다. 즉, 사회복지 욕구의 증가와 이로 인한 재정적 악화가 나타나고 있는 오늘날의 시기에 얼마만큼 재원조달을 할 것이며, 또 중앙정부와 지방정부의 배분과 분담은 어떻게 할 것인지의 선택 자체가 국가가 감당할 수 있는 '지속가능한 복지수준'에 영향을 미치게 된다(임정문 외, 2020: 137-138).

클라이언트에게 도움을 주고 사회적 욕구를 해결하기 위해 사회복지의 재원은 필수불가결한 요소다. 이러한 이유로, 한 사회의 사회복지 재정규모는 그 사회의 복지수준을 측정할 수 있는 주요한 잣대가 된다. 국가 간의 사회복지의 발달정도 또한 사회복지 재정규모로 가늠할 수 있다.

사회복지재원은 크게 공공재원과 민간재원으로 나눌 수 있다. 그 내용은 다음과 같다.

2) 공공재원

사회복지정책의 공공재원으로는 조세가 가장 큰 비중을 차지한다(원석조, 2020: 95). 사회복지정책의 공공재원은 다음과 같다.

(1) 일반조세

조세(tax)는 사회복지정책의 공공재원으로 가장 큰 비중을 차지하고 있다. 조세는 국가에 의해 개인과 법인에게 강제적으로 부과되는 일종의 부담금(levy)이다. 사회복지정책의 실행을 위한 재원으로서 조세는 국가에 의해 개인과 법인에 강제적으로 부과하는 일종의 부담금(levy)이다. 조세는 목적에 따라 소득세, 재산세, 소비세 등으로 구분한다. 조세는 국가의 정치, 경제 및 사회적 목적에 따라 각기 다른 방식과 형태로 징수하여 사용한다. 사회복지정책에 있어서도 조세는 국가가 사용할 수 있는 가장 중요한 재원 중의 하나이다.

서구 복지국가는 사회복지정책에 충당하는 재원의 상당부분을 조세에 의존하고 있다. 예를 들어, 독일은 사회복지부문에 지출하는 총비용의 95% 이상이 정부지출로 구성된다. 그러나 선진국 중에서도 복지후진국에 해당하는 미국은 총복지지출 중 정부지출이 차지하는 비중이 유럽 복지국가들과 비교할 때 상대적으로 상당히 낮게 구성되어 있다(박주현, 2021: 223).

일반조세는 다른 재원에 비해 사회복지정책이 추구하는 가치인 평등(소득재분배)을 구현하는 데 있어서 중요한 재원이다. 일반조세에는 누진적으로 걷는 세금이 상당부분 포함되어 있어서 소득재분배 효과를 높일 수 있으며, 일반조세로 시행하는 사회복지정책들이 더 소득재분배적인 급여를 할 수 있다. 정부의 일반조세는 모든 국민의 조세로 이루어지므로, 이것을 재원으로 한 사회복지정책은 급여대상을 전 국민으로 넓힐 수 있어서, 급여내용면에서 보편성을 이룰 수 있다. 따라서, 일반조세를 재원으로 하는 사회복지정책은 안정성·지속성의 측면에서 바람직하다(고광신 외, 2017: 208).

① 소득세

소득세(personal income tax)는 개인소득을 과세기준으로 삼고 정부가 개인에게 강제적으로 부과하는 조세를 말한다. 소세 대상은 개인이지만, 세원(source)은 소득이 된다. 소득세는 개인의 경제적 행위에 여러 가지 형태로 영향을 미친다. 즉, 근로동기, 저축의욕, 직업선택 등에도 영향을 미친다(박주현, 2021: 225).

소득세는 일반세 가운데 조세의 누진성을 높이는 데 가장 크게 기여한다. 어떤 조세가 누진적(progressive)이라 함은 경제적 능력이 클수록, 대표적으로 소득이 높을수록 조세부담률이 높아지는 것을 의미한다. 개인소득세가 대표적인 누진세이다. 소득세 중에서도 개인소득세가 특히 조세의 누진성이 강하고 소득재분배효과가 높다(오세영, 2021: 164).

② 소비세

소비세(consumption tax)는 일반세를 구성하는 조세 가운데 두 번째로 크다. 소비세는 부담능력을 고려하지 않고 상품을 소비할 때 부과하는 세금을 말한다(오세영, 2021: 165-166). 즉, 소비세는 일반 경제주체의 재화의 소비 또는 화폐의 지출로써 담세력을 추량하여 과세하는 조세이다.

소비세는 대표적인 간접세에 속한다. 소비세는 재화와 용역의 생산, 판매 및 소비 과정에 부과하는 세금이다. 소비세를 소득세와 비교하면, 소득세는 가계수입의 원천에 대하여 과세하는 것이지만, 소비세는 가계소득의 사용과정에 과세한다. 따라서, 소득세와 비교할 때, 소비세는 고소득계층의 조세부담률이 저소득계층보다 상대적으로 낮다.

③ 법인세

법인세(corporation tax)는 법인의 소득을 과세대상으로 하여 법인에게 부과하는 조세를 말한다. 즉, 기업을 하나의 법인(legal person)으로 보고, 이 법인에 대해 과세하는 조세이다. 법인세의 세원은 법인소득이 되며, 과세 계산방법은 개인소득세와 근본적으로 차이가 없다(박주현, 2021: 226). 기업을 독립적인 과세대상으로 봄으로써 자연인인 개인과 마찬가지로 소득을 획득했을 때 조세를 부과하는 근거를 마련한 것이다. 예를 들어, 주식회사와 같이 법인형태로 사업을 하는 경우, 그 사업에서 생긴 소득에 대해 부과하는 세금으로 기업에 부과하는 소득세라 할 수 있다. 또한 지가급등지역에 소재하는 토지 및 건물을 양도할 때 생긴 소득에 대해서는 별도로 토지 등 양도차익에 대한 법인세를 추가로 부담하여야 한다.

법인에는 주식회사, 합자회사, 합명회사, 유한회사 등의 영리법인과 사립학교 등의 비영리법인, 특수법인, 공익법인 등이 있으며, 사단법인, 재단법인도 일반 법인과 같이 과세한다. 법인세는 납세자와 담세자가 동일하며, 중앙정부로 귀속되는 국세이다. 기한 내에 신고하지 않거나 장부를 작성하지 않은 경우, 과세표준에 미달되게 신고한 경우, 세액을 납부하지 않은 경우에는 가산세가 적용된다.

④ 재산세

재산세(property tax)는 일정한 재산에 대하여 부과하는 조세를 말한다. 재산과세는 부의 분배의 불평등을 시정하기 위하여 필요한 조세로, 이는 사유재산제도와 재산상속제도에 입각한 자본주의 사회의 불가피한 현상이라 할 수 있다. 국세인 소득세를 보완하는 기능을 하는 재산세를 지방세로 하는 것이 여러 나라의 공통된 경향이다. 우리나라에서도 재산세는 지방세에 속한다. 재산세는 재산의 소재지에서 부의 원천에 대하여 과세하는 것이므로 과세상 소유자의 인적 사정은 고려하지 않고 같은 재산에 대하여 똑같게 취급하는 것이 원칙이다.

재산세에는 일반적으로 재산을 과세물건으로 하며 조세가 부과되지만, 납세자가 자기의 소득 중에서 납부하는 명목적 재산세와 실질적으로 자기의 재산에서 납부하는 실질적 재산세(임시적 재산세)의 두 가지 종류가 있다. 분류상으로 보면, 재산을 소유하는 사실에 대하여 과세되는 정적 재산세와 재산의 이동 또는 가치의 증가에 대하여 부과되는 동적 재산세가 있다. 그리고 세원을 개별적으로 포착하여 과세하는 개별적 재산세(물세)와 재산소유자를 중심으로 해서 각자가 부담하는 일반재산세(인세)로 구별된다. 개별적 재산세에는 토지세, 가옥세, 대지세 등이 있고, 일반재산세는 교환가치를 갖는 유형·무형의 모든 재산의 경제적 평가액에서 채무를 공제한 순재산액을 과세표준으로 하고, 또 개인사정을 고려하여 기초공제 등을 허용하는 재산세이다.

⑤ 직접세와 간접세

직접세 대 간접세를 둘러싼 논란은 소득재분배의 효과에서 크게 나타난다. 직접세는 개인의 사회경제적 상황을 고려하여 부과하기 때문에 조세의 공평성을 확립하고 소득재분배효과를 높이는 데 도움을 주지만, 직접세는 조세저항을 유발할 가능성이 크다는 것이다. 선진국의 경우, 대체로 직접세의 비율이 높은 편이다(조추용 외, 2021: 202).

간접세는 납세의무자와 그 세금을 부담하는 자가 일치하지 않는 세금으로 부가가치세, 특별소비세 등이 있다. 간접세는 재산이나 소득에 관계없이 과세 대상에 대해 동일한 세율이 적용되는 세금이다. 소득재분배 효과가 낮고 역진적이다. 상품에 부과되는 세금이 그 예이다. 또한 간접세 인상은 물가상승의 요인이 된다. 간접세는 조세에 대한 저항이 적고 징세가 편리하며 조세수입의 확보가 용이한 장점이 있지만, 개개인의 사정을 고려하여 세율을 정할 수 없으므로 누진세율을 채택하지 못하고 비례세율이 적용됨으로써 저소득층에게 조세부담률이 상대적으로 높아지는 역진성을 띠게 된다(오세영, 2021: 167).

⑥ 누진세, 역진세, 비례세

누진세(progressive tax)는 소득금액이 커질수록 높은 세율을 적용하도록 정한 세금을 말한다. 즉, 과세물건의 수량이나 화폐액이 증가함에 따라 점차 높은 세율이 적용되는 조세를 말한다. 누진세는 경제력의 격차를 야기시키는 소득 간 불평등을 보정하기 위한 것으로 고소득자에게는 높은 세금을, 저소득자에게는 낮은 세금을 거두자는 의도에서 실시되었다.

역진세(regressive tax)는 누진세와 대립되는 개념이다. 역진세는 과세물건의 수량 또는 금액이 많아짐에 따라 세율이 낮아지는 조세를 말한다. 역진세는 저소득자에게 고소득자보다 상대적으로 많은 세금을 물린다. 현실적으로 역진세는 찾아보기 어렵다.

비례세(proportional tax)는 과세표준에 비례하여 과세하는 것을 비례세라고 한다. 이는 과세표준의 증가에 대해 비례 이상으로 세율을 증가시키는 누진세와 대비된다. 대표적인 비례세는 부가가치세로 과세물의 크기와 관계없이 동일하게 10%가 적용된다.

⑦ 보통세와 목적세

보통세(ordinary tax)는 일반적인 재정수요를 위하여 부과되는 조세를 말한다. 일반세라고도 하며, 목적세와 대응된다. 즉, 국가 또는 지방자치단체의 일반적 지출에 충당하기 위한 조세이며, 조세수입은 일반재정경비의 충당에 사용되는 것이 일반적이다. 보통세는 소득세, 법인세 등의 직접세와 부가세, 소비세 등의 간접세가 모두 포함되는 것으로 세입과 세출이 직접적으로 연계되어 있지 않는 모든 세금을 포함한다.

목적세(objective tax)는 특정 경비에 충당하기 위하여 과징되는 조세를 말한다. 일반경비에 충당하기 위하여 징수되는 일반세 또는 보통세에 대응한다. 즉, 목적세는 세입과 세출이 직접적으로 연결되어 있는 세금으로, 세금이 쓰일 목적이 미리 정해져 있는 세금을 말한다. 목적세는 사용용도가 명백하므로 납세자의 납득을 얻기는 비교적 쉬우나, 특정 목적 이외에는 사용할 수 없어 재정의 운용을 제한하고 경비지출 간에 불균형을 초래하는 수가 많다. 특히, 지방세에 대해서는 많은 나라에서 보통세와 목적세를 병용하고 있다.

우리나라는 1958년 8월에 교육세를 신설하여 시행하다가 1961년 12월에 폐지하였고, 1982년 교육환경 개선과 교원 처우 개선을 위해 한시적으로 재도입되었다. 그러나 1990년 12월 「방위세법」의 폐지를 계기로 지방교육자치 실시를 위한 재원을 확충할 목적으로 1991년 교육세를 한시세에서 영구세로 전환하였다. 이후 2001년에 교육세의 지방세목분이 분리되어 현재까지 유지되고 있다. 한편, 지방교육재정교부금의 재원은 교육세 전액이다.

(2) 사회보험료

사회보험료는 사회보험 가입자가 급여를 받기 위한 전제조건으로 납부하는 세금으로서, 사회보험료이며 일종의 목적세라고 할 수 있다. 목적세는 특별한 목적을 위해 징수하는 세금으로 현재 우리나라의 사회보험료는 사회적 위험에 대비하기 위한 국민연금, 건강보험, 산재보험, 고용보험료, 노인장기요양보험이 있다. 사회보험료는 강제성을 띠고 있어 세금과 같은 성격을 가지고 있기는 하나, 사용처가 명확하게 특정화되어 있는 점에서 일반조세와는 다르다. 사회보험료는 특별한 지출 용도를 지니고 있고, 보험가입자가 일정 기간 동안 정기적으로 일정한 금액을 내는 것으로써 특정 목적을 위해 재원의 안정성을 가진다. 개인의 갹출금으로부터 급여가 생성되기 때문에 권리 개념으로 인식되어 보편적으로 적용되고 있다. 사회복지재원을 구성하는 여러 형태 중 큰 비중을 차지하고 있는 재원으로, 선진국의 경우 사회보장세가 차지하는 비중에 비하여 일반세인 조세만큼 소득재분배의 효과는 크지 않다. 사회보험의 보험료 부담방식은 사회보험의 종류에 따라 국가에 따라 조금씩 차이가 있으나, 대부분 보험료는 사용자, 피용자가 공동으로 부담하는 형태이며, 국가에 따라 사용자와 피용자의 보험료 부담비율은 다양하다. 스웨덴에서는 사회보험 보험료의 대부분을 사용자가 부담하고 있으나, 네덜란드에서는 반대로 피용자가 보험료의 약 75% 정도를 부담하고 있다. 우리나라는 국민연금과 국민건강보험, 고용보험은 사용자와 피용자가 절반씩 부담하고, 산업재해보상보험은 사용자가 보험료 전액을 부담하고 있다.

이와 같이 사회보험료는 사회보장 성격으로 인하여, 개인소득세인 경우 가족의 수나 욕구에 따른 지출을 인정하여 여러 가지 조세감면을 해 주는 데 비해, 가족의 수나 욕구를 고려하지 않고 근로소득만을 고려하기 때문에 저소득층의 부담률이 상대적으로 높아 역진성을 가진다. 이는 사회보장세로 사용자와 피고용자가 분담할 수 있고, 사용자가 대부분을 부담할 수도 있기 때문에 사용자가 부담하는 몫이 실질적으로 전가된다면, 소득재분배 효과가 줄어들 수 있다. 사용자가 부담하는 사회보장료가 상품가격의 인상에 의해 소비자에게 전가될 수 있고, 저임금에 의해 피고용자에게 전가될 수도 있기 때문이다(Gillbert & Terrell, 2014).

(3) 조세지출(조세비용)

조세지출 또는 조세비용(tax expenditure)은 세금을 걷어 사회복지급여로 지출하는 대신, 각종 조세를 감면시켜 사회복지의 목표를 이룰 수 있는 방법이다. 이는 실질적인 조세수입의 감소를 통해 특정의 목적을 달성하기 때문에 공공부문 재원으로 분류한다. 정부의 입장에서는 조세지출만큼 조세수입이 줄고, 따라서 그만큼 정부지출을 한 것과 비슷하기 때문에 실질적으로 정부지출의 하나로 파악한다. 이러한 이유로 조세비용이라고도 한다(오세영, 2021: 170).

조세지출의 유형으로는 다음과 같다(임정문 외, 2020b: 144－145).

첫째, 소득재분배와 관련된 경제적 욕구를 고려한 조세지출로, 각종 소득공제, 세액공제, 비과세항목 등이 있다.

둘째, 불가피한 비용처리를 위한 조세지출에는 인적공제비와 특별공제비가 있다.

셋째, 사회복지정책과 관련된 조세지출이 있다.

(4) 부의 소득세

부(負)의 소득세(Negative Income Tax, NIT)는 조세제도를 활용하여 빈곤계층 중 취업하고 있거나, 취업가능성이 있는 근로능력자를 대상으로 공공부조가 아닌 제3의 방법으로 소득을 보장해 주고자 고안된 것이다. 부의 소득세는 특정 가구의 소득이 가구 규모별로 설정된 최소소득보장수준(최저생계비)에 미달할 때, 그 차액의 일정비율 만큼 조세환급의 형태로 정부가 지급해 주는 제도이다.

미국의 시범사업에서는 부의 소득세율이 증대할수록 근로자들의 근로동기가 약화되는 것으로 나타났다. 반대로, 근로의욕 증대를 위해 소득세율을 낮게 설정하면, 저소득계층의 최소소득보장이 그만큼 미진해져서 실질적인 생계보장이 되지 않는다. 따라서, 근로빈곤층의 근로동기 확보와 최소소득보장이라는 동시에 달성할 수 없는 정책목표 사이에서 해결점을 찾지 못해 부의 소득세제는 시범사업실시로 종결되었다(박병현, 2015: 198).

(5) 근로장려세제

근로장려세제(earned income tax credit, EITC)는 일정 수준 이하의 근로소득을 가진 자에 대해서 정부가 정해진 기준에 의거해서 조세제도를 통해 현금을 지급하는 소득보장제도이다. 근로장려세제에서 말하는 근로소득은 피용자의 임금뿐만 아니라, 자영자의 사업소득도 포함된다. 따라서, 저소득 임금근로자, 영세자영업자들이 이 제도의 주된 수급대상자가 된다.

3) 민간재원

복지서비스의 제공에 필요한 제반 경비 중 세금 등에 의한 공적 재원 이외의 민간에서 조달되는 재원을 말한다. 공적 복지서비스에 대해서는 법정화된 사회복지사업에 대한 시설정비 및 서비스의 실시경비를 법률의 규정에 의해 그 경비의 부담자 및 부담비율이 정해져 있다. 그중에서 민간사회복지법인이 설치·운영하는 사업에 대해서는 원칙적으로 민간재원이 충당되며, 금융시장으로부터의 예산조치의 범위에 들어가지 않는 부분에 대해서도 자기부담으로 민간으로부터 자금조달이 이루어진다.

민간재원은 매년 정기적으로 실시되는 국민운동으로서의 공동모금, 기부금에 의한 배분, 기업 등의 사업자로부터의 직접적인 기부, 기업 등이 설치하는 조달단체로부터의 조성금, 개인의 기부, 경륜, 경정 등의 공영경기의 수익금으로부터의 조성 등을 들 수가 있다. 이 민간복지재원에 대해서는 복지의 가치관에 기초한 자발적 자금제공의 가치를 강조함과 동시에, 손금불산입 등의 세제상의 우대조치의 제도화가 민간재원조달에 있어서의 조건이 된다.

(1) 자발적 기여

사회복지정책에 사용하는 민간부문재원으로 자발적 기여(voluntary contribution)는 사회복지정책의 영역들 가운데 개별사회서비스에서 상대적으로 중요하다. 이러한 서비스를 제공하는 비영리기관 재원의 30% 정도는 자발적 기여에 의한 것이다.

자발적 기여의 형태는 개인에 의한 기여금이 가장 크고 그 다음으로 재단, 기업, 유산의 순서로 이루어진다. 그러나 이러한 기여가 조세감면을 받기 위해 사용된다.

(2) 기업복지의 재원

기업복지의 재원은 기업의 사용자들이 기업의 피고용자들의 복지 향상을 위해 지출하는 것을 의미한다. 기업복지에 속할 수 있는 프로그램은 다양하며, 사회복지정책에서 시행하는 주요 사회복지정책 영역에 속하는 프로그램들을 모두 갖고 있다. 예를 들어, 기업연금, 기업의료보험, 자녀학비보조, 사원주택, 탁아 프로그램 등이 있다. 국가적인 복지가 높아지면 기업복지는 낮아지게 된다.

(3) 이용자 부담

이용자 부담(user fee)은 사회복지급여를 받은 대가로 금전을 지불하는 것이다. 오늘날 사회복지가 발달한 국가들에서도 어떤 사회복지정책이 제공하는 재화나 서비스를 받을 때는 수급자의 일정한 비용의 본인부담을 필요로 하고 있다.

(4) 가족 간 이전

사회복지가 발달함에 있어 비공식 부문의 중요성이 덜해졌다 하더라도, 아직은 국가의 복지정책이 많은 부분에서 미흡하기 때문에 중요한 요소이다. 주로 노인복지는 가족의 자녀들에 의해 대부분 해결된다.

5. 복지국가

1) 복지국가의 개념

복지국가(welfare state)라는 용어는 영국 켄터베리 대주교인 템플(William Temple, 1881–1944)이 1941년에 간행한 『시민과 성직자(Citizen and Churchman)』라는 팸플릿에서 사용했다. 즉, 템플 대주교가 독일 나찌시대의 '전쟁국가(warfare state)' 또는 '무력국가(power state)'와 대비하여 영국을 복지국가로 대조시켜 규정한 데서 비롯되었다. '복지국가'라는 용어는 1945년 집권한 영국 노동당 정부가 「베버리지 보고서」(1942)를 근간으로 1948년 '요람에서 무덤까지'의 사회보장제도를 실시함으로써 일반적으로 사용되기 시작했다. 그래서 1948년을 복지국가의 원년이라고 부르기도 한다(박경일, 2020: 93). 그러나 복지국가라는 명칭은 일반적으로 사용하기 시작한 1950, 60년대에는 무슨 뜻인지도 모르고 사용되었고, 낯선 것이었다. 사회개혁가이자 관리자로서 복지국가 영국의 아버지로 존경받는 베버리지(William Henry Beveridge, 1879–1963)는 복지국가란 의미가 '공짜로 얻기(something for nothing)', '산타클로스 국가(Santa Claus State)' 등을 암시하고 있다는 것을 마땅치 않게 여겼다. 복지국가 이론가 마셜(Thomas Humphrey Marshall, 1893–1981)은 그의 유명한 강의 『시민정신과 사회계급(Citizenship and Social Class, 1950)』에서 복지국가란 용어를 사용하지 않았으며, 유명한 페이비언 티트머스 역시 '복지국가'란 용어는 사회복지정책의 친구가 아니라, 적대적인 용어로 보았다(Garland, 2016).

복지국가는 전형적으로 모든 시민들에게 권리 성격의 급여제공, 경제에 대한 정부의 통제, 그리고 완전고용이라는 세 가지 거시적 원칙을 가지고 있다. 또한 복지국가는 이념적으로 사회민주주의, 정치적으로 의회민주주의, 경제적으로 혼합경제, 그리고 사회적으로 완전고용과 사회보장제도가 실현된 국가를 지칭한다. 따라서, 복지국가는 보호가 필요한 사람들뿐만 아니라, 모든 시민들에게 소득을 보장해주고, 건강보호서비스와 교육서비스도 제공한다(박병현, 2011: 11).

그러므로 복지국가는 개인의 일상적 생활보장과 사회적 위험 및 사회적 문제를 해결하고 자유와 평등을 포함한 인간의 행복을 추구하기 위한 권리를 정부와 민간조직이 보장하기 위해 적극 노력하는 국가, 즉 소득의 상실로부터 기족의 최저생활수준을 보호하기 위해 고안된 사회서비스를 제공하는 나라를 말한다.

2) 복지국가의 유형

복지국가 유형을 연대기적 서술로 살펴보면 다음과 같다.

(1) 윌렌스키와 르보

윌렌스키와 르보(Harold L. Wilensky & Charles N. Lebeaux)는 1959년 그들의 저서 『산업사회와 사회복지(*Industrial Society and Social Welfare*)』에서 잔여적 관점과 제도적 관점으로 유형화하고 있다. 그 내용은 다음과 같다(Wilensky and Lebeaux, 1965: 138-139).

① 잔여적 관점

잔여적 관점(residual view)은 사회복지가 일차적으로 가족과 시장기구에 의해서 공급되는 것을 원칙으로 한다. 보완적 관점이라고도 한다. 사회복지제도는 가족과 시장기구에 의해 움직여지고, 그러한 기구를 통해 개인의 욕구가 충족될 수 있다. 그런데 가족 또는 시장기구가 정상적으로 제 기능을 발휘하지 못할 때 사회복지제도로서의 보완적 모형이 작동된다. 이 모형은 가정생활이 파괴되거나 시장기구나 제대로 움직일 수 없어 정상적인 경로로는 사회복지가 공급될 수 없을 때 나타난다. 그것은 가족과 시장기구가 작동하지 못할 때 출현하는 일시적이고, 긴급한 기능이며 보조적인 성격을 띤다. 예컨대, 자선사업과 의연금이 그러한 유형의 사회복지활동이며, 가족과시장기구가 다시 제 기능을 회복할 때, 보완적 사회복지활동은 작동이 중지된다.

② 제도적 관점

제도적 관점(institutional view)은 누구나 일정한 조건, 즉 법적·제도적 조건만 갖추게 되면 사회복지 혜택을 받을 수 있는 경우를 말한다. 복지사회를 건설하기 위해 사회복지 혜택을 받을 수 있는 경우를 말한다. 그들은 "사회복지는 각 개인이나 집단이 만족할 만한 수준의 삶과 건강을 누릴 수 있도록 도와주기 위해 만들어진, 사회적 서비스와 제도의 조직화된 체계(the organized system of social services and institutions)이다."(Wilensky and Lebeaux, 1965: 139)라고 주장한다. 윌렌스키와 르보는 산업화가 진행될수록 보완적 모형보다 제도적 모형이 더욱 강조될 것이라고 보고 있다.

이 두 가지의 관점은 상반되는 것으로 나타나지만, 실제에 있어서 미국의 사회복지는 이 둘을 결합하려고 시도해 왔으며, 사회복지에 있어서의 현재의 경향도 중간노선을 걷고 있다. 구질서가 무너지는 것을 비통해하는 사람들은 제도적 관점의 이데올로기가 개인적인 특성과 국가의 사회구조를 모르는 사이에 해치고 있다고 주장한다. 한편, 오늘날 우리가 유토피아에 도달하지 못한 것을 슬퍼하는 사람들은 잔여적 관점에 대해 우리들이 '모든 사람을 위해서 행복한 생활'을 달성하기 전에 제거되어야만 할 장애물이라고 반박하고 있다. 윌렌스키와 르보(1965: 139)는 두 가지의 이데올로기가 모두 진공상태에 존재하는 것이 아니라, 더 넓은 사회문화적 상황의 반영이며, 산업화가 더욱 진전됨에 따라 제도적 개념이 더 우세하게 될 것 같다고 본다.

(2) 퍼니스와 틸톤

퍼니스와 틸톤(Norman Furniss & Timothy Alan Tilton)은 1977년 그들의 저서 『복지국가사례(*Case for the Welfare State: From Social Security to Social Equality*)』에서, 사회복지 욕구에 대한 정부개입의 형태에 따라 복지국가의 모형을 적극적 국가, 사회보장국가, 사회복지국가로 분류하고 있다.

① 적극적 국가

적극적 국가(positive state)의 일차적 목표는 시장의 불안정과 재분배 요구로부터 자본가를 보호하는 데 있다. 이에 정책방향은 경제성장을 위한 정부와 기업의 협조를 강조하며, 국가시장경제에 개입하여 독점을 규제하고, 지나친 사회적 불평등을 예방해야 한다. 또한 적극적 국가에서는 경제성장을 저해하는 사회복지정책은 가급적 피하며, 완전고용정책의 극소화를 비롯하여 노동조합의 지나친 임금인상 요구나 집단행동을 규제한다. 따라서, 적극적 국가에서는 빈곤층에 대한 정부의 지원은 경제성장의 저해요인으로 인식하며, 주로 사회보험을 선호한다. 이는 수급자가 보험료를 부담해야 하고, 부자와 빈자 간의 수직적 재분배보다는 노인층과 청년층, 건강한 사람과 병약한 사람 간의 수평적 재분배이기 때문에 정책적인 부담이 적기 때문이다. 적극적 국가에서 사회보험을 선호하는 이유는 근로자가 보험료를 납부해야 급여를 받을 수 있기 때문에 근로의식을 고취시킬 수 있고, 정부지출을 최소화하면서도 사회복지를 할 수 있기 때문이다.

이런 점에서 볼 때, 적극적 국가는 중산층 이상만 보호를 받을 수 있어서 이러한 국가를 복지국가라고 할 수 없으며, 그리고 미국이 그 대표적인 나라로 꼽힌다.

② 사회보장국가

사회보장국가(social security state)는 국민들에게 최저수준의 복지를 보장하는 국가를 말한다. 이에 사회보험제도 외에도 공공부조와 각종 사회복지 분야 서비스 제도를 확대 실시한다. 특히, 사회보장국가는 완전한 평등을 추구하기보다는 최저수준의 생활을 보장하는 데 그친다. 이것은 개인 자신이 자발적으로 복지향상에 기여할 수 있게 하기 위한 조치이다. 대표적인 나라가 영국이다.

③ 사회복지국가

사회복지국가(social welfare state)는 광범위한 사회복지서비스를 비롯하여 평등과 정치활동 참여 등으로 모든 국민의 안녕을 보장하는 나라를 말한다. 특히, 이러한 국가에서의 정부는 노동조합과 긴밀한 협조하에 고용정책이나 임금정책을 실시하여 최하층의 요구를 우선적으로 수용하는 정책을 펴게 된다. 따라서, 사회복지국가에서는 경제정책보다는 사회정책이 우선시되며, 국민들의 삶의 질을 저해하는 도시계획이나 재개발은 금지된다. 스웨덴이 그 대표적인 나라이다.

(3) 티트머스

티트머스(Richard Morris Titmuss)는 1974년 그의 저서 『사회정책개론(*Social Policy: An introduction*)』에서, 그들은 복지국가모형을 사회정책의 맥락에서 세 가지 유형으로 분류한다. 이는 윌렌스키와 르보의 두 유형에 산업성취수행 모형이라는 새로운 유형을 추가한 것이다. 그 내용은 다음과 같다(Titmuss, 1974: 20－21).

① 잔여적 복지모형

잔여적(보완적, 보충적) 복지모형(residual welfare model)은 윌렌스키와 르보가 말한 잔여적 모형(residual model)과 같은 의미의 모형이다. 사회복지제도는 가족과 시장기구에 의해 움직여지는데, 그러한 것들이 제대로 기능을 다하지 못할 때 보완적 모형이 나타난다는 것이다. 보완적 복지모형은 일시적, 잠정적이고 가족과 시장기구가 정상적으로 움직이게 되면 작동을 중단하게 된다.

② 산업성취-성과모형

산업성취－성과모형(industrial achievement－performance model)은 사회복지제도를 경제적 성과의 부속물로 간주한다. 사회복지(사회적 욕구)는 업적, 실적, 업무수행, 그리고 생산성에 근거해서 결정되어야 한다는 것이다. 이 모형은 시녀적 모형(handmaiden model)이라고도 하는 데, 이유는 이 모형이 유인, 보수, 집단충성심과 연관된 경제적·심리적 이론으로부터 도출되었기 때문이다.

③ 제도적 재분배 모형

제도적 재분배 모형(institutional redistributive model)에 따르면, 사회복지제도는 사회를 통합시키는 역할을 하는 통합된 제도이며, 개인의 욕구에 의해 기능하는 시장기구가 제공할 수 없는 보편주의적 서비스를 시장기구 밖에서 제공한다. 이 모형은 사회변동과 경제체제의 효과에 관한 이론 그리고 사회적 평등의 원칙에 근거하고 있다.

(4) 미쉬라

미쉬라(Ramesh Mishra)는 1984년 그의 저서 『복지국가 위기(*The Welfare State in Crisis: Social Thought and Social Change*)』에서, 그는 복지에 대한 국가 책임의 사상과 현실적 제도와의 관련에 따라 복지국가모형을 분화적 복지국가와 통합적 복지국가로 분류하고 있다. 그는 복지국가모형을 개발하게 된 동기를 복지국가의 위기론에서 찾고 있다. 그의 주장에 의하면, 복지국가 위기의 해결책으로 우파에서는 자유방임주의로의 복귀를 제시했으며, 좌파에서는 자본주의의 철폐를 주장하고 있지만, 그는 이러한 위기 극복을 위한 대안을 조합주의(corporatism)에서 찾고 있다. 조합주의에 입각한 새로운 형태의 통합 복지국가(integrated Welfare State)는 복지국가의 발전적인 방향의 모색이며, 혼합경제와 복지국가의 근본정신에 위배되지 않으면서 복지국가의 위기를 타개할 수 있는 진정한 대안이 될 수 있다고 주장한다(Mishra, 1984: 101－102).

① 분화적 복지국가

분화적 복지국가(differentiated welfare state)에 이론적 배경을 제시하고 있는 학자는 베버리지와 케인즈이다. 분화적 복지국가는 다음과 같다.

첫째, 경제분야에서 공급측면보다 수요측면에서 경제를 조절하고 있으며, 재정정책 및 금융정책을 통해 수요의 창조나 억제를 위한 정부 경제활동의 활성화 조치를 취하고 있다.

둘째, 사회복지분야는 경제와 구별되는 상대적 자율성을 유지하고 있으며, 국가는 경제와 관련하여 뚜렷한 연계를 거의 갖지 않는 사회적 서비스를 제공하고 있다.

셋째, 정치분야의 경우 분화적 복지국가는 다원주의이론에 근거하여 움직이고 있다. 정치형태 및 사회의 의사결정과정에서 자유경쟁 또는 시장모델을 적용하고 있으며, 의회주의적 정부형태를 선호하고 있고, 완전한 시민적 자유와 정치적 자유를 보장하고 있다. 더욱이 산업분야에서 자유로운 집단협상 방식을 선택하고 있다. 예컨대, 대표적인 분화적 복지국가는 미국과 영국을 들 수 있다.

② 통합적 복지국가

통합적 복지국가(integrated welfare state)는 조합주의를 기반으로 성립하기 때문에 분화적 복지국가와는 두 가지 점에서 다르다.

첫째, 조합주의를 토대로 성립하고 있는 통합적 복지국가는 경제정책과 사회정책이 상호 밀접하게 관련되어 있어서 양자의 통합 필요성을 제기하고 있다. 분화적 복지국가에서 케인지-베버리지식의 접근방법은 신중한 국가개입과 제한된 사회정책의 형태를 통해서 사회·경제의 성격을 바로 잡는다는 사상에 근거하고 있지만, 조합주의자의 견해는 좀 더 포괄적이다. 전체 사회 내에서 경제정책과 사회복지정책을 조화시켜야 될 필요성을 인정하고 있다. 조합주의는 경제정책을 사회복지정책에, 사회복지정책을 경제정책에 환류(feedback)시켜야 할 것을 인식하고 그것의 절충을 시도한다. 그렇기 때문에 분배문제는 생산문제와 분리될 수 없는 것으로 본다. 결론적으로 조합주의는 분화적 복지국가와는 달리 (사회)복지정책이 가지고 있는 경제적 함의를 회피하지 않으면서 사회복지정책의 목표가 경제정책에 아주 명확히 반영되고 있다고 본다(Mishra, 1984: 104).

둘째, 조합주의적인 접근방법은 복지국가의 제도 속에 함축되어 있는 체계통합(system integration)과 사회통합(social integration)은 상호 관련된 것으로 본다. 체계통합은 제도들 간의 기능적 통합에 관련된 것이며, 사회통합은 집단(자본가와 노동자)들 간의 사회조화와 균형을 유지하기 위한 것과 연관된다. 경제와 사회복지 간의 이루어지는 기능적 통합(functional integration)은 비록 제도 간의 체계통합을 이룬다 하더라도, 주요 경제집단인 자본가와 노동자 간의 동의를 얻어내지 못한다면, 효율성이 떨어질 가능성이 존재하고 있다는 점을 염두에 두어야 한다(Mishra, 1984: 104). 따라서, 조합주의라는 용어는 여러 가지 측면에서 조직화된 경제적 이해관계 및 현대국가의 의사결정구조와 과정을 연계한 것으로 보고 있다. 그는 이런 상황에서 조합주의에 기반을 둔 통합적 복지국가의 유형을 제시하고 있으며, 그것과 유사한 구조를 가진 다원주의 또는 분화적 복지국가를 대조시키고 있다. 이러한 대조는 복지국가에 접근하고 있는 조합주의의 분명한 특징을 나타내 주고 있다(Mishra, 1984: 102).

그러므로 서술한 미쉬라의 분화적 복지국가와 통합적 복지국가의 특징은 다음과 같이 정리할 수 있다. 즉, 미쉬라의 복지국가모형은 퍼니스와 틸톤의 모형보다 진일보했다는 것을 알 수 있다. 퍼니스와 틸톤 역시 복지국가의 특성을 설명했지만, 그것을 실현시킬 수 있는 구체적인 방안이나 수단에 관한 언급은 없었다. 반면, 미쉬라는 분화적 복지국가에서 통합적 복지국가로 이행하기 위한 전제조건, 즉 실천적 방안으로서 조합주의를 제시했다는 점은 높이 평가받을 만하다. 그렇지만 미쉬라의 복지국가 모형은 선진자본주의 국가의 복지모델에 관해서만 언급하고, 후발 자본주의 국가의 복지모델에 대해서 언급이 없다는 점이 아쉬움으로 남고 있다.

(5) 에스핑-앤더슨

에스핑-앤더슨(Gøsta Esping-Andersen)은 1990년 그의 저서 『복지자본주의의 세 가지 세계(*The Three World of Welfare Capitalism*)』에서 처음으로 '복지국가 레짐(regime)'이란 용어를 사용하여 복지국가를 탈상품화(de-commodification), 계층화(stratification), 시장·가족의 역할관계 등을 기준으로 자유주의 복지국가, 보수조합주의 복지국가, 사회민주주의 복지국가 등 세 가지의 유형으로 분류하였다. 그 내용은 다음과 같다(Esping-Anderson, 1990: 26-33).

① 자유주의 복지국가

자유주의 복지국가는 안전망으로서 잔여적(residual) 복지를 실시하며, 매우 부분적인 욕구만을 충족하기 위해 공공부조 위주의 복지정책을 실시하고, 사회보험이나 사회서비스는 발달하지 못한 복지체제이다. 공공복지가 충족해 주지 못하는 복지욕구는 시장에서 사적 보험이나 사적 서비스를 구매하여 충족하는 시장중심적 체제이다. 자유주의적 복지국가에서는 자산조사(means test)에 의한 공공부조(public assistance)가 중심적 역할을 수행하며, 복지행정의 주된 업무는 근로능력이 없는 '(도움을 받을) 가치 있는 빈민'을 선별하여 정부의 복지급여를 제공하고, 반면 근로능력이 있는 '(도움을 받을) 가치가 없는 빈민' 복지수혜대상에서 제외하는 데 많은 노력을 기울이고 있다. 복지급여에는 낙인과 같은 사회적 모욕이 반영된다. 미국과 캐나다 같은 국가가 자유주의적 복지국가에 속한다.

② 보수조합주의 복지국가

보수적이고 강한 조합주의적 복지국가체제에서는 피보험자의 기여를 재정적 근간으로 하는 사회보험을 강조한다. 빈곤층을 위한 공공부조의 경우에도 열등처우의 원칙(principle of less eligibility)이 강조되며, 수급자들이 자립 자활할 수 있도록 하는 데 초점을 맞춘다. 그러나 노동을 강조하는 근로연계복지(workfare)보다는 근로친화적(work-friendly) 또는 노동을 권장하는 복지를 시행하고 있다. 시장을 대체한 복지제공자로서의 조합주의적인 국가가 주로 신분차별의 유지를 위해 강력하게 작동하며, 복지의 재분배 효과는 극히 미미하다. 국가가 제공하는 가족서비스는 상당히 낙후되어 있으며, 국가는 가족의 복지제공능력이 고갈되었을 때만 개입한다. 이 유형에 속하는 국가로는 프랑스, 독일, 이탈리아 등이 있다.

③ 사회민주주의 복지국가

사회민주주의 복지국가체제는 복지와 노동의 결합을 중시하며, 완전고용을 강조한다. 완전고용을 적극적으로 보장하는 이유는 복지시스템을 유지하는 데 드는 비용이 노동에 따른 소득세에서 얻어지기 때문이다. 사회민주주의 복지국가체제가 국민의 복지를 높은 수준에서 보장하는 것은 사실이지만, 동시에 노동을 강조하는 것도 사실이다. 보편주의와 탈상품화 원칙들을 신중간계급에게까지 확대 적용하며, 수혜의 질이 신중간계급의 욕구를 충족할 정도로 양호할 것과, 이러한 수혜를 노동계급들도 동등하게 누릴 것을 요구한다. 시장의 역할이 주변화되는 대신, 모두가 수혜를 받고 서로 의존하며, 상호 부담함으로써 보편적인 사회적 연대가 창출된다. 이 유형에는 스웨덴, 노르웨이, 핀란드, 덴마크 등 북유럽 국가들이 이 체제의 국가에 속한다.

이상과 같이 복지국가의 유형화를 논함에 있어서 가장 이상적인 복지국가의 유형화는 사회복지정책이나 제도 및 프로그램의 내용(대상, 자격, 급여수준, 재원조달방법 등)을 분석하고, 그것의 효과(재분배 효과나 빈곤감소 효과 등)를 분석하여 유형화하는 것이다. 그러나 이러한 분석에 의한 유형화는 각 국가의 제도나 프로그램 내용이 각각 달라서 일률적으로 비교·분석하기가 쉽지 않다.

복지국가의 유형을 정리하면 <표 6-3>과 같다.

〈표 6-3〉 복지국가의 유형

<table>
<tr><th>연도</th><th>학자</th><th colspan="60">개인주의 ← 이념의 연속선 → 집합주의</th></tr>
<tr><td>1958</td><td>Wilensky & Lebeaux</td><td colspan="30">잔여적</td><td colspan="30">제도적</td></tr>
<tr><td>1974</td><td>Timuss</td><td colspan="20">잔여적</td><td colspan="20">산업적 성취-수행</td><td colspan="20">제도적 재분배</td></tr>
<tr><td>1975</td><td>Parker</td><td colspan="20">자유방임</td><td colspan="20">자유주의</td><td colspan="20">사회주의</td></tr>
<tr><td>1976</td><td>Geoge & Wilding</td><td colspan="15">반집합주의</td><td colspan="15">소극적 집합주의</td><td colspan="15">페이비언 사회주의</td><td colspan="15">마르크스주의</td></tr>
<tr><td>1977</td><td>Mishra</td><td colspan="20">잔여적</td><td colspan="20">제도적</td><td colspan="20">규범적(또는 사회주의)</td></tr>
<tr><td>1979</td><td>Furniss & Tilton</td><td colspan="12">보수주의</td><td colspan="12">적극적 국가</td><td colspan="12">사회보장 국가</td><td colspan="12">사회복지 국가</td><td colspan="12">급진주의</td></tr>
<tr><td>1979</td><td>Room</td><td colspan="15">시장자유주의</td><td colspan="15">정치적 자유주의</td><td colspan="15">민주적 자유주의</td><td colspan="15">신마르크스주의</td></tr>
<tr><td>1979</td><td>Pinker</td><td colspan="20">고전파 경제이론</td><td colspan="20">신중상주의적 집합주의</td><td colspan="20">마르크스주의적 사회주의자</td></tr>
<tr><td rowspan="2">1989</td><td rowspan="2">Williams</td><td rowspan="2" colspan="8">반집합 주의</td><td colspan="27">사회개혁주의</td><td rowspan="2" colspan="9">정치 경제적 복지</td><td rowspan="2" colspan="8">페미니즘</td><td rowspan="2" colspan="8">반인종 주의</td></tr>
<tr><td colspan="9">비사회적 복지집합 주의</td><td colspan="9">페비언 사회주의</td><td colspan="9">급진적 민주주의</td></tr>
<tr><td>1994</td><td>Geoge & Wilding</td><td colspan="10">신우파</td><td colspan="10">중도노선</td><td colspan="10">사회 민주주의</td><td colspan="10">마르크스 주의</td><td colspan="10">페미니즘</td><td colspan="10">녹색주의</td></tr>
<tr><td>1996</td><td>Alock</td><td colspan="12">신우익</td><td colspan="12">중도노선</td><td colspan="12">사회민주주의</td><td colspan="12">마르크스주의</td><td colspan="12">신급진주의</td></tr>
</table>

자료: 김보기 외 (2022b: 189) 재구성.

연습문제
EXERCISE

01 다음 중 사회복지정책과 사회복지실천이 관련된 것이 아닌 것은?

① 사회복지정책은 사회복지실천의 전반적인 틀 제공
② 사회복지정책은 사회복지 법률, 행정지침 등으로 사회복지실천의 기본적 바탕
③ 사회복지정책은 사회복지실천의 방향, 방법 및 기준이 되어 영향력이 지대
④ 사회복지정책은 변화하는 사회와 그 욕구에 반응하여 실천현장에 직접적으로 연결
⑤ 민간사회복지실천기관은 공공 행정기관과의 충돌이 거의 발생하지 않음

02 사회복지 이념에 관한 설명으로 옳지 않은 것은?

① 제3의 길－근로와 복지가 연계될 필요가 있다.
② 케인즈주의－시장실패에 대해 국가가 적절히 개입해야 한다.
③ 페이비언 사회주의－가족 등 비공식부문의 역할이 상대적으로 중요하다.
④ 마르크스주의－복지국가는 자본과 노동계급 간 갈등의 결과이다.
⑤ 반집합주의－사회복지는 개인의 자유와 선택을 제한한다.

03 국민기초생활보장제도에 관한 설명으로 옳은 것은?

① 자활급여 수급자는 생계급여 대상에서 제외된다.
② 생계급여의 선정기준은 의료급여의 선정기준보다 높게 책정된다.
③ 근로능력자는 수급대상에서 제외된다.
④ 수급자 선정 요건에 부양의무자 유·무가 고려된다.
⑤ 수급자의 생활보장은 시 · 군 · 구 생활보장위원회에서 행한다.

04 복지국가와 사회복지정책의 변화를 설명하고 있는 내용이 아닌 것을 고르시오.

① 신자유주의 정책의 대두, 시장만능과 규제완화
② 복지서비스의 조치제도로부터 계약제도로의 변화
③ 선별주의적 복지정책의 강화
④ 사회경제적 약자의 절대적 보호
⑤ 국가의 실패로 인한 복지혼합주의의 강화

정답 1. ⑤ 2. ③ 3. ④ 4. ④

Chapter 7

사회복지조사

학습목표

1. 주제어 파악
2. 실제 조사 시행
3. 사례연구

학습내용

1. 사회복지조사의 개념
2. 연구방법의 개념적 이해
3. 연구조사의 유형과 절차
4. 측정과 척도
5. 신뢰도와 타당도
6. 표본조사

개요

사회복지조사(social welfare research)는 사회복지의 목적을 달성하기 위한 수단으로. 개인의 복지욕구충족과 사회적 문제해결 방안을 찾아 자료를 수집하는 지식탐구활동이자 절차이다. 사회복지조사는 사회복지실천현장에서 필요한 지식들을 산출하는 방법에 관한 것이다. 여기에서는 사회복지조사를 학습하고자 한다.

Chapter 7

사회복지조사

1. 사회복지조사의 개념

조사(research)는 사회현상을 파악하거나, 해결하기 위한 방안을 강구하기 위해 합리적이고 과학적인 절차와 타당한 논리적 원칙에 입각하여 기존의 지식을 기각 또는 강화하거나, 새로운 지식을 만들어 내려는 실천적인 지식탐구활동이다. 사회복지조사(social welfare research)는 사회복지의 목적을 달성하기 위한 수단으로, 개인의 복지욕구충족과 사회적 문제해결 방안을 찾아 자료를 수집하는 지식탐구활동이자 절차이다. 사회복지조사는 사회복지실천현장에서 필요한 지식들을 산출하는 방법에 관한 것이다. 조사는 조사목적을 달성하였다고 하더라도, 외부로 공개되고 보고되어야 하는 공공성을 갖는다. 또한 조사과정에서 사용된 언어는 명확하고 경험적으로 입증되어야 하며, 객관성을 가져야 한다(장혜령 외, 2021: 11).

사회복지조사는 사회과학의 조사대상 가운데 사회복지에 관련되는 대상의 문제와, 이를 해결하기 위한 지식을 논리적 타당성과 경험적 확인을 통하여 수립·검증하는 활동과 절차를 말한다. 사회복지사에게 있어서 사회복지 대상자와 이들을 둘러싼 사회적·경제적·문화적 환경에 대한 이해는 필수적이며, 사회복지조사는 사회복지학에서 매우 중요한 위치를 차지할 수밖에 없다. 특별히 오늘날처럼 사회복지실천의 환경을 둘러싼 변화의 속도가 급속도로 빠른 상황에서 사회복지사들에게 요구되는 기본적인 역량 가운데 하나가 사회현상을 과학적으로 이해할 수 있는 능력이라고 할 수 있다. 즉, 사회복지 대상자들의 문제를 해결하고 욕구를 충족시킬 수 있는 대책을 모색하기 위해 사회복지사들은 급변하는 사회현상을 과학적으로 이해하고 문제해결을 위해 과학적인 조사방법을 활용할 수 있는 능력이 요구된다(이봉재, 2018: 51).

조사는 이미 알려지지 않은 사실들을 발견하기 위한 탐구활동인 동시에 대부분의 경우, 표본을 조사하여 모집단의 특성을 추정하기 때문에 항상 오류를 범할 위험에 노출되어 있다. 따라서, 조사는 발생 가능한 오류를 최소화시킬 수 있는 방안을 강구하여야 한다. 이를 위해 조사의 과정은 과학적이어야 하며, 과학적인 조사가 되기 위해서는 연구문제와 가설을 올바르게 설정하고 적절한 조사단계를 거쳐 합당한 표본추출과 분석방법이 선택되어야 한다(황인옥, 2022b: 45).

사회복지에 관한 지식들을 적절히 갖추어 나가기 위해서는 올바른 지식습득의 방법이 일차적으로 중요하다. 아무리 많은 관심과 노력을 기울여도, 지식습득의 방법들이 적절하지 못하다면, 건전한 지식축적은 이루어지기 어렵기 마련이다. 가장 효과적인 지식습득의 방법은 과학적인 방법이다. 따라서, 현재의 사회복지학이 사회과학적인 체계와 방법론에 의거하고 있는 것도 이러한 이유에서 찾을 수 있다.

2. 연구방법의 개념적 이해

1) 개념

개념(concept)은 머릿속에 떠오른 어떤 대상의 특성이나 현상에 대한 추상적인 생각 또는 상징으로, 구체적으로 눈에 보이거나 손에 잡히는 것일 수도 있고, 머릿속에만 떠오르는 상상일 수도 있다. 개념은 여러 대상이나 현상의 특징을 일반화하여 한 단어로 구체화시킨 추상적인 것으로 보건, 평등, 윤리 등 직접적으로 관찰할 수 없는 것과 병원, 의사, 간호사 등 직접 관찰 가능한 것을 모두 포함한다. 연구를 수행할 때는 구체적으로 규정한 개념을 사용해야 한다.

정확한 개념은 정확한 의사소통을 위해 필수적이다. '은퇴'라는 단어를 떠올리면 특정 의미를 생각할 수 있다. 어느 연령에 이르러 생산에 종사하지 않는 상태라고 정의할 수 있지만, 구체화하는 정도가 다를 수 있다. 어떤 나라에서는 직종에 상관없이 특정 나이에 이르면 생산에 종사하지 못하게 되어 은퇴가 이루어지는 반면, 다른 나라에서는 나이와 상관없이 수공업이나 농업에 종사하며 스스로 생산을 그만두는 순간, 은퇴가 결정되는 경우도 있다. 이런 경우에는 '은퇴'라는 의미가 정확하지 않기 때문에 명확한 의사소통을 위해 상대적으로 좁은 개념으로 한정할 수 있다. 개념은 현상을 바라보는 관점을 제공할 수도 있다. 은퇴 예시에서, 특정 나이로 은퇴시기를 설정한 경우, 은퇴는 강제성이 있다고 생각할 수 있지만, 후자의 경우에는 자발적이라는 관점을 가질 수 있다. 개념은 복잡한 현상이나 대상의 분류와 일반화를 위해서도 필요하다.

2) 개념적·조작적 정의

(1) 개념적 정의

개념적 정의는 명목적 정의(nominal definition)라고도 하며, 연구에서 사용되는 주요 용어들, 즉 사람이나 사물들의 형태나 속성 그리고 사회적 현상을 개념적으로 정의하는 것이다. 이러한 개념적 정의는 개념에 대한 추상적이고 사전적인 정의로서, 우울을 명확히 정의한다면 이는 개념적 정의를 내린 것이 이렇게 개념적 정의를 내리는 것을 '개념화'한다고 한다. 개념적 정의를 명확하게 내리는 것은 연구의 관심과 초점에 맞추어서 그에 합당한 측면의 개념을 규정하려는 것이 목적이다. 이러한 개념적 정의는 조작적 정의의 전 단계이다. 개념적 정의를 통해 내려진 개념에 대한 대략적 윤곽이나 틀 없이는 조작적 정의는 실현되기 어렵다(황인옥, 2020: 84).

(2) 조작적 정의(조작화)

개념화의 추상적·주관적 성격을 보완하고 좀 더 경험적인 구체화를 하기 위해서 조작적 정의 또는 조작화(operationalization)를 거쳐야 한다. 조작화는 개념을 연구과정에서 관찰 가능한 지표로 변환시키는 과정을 말한다. 즉, 연구에 사용되는 변수를 관찰하고 측정할 수 있도록 횟수, 여부, 시간, 점수 등으로 계량화하는 것이다.

3) 이론과 모형

이론(theory)은 여러 현상을 관통하는 체계적으로 해석 가능한 하나의 틀로서, 두 가지 또는 두 가지 이상의 현상이 어떻게 관련되어 있는가를 설명하는 체계적인 진술이다. 이론은 연구되고 있는 현상을 일반화하여 설명하며, 새로운 사실을 예측하도록 도와주는 역할을 할 뿐만 아니라, 연구진행과 연구결과의 의미를 안내한다. 연구를 통해 이론을 검증할 수 있고, 새로운 이론 창출에 기여할 수 있다. 하나의 현상에 여러 이론을 적용할 수도 있는데, 예를 들어 연구자가 은퇴하면 우울감이 더 발생하는지를 알아보고 싶다고 가정할 때, 연구자가 얻고 싶은 잠정적인 해답은 은퇴 후에 우울수준이 차이가 난다는 것이다. 이것이 대립가설이다. 이 가설에 대해 역할이론에 따라, 은퇴는 사회적 역할을 상실하기 때문에 우울이나 스트레스가 증가한다는 이론이 있고, 지속이론에 따라 은퇴하더라도 비슷한 사회적 역할이 지속될 것이라는 이론이 있다. 어떤 이론이 현실에 더 적합한지는 검증을 통해 알아보고. 그 사회의 현상을 잘 설명하는 이론을 채택한다(장영일 외, 2021: 24).

모형(model)은 실제와 유사한 복제물로. 경험적인 현상을 설명하기 위해 여러 가지 개념을 연결성 있는 체계로 구성한 것을 의미한다. 다시 말해서 경험적인 현상을 상징하는 개념으로 이루어진 요소들 및 이 요소들 간의 관계가 논리적으로 연결되어 배열된 체계를 모형이라고 한다. 모형을 통해 실제 현실에서 벌어질 수 있는 관계를 더 잘 확인하고 검증할 수 있다. 독립변수와 종속변수 간의 관계뿐만 아니라, 통제변수까지 모형으로 제시할 수 있다. 즉, 모형은 독립변수와 종속변수, 통제변수를 포함한 더 복잡한 관계도 표현할 수 있다.

4) 분석단위

일반적으로 사회과학 연구의 분석단위는 여러 수준에서 선택될 수 있다. 그 내용은 다음과 같다(조학래, 2020: 86-90).

(1) 개인

가장 일반적인 연구대상으로서 개인은 클라이언트의 개인적 특성이나 심리사회적 특성, 지역사회 욕구조사에서 분석단위이다. 분석단위로서 개인 대상의 연구는 일반적으로 특정한 유형 또는 집단구성원들의 행동에 관한 기술과 분석을 통해 사회집단과의 상호작용을 기술하고 설명하는 경향이 있다. 예를 들어, 학력수준에 따른 복지의식의 차이를 연구할 때, 분석단위는 개인이다. 이처럼 분석단위가 개인일 때, 기술적 연구의 목적은 개인의 총합인 모집단의 특성을 서술하는 것이다. 반면에, 설명적 연구의 목적은 모집단 내에서 발생하는 변수 간의 역동적 관계를 발견하는 것이다.

(2) 집단

하나의 개체인 집단의 특징에 관해 관심을 보일 때, 분석단위는 집단으로 가족, 부부, 동아리, 동창회 등을 들 수 있다. 가장 자주 사용되는 분석단위로서 가족은 가족을 구성하는 다양한 특성(예, 가족유형, 수입정도, 가족 수, 주거형태 등)이나 역동성(예, 가족관계, 갈등 등) 등을 연구할 때 사용되는 단위다. 분석단위인 집단은 부부, 가족, 동아리 등 집단구성원을 분석단위로 하면 미시적 연구가 되고, 집단이면 거시적 연구가 된다. 이처럼 집단구성원을 분석단위로 하는 것과 집단을 분석단위로 하는 것 간에는 큰 차이가 있다. 예를 들어, 가출청소년의 연구에서 가출청소년을 연구하려면 가출청소년 집단의 개인이 분석단위이지만, 가출청소년 집단 간의 차이를 연구하려면 가출청소년 집단이 분석단위가 된다.

(3) 조직

연구자가 공식적인 사회조직의 특성을 연구할 때, 분석단위는 조직이다. 분석단위로서 조직은 사회복지기관, 학교, 교회, 기업, 시민단체 등을 들 수 있다. 예를 들어, 사회복지기관을 연구할 때, 이용자 수, 종사자 수, 프로그램 수, 예산, 서비스 만족도 등의 특성과 관련한 산출물을 조직의 분석단위로 사용할 수 있다. 이러한 자료를 토대로 연구자는 사회복지기관 간의 효율성을 비교할 수도 있다.

(4) 사회적 상호작용

개인 간의 사회적 상호작용을 연구할 때 분석단위는 사회적 상호작용이다. 분석단위로서 사회적 상호작용에는 전화통화, 교통사고, 소송, 논쟁, 이메일 교환, 댓글 달기 등이 있다. 예를 들어, 남북정상회담과 같은 특정한 사회적 이슈에 대한 여론의 변화과정을 분석하려면, 뉴스 기사의 댓글 달기가 사회적 상호작용의 분석단위가 된다.

(5) 사회적 가공물

분석단위로서 사회적 가공물(social artifacts)은 사회적 존재가 만든 산출물이나 행위의 결과를 의미한다. 인간의 생각과 행위의 산출물은 책, 시, 그림, 노래, 사진, 일기, 신문기사, 예술품, 건물 등이 해당한다. 사회적 가공물의 분석단위는 주로 내용분석에서 사용된다. 예를 들어, 국민연금이나 건강보험에 관한 주요 신문사설의 논조 변화를 살펴볼 때, 분석단위는 신문의 사설이 된다.

5) 변수

변수(variables)는 사람, 물건, 사건 등의 특성. 속성을 의미한다. 이러한 것들의 특성, 속성이 두 가지 이상의 가치(value)를 가질 때, 이를 변수라고 한다. 변수는 한 연속선상에서 하나 이상의 값을 가지는 개념으로 연구대상의 속성에 계량적인 수치를 부여하여 경험적으로 측정 가능하게 한다. 예를 들어, “한국에서 여성은 남

성보다 평균수명이 길다."라는 개념이 있다면, 여기서 평균수명은 성별로 사회별로 각기 다른 값을 갖는데, 이를 변수라고 한다.

(1) 독립변수

연구문제나 가설은 주로 인과관계형태로 표현되기 마련이다. 인과관계는 원인이 되는 변수와 결과가 되는 변수 간의 관계를 의미한다. 이때 원인에 해당하는 변수를 독립변수(independent variable)라고 한다. 즉, 어떠한 변수의 발생원인에 해하는 변수를 독립변수라고 한다. 예를 들어, 우울증이 알코올중독에 영향을 미치는가에 대한 연구를 수행한다고 하자. 이 연구는 결국 우울증이 원인이 되어 알코올중독이라는 결과가 나타날지 여부에 대한 연구문제를 설정하였기 때문에 이 연구문제에서 원인에 해당하는 변수인 우울증을 독립변수로 볼 수 있다.

(2) 종속변수

인과관계에서 원인에 해당하는 변수를 독립변수라고 한다면, 결과에 해당하는 변수를 종속변수(dependent variable)라고 한다. 즉, 독립변수의 영향으로 나타나는 결과가 되는 변수를 독립변수라고 한다. 앞선 예시에서 나타난 우울증이 알코올중독에 영향을 미치는가에 대한 연구수행에서 알코올중독은 우울증에 영향을 받아 나타나는 변화이기 때문에 알코올중독이 이 연구에서 종속변수가 된다.

(3) 통제변수

변수의 관계가 진짜 인과관계가 있는지, 아니면 가식적 관계인지를 가리기 위해 일반적으로 통제변수(control variable)를 활용하게 된다. 통제변수는 독립변수와 종속변수의 인과관계에 영향을 미치는 변수로 두 변수 간의 관계를 더 정확하게 파악하기 위해서 두 변수 간의 관계에 영향을 미칠 수 있는 제3의 변수를 사용하여 통제하는 것을 의미한다.

변수들 간의 관계는 제3의 변수의 영향력을 제거하지 않고서는 독립변수와 종속변수의 진정한 인과관계를 규명하기 어려워진다. 예를 들어, 노인 의료서비스 제공횟수와 사망률의 관계를 살펴보자. 일반적으로 노인 의료서비스를 제공받는 횟수가 증가할수록 어르신들 사망률은 높아지는 것처럼 보인다. 그러나 의료서비스를 받은 횟수가 원인이 되어 노인들의 사망률을 높인 것은 아니다.

이는 질병의 심각성이라는 제3의 변수를 고려해야만 이 두 변수의 진정한 한 관계를 파악할 수 있다. 즉, 사회복지사는 질병의 심각성이 높은 노인들에게 서비스를 제공하게 되어 있고, 질병의 심각한 사망가능성도 높은 것이다. 즉, 질병의 심각성이라는 영향력의 조건을 고려하여(통제할 때) 의료서비스 제공횟수와 진정한 관계를 알 수 있게 된다. 이처럼 두 변수 간 정확하게 파악하여 결론을 도출하기 위해서 다양한 상황을 통제하기 위하여 사용되는 변수를 통제변수라 한다.

(4) 매개변수

매개변수(intervening variable)는 독립변수와 종속변수의 관계를 더 잘 설명해주기 위한 변수의 영향을 받아 종속변수에 영향을 미치는 매개자의 역할을 하는 변수를 의미한다. 예를 들어. 생활스트레스가 인터넷 중독에 영향을 미친다는 가설이 있을 때, 생활스트레스는 독립변수, 인터넷 중독과 종속변수가 될 것이다.

6) 가설

가설(hypothesis)은 관련된 변수를 선정하고 변수들의 상태를 나타내는 두 문장을 하나의 조건문 형태로 표현하는 것이다. 가설은 두 개 이상의 변수나 현상 간의 특별한 관계를 검증한 형태로 서술하여 변수들 간의 관계를 예측하려는 진술이나 문장이다. 다시 말해서 가설은 아직 검증되지 않은 잠정적 결론이다. 가설은 실증적인 확인을 위해 구체적이어야 하고. 현상과 관련성을 가져야 하며, 아직 진실 여부가 확인되지 않은 사실이다(이세형, 2019: 71). 가설의 종류는 다음과 같다(서정민 외, 2019: 55-56).

(1) 영가설(귀무가설)

영가설은 귀무가설이라고도 부른다. 영가설은 가설에 설정되어 있는 독립변수와 종속변수 간의 '관계가 없다', '차이가 없다'는 형태의 진술을 제시하는 가설을 말한다. 예를 들어, 연령과 질병의 관계로 영가설을 설정한다고 하면, "연령에 따라 질병유무에 차이가 없을 것이다."로 설정할 수 있다. 이처럼 두 변수 간의 '관계가 없다'거나 '차이가 없다', '두 변수 간의 관계가 같다'와 같은 형태로 진술되는 가설은 영가설이다.

대부분의 연구자들은 두 변수 간의 관계가 있거나, 차이가 있다는 것을 규명하거나, 두 변수 간의 차이점을 규명하려고 한다. 그러나 영가설은 연구자가 원하는 내용과 반대되는 내용으로 가설을 제시하고 있다. 즉, 이 '차이가 없다', 두 변수 간의 관계가 '같다'와 같은 형태로 진술되는 가설은 영가설이다.

(2) 연구가설(대립가설)

연구가설은 대립가설이라고도 한다. 연구가설은 영가설과 반대 또는 대립되는 가설이다. 또한 연구자가 증명하고자 하는 가설로서, 연구문제를 근거로 연구자가 설정한 독립변수와 종속변수 간의 '관계가 있다' 또는 '차이가 있다', '다르다'는 형태의 진술을 제시하는 가설이다. 앞서 제시한 연령과 질병유무라는 변수로 연구가설을 설정하자면, '연령에 따라 질병유무에 차이가 없다'라는 형태로 진술되는 가설이다.

3. 연구조사의 유형과 절차

1) 연구조사의 유형

사회복지조사방법에는 탐색적·기술적·설명적 조사로 분류할 수 있다(최세영 외, 2020: 75-77).

(1) 탐색적 조사

탐색적 목적의 조사(exploratory research)는 어떤 문제영역에 대한 선행지식이 부족하거나, 문제에 대한 통찰을 얻은 후 연구문제를 형성하거나, 가설을 설정하기 위해, 그리고 중요한 연구에서 사용할 방법을 개발하고자 하는 경우에 주로 사용된다. 탐색적 조사는 선행지식이 부족한 문제의 답에 대한 힌트를 얻고, 문제형성 및 가설설정을 위한 기초자료를 수집할 수 있다는 의의를 가지지만, 연구질문에 대한 충분한 답을 주지 못하며, 연구결과들을 다른 상황에 적용하기 힘들다는 한계를 가진다.

(2) 기술적 조사

기술적 조사(descriptive research)의 목적은 관심의 대상이 되는 사회현상의 상황, 현황 및 특징을 사실적으로 묘사(기술)하는 것이다. 따라서, 연구자는 연구를 통해 과학적 사실을 파악하고 분석한 내용을 구체적으로 기술하여 제시하는 것으로, 주로 여론조사나 인구센서스조사 등에서 전형적으로 나타난다.

기술적 조사에는 탐색적 조사보다 명확한 연구문제가 있고. 연구절차와 내용이 체계적이고 정확하다.

(3) 설명적 조사

설명적 목적의 조사(explanatory research)는 사회현상에 대한 원인을 밝힘으로써 사건이나 현상을 설명하고자 하는 것을 목적으로 한다. 즉, 어떤 현상에 대해 '그 현상이 왜 발생했는가?'라는 질문에 대답하는 것이다. 설명적 조사에서는 어떤 사회현상이 그냥 발생한 것이 아니라, 어떤 원인 때문에 발생한 결과라고 보며, 그 현상의 배후에 있는 원인을 밝히고자 한다. 이렇듯 '원인과 결과' 사이의 관계를 규명하므로 현상들 간의 '인과관계'를 규명하는 데 목적을 둔 조사라고 말할 수 있다.

(4) 횡단적 조사

횡단적 조사(cross-sectional research)는 어떤 특정 현상을 연구함에 있어서, 어느 한 시점에서 나타나는 그 현상의 단면을 분석하는 조사이다. 즉, 단 한 번의 조사결과를 가지고 연령별, 성별, 사회적·경제적 지위 등 대상자의 특성들에 어떤 차이가 있는지 비교하는 것이다. 횡단적 조사는 탐색적·기술적·설명적 목적을 가질 수 있다. 예를 들어, 일반적으로 알고 있는 인구센서스조사는 기술을 목적으로 한 횡단적 조사이다.

(5) 종단적 조사

종단적 조사(longitudinal research)는 일정 기간에 걸쳐서 나타나는 어떤 과정에 대하여 기술하고자 하는 목적으로, 여러 시점에 걸쳐서 연구를 반복하는 조사유형이다. 즉, 시간의 흐름에 따라 연구대상이나 상황의 변화를 반복해서 측정하여 자료를 수집하는 방법이다. 종단적 조사는 횡단적 조사와 반대로, 복잡하고 비용이 많이 드는 반면, 인간의 행위 또는 사회현상의 진행과정이나 변화 등을 조사하는 데 유리하다.

2) 연구조사의 절차

일반적으로 연구문제가 형성되면, 이를 해결하기 위한 적절한 연구방법을 설계하고. 정해진 연구방법에 따라 자료를 수집한 후. 수집된 자료를 분석하고 해석하여 보고서를 만들어 공표하는 단계를 거치게 된다. 그 내용은 다음과 같다(박옥희, 2020: 36-71).

(1) 연구주제 설정

모든 연구는 연구주제의 선정에서 시작한다. 연구주제는 연구자가 답을 구하고자 하는 관심분야에 대한 질문으로부터 시작한다. 또한 연구자의 사회적 직업적 배경이나 연구를 할 당시의 관련 분야의 사회적 이슈나 학문적 이슈 등의 영향을 받아 선정되기도 한다. 어떠한 연구주제가 좋은 연구주제라고 언급하기는 어려우나, 경험적으로 검증이 어렵고 과학적이지 않은 연구질문이나, 추상적이고 모호하거나 일반적인 특성을 지니는 질문들은 좋은 연구주제라고 하기 어렵다. 즉, 구체적이고 측정 가능하고 명확한 연구주제가 바람직한 연구주제이다.

(2) 가설설정

가설설정과정은 선정된 연구문제에 대하여 연구가 가능하도록 변수를 구체화하고, 양적 연구의 경우 측정 가능한 단위로 조작적 정의를 내려서 실증적으로 검증이 가능하도록 구체화하는 과정이다. 가설설정은 연구대상, 자료수집, 검증방법의 선정에 있어서 방향을 제시하고, 연구목적과 연구문제가 일관성과 논리성을 갖추고 현실적으로 연구와 측정이 가능한 형태로 설정한 연구문제에 관하여 가설검증을 통하여 구체적인 해답을 제공할 수 있도록 구조화되어야 한다.

(3) 연구설계

연구설계는 연구의 전반적인 계획을 구성하는 단계를 의미한다. 즉, 이 단계는 선정된 연구주제를 검증하기 위한 가장 적합한 방법들을 선택하는 단계로 볼 수 있다. 연구방법들 중 연구주제에 적합한 연구방법은 무엇일지, 그러한 연구방법의 수행에 필요한 자료들은 어떠한 방식으로 수집할지, 자료의 수집과정과 방법 및 절차는 어떠한 방식이 타당할지, 연구대상자는 어떻게 선정하여 어떠한 방식으로 연구할지, 연구대상자를 어떠한 측정도구로 측정할지, 수집된 자료들은 어떠한 방식으로 분석할지 등을 구체적으로 결정하는 단계를 연구설계의 단계라고 한다.

(4) 자료수집

연구설계가 끝이 나면, 연구자는 계획된 연구설계에 따라 자료수집을 실시한다. 예를 들어, 양적 연구를 실시할 경우 선정된 연구대상자를 대상으로 실제 설문조사를 진행하여 자료를 수집한다. 연구자는 객관적인 연구결과를 도출하기 위해 신중하게 자료에 대한 검증과 확인과정을 통해 검증된 방식으로 자료를 수집해야 한다.

(5) 자료분석

연구자는 수집된 자료를 자신의 연구목적과 자료의 특성을 고려하여 연구주제를 검증하기 위한 자료분석에 들어간다. 자료분석 단계는 SPSS나 SAS 등과 같은 통계프로그램들이 주로 활용된다. 이를 통해 연구대상의 실태나 현황을 있는 그대로 보여주기 위한 기술통계분석이나, 연구자가 검증하고자 하는 가설검증을 위한 추리통계분석이 필요에 따라 실시될 수 있다.

(6) 결과 해석 및 결론

수집된 자료를 분석한 연구결과가 어떠한 의미인지 해석하는 작업이 필요하다. 즉, 자료를 분석하여 나타난 결과를 통해 사회현상을 설명하거나, 가설의 채택 여부 등을 결정할 수 있다. 예를 들어, 스트레스와 생활만족도가 부적(–) 인과관계가 있다고 자료분석결과가 나타났다면, 이를 근거로 스트레스가 높아질수록 생활만족도는 낮아진다는 해석이 가능하다.

(7) 연구보고서 작성 및 공포

마지막 단계는 연구의 전 과정을 포함한 연구보고서를 작성해야 한다. 연구보고서 역시 연구마다 다소 차이는 있을 수 있으나, 기본적으로 연구의 필요성, 이론적 배경, 연구방법, 연구결과, 결론 및 제언, 참고문헌 등의 순서로 제시된다. 이를 통해 연구자는 자신의 연구를 보다 잘 이해할 수 있으며, 연구보고서 작성을 통해 타인에게도 연구결과를 이해시키고, 지식을 공유할 수 있다. 연구보고서가 완성되고 체계적인 과정을 통해 심사되고 타당성이 입증되게 되면, 공식적으로 공표되어 일반에게 공개된다. 이는 다른 연구의 기초자료로 사용될 것이다.

4. 측정과 척도

1) 측정

측정은 조사연구에서 핵심적인 구성요소들 중 하나이다. 즉, 연구대상의 속성인 사건, 장소, 사물들에 대한 어떠한 계량화도 측정을 포함하고 있다. 측정은 사회과학의 모든 영역에 핵심적인 것이라고 할 수 있다. 조사연구에서 설명되는 모든 통계적 절차들도 측정을 기반으로 하고 있다. 가장 포괄적인 의미로 말하면, 측정이란 어떤 일정한 규칙에 따라서 대상이나 사건에 수치를 부여하는 것이다. 이 말은 간결하면서도 측정의 기본적인 특성을 잘 표현하고 있다. 하지만 측정을 이해하기 위해서는 관련된 여러 중요한 용어들을 잘 정의하고 설명할 필요가 있다(고수현 외, 2022b: 201).

사회복지조사에서 측정은 어떤 상대, 특성, 태도, 행동 등의 이론적 개념을 계량화(quantifying)하는 과정을 말한다. 즉, 연구대상자의 속성 또는 변수에 대하여 일정한 규칙에 따라 숫자나 기호를 부여하는 체계적이고 과학적인 관찰과정이다. 측정은 측정하고자 하는 개념, 즉 변수에 따라 명목측정, 서열측정, 등간측정, 비율측정 등으로 나뉜다.

측정의 유형은 다음과 같다(고수현 외, 2022: 206－2012 ; 장혜령 외, 2021: 99－103).

(1) 추론측정

추론측정(derived measurement)은 어떤 사물이나 사건의 속성이 다른 사물이나 사건의 속성과 관련지어서 나타나는 것을 측정함을 의미한다. 즉, 어떤 사물 또는 다른 사물 간의 속성 사이에 일정한 관계가 성립되었을 때, 그 관계를 측정하는 것이며, 밀도(density)를 대표적인 예로 들 수 있다. 밀도는 어떤 사물의 부피와 질량의 비율로 정의되며, 부피와 질량의 관계를 결정짓는 법칙이다. 추론측정은 기본적으로 확고한 이론적 배경이 있어야 가능하다. 따라서, 추론측정은 법칙의 수준으로 특정 속성 간의 관계가 결정된 후 이것을 측정하는 것이기 때문에 자연과학에서는 추론측정이 자주 이루어질 수 있다. 그러나 사회과학에서는 법칙이라기보다는 가설 또는 검증되고 있는 이론에 불과한 관계가 많아서 추론측정이 존재하기는 사실상 힘들다.

(2) 임의측정

임의측정(measurement by flat)은 일시적으로 어떤 사물의 속성과 측정값 간에 관계가 있다고 가정하고 측정하는 것으로 연구자가 생각하는 특정 개념이 자신이 생각하고 있는 조작적 정의에 의한 척도로써 측정된다고 가정하고 측정하는 것을 의미한다. 대표적으로 IQ 테스트를 들 수 있다. 지적 능력을 연구자들이 만든 IQ 테스트를 통해 측정하는 것에는 확고한 법칙이 없다. 이는 사실에 근거하기보다는 논리적 근거나 논리적 가정에 의존하고 있으며, 사회과학 대부분이 임의측정이다. 따라서, 어떻게 조작적인 정의를 내리는가에 따라 여러 가지 측정값이 나올 수 있으며, 오차의 개입 여지도 크다.

(3) 본질측정

본질측정(fundamental measurement)은 어떤 사물의 속성을 표현하는 본질적인 법칙에 따라 숫자를 부여하는 것이다. 본질측정은 다른 사물이나 다른 속성을 개입시키지 않고 해당 속성만을 고려하는 것으로서 가장 기본적인 측정이다. 키를 재는 행위나 무게를 측정하는 행위가 이에 해당한다. 후에 다른 변수들과 관련지어 분석할 수도 있으며, 법칙에 의해 다른 변수와 관련을 짓게 되면 관련된 다른 변수를 측정하는 것도 가능해진다.

(4) 측정수준

알고자 하는 개념을 측정하는 데 있어서 중요한 것은, 연구자가 알고자 하는 추상적 개념을 연구주제에 적합하도록 조작적으로 정의하는 것과, 이를 일정한 규칙에 맞춰 수치화하는 것이다. 예를 들어, 청소년의 학업스트레스가 우울에 미치는 영향을 연구하고자 할 때. 학업스트레스라는 독립변수와 우울이라는 종속변수를 관찰 가능한 속성으로 만들어 주기 위해 숫자를 부여할 수 있다. 즉, 학업스트레스의 수준을 현실 세계 속의 경험 및 지각 가능한 속성으로 전환시켜 '1=전혀 그렇지 않다, 2=조금 그렇지 않다, 3=그저 그렇다, 4=조금 그렇다, 5=매우 그렇다'로 측정할 수 있다. 이때 점수가 높을수록 청소년들이 지각하는 학업스트레스 수준이 높은 것으로 해석하는 식이다.

(5) 측정오류

측정오류(error of measurement)는 변수를 측정하는 과정에서 발생하는 오류이다. 측정오류는 측정하려는 개념을 정확하게 묘사하지 못하거나, 데이터를 확보하는 과정에서 발생한다. 이를 '측정오차'라고도 한다. 예를 들어, 아들의 반사회적 행동에 대한 인지행동수정 개입에 참여한 부모가 아들이 지난주 10번 충동적이고 부적절한 욕설을 한 것 중에 두 번을 잊어버리고 8번이라고 보고하는 것과 같은 오류가 있을 수 있다.

2) 척도

일상생활에서 측정을 위한 도구들을 쉽게 접한다. 길이를 측정하는 '자', 온도를 측정하는 '온도계', 무게를 측정하는 '체중계', 시간을 측정하는 '시계' 등은 대표적인 측정도구들이다. 이러한 도구들은 표준화된 수치를 이용하기 때문에 동일한 측정도구로 측정된 측정치를 서로 비교할 수 있다는 장점이 있다. 또한 동일한 대상을 반복적으로 측정할 경우, 사물이 갖고 있는 동일한 속성의 변화도 파악할 수 있다.

척도의 유형은 다음과 같다(송진영, 2020: 90-96).

(1) 리커트 척도

1930년대 초 미국 사회심리학자 리커트(Rensis Likert, 1903-1981)가 개발한 것으로, 그의 이름이 붙여진 리커트 척도(Likert scale)는 보통 태도측정의 질문을 할 때 주로 사용된다. 리커트 척도는 여러 개의 문항으로 응답자의 태도를 측정하고 해당 항목에 대한 측정치를 합산하여 평가대상자의 태도점수를 얻어내는 척도로서, 사회과학이나 여론조사에서 가장 흔히 사용되는 척도이다.

설문 시 리커트 척도를 이용한 예는 <표 7-1>과 같다.

〈표 7-1〉 리커트 척도를 이용한 설문

문항	매우 만족	만족	보통	불만족	매우 불만족
1. 귀하는 보수수준에 대해 만족하십니까?					
2. 귀하는 업무에 대해 만족하십니까?					
3. 귀하는 후생복리수준에 대해 만족하십니까?					

자료: 홍봉수 외(2018: 103).

(2) 써스톤 척도(동일간격 척도)

써스톤 척도(thurstone scale)는 써스톤(Louis Leon Thurstone, 1887–1955)에 의해 1929년에 개발되었다. 이 척도는 항목 간에 동일한 간격의 강도로 고안되기 때문에 '동일간격 척도'라고도 불린다. 써스톤 척도는 어떤 사실에 대하여 가장 우호적인 태도와 가장 비우호적인 태도를 나타내는 양극단을 등간격으로 구분하여 여기에 수치를 부여하는 등간척도이다.

써스톤 척도의 예는 <표 7–2>와 같다.

〈표 7-2〉 써스톤 척도의 예

문항	척도치	찬성
1. 사회 전체를 위해 개인의 행복을 희생하는 것은 옳은 일이다.	4.5	
2. 아동복지시설이 우리 동네에 신축되는 것은 반가운 일이다.	5.4	o
3. 주말에 자원봉사하는 것이 그 시간에 돈 버는 것만큼 즐거운 일이다.	9.2	o
4. 소득이 많을수록 높은 비율의 소득세를 내는 것은 바람직한 일이다.	3.8	
5. 장애인 의무고용제도는 사회를 발전시키는데 기여한다.	6.7	o
6. 건강보험 적자 분을 세금으로 메우는 것은 옳은 일이다.	4.2	
7. 농어촌 출신 고등학생의 대학우선입학제도는 바람직한 일이다.	5.6	

자료: 송진영(2020: 93).

위의 표는 사람들의 이타주의(altruism)의 평가에 대한 써스톤 척도의 예이다. 평가방법은 응답자가 찬성한 문항의 척도치를 평균하여 산정한다. 여기서 각 문항의 척도치가 0－10점 사이에 편재되어 있다고 가정하면, 척도치는 다음과 같이 계산되고 해석된다. 척도치＝(5.4＋9.2＋6.7)/3＝7.1. 따라서, 응답자의 이타주의는 높은 편에 속한다고 평가할 수 있다.

(3) 요인분석

요인분석(factor analysis)은 변수들 간에 존재하는 상호관계의 유형을 밝히고, 상 밀집하게 연관되어 있는 변수들의 묶음을 발견하여 요인들로 축소시키기 위한 통계적 기법이다.

선택된 교사의 사기 항목에 대한 요인분석의 예는 <표 7－3>과 같다.

〈표 7-3〉 요인분석의 예

문항	요인1	요인2	요인3
1. 교장은 나의 일을 제대로 평가해 준다.			
2. 교사 간 다툼이 거의 발생하지 않는다.			
3. 가르치는 것이 개인적 만족을 준다.			
4. 교사들은 서로 협조한다.			
5. 가르치는 것을 좋아한다.			
6. 교장은 나의 일을 더 쉽고 더 즐겁게 해 준다.			
7. 교장은 훌륭한 교수절차를 인정해 준다.			
8. 교수진은 즐거이 함께 일한다.			
9. 나의 동료들은 잘 준비되어 있다.			
10. 나는 문제를 교장과 상의한다.			
11. 만일 내가 다시 선택할 수 있다면, 나는 가르치는 일을 택하겠다.			
12. 교장은 나에게 관심을 갖고 있다.			
13. 학교에서 교사들은 함께 잘 일한다.			

자료: 송진영(2020: 94).

5. 신뢰도와 타당도

1) 신뢰도

측정도구의 신뢰도 개념은 측정도구가 측정하고자 하는 현상을 얼마만큼 일관성 있게 측정하는가를 말한다. 측정도구의 신뢰도가 높다는 것은 동일한 사람에게 같은 측정도구를 적용했을 때 유사한 점수가 나오는 것을 의미한다. 예를 들어, 신뢰도가 높은 온도계가 있다면, 온도를 측정하는 사람이 일정 시간 동안 외부의 영향을 통제한 상황에서 측정한 체온은 거의 유사하게 나타날 것이다. 이와 마찬가지로, 측정도구를 구성하고 있는 다수의 문항을 유사한 질문으로 구성한다면, 아마도 응답결과는 비슷하게 나타날 것이다.

신뢰도 검사방법의 종류는 다음과 같다(유영준, 2021: 135－145).

(1) 검사-재검사법

검사－재검사법(test－ retest, method)은 동일한 연구대상자들에게 동일한 측정도구를 일정한 시간 간격으로 두 번 시행한 측정값 간의 상관관계에 의하여 신뢰도를 측정하는 방법이다. 이때 두 측정값 간의 상관관계가 높으면, 측정도구의 신뢰도가 높다고 평가한다. 이 방법은 측정도구가 일정한 시간 간격을 두고 어느 정도의 안정성을 보이는가를 평가하는 것으로 측정결과의 일관성을 나타내는 지표이다.

검사－재검사법의 장점은 적용이 매우 간편하다는 것과, 측정도구 자체를 직접비교할 수 있다는 것이다. 그러나 단점으로는 일정한 시간 간격을 두고 동일한 연구대상자들에게 두 번 측정한다는 것이 현실적으로 어렵다. 또한 반복 측정으로 인해 연구대상자의 검사효과가 나타날 가능성이 있고, 시간 간격이 너무 길면 성숙효과와 외부사건과 같은 외생변수가 작용할 수 있다. 따라서, 연구자는 검사－재검사법에 따른 신뢰도 계수를 제시할 때에는 측정의 시간 간격을 언급해야 한다.

(2) 복수양식법

같은 개념을 측정하는 다른 두 척도가 있는데, 서로 다른 두 척도의 점수가 특정값이 나온다면, 두 척도는 신뢰도가 높다고 말할 수 있다. 재검사법과 본질적으로 원리는 유사하지만, 재검사법은 같은 척도로 시간적 차이를 두고 반복 측정하는 방법인 반면, 복수양식법(multiple forms techniques)은 같은 시기에 다른 두 척도 값을 비교하여 신뢰도를 평가한다는 점에서 차이가 있다. 두 척도 간 상관관계가 높다면, 신뢰도가 높다고 평가한다. 복수양식법은 '동형검사법(equivalent－form test)'이라고도 한다.

복수양식법에 의한 신뢰도 측정이 이루어지려면 같은 개념을 측정하는 두 개의 척도가 필요하다. 같은 측정도구를 일정 시 간 간격을 두고 재측정하여 신뢰도를 파악하는 방법이다. 그런데 시간 간격이 짧으면 사전검사의 영향을 발생하며, 기간이 길면 다른 요인에 의해 신뢰도가 다르게 나올 수도 있게 된다. 다른 항목으로 구성된 동형의 측정도구를 만들면 척도의 영향으로 인한 오염(사전검사효과)을 막을 수 있으나 제작이 쉽지 않고, 제작하더라도 결과값의 차이를 해석하기 어렵다. 검사－재검사법에 따른 신뢰도 계수를 제시할 때에는 측정의 시간 간격을 언급해야 한다.

2) 타당도

타당도(validity)는 측정하고자 하는 것을 얼마나 실제에 가깝게 측정하고 있는가 하는 정도를 말한다. 즉, 타당도는 측정개념에 대한 개념적 정의와 조작적 정의의 타당성을 의미한다. 따라서, 연구자가 척도를 사용하여 처음 측정하고자 한 것을 제대로 측정하였다면 타당도는 높아질 것이다. 타당한 측정수단이란 측정하고자 하는 것을 측정할 수 있는 도구이다. 즉, 어떤 측정수단이 연구자가 의도하는 개념을 정확히 측정할 수 있다면, 그 측정도구는 타당성이 있다고 할 수 있다(송진영, 2020: 99).

타당도 유형은 다음과 같다(유영준, 2021: 147－149 ; 조학래, 2020: 153－158).

(1) 액면타당도

액면타당도(face validity)는 측정하고자 하는 개념과 측정도구 간의 관계성에 대해 안면타당도 또는 표면타당도라고도 한다. 액면타당도는 피검사자의 판단에 근거하는 타당도로 피검자가 측정하고자 하는 의도를 어느 정도 파악한 정도 평가하는 타당도이다. 그러나 액면타당도가 너무 낮다는 것은 적도가 소기의 목적을 달성하기 어렵다는 것을 의미하지만, 액면타당도가 너무 높다는 것은 피검사자가 척도의 의도를 파악하고 있다면, 동기나 태도에 따라 반응하여 정확한 측정을 이루어지기 어려울 수 있다. 예를 들어, 입사에 관한 직무적성을 검사하기 위한 직무적성검사의 각 문항의 의도를 피검자가 간파하고 있다면, 입사를 희망하는 지원자들은 검사의 결과를 고려하여 응답하게 될 것이다. 이러한 이유로 액면타당도는 적절한 수준을 유지하는 것이 바람직하다.

(2) 내용타당도

내용타당도(content validity)는 “척도를 구성하고 있는 하위문항들은 측정개념과 관련된 내용을 묻는 것이어야 한다”는 가정하에 측정도구의 문항을 전문가에게 검토를 하게 하는 방법이다. 내용타당도를 확인하는 절차는 먼저 측정하고자 하는 개념을 명확히 한 후, 측정개념을 주요 영역별로 나누고. 각 영역이 뜻하는 의미를 모두 포함할 수 있도록 세부내용을 정하고, 그런 다음 이에 맞추어 질문항목이 구성되어 있는지를 확인하는 것이다.

내용타당도는 측정도구의 타당도를 비교적 단시일 내에 확보하는 방법으로 많이 사용되고 있지만, 문항구성을 확인하는 연구자의 주관적 해석과 판단에 의존하므로 판단에 오류나 착오가 발생할 수 있다. 측정도구의 내용타당도는 측정개념과 관련성 있는 전문가를 대상으로 확인을 요청하지만, 측정문항의 타당도를 누구에게 의뢰하느냐에 따라 결과는 달라질 수 있다. 왜냐하면 전문가에 따라서도 특정개념에 대한 내용타당도의 근거가 달라질 수 있기 때문이다. 따라서, 측정도구의 내용타당도를 확보하기 위해서는 검사자들의 의견이 일치해야 하는 어려움이 있다. 또한 내용타당도는 측정하려는 속성과 항목 간의 상관관계를 파악할 수 없기 때문에 통계적 검정이 어렵다는 한계를 가지고 있다.

3) 신뢰도와 타당도의 관계

신뢰도는 타당도를 확보하기 위한 기본적인 전제조건, 즉 신뢰도는 타당도의 필요조건이지만 충분조건은 아니다. 어떤 측정도구의 신뢰도가 높아도 타당도는 낮을 수 있음을 의미한다. 즉, 하나의 측정도구로 반복해서 측정하여 비슷한 결과를 얻을 수 있지만, 그 결과가 반드시 그 구성 개념의 정의와 일치한다고 볼 수는 없다. 예를 들어, 연구대상자들이 거짓말을 계속하면 결과는 거의 똑같아서 신뢰도는 높지만, 타당도는 낮다고 볼 수 있다. 또한 어떤 측정도구의 타당도가 높다면, 그 측정도구의 신뢰도는 높을 가능성이 크다. 그러나 어떤 측정도구의 신뢰도가 높다고 하더라도, 반드시 타당도가 높은 것은 아니다. 이처럼 신뢰도와 타당도의 관계는 비대칭적 관계이므로 사용하는 측정도구로 의미 있는 결과를 얻으려면 타당도와 신뢰도 모두 높아야 한다(조학래, 2020: 158).

6. 표본조사

1) 표본조사의 개념

표본조사(sample survey)는 연구대상 모집단의 특성을 대표할 수 있는 일부를 표본추출하고 추출된 표본을 대상으로 연구를 시행하는 방법이다. 기본적으로 연구자는 연구대상 모집단의 특성을 나타내는 수치인 모수를 알고자 한다. 모수를 알기 위해 전수조사를 시행하거나, 표본조사를 통해 얻은 통계치를 통해 모수를 추정할 수도 있다. 표본조사는 모집단의 특성인 모수를 알기 위해 무작위표집으로 표본을 선정해 통계치를 얻고, 그 통계치를 이용하여 실제 모집단의 특성인 모수를 추정하는 과정을 거친다.

표본조사에서 가장 중요한 것은, 모집단의 특성을 정확하게 반영하는 대표성 있는 표본을 추출하여 그 결과를 모집단으로 일반화하는 것이다. 이를 위해서 중요한 두 가지 과정은 표본크기를 결정하는 것과 대표성 있는 표본을 추출하는 방법을 선택하는 것이다. 따라서, 표본크기가 지나치게 작을 때는 표본추출의 의미가 없으며, 추출된 표본이 모집단의 특성을 대표하지 못할 때는 모집단으로 일반화 가능성이 작아진다(김수목, 2021: 155).

2) 표본조사의 주요 개념

표본의 논리와 방법을 이해하기 위해서는 표본에 사용되는 주요 개념 및 용어에 대한 숙지가 필요하다. 사회연구와 통계분석에서 일반적으로 사용되는 주요 개념 및 용어는 다음과 같다(김동기 외, 2021: 229-232).

(1) 모집단과 모수

모집단(population)은 연구자가 관심을 갖는 연구대상이 되는 집단 전체이며, 모수(parameter)는 모집단의 특성이 수치로 표현된 것을 의미한다. 연구자는 모집단 가운데 표본이 실제로 추출되는 모집단을 구체화시키는데, 이를 연구모집단(조사모집단, survey population)이라고 한다. 개념적으로 볼 때, 모집단은 연구모집단보다 넓은 개념으로 이해되나, 실제 연구에서 모집단과 연구모집단이 동일한 경우도 많다.

(2) 표본요소

표본요소(sample element)는 모집단을 구성하는 개별단위로 개인, 가족, 집단, 조직 등이 될 수 있다. 즉, 요소들의 총집합을 모집단이라고 한다. 일반적으로 자료가 수집·분석되는 단위와 요소는 일치하는 경우가 많다. 예를 들어, A지역 고등학생은 요소이면서 자료의 수집 및 분석단위가 된다. 연구목적에 따라서는 개인, 가족, 사회모임, 기업, 집단 등이 표본선정의 요소가 될 수 있다.

(3) 표집틀

표집틀(sampling frame)은 표본이 실제로 선정되는 표본추출 단위의 실제 목록 또는 모집단 전체 목록을 말한다. 즉, 표집틀은 표본을 추출하기 위한 모집단의 목록으로 모집단의 요소를 모두 포함하여야 하며, 최근의 자료를 확보함으로써 중요한 요소가 빠지지 않도록 해야 한다. 예를 들어, A지역 고등학생의 학교폭력을 연구할 경우, A지역 고등학생의 모든 명단이 표집틀이 된다. 다른 예로, 지역주민의 욕구를 전화연구로 파악할 경우에는 전화번호부가 표집틀이 될 수 있다.

(4) 표본단위

표본단위(표본추출단위, sampling unit)는 표본이 추출되는 각 단계에서 표본으로 추출한 요소를 담고 있는 요소들의 묶음이다. 즉, 표본을 할 때 적용되는 단위로서, 대개 분석단위 또는 요소와 일치하지만, 반드시 일치하지 않을 수도 있다. 예를 들어, A지역 고등학생을 대상으로 학교폭력을 연구할 때, 학생은 연구의 분석단위이며, 요소가 되는 동시에 표본단위가 된다. 그러나 A지역에 위치한 전체 고등학교 중 일부를 표본추출한 후 그 학교에서 학생을 조사하였다면, 최초의 표본추출 단위는 학교가 되며, 두 번째 표본단위는 학생이 된다. 즉, 표본방식에 따라 표본단위와 분석단위가 다를 수 있다.

연습문제
EXERCISE

01 사회조사의 윤리적 원칙으로 옳지 않은 것은?

① 윤리적 원칙은 연구결과의 보고에도 적용된다.
② 고지된 동의는 조사자를 보호하기 위해 활용될 수 있다.
③ 연구 참여에 따른 위험과 더불어 혜택도 고지되어야 한다.
④ 조사대상자의 익명성이 유지되어야만 조사내용의 비밀유지가 가능하다.
⑤ 아동 대상 연구에서는 부모 등 후견인에게 고지된 동의를 받아야 한다.

02 좋은 가설의 예가 아닌 것은?

① 사회복지사는 가난하다.
② 남자 사회복지사의 이직률이 여자 사회복지사의 이직률보다 높다.
③ 교육수준이 높으면 소득이 높다.
④ 교육수준이 높으면 출산율이 높다.
⑤ 사회복지사의 임금이 높으면 직무만족도가 높다.

03 변수에 관한 설명으로 옳지 않은 것은?

① 직접 관찰할 수 있는 것들만 측정한 것이다.
② 경험적으로 측정할 수 있는 개념이다.
③ 조작적 정의의 결과물이다.
④ 2개 이상의 속성을 가져야만 한다.
⑤ 연속형 또는 비연속형으로 측정될 수 있다.

04 측정에 관한 설명으로 옳지 않은 것은?

① 일정한 규칙에 따라 측정대상에 값을 부여하는 과정이다.
② 이론적 모델과 사건이나 현상을 연결하는 방법이다.
③ 사건이나 현상을 세분화하고 통계적 분석에 활용할 수 있는 정보를 제공한다.
④ 측정도구의 신뢰도를 높이기 위해서는 설문문항 수가 적을수록 좋다.
⑤ 측정의 수준에 따라 명목, 서열, 등간, 비율의 4가지 유형으로 분류한다.

정답 1. ④ 2. ① 3. ① 4. ④

Chapter 8

지역사회복지

학습목표

1. 지역사회복지의 기본적 이해
2. 지역사회복지실천 지식
3. 사례연구

학습내용

1. 지역사회복지의 개념
2. 지역사회복지실천의 개념
3. 지역사회복지의 실천영역

개요

지역사회복지는 지역사회주민의 복지향상을 목적으로, 전문 또는 비전문가들이 지역사회 수준에 개입하여 지역사회에 존재하는 각종 제도에 영향을 주고 지역사회의 문제를 예방하고 해결하고자 하는 일체의 조직적·비조직적 사회적 노력을 의미한다. 여기에서는 지역사회복지를 학습하고자 한다.

Chapter 8

지역사회복지

1. 지역사회복지의 개념

지역사회복지(community welfare)는 일정한 공간에서 문화적 동질성과 공통된 가치체계를 갖는 사람들로 구성된 사회로서 지역사회와 사회복지의 합성어이다. 이러한 지역사회복지는 지역사회주민의 복지향상을 목적으로, 전문 또는 비전문가들이 지역사회 수준에 개입하여 지역사회에 존재하는 각종 제도에 영향을 주고, 지역사회의 문제를 예방하고 해결하고자 하는 일체의 조직적·비조직적 사회적 노력을 의미한다(이정자 외, 2022: 260).

협의의 개념은 '지역사회복지'를 영국의 지역사회보호와 동일시하는 견해로서, 재가복지를 포함한 생활시설이 아닌 환경에서 서비스 대상자에게 각종 사회복지서비스를 제공하는 것으로 시설보호와 대치되는 개념이다. 따라서, 대인서비스와 밀접하게 관련된다. 지역사회 차원에서 복지 대상자에게 제공되는 사회복지서비스를 강조하면서도 지역사회 차원에서 제도변화를 추구하는 사회복지운동과 같은 노력들도 지역사회복지에 포함한다. 따라서, 제도나 정책의 변화와 같은 거시적 활동체계를 도외시하는 측면이 한계로 지적되고 있다.

광의의 개념을 살펴보면 다음과 같다(염일열 외, 2021: 25–26).

첫째, 제도차원의 개념이다. 제도적인 차원에서 지역사회복지는 법제도에 의한 모든 공·사의 사회적 노력을 포함한다. 우리나라의 「사회복지사업법」은 이에 대한 법적 근거를 제시하고 있으며, 지역사회복지 계획의 수립과 지역사회복지협의체의 활성화로 지역사회복지 관련 제도와 실천현장은 민관협력의 제도적 지원체계로 나아가고 있다. 지역사회의 복지향상을 위해 전문 또는 비전문인력이 지역사회 수준에 개입하여 지역사회에 존재하는 각종 제도에 영향을 주고, 지역사회의 문제를 예방하고 해결하고자 하는 일체의 사회적 노력을 의미한다.

둘째, 지역성이 강조되는 개념이다. 지역사회복지를 향상시키려고 하는 노력은 어느 특수 전문분야에 국한되는 것이 아니고, 사회복지사업, 공중보건, 평생교육, 공공행정, 도시행정, 도시계획, 정신건강 등의 전문가들과 민간단체나 정치단체의 자원봉사자들에 의해 광범위하게 수행된다. 따라서, 지역사회복지활동은 반드시 전문적인 활동(professional activity)으로 규정할 수는 없으며, 자연발생적인 민간활동(예, 두레, 품앗이 등)에서부터 근대화를 위한 지역개발운동(예, 새마을운동, 4H 클럽 등), 현대의 민간자선활동, 그리고 전문적인 지역사회조직 사업을 모두 포함하는 포괄적인 성격을 띤다. 또한 아동·청소년·노인복지라는 대상 중심의 복지활동보다는 지역성이 강조된다는 점이 그 특성이라 할 수 있다.

셋째, 포괄적 개념이다. 지역사회복지는 자립생활이 곤란한 개인과 가족이 지역에서 자립생활이 가능하도록 관계망을 만들고, 필요한 서비스를 종합적으로 제공하는 것이다. 이에 필요한 물리적·정신적 환경조성을 도모하기 위하여 사회자원의 활용, 사회복지제도의 확립, 복지교육의 전개를 종합적으로 수행하는 활동으로 정의하고 있다.

이 정의는 복지교육을 통하여 주민의 주체형성과 참여를 촉구하고, 이를 기반으로 지역조직화를 이루어 나가는 특성을 갖고 있다. 또한 지역사회복지는 복지욕구에 대하여 공공이나 민간을 불문하고, 지역의 모든 자원을 동원하여 대응하는 '공사협동'의 이념을 기반으로 한다. 그 위에서 지역의 행정시책·시설기능·자원봉사활동·주민참여의 유기적인 협력과 그 시스템화를 중시하는 것으로 보고 있다.

이는 자원봉사활동론(voluntary action)으로 분류되기도 한다.

그러므로 지역사회복지는 지역사회 내에서 사회복지를 필요로 하는 개인이나 가족 등의 삶의 질 향상을 위해 지역사회자원을 활용할 수 있도록 조직을 통합하고, 환경개선서비스 및 개별적 사회서비스 시스템 등을 확보하여 운영하고 개선하려는 전반적 지역사회활동을 총칭한다.

2. 지역사회복지실천의 개념

지역사회복지실천은 학자 간에 다양하게 정의하고 있어서 명료하고 납득할 만한 개념규정을 찾기 힘들다. 기본적으로 '지역사회를 기반으로 하는 사회복지의 구체적 개입활동'이라는 의미를 바탕으로 하고 있다. 지역사회복지실천을 강조하게 된 이유는, 현대의 산업사회가 안고 있는 사회문제에 대해 과거의 자선적이고 비조직적인 노력으로는 대처하기 어려워서, 보다 과학적이고 조직적이고 계획적인 전문노력이 강조된 데서 비롯된 것이다. 최근 우리나라에서는 지역사회를 클라이언트로 보는 지역사회실천이 강조되고 있다.

사회복지실천은 사회복지사가 사회적 안녕상태를 이루기 위해 필요한 구체적 서비스가 요구되는 현장에서 실천에 옮기는 작업이라 할 수 있다. 사회복지사가 개인, 집단, 가족, 지역사회, 제도 및 사회적 수준에서 클라이언트가 스스로 문제와 욕구를 해결하도록 도와주어, 사회적 기능을 향상시키고 나아가서는 삶의 질을 높이는 데 목적을 둔 종합적 실천활동이다.

이러한 의미에서 지역사회복지실천은 사회복지실천을 기초로 지역사회 내에서 클라이언트의 의뢰, 지역사회자원의 사정, 클라이언트 지원체계의 개발, 클라이언트의 욕구충족을 위한 정책결정자에 대한 옹호활동 등 거시적 사회복지실천활동 및 직접적 서비스 제공과 관련된 모든 실천활동을 의미한다(김현호 외, 2017: 83).

지역사회복지실천의 개념은 지역사회에서의 삶의 기회와 선택의 기회를 제공하고, 인간으로서의 권리와 분배정의를 실현시키기 위해, 사회복지 전문영역에서 개입하는 활동들로, 이러한 개입의 내용은 기본적으로 개발(development), 조직화(organizing),

계획(planning), 진보적 변화(progressive change)로 구성될 수 있다(Weil, 2012).

지역사회복지실천의 개념 구성요소를 살펴보면 다음과 같다(전해황 외, 2016:104－105).

① 지역사회를 대상으로 하는 사회복지실천을 의미한다.
② 지역사회 수준의 지역사회집단, 조직과 제도, 지역주민 간의 관계 및 상호작용의 행동패턴을 변화시키는 실천기술의 적용이라고 할 수 있다.
③ 지역사회복지 달성이라는 목적을 위해 보다 구체적으로는 지역사회구성원이 공유하는 문제와 관련된 지역사회의 변화를 위해 요구되는 개입기술을 응용하고 활용한다.
④ 지역사회계획 및 서비스 통합, 지역주민의 조직화와 사회행동을 포괄하는 것으로서, 변화를 위한 직접적 개입활동에 초점을 두는 개념이다.

3. 지역사회복지의 실천영역

1) 사회복지공동모금회

(1) 사회복지공동모금의 개념

사회복지공동모금은 지역사회주민의 복지욕구를 충족시키기 위하여 과학적이고 전문적인 모금캠페인을 통하여 사회복지에 필요한 자원을 공동으로 마련하여 모금액을 복지사업에 적절히 배분하는 활동이다. 「사회복지공동모금회법」 제2조는 사회복지공동모금을 사회복지사업, 기타 사회복지활동의 지원에 필요한 재원을 조성하기 위하여 기부금품을 모집하는 것으로 규정하고 있다.

사회복지공동모금은 공동모금을 통하여 사회복지에 대한 국민의식을 개선하고, 국민의 자발적인 성금으로 조성된 재원을 효율적이고 공정하게 관리·운용함으로써, 사회복지 증진에 이바지함을 목적으로 한다. 즉, 지역사회주민의 자발적인 참여를 통하여 지역사회주민의 자원봉사활동을 활성화하고, 개별 모금의 서비스가 상호 중복, 누락되는 것을 보완해 지역사회 자원배분의 합리성을 높이고, 창조적이고 수준 높은 사회복지 프로그램을 개발하는 데에 목적이 있다.

사회복지공동모금회(Community Chest of Korea)는 국민의 성금으로 마련된 재원을 효율적이고 공정하게 관리·운용하기 위해 설립된 사회복지법인을 말한다. 1994년 지방자치단체의 잘못된 성금모금과 사용을 막기 위하여 공무원의 모금행위 금지와 성금의 용도를 불우이웃사업에 한정하는 내용의 조례가 제정되고, 「사회복지공동모금회법」이 개정됨에 따라, 1998년 11월 중앙과 전국 16개 시·도지회의 통합 모금단체로 설립되었으며, 보건복지부장관의 지도·감독을 받는다.

공동모금회의 명칭은 시대마다, 국가마다 상이하게 사용되고 있다. 예를 들어, 미국, 캐나다, 호주에서는 'United Way'라는 명칭을 사용하고, 우리나라, 일본, 싱가포르는 'Community Chest'라고 호칭하고 있다. 기관연합모금회라는 폐쇄적인 멤버십 모델에 입각하여 모금이 이루어지는 미국의 'United Way'와는 달리, 우리나라의 사회복지공동모금회는 충족되지 않은 지역사회의 복지욕구에 대응하여, 복지수준 향상을 위해 민간자원을 동원하고, 배분하는 개방적인 모금과 배분체계를 가지고 있다.

(2) 사회복지공동모금회의 사업내용

① 위기가정 지원사업

위기가정은 실제 위기를 겪고 있지만, 공공복지제도의 지원기준에 부합하지 않거나, 여러 가지 이유로 복지서비스를 받지 못하는 가정을 말한다.

가. 공과금 체납, 재해, 퇴거 위기로 주거가 불안한 가정
나. 실직, 질병, 재해 등으로 인한 소득중단 또는 급격한 감소로 생계가 곤란한 가정
다. 의료비 체납 또는 경제적 어려움으로 치료를 받지 못하는 가정
라. 제도적 지원을 받지 못하여 가족 해체 또는 생존의 위협에 노출된 가정
마. 기타 : 사례판정 결과, 긴급지원이 필요하다고 인정한 가정

이러한 가정에 대하여 복지사각지대에 놓인 이웃을 보다 신속하고 정확하게 지원하기 위하여, 전국 415개 복지관에 위기가정지원센터를 설치하고, 이곳을 통

해 급박한 도움을 필요로 하는 가정들에게 간단한 확인을 거쳐 신속한 지원을 받도록 하는 사업이다.

② 저소득층(재난적) 의료비 지원사업

중증질환이나 재난적 상황에 의한 질환으로 막대한 진료비로 인해 생계곤란의 위협에 놓여 있지만, 소득·재산·부양자 등 지원기준에 부합하지 못해 정부지원을 받지 못하는 사람들을 지원하는 사업이다.

가. 대상 질환

- 중증질환 : 암, 심장, 뇌혈관, 중증화상
- 희귀난치성 질환 : 신부전증, 혈우병 등

나. 지원 대상

기본적으로 가구 소득이 기준중위소득의 100% 이하인 저소득 가구(의료급여 수급자·차상위 계층 당연 선정)를 지원대상으로 한다.

- 의료급여 수급자, 차상위 계층 : 선택진료비, 상급병실료(특실제외) 등 비급여를 포함한 1회 입원 진료비의 확정본인부담액이 '100만원 이상' 발생
- 기준중위소득 80% 이하 : 선택진료비, 상급병실료(특실제외) 등 비급여를 포함한 1회 입원 진료비의 확정본인부담액이 '200만원 이상' 발생
- 기준중위소득 80% 초과 100% 이하 : 선택진료비, 상급병실료 등 비급여를 포함한 환자 실제 본인부담액(지원금 등 제외)이 연간소득 대비 30% 이상인 경우, 심의를 통해 지원여부 결정

③ 복지현안 우선지원사업

사회복지현장의 긴급한 문제 및 복지이슈에 신속하게 대응하기 위해 지원절차를 간소화하고 보다 빠르게 복지사업을 지원하는 제도이다.

가. 사업목적

- 긴급한 사회문제 및 사회복지 이슈해결을 위한 민간복지영역 지원
- 사회복지현장의 복지수요에 대한 신속한 대응체계 구축
- 분절차 간소화와 적시적인 지원으로 배분사업의 효과성 제고

나. 사업내용

사업내용은 기관 또는 지역사회의 긴급하고 시급을 요하는 기능보강 및 단순 프로그램 사업을 말한다.

다. 지원대상

지원대상은 복지사업 및 사회복지활동을 행하는 비영리 법인·기관·단체 및 시설이다.

2) 지역사회복지관

(1) 사회복지관의 개념

사회복지관(community welfare center)은 사회관(community center), 인보관(settlement house), 근린관(neighborhood center) 등으로 불린다. 그 기원은 영국의 사회복지법인 토인비 홀(Toynbee Hall), 미국의 헐 하우스(Hull House), 우리나라의 태화여자관이 개관된 데서 비롯된다.

사회복지관은 지역사회를 기반으로 일정한 시설과 전문인력을 갖추고, 지역주민의 참여와 협력을 통하여 지역사회복지문제를 예방하고 해결하기 위하여 종합적인 복지서비스를 제공하는 시설을 말한다. 여기서 지역사회복지는 주민의 복지증진과 삶의 질 향상을 위하여 지역사회 차원에서 전개하는 사회복지를 말한다. 이 사회복지관의 기본적인 성격은 ① 자주성, ② 지역성, ③ 복지성, ④ 다목적성, ⑤ 전문적이다.

사회복지관은 사회복지서비스 욕구를 가지고 있는 모든 지역사회주민을 대상으로 보호서비스, 재가복지서비스, 자립능력 배양을 위한 교육훈련 등 그들이 필요로 하는 복지서비스를 제공하고, 가족기능 강화 및 주민 상호 간 연대감 조성을 통한 각종 지역사회문제를 예방·치료하는 종합적인 복지서비스 전달기구로서 지역

사회주민의 복지증진을 위한 중심적 역할을 수행하여야 한다.

(2) 사회복지관의 사업내용

사회복지관은 지역사회의 특성과 지역주민의 복지욕구에 대한 조사결과를 바탕으로 사업내용을 자율적으로 결정하되, 다음 분야별 사업 및 내용 중에서 해당 사회복지관의 실정에 적합한 프로그램을 선정하여 수행한다. 다만, 관할 시장·군수·구청장이 지역적 특성을 감안하여 필요하다고 인정한 경우에는 예외사항을 두거나 별도의 사업을 개발·추진할 수 있다. 사회복지관의 사업은 <표 8−1>과 같다.

〈표 8-1〉 사회복지관 사업

기능	사업분야	사업 및 내용
사례관리기능	사례발굴	지역 내 보호가 필요한 대상자 및 위기개입대상자를 발굴하여 개입계획 수립
	사례개입	지역 내 보호가 필요한 대상자 및 위기개입대상자의 문제와 욕구에 대한 맞춤형 서비스가 제공될 수 있도록 사례개입
	서비스연계	사례개입에 필요한 지역 내 민간 및 공공의 가용자원과 서비스에 대한 정보제공 및 연계, 의뢰
서비스제공 기능	가족기능 강화	1. 가족관계증진사업 : 가족원간의 의사소통을 원활히 하고 각자의 역할을 수행함으로써 이상적인 가족관계를 유지함과 동시에, 가족의 능력을 개발·강화하는 사업 2. 가족기능보완사업 : 사회구조 변화로 부족한 가족기능, 특히 부모의 역할을 보완하기 위하여 주로 아동·청소년을 대상으로 실시되는 사업 3. 가정문제해결·치료사업 : 문제가 발생한 가족에 대한 진단·치료·사회복귀 지원사업 4. 부양가족지원사업 : 보호대상가족을 돌보는 가족구성원의 부양부담을 줄여주고 관련 정보를 공유하는 등 부양가족 대상 지원사업 5. 다문화가정, 북한이탈주민 등 지역 내 이용자 특성을 반영한 사업
	지역사회 보호	1. 급식서비스 : 지역사회에 거주하는 요보호 노인이나 결식아동 등을 위한 식사제공 서비스 2. 보건의료서비스 : 노인, 장애인, 저소득층 등 재가복지사업대상자들을 위한 보건·의료 관련 서비스 3. 경제적 지원 : 경제적으로 어려운 지역사회 주민들을 대상으로 생활에 필요한 현금 및 물품 등을 지원하는 사업

		4. 일상생활 지원 : 독립적인 생활능력이 떨어지는 요보호 대상자들이 시설이 아닌 지역사회에 거주하기 위해서 필요한 기초적인 일상생활 지원서비스 5. 정서서비스 : 지역사회에 거주하는 독거노인이나 소년소녀가장 등 부양가족이 없는 요보호대상자들을 위한 비물질적인 지원서비스 6. 일시보호서비스 : 독립적인 생활이 불가능한 노인이나 장애인 또는 일시적인 보호가 필요한 실직자·노숙자 등을 위한 보호서비스 7. 재가복지봉사서비스 : 가정에서 보호를 요하는 장애인, 노인, 소년·소녀가정, 한부모가족 등 가족기능이 취약한 저소득 소외계층과 국가유공자, 지역사회 내에서 재가복지봉사서비스를 원하는 사람에게 다양한 서비스 제공
	교육문화	1. 아동·청소년 사회교육 : 주거환경이 열악하여 가정에서 학습하기 곤란하거나, 경제적 이유 등으로 학원 등 다른 기관의 활용이 어려운 아동·청소년에게 필요한 경우, 학습내용 등에 대하여 지도하거나 각종 기능교육 2. 성인기능교실 : 기능습득을 목적으로 하는 성인사회교육사업사회복지관의 사업 3. 노인 여가·문화 : 노인은 대상으로 제공되는 각종 사회교육 및 취미교실 운영사업 4. 문화복지사업 : 일반주민을 위한 여가·오락프로그램, 문화 소외집단을 위한 문화프로그램, 그 밖에 각종 지역문화행사사업
	자활지원 등 기타	1. 직업기능훈련 : 소득층의 자립능력 배양과 가계소득에 기여할 수 있는 기능훈련을 실시하여 창업 또는 취업을 지원하는 사업 2. 취업알선 : 직업훈련 이수자 기타 취업희망자들을 대상으로 취업에 관한 정보제공 및 알선사업 3. 직업능력개발 : 근로의욕 및 동기가 낮은 주민의 취업욕구 증대와 재취업을 위한 심리·사회적인 지원프로그램 실시사업 4. 그 밖의 특화사업
지역 조직화 기능	복지 네트워크 구축	지역 내 복지기관·시설들과 네트워크를 구축함으로써 복지서비스 공급의 효율성을 제고하고, 사회복지관이 지역복지의 중심으로서의 역할을 강화하는 사업 – 지역사회연계사업, 지역욕구조사, 실습지도
	주민조직화	주민이 지역사회 문제에 스스로 참여하고 공동체 의식을 갖도록 주민조직의 육성을 지원하고, 이러한 주민협력강화에 필요한 주민의식을 높이기 위한 교육을 실시하는 사업 – 주민복지증진사업, 주민조직화 사업, 주민교육
	자원개발 및 관리	지역주민의 다양한 욕구충족 및 문제해결을 위해 필요한 인력, 재원 등을 발굴하여 연계 및 지원하는 사업 – 자원봉사자 개발·관리, 후원자 개발·관리

자료: 사회복지사업법 시행규칙 별표 3

3) 재가복지센터

(1) 재가복지서비스의 개념

재가복지서비스는 사회복지관에서 교육이나 훈련을 받은 사람들이 클라이언트의 기능을 유지·강화·보호하기 위해 도움을 주는 것이며, 도움을 필요로 하는 사람들이 가정에서 도움을 받을 수 있도록 한 것으로, 가족기능의 약화된 부분을 보완하는 보충적인 서비스(supplementary service)를 말한다. 재가복지서비스는 노인, 장애인, 소년소녀가정, 한부모가정 등 도움이 필요한 클라이언트를 시설에 수용하지 않고 가정에 머물도록 하면서, 사회복지시설로 통원하게 하거나 가정봉사원을 가정으로 파견하여 서비스를 제공함으로써 이들의 기능을 유지·강화하고 나아가 자립을 돕는 방법이다(김수진 외, 2014: 346). 재가복지서비스는 시대적인 변천과 국민들의 사회복지 욕구의 변화에 따라 새로운 프로그램으로 대두되기 시작하였는데, 그 이유는 산업화와 핵가족화로 인해 가족부양에 한계가 왔기 때문이며, 종래의 시설복지서비스보다 비용이 적게 들고 많은 사람에게 혜택을 줄 수 있기 때문이다.

우리나라에서 사용되는 재가복지서비스의 개념은 지역사회보호와 재가보호의 개념이 혼합된 형태이면서 재가보호에 가까운 개념이다. 가족이라는 장을 중심으로 서비스를 제공한다는 점과 공공 및 민간 조직의 보호를 포함한다는 점에서, 지역사회보호와 재가보호의 개념이 일치하며, 우리나라의 재가복지서비스의 개념도 이러한 기준에 부합한다(오정수·류진석, 2017: 183).

(2) 재가복지서비스의 사업내용

2008년 7월 노인장기요양보험제도가 실시됨에 따라 기존 노인재가복지시설로 되어 있던 가정봉사원파견시설, 주간보호시설, 단기보호시설의 명칭을 방문요양서비스, 방문목욕서비스, 주·야간보호서비스, 단기보호서비스 등 재가노인복지시설로 명칭을 통일하고 서비스 종류로 구분하는 것으로 변경되었다. 하지만 재가복지서비스의 3대 핵심 사업은 일부 명칭이 변경되었지만, 노인 재가복지시설에서 제공하는 서비스라는 점은 변동되지 않았다.

전통적으로 재가복지서비스의 3대 핵심 사업은 주간보호사업, 단기보호사업, 가정봉사원 파견서비스로 분류하고 있다. 대체적으로 주간보호사업이나 단기보호사업의 서비스 내용은 비슷하다. 다만, 단기보호사업은 단기간 동안 숙식을 제공하기 때문에 경우에 따라 24시간을 거주할 수 있는 시설과 인력이 필요하다.

① 주간보호사업

주간보호사업은 부득이한 사유로 가족의 보호를 받을 수 없는 노인을 낮 동안 시설에 입소시켜 필요한 서비스를 제공하는 사업을 말한다. 대표적 시설로는 일시보호시설, 탁노소 등이 있다. 영어로는 Day Care Center, Day Service Center라고 하며, 일본의 경우에도 비슷한 용어를 사용하고 있다. 우리말로 직역하면, 일시보호시설, 탁아소, 탁노소 등에 해당하나, 우리나라에서는 주간보호사업으로 사용하고 있다. '데이케어(day care)'라고 하는 용어는 사회복지 분야에서는 오래전부터 사용되어 왔다. 그 의미는 가정에서 통원을 중심으로 서비스를 제공받을 수 있는 시설을 말한다. 이에 해당하는 대표적인 시설이 보육시설, 즉 어린이집(탁아소)이 있다.

우리나라의 주간보호사업은 1992년 서울의 한국노인복지회, 은천노인복지센터, 천사양로원 등에서 시작하였다. 1994년 부산의 남광사회복지재단, 애광원, 경기도의 신양원 등으로 확대 운영되고 있다. 현재는 노인 주야간보호서비스를 제공하는 시설만 전국적으로 800여 개소가 운영되고 있다.

주간보호사업의 목적은 첫째, 가정에서만 생활하고 있는 허약한 노인 또는 장애노인에게 사회적으로 고립되어 있는 생활에서 벗어나, 자립생활과 심신의 기능이 저하되지 않도록 예방 및 원조하여 주는 데 있다. 둘째, 가정에서 노인을 부양하고 있는 보호자들의 수고와 노력을 덜어주는 데 있다.

② 단기보호사업

가. 단기보호서비스

단기보호서비스(short stay service)는 집에서 보호를 받고 있는 장애노인을 단기간 수용·보호하는 프로그램으로서, 부양 의무자가 병이나 여행 또는 개인적인 일로 보호를 할 수 없을 때 서비스를 제공하는 것을 말한다.

우리나라 단기보호는 1992년 대구, 인천, 광주, 충북, 전북, 전남 등의 실비양로시설이나 요양시설에서 시범적으로 운영되어 왔다. 현재는 단기보호사업을 노인입소시설에서 제공할 뿐만 아니라, 지역사회복지관, 노인복지관, 재가노인봉사센터 등 이용시설에서도 허약한 노인이나 심신장애노인을 대상으로 일시적으로 서비스를 제공하고 있다.

단기보호서비스의 내용은 다음과 같다.

- 안정과 휴양의 장소 제공
- 보호·감독의 서비스를 받을 수 있는 점
- 장애에 따른 사회적 고립을 예방할 수 있다는 점
- 각종 문제의 상담서비스
- 가벼운 질병이나 장애에 대한 의료재활서비스

나. 가정봉사원과 요양보호사 파견사업

가정봉사원 파견사업은 여러 가지로 도움이 필요한 노인, 장애인, 아동의 가정에 가정봉사원을 파견하여, 다양한 재가서비스를 제공하는 사업을 말한다. 가정봉사원은 영어의 home helper, home maker, home maker–home health aids 등이 번역·사용된 용어이다. 외국의 경우, 홈 헬퍼는 소정의 활동비를 지급받으면서 활동하는 유급을 의미하고 있다. 가정봉사원의 경우, 유급과 무급으로 분류할 수 있다. 유급 가정봉사원은 가정봉사원에 참여한 시간에 대하여 활동비를 지급받으며 활동하는 자들을 말한다. 무급 가정봉사원은 무보수를 원칙으로 활동하는 자원봉사형 가정봉사원을 말한다.

우리나라의 가정봉사원 파견사업은 1987년 한국노인복지회에서 무의탁노인을 돕기 위해 처음으로 시작하였다. 1989년에는 서울시립노인종합복지관(북부와 남부노인복지관)에서 무의탁노인을 위한 가정봉사원 파견사업을 실시하였다. 또한 같은 해에 노인복지법이 개정되어 가정봉사원 파견사업이 노인복지사업으로 규정되어 정부에서 보조금을 지원받을 수 있는 근거를 마련하였다. 1991년에는 한국사회복지협의회에서 지역복지봉사센터를 전국 15개 지부에 설치하면서, 자원봉사자를 모집하여 사회복지시설과 사회복지관에 육성·파견하는 사업을 시작하였다.

1992년에는 사회복지협의회 부설 지역복지봉사센터, 장애인복지관 부설과 종합사회복지관 부설에 141개소의 재가복지봉사센터가 설립되어, 가정봉사원 파견사업이 전국적으로 시작되었다. 1993년에는 노인복지법 개정으로 재가노인복지사업이 가정봉사원 파견사업과 주간보호사업 그리고 단기보호사업으로 확대되면서 노인복지사업의 핵심사업으로 발전되었다.

복지선진국의 경우, 그 나라의 사회복지서비스 수준은 가정봉사원의 수, 그리고 이에 투입되는 예산과 정비례한다고 해도 과언이 아닐 정도로 가정봉사원 파견사업의 중요성이 인식되고 있다.

2008년 7월부터 시작된 노인장기요양보험제도에 의해 시작된 요양보호사 제도는, 그동안 재가복지서비스 분야에서 활용되어오던 유급 가정봉사원 인력이 제도화된 것으로 볼 수 있다. 그러나 우리나라의 요양보호사 자격제도는 누구나가 너무나 쉽게 자격을 취득할 수 있도록 졸속으로 제도화하였다는 점에서 비판받아 마땅하다. 조금은 더 질적으로 전문성을 인정받을 수 있는 전문인력으로 제도화하였어야 했다. 최소한도 요양보호사 자격제도도 2급에서 1급 또는 3급에서 1급까지로 단계적으로 전문성을 인정받을 수 있는 자격제도로 제도화하지 못하고 있다. 즉, 전문 요양의 필요성 증대로 인해 전문가로서의 요양보호사를 양성할 필요가 있다.

4) 사회복지협의회

(1) 사회복지협의회의 개념

지방분권화 시대에 국가의 역할을 축소하고 민간의 역할을 강조하면서, 회의 복지증진과 서비스의 효율적인 전달을 위하여 지역사회를 중심으로 한 사회복지 관련 단체 및 시설들의 연합체가 중요해지고 있다. 사회복지 분야의 핵심적인 영역인 서비스의 연계 및 조정의 역할들이 하나의 단체 또는 하나의 기관을 넘어서서, 각 단체 및 기관들 간의 유기적인 협력 및 연계 그리고 조정의 범위로 확대되어, 지역주민들의 복지 향상을 위하여 효과적으로 운영되도록 하는 대표적인 지역사회조직이 사회복지협의회이다(양정하 외, 2017: 245).

사회복지협의회는 시대와 상황에 따라 다양하게 정의될 수 있다. 사회복지협의회는 보건과 복지에 관한 지역사회 문제해결에 필요한 계획을 수립하고 사업을 실행함에 있어서 주민의 관심과 전문가의 기술을 결합시키는 지역주민과 사회기관들의 연합체(association)이다. 여기서 사회기관들의 연합체는 지역사회 내 사회복지시설, 사회복지에 관심을 가지는 민간단체나 개인의 연합체 또는 협회를 말한다. 이 협의회의 1차적 목적은 지역사회 주민의 욕구와 문제에 대응하며 복지, 보건 및 여가에 대한 계획과 조정을 하는 것으로 지역사회조직의 대표적인 기관이다(Dunham, 1970).

일반적으로 사회복지협의회는 지역사회조직이론에 의해 조직된 단체로서, 지역사회복지사업을 추진하는 기관이고, 직접적인 지원보다는 기획, 연구, 조사 등의 간접적인 서비스를 제공하는 지원기관이다. 즉, 지역사회 내의 자원 동원과 활용을 위해서 지역사회 내의 여러 기관 및 시설과 개인을 조정·협의해 나가는 민간단체의 협의체라고 개념을 설명하였다.

사회복지협의회의 특성을 살펴보면 다음과 같다(우수명 외, 2021: 255).

① 협의회는 지역주민과 지역 내 사회복지기관 및 여러 조직들에 의해 구성된다.

② 협의회는 지역사회의 복지 과제를 해결하기 위해 지역주민의 복지활동을 조직화한다. 또한 합의된 복지사회 목표를 지향할 수 있도록 상호 간의 협의·조정을 통해 구체적인 사업계획 및 사회운동을 전개하는 기관이다.

③ 협의회는 민간사회복지의 대표성을 지닌 기관으로서 자율성과 독립성을 갖추어야 하며, 지역사회복지의 중간집단으로서 정체성을 확보하고 지역 내의 문제 및 욕구를 충족시키기 위해 지역 내 인적·물적 자원을 동원하고 서비스를 조정하는 기관이다.

한국사회복지협의회는 「사회복지사업법」 제33조와 동법 시행령 제12조에 의거, 설립된 사회복지 공익법인으로서, 민간사회복지 증진을 위한 협의조정, 정책개발, 조사연구 교육훈련, 자원봉사활동의 진흥, 정보화사업, 사회적 취약계층을 위한 사업 수행을 통해 우리나라의 사회복지 증진과 발전에 기여하고 있다. 이러한 한국사회복지협의회의 설립목적은 사회복지에 관한 조사·연구와 각종 복지사업을 조성하고, 각종 사회복지 사업과 활동을 조직적으로 협의·조정하며, 사회복지에 대한 국민의 참여를 촉진시킴으로써 우리나라의 사회복지 증진과 발전에 기여하는 데 그 목적이 있다.

(2) 주요 사업

한국사회복지협의회의 주요 사업은 다음과 같다.

① 사회복지에 관한 조사·연구 및 정책 건의
② 사회복지 관련 기관·단체 간의 연계·협력·조정
③ 사회복지 소외계층 발굴 및 민간사회복지자원과의 연계·협력
④ 사회복지 종사자에 대한 교육훈련, 복지증진
⑤ 사회복지에 관한 자료수집, 각종 간행물 발간 및 홍보
⑥ 시·도 및 시·군·구 사회복지협의회 업무지원 및 협력증진
⑦ 국제사회복지단체와의 교류협력
⑧ 자원봉사활동의 진흥
⑨ 사회복지자원의 개발 및 정보화사업의 진흥
⑩ 식품자원 기부촉진 기반조성
⑪ 사랑나눔실천 '1인1나눔계좌갖기운동' 전개
⑫ 소아암·백혈병 및 희귀난치성 질환 환아 진료비지원 사업
⑬ 사회공헌 문화 주도 및 종합정보 제공
⑭ 보건복지부장관이 위탁하는 사회복지에 관한 업무 등

5) 지역사회보장협의체

(1) 지역사회보장협의체의 개념

지역사회보장협의체는 지역사회의 복지향상을 위해 구성·운영하는 공공과 민간, 그리고 주민과 학계 전문가가 참여하는 협의 구조이며, 지역사회의 강점을 살리면서 지역사회복지를 현실화하는 토대이다. 지역사회복지와 관련하여 다양한 관계자들의 민주적 의견수렴 채널을 구조화하고, 이를 통하여 복지자원의 확충, 효율화, 서비스 간 연계를 도모하여, 서비스 대상자의 욕구충족 및 문제해결을 위한 지역의 역량을 강화한다(유동철·홍재봉, 2017: 254).

이와 관련해서 보건복지부의 정의를 세 가지 측면에서 정리하면 다음과 같다(이정자 외, 2022: 277).

첫째, 지역사회보장협의체는 민·관 파트너십을 통하여 지방자치단체와 민간복지 관련기관, 단체와 주민이 함께 주체가 되어 지역의 주요한 복지사안에 대해 협의하는 기구이다.

둘째, 사회복지서비스 및 보건의료서비스의 연계·협력을 바탕으로 하는 이용자 중심의 서비스 전달체계 구축, 지역사회복지자원의 개발 및 지역사회 보장계획을 심의하는 기구이다.

셋째, 지역사회 보장협의체는 지역사회의 복지향상을 위하여 구성·운영되는 것으로써, 공공과 민간 그리고 주민과 학계 전문가가 함께 참여하여 지역의 복지자원을 확충하고 효율화하며, 서비스 간 연계를 도모하여 서비스 대상자의 욕구충족 및 문제해결을 위하여 지역의 역량을 강화하기 위한 협의구조이다.

지역사회보장협의체는 지역 내의 다양한 주체들이 참여하여, 지역의 강점을 살리고 지역의 역량을 모으고 연계하는 등의 활동을 전개하는 중요한 역할을 맡고 있다. 이에 대한 주도적 책임은 공공에서 맡고 있는데, 기초자치단체의 의지와 역량, 지역사회의 참여 정도에 따라 활동에 있어서는 상당한 차이를 보인다.

(2) 지역사회보장협의체의 사업내용

지역사회보장협의체의 주요 사업은 지역사회보장계획 수립에 참여하고 심의하는 것과 지역별 복지시책을 개발하는 것, 그리고 사회복지·보건의료 등 관련부문 간 서비스 연계사업을 주관하는 것에 있다.

지역사회보장계획 수립·진행·평가과정에 대한 참여(심의)는 지역사회보장협의체가 직접 실시할 경우는 지역사회보장계획 수립 전반에 관한 방향, 일정, 내용(복지욕구 및 자원조사 등)을 포함한 계획안 등을 작성한다.

지역별 복지시책 개발사업에 있어서는 지역사회보장협의체가 지역복지의 욕구를 감안하여 가급적 지역사회 내 다수의 시설·단체의 참여가 필요한 사업을 기획사업으로 개발하되, 지역주민 참여기회가 부여되도록 한다. 그리고 지역사회보장협의체는 사회복지－보건의료 등 관련 부문 간 서비스 연계사업을 주관한다.

지역사회보장협의체의 주요 사업은 <표 8－2>와 같다.

〈표 8-2〉 지역사회보장협의체의 주요 사업

구분	내용
복지정책 · 시책 개발 및 건의	복지정책과 관할지역 안의 사회복지에 관한 시책을 개발 · 건의함.
지역사회복지 계획 수립	지역사회보장계획 수립 및 평가와 관련한 전반적인 절차에 참여하며 실행과정을 모니터링함.
역량강화 및 서비스 연계, 조정	－연찬회, 정책토론회, 세미나, 워크숍, 교육사업, 지역사회 통합을 위한 각종 사업 및 역량강화 사업 등 －지역 내 잠재되어 있는 인적 · 물적 복지자원을 발굴하고, 서비스 제공 기관 간 연계 · 협력을 통해 서비스제공의 중복과 누락을 방지 －분과사업의 원칙 등을 세우고 사례관리 등 영역별 지원사업을 수행 －지역자원을 총괄정리하며 연계 가능 범주 등을 제시 －서비스 통합을 통한 지역사회 연대 기능을 활성화하고, 조직화시키기 위한 지역에 맞는 다양한 사업개발과 논의과정이 필요 －지역사회에 제공되는 복지서비스에 대한 주민만족도 조사에 관한 사업

자료: 이정자 외(2022: 278).

연습문제
EXERCISE

01 지역사회의 특성이 아닌 것은?

① 지역사회는 역사적으로 그 의미가 변천해 왔다.
② 지역사회는 지리적 의미와 기능적 의미를 함축하고 있다.
③ 전통적 의미의 지역사회와는 다른 새로운 형태의 지역사회가 나타나고 있다.
④ 공동의 관심과 이해관계를 강조하는 기능적 의미의 지역사회는 공동체라는 성격을 가지고 그 의의가 부각되었다.
⑤ 지역사회는 구성원의 동질적 정체성에 기초한 강한 정서적 유대가 없다.

02 조선시대 사회복지사상을 잘 설명하고 있는 책은?

① 목민심서 ② 조선왕조 오백년사
③ 금오신화 ④ 춘향전 ⑤ 징비록

03 청소년 비행, 불량주택, 실업자 등과 같은 사회문제 해결에 역점을 두는 지역사회복지실천모델은?

① 사회계획모델 ② 지역사회개발모델
③ 사회행동모델 ④ 사회운동모델 ⑤ 지역사회연계모델

04 사회복지사의 역할 중 안내자의 역할이 아닌 것은?

① 일차적 역할 ② 주도능력 ③ 객관적인 입장
④ 지역사회와의 동일시 ⑤ 타인 역할의 수용

05 지역사회복지 전달체계의 기능이 아닌 것은?

① 초입기능 ② 책임기능 ③ 조정기능
④ 서비스 제공기능 ⑤ 계획 및 통제기능

정답 1. ⑤ 2. ① 3. ① 4. ⑤ 5. ③

Chapter 9

사회복지실천

학습목표

1. 사회복지실천의 개념 파악
2. 사회복지실천의 모델에 대한 구분 인식
3. 사례연구

학습내용

1. 사회복지실천의 개념
2. 통합적 접근의 실천모델
3. 사회복지실천과의 관계
4. 사회복지실천현장모델

개요

사회복지실천은 인간과 사회환경 간의 관계를 촉진시켜서 모든 사람들의 삶의 질을 향상시키기 위한 사회복지의 구체적인 실천방법으로서, 협의의 사회복지라고 정의할 수 있다. 여기에서는 사회복지실천을 학습하고자 한다.

Chapter 9
사회복지실천

1. 사회복지실천의 개념

사회복지라는 용어는 현대산업사회의 발전과 더불어 발생한 여러 가지 사회문제와 관련하여 사용하게 되었다. 현대사회가 산업화, 도시화로 발전해 가면 갈수록 사회복지에 대한 관심은 더욱 높아져 가고 있으며, 이에 대한 욕구도 증대되어 가고 있다. 또한 사회복지라는 용어는 시대와 국가에 따라 그 의미가 다르며, 또한 학지들의 견해에 따라 그 의미가 다르기 때문에 반드시 동일한 뜻으로 사용하지 않고 있다.

사회복지는 실천학문이다. 인간이 살아가는 현장에 적용되어 활동하고 움직이지 않는다면 사회복지라고 할 수 없다. 사회복지실천은 사회복지사가 클라이언트의 욕구와 문제해결을 돕기 위해 일정한 개입 목표와 과정을 통해 활동하는 것이다. 사회복지실천에 대한 개념은 사회복지가 발달하던 초기에는 개인이나 개인의 성격 변화에 초점을 두었지만, 개인과 개인을 둘러싸고 있는 환경 사이의 조화를 강조하는 것으로 변화하였다. 사회복지실천은 인간과 환경 모두 변화할 수 있는 잠재성을 가지고 있으며, 계획된 개입과정을 통해 변화가 가능하다는 실천가정을 가지고 있다. 사회복지실천의 영역은 개인, 가족, 집단, 지역사회, 조직과 제도 등 다양한 사회적 단위가 포함될 수 있다(주경필, 2021: 7).

일반적으로 사회복지실천(social work practice)은 인간과 사회환경 간의 관계를 촉진시켜서 모든 사람들의 삶의 질을 향상시키기 위한 사회복지의 구체적인 실천 방법으로서, 협의의 사회복지라고 정의할 수 있다. 그러나 사회복지실천의 정의는 역사적 배경이나 사회적 상황에 따라 서로 다른 개념과 용어로 정의되면서 지속적으로 변화되어 왔기 때문에 오늘날까지도 합의된 정의를 제시하는 것이 어려운 상황이다. 사회복지실천은 사회사업(social work)의 개념에서 비롯하며, 1970년대 후반부터 1980년대에 이르면서 미국을 중심으로 사회복지실천이라는 용어를 사용하기 시작했다(길귀숙 외, 2018: 12). 이에 앞서 사회복지실천의 용어는 '케이스워크의 어머니'로 불리는 리치몬드(Mary Ellen Petronius Richmond)의 저서 『사회적 진단(*Social Diagnosis*, 1917)』과 『개별사회사업이란 무엇인가(*What is Social Casework*, 1922)』에서 '개별사회사업'으로 나타난다. 리치몬드에 의하면, 사회복지실천은 인간과 그를 둘러싼 사회환경 간의 부적응이나 갈등을 해소하여 개인의 욕구를 충족시켜 주고, 사회의 규범에 적응하도록 도와주는 것을 목적으로 한다(도광조, 2018: 18).

『사회적 진단』
(2018년 출판)

사회복지실천이라는 용어는 1970년 메이어(Carol Meyer)에 의해 처음 사용되기 시작하였고(Doifman, 1996), 1960년대 미국사회의 급진적인 경향 및 빈곤의 악순환, 인종폭동 등 사회개혁을 요구하는 움직임이 본격화되면서, 논리적·사변적인 접근, 개별적인 접근보다는 현실성 있는 실천(실용성)을 강조하기에 이르렀다. 그 영향으로 사회복지에서도 실천성을 강조하는 차원에서 사회복지실천이라는 용어를 사용하게 되었다. 이전에는 사회사업(social work)이라는 용어를 사용하였다.

우리나라에서는 「사회복지사업법」의 개정과 더불어 2003년부터 사회복지사 자격 취득 국가고시제도를 도입하게 되었다. 이로 인하여 과거 대학교육의 교과목 명칭 중 개별사회사업(개별지도), 집단사회사업(집단지도)이 없어지고, 사회복지실천론과 사회복지실천기술론으로 변경하여 2000년부터 '사회복지실천'이란 말을 공식적으로 사용하게 되었다. 한국사회복지교육협의회에서는 통합방법론의 인정과 함께 기존의 사회복지방법론을 사회복지실천과 사회복지실천기술론으로 구분하였다. 여기서 사회복지실천은 '이론' 중심적이고, 사회복지실천기술론은 '기술' 중심으로 설명된다(서혜석 외, 2017: 13).

사회복지학 범위 내에서 사회복지실천활동을 포괄적으로 정의할 때, 사회복지활동 영역에는 일반적으로 사회보험, 공공부조, 사회복지서비스 등과 직·간접적으로 관련된 내용들이 포함된다. 이들 중 사회보험과 관련된 내용의 대부분과 공공부조와 관련된 내용의 일부는 '사회복지정책' 분야에서, 그리고 사회복지서비스 분야와 관련된 내용 중에서 사회복지시설의 운영 및 평가, 프로그램 개발 및 평가 등과 관련한 내용들은 '사회복지행정' 분야에서 각각 별도로 다루어지고 있다. 다시 말해서 사회복지실천은 '직접실천(direct practice)'이라고 불리는데, 이는 다양한 사회복지실천현장에서 사회복지사는 어떤 활동을 어떻게 해야 할 것인가에 대한 내용, 즉 사회복지실천방법에 관해 상세히 살펴보는 분야이기 때문이다(엄명용 외, 2018: 19).

사회복지실천의 정의는 빠르게 변화하는 사회복지실천 환경과 맥락에 따라 정의의 수준이 고려되어야 할 필요가 있다. 사회복지와 관련된 법이나 정책이 사회복지사의 업무를 규정하지만, 사회복지사도 제도나 정책이 집행되는 과정에서 발견되는 수정되거나 보완되어야 하는 점들을 제도나 정책에 반영하도록 영향을 미치고 있다. 예를 들어, 아동학대 문제와 관련된 법, 정책, 사회복지사의 활동에 대해 생각해 보자. 아동학대 사례들을 담당하고 있는 아동보호전문기관 사회복지사의 업무가 관련법과 정책에 근거하여 규정되지만, 실행과정에서 클라이언트의 문제 및 욕구를 보다 효과적으로 해결하고 충족할 수 있도록 제도나 정책의 변경 필요성을 경험할 수 있다. 이렇게 사회복지사가 제기하는 이슈들이 아동학대 관련 정책 수립이나 제도개선에 영향을 미치며, 새로 수립된 정책이나 개선된 제도 등은 다시 아동보호서비스 제공과 서비스의 질에 직접적인 영향을 미친다. 또한 사회복지사는 취약집단을 보호하는 데 기존의 법이 부적절하거나 새로운 입법이 필요하다면, 개정이나 제정을 적극적으로 요구할 수 있다. 그동안 아동학대, 가정폭력, 장애인 자립지원, 노인학대 문제 등과 같은 많은 영역에서 사회복지사는 관련법을 제정하거나 개정하는 데 기여한 바 있다. 또한 인권 관련법이나 차별금지 관련법은 모든 시민이 차별받지 않고 공공업무에서 절차적 공평성을 보장받을 기본적 권리를 보호하기 위해 만들어진 법률이므로 사회복지사는 이러한 법들을 활용해 서비스 이용자들에게 보다 적절하고 접근이 쉬운 서비스를 제공하도록 사회복지기관의 책임성을 높일 수 있다(Swain, 2002 ; 최해경, 2017: 201-202 재인용).

사회복지실천의 정의에 대한 흐름을 살펴볼 때, 사회복지에 대한 전 세계 각국의 사회정책과 학계의 눈부신 연구업적, 그리고 실천현장에서의 사회복지 전문가의 헌신 등을 감안한다면, 특정 이데올로기나 한정된 분야에 대한 주장은 역사의 뒤안길로 사라질 수밖에 없다. 따라서, 사회복지실천에는 사회복지의 발전 추세에서 안주할 수 없는 정책의 전환과 학문에 대한 끝없는 열정, 현장에서의 창의적 실천기술이 요구된다.

결론적으로 사회복지실천은 인간의 삶의 질 향상, 사회적 적응과 사회적 기능 향상을 위해 개인, 가족, 지역사회를 대상으로 사회복지사가 클라이언트의 강점을 살려 그들이 스스로 해결해 나갈 수 있도록 도와주는 종합적이고 체계적인 전문적인 활동으로 볼 수 있다.

2. 통합적 접근의 실천모델

전통적 방법을 통합하고자 하는 학문적 연구가 많은 학자들에 의해 진행되었다. 그 내용은 다음과 같다.

1) 4·6체계모델

핀커스와 미나한(Allen Pincus & Allen Minahan)은 1973년 그들의 저서 『사회복지실천: 유형과 방법(*Social Work Practice: Model and Method*)』에서, 그들은 체계이론을 사회복지실천에 응용하여 4체계이론을 주장했다. 핀커스와 미나한에 따르면, 사람은 만족스러운 삶을 영위하기 위해서는 주변 환경의 체계에 의존하기 때문에 사회복지사는 체계의 변화에 초점을 맞추어야 한다. 이러한 체계에는 첫째, 가족이나 친구, 동료와 같은 비공식 지원체계, 둘째, 지역사회 집단이나 협회와 같은 공식적 지원체계, 셋째, 병원과 학교와 같은 사회적 자원체계가 있다. 또한 문제가 있는 사람의 경우는 도움체계가 존재하지 않거나 적절한 자원이 부족하기 때문에 사회복지사는 클라이언트와 환경 간의 상호작용을 향상시키고 문제를 해결하도록 도와야 한다.

결론적으로 핀커스와 미나한의 4체계모델은 포괄적이고 전체적인 관점에서 클라이언트체계를 사정할 수 있는 기초를 제공하고, 사회복지사로 하여금 인간과 그의 공식적·비공식적 자원체계 간의 연결에 초점을 두게 된다. 이 모델은 복잡한 여러 수준의 체계들과 연결되어 있는 상태로서 사람들과 일한다는 점을 강조하고 있다. 그 내용은 다음과 같다(김효선 외, 2018: 166).

(1) 변화매개체계

변화매개체계(change agent system)는 클라이언트의 문제상황 변화를 위해 그 문제 관련 체계들을 확인하고 그 체계들과 함께 노력하고자 계획을 수립하고, 실천하고자 노력하는 사회복지사와 사회복지사를 고용하는 기관과 조직을 말한다. 계획된 변화를 향해 체계와의 활동을 계획하며, 사회적 인가와 자원을 제공한다. 변화매개체계는 기관 나름대로 가지고 있는 활동영역, 활동권위의 확보 및 제공, 각종 자원의 제공 및 연결 등을 통해 실질적인 사회복지사의 활동방향에 영향을 미친다.

변화매개체계는 네 가지 기본적인 체계들 중의 하나로 클라이언트에 대한 계획적 변화를 목적으로 특수하게 고용된 '돕는 사람'의 체계이다. 사회사업가는 다양한 종류의 사람들과 일을 하는 데 있어서 그의 목적과 관계가 어떤 것이어야 하는지를 결정해야 한다. 사회복지사는 그의 변화노력으로 혜택을 받을 사람이 누구이며, 변화를 위해 일할 수 있는 권한을 누가 부여했으며, 변화의 영향을 필요로 하는 사람은 누구이며, 변화노력에서 여러 다른 목표들을 달성하기 위해 누구와 함께 일을 해야 하는가를 분명히 해야 한다. 이러한 결정과정에서 사회복지사는 변화매개인이 되며, 그가 속한 기관은 변화매개체계가 된다. 또 클라이언트의 변화에 영향을 줄 수 있는 기타의 이윤추구 기관들도 변화매개체계라 볼 수 있다.

결론적으로 변화매개체계는 문제를 가진 클라이언트를 지원하고 문제를 해결하기 위해 계획적 변화에 개입하는 사회복지사나 사회복지사가 속해 있는 사회복지관, 상담실, 각종 쉼터, 개입기관 등이 해당된다.

(2) 클라이언트체계

클라이언트체계(client system)는 사회복지사에게 도움을 청하거나, 어떤 문제해결을 위해 사회복지사와 공동의 노력을 기울이겠다는 계약상태에 있는 사람들이 해당된다. 즉, 서비스나 도움이 필요한 사람을 지칭하며, 사회복지사와 계약이 이루어졌을 때 클라이언트가 된다. 사회복지사는 클라이언트체계와 결과목표에 합의에 이르러야 목적을 명확히 할 수 있다. 이 목표는 사회복지사와 클라이언트 사이의 계약으로 구체화될 수 있고, 이 목표는 변화할 수 있다. 예를 들어, 비행청소년의 비행문제해결을 위해 학교사회복지사와 함께 노력하고자 묵시적 동의를 한 학교 교사, 비행문제를 상담하러 온 부모가 될 수 있다. 이때 자녀가 비행청소년인 부모가 사회복지사에게 도움을 청하는 경우, 부모가 클라이언트체계가 된다. 클라이언트체계는 사회복지사의 서비스를 제공받는 개인, 가족, 집단, 기관, 지역사회를 포함한다. 클라이언트란 서비스를 받기로 결정하고 계약을 통해 서비스를 요청하는 사람으로서, 변화노력의 혜택을 받는 사람들이다.

클라이언트체계는 클라이언트와 그 문제해결에 잠재적 영향을 주는 환경에 있는 사람들을 의미하는 데, 가령 사회사업가는 핵가족(nuclear family)을 클라이언트로 보고, 확대가족(extended family), 이웃, 교사, 고용주를 클라이언트체계의 한 부분으로 본다.

(3) 표적체계

표적체계(target system)는 변화매개체계가 그 활동 목적을 달성하기 위해 영향을 주거나 변화시킬 대상을 말한다. 클라이언트체계가 변화의 대상인 경우는 클라이언트체계가 곧 표적체계가 된다. 비행청소년 사례의 경우, 변화시킬 대상은 비행을 함께하고 있는 친구, 주변 환경요소, 부적절한 부모 등일 수 있는데, 이때 친구와 주변 환경요소, 부모들은 표적체계가 된다.

표적체계, 즉 변화매개인이 변화 또는 그의 목표를 달성하기 위해 영향을 미칠 필요가 있는 사람들로서 클라이언트체계와 동일할 수도 있고 상이할 수도 있다. 표적체계는 클라이언트체계 외부에 있을 때 클라이언트체계의 목표에 동조적이거나 적대적일 수 있다. 예를 들어, 법원의 강제명령으로 행동치료를 받기 위해 온 비행청소년일 경우, 법원은 클라이언트체계이고 비행청소년은 표적체계이다. 또한 부모 간 갈등으로 심리적 어려움을 호소하는 자녀, 부부를 대상으로 한 가족치료의 경우, 자녀는 클라이언트체계, 부모는 표적체계이다. 단, 부모도 문제를 인식하고 도움을 요청한다면 부모도 클라이언트체계에 포함된다.

이렇듯 표적체계와 클라이언트체계는 때때로 일치하지만, 언제나 일치하는 것은 아니다. 이러한 불일치는 클라이언트가 변화되어야 할 대상이 아닐 때 서로 다르게 나타난다. 예를 들어, 클라이언트가 전셋집에서 쫓겨난 가난한 가족일 경우, 사회사업가의 표적체계는 집주인일 수도 있다. 표적체계와 클라이언트체계는 클라이언트가 정서적 고통에서 벗어나는 것과 같은 어떤 자기 변화를 이루려고 할 때 동일할 수도 있다.

(4) 행동체계

행동체계(action system)는 사회복지사의 활동 목적을 달성하기 위해 공동으로 노력하는 모든 체계들이 해당된다. 예를 들어, 비행청소년의 문제를 해결하기 위해 부모, 학교 교사, 도움이 될 만한 친구 등이 동원될 수 있다. 이때 부모, 학교 교사, 도움이 될 만한 친구 등이 행동체계가 된다.

클라이언트체계와 행동체계의 목표가 갈등적이고 행동체계의 구성원들이 클라이언트체계의 결과 목표를 희생시키면서 그들의 결과 목표를 성취하려고 한다면, 사회복지사는 클라이언트체계를 지원하여 행동체계에 영향을 미쳐야 할 것이다.

콤튼(Beulah R. Compton) 외는 1984년 그들의 저서 『사회복지과정(*Social work processes*)』에서, 그들은 핀커스와 미나한의 4체계이론에 전문가체계와 문제인식체계를 추가하여 6체계이론으로 확대하였다. 그 구체적인 체계는 다음과 같다(Compton et al., 2004).

(5) 전문가체계

전문가체계(profession system)는 사회복지사들로 구성되어 있어 사회복지사의 전문성을 강화하고, 사회 내에서 사회복지사의 위상을 높이기 위해 노력하는 체계를 말한다. 변화매개인은 클라이언트를 변화시키려고 노력하는 사람이나 기관을 의미하는 것이지, 막연히 지역사회나 조직 또는 제도와 같은 추상적인 것을 말하는 것이 아니다. 또한 지역사회, 조직, 가족, 또는 집단을 클라이언트체계, 표적체계 또는 변화매개체계라고 말할 때, 그 체계를 구성하는 사람들을 말하는 것이다. 만약 변화매개인의 목표가 체계의 구조, 즉 사람들 사이에 양식화된 관계망을 변화시키는 것이라면, 체계 내의 사람들에게 영향을 줌으로써 서로가 상호 관계하는 방법을 변화시켜 그 목적을 달성할 수 있다.

(6) 문제인식체계(의뢰-응답체계)

문제인식체계(problem identification system)는 잠재적 클라이언트를 사회복지사의 관심영역으로 끌어들이기 위해 행동하는 체계이다. 사회복지사나 변화매개체계와의 접촉 초기에는 클라이언트체계로 고려될 수 있지만, 본질상 그 자체가 클라이언트체계로 고려되지는 않는다. 실천의 초기단계 동안 사회복지사는 문제인식체계를 잠재적 클라이언트로 다루어야 할 필요가 있을 것이다.

2) 단일화모델

단일화모델(unitary model)은 세 가지 중요한 준거 틀, 즉 사회체계모델, 사회학습 또는 문제해결모델, 과정모델을 결합한 모델이다. 이 중에서도 특히 과정모델의 내용을 강조한다. 골드스타인(Howard Goldstein)은 1973년 그의 저서 『사회사업실

천: 단일접근(*Social Work Practice: A Unitary Approach*)』에서, 과정모델은 조사와 평가, 의뢰와 중재, 평가적 전략 등에 의해 사회복지실천이 역할유도단계, 핵심단계 및 종결단계를 통해 이루어진다고 본다. 골드스타인에 따르면, 4체계모델이 클라이언트체계 및 자원체계와 사회복지사와의 상호기능을 중시한 데 비해, 단일화모델은 사회학습에 관한 사회복지사의 기능에 더 많은 관심을 집중시킨다. 사회학습을 매우 광범위한 일반적인 의미로 제시하여 중요한 변화 목표를 개인이나 소집단체계에 한정시키지 않고, 사회학습 과정을 통해 조직, 지역사회 등의 더 큰 체계들이 변화될 수 있다고 주장한 것이다. 또한 사회복지사의 자원 확보와 폭넓은 활용을 통해 사회 변화가 가능하다고 강조한다.

그러므로 단일화모델의 목표는 크게 두 가지로 사회학습의 촉진 및 강화와 자원을 확보하고 활용하는 사회변화로 볼 수 있다.

3) 문제해결모델

문제해결모델(problem-solving model)은 펄만(Helen Harris Perlman)이 1957년 그의 저서 『사회적 케이스워크: 문제해결과정(*Social casework: A problem solving process*)』에서 개발한 모델이다. 펄만은 진단주의와 기능주의의 대립을 해결하기 위해서 실용적이고 현재를 강조하는 문제해결모델을 발전시켰다. 펄만은 문제해결모델에서 인간의 삶 자체가 지속적인 문제해결의 과정이라고 보았다. 문제해결과정을 크게 세 가지 과정으로 나누어 살펴보면 다음과 같다(Perlman, 2011).

첫째, 클라이언트의 변화를 위한 동기를 이끌어 주는 것이다.

둘째, 클라이언트의 능력을 발휘할 수 있도록 하는 것이다.

셋째, 문제를 해결하는 데 필요한 원조나 자원에 접근하도록 하는 것이다.

펄만에 따르면, 개별사회사업과정은 체계적이고 정리된 방법으로 생각과 감정을 효율적으로 행동으로 옮기는 문제해결과정이다. 그리고 개별사회사업의 목적은 치료가 아니고, 현재의 문제에 대처하는 개인능력을 향상시키는 것이다. 즉, 문제해결모델에서는 클라이언트의 문제를 해결하기 위한 문제해결과정을 통하여 클라이언트의 동기에 대한 지지, 자아기능의 강화, 문제해결에 대한 지지 등을 하고 있다. 또한 이 모델에서는 클라이언트가 외부의 도움 없이 문제를 처리하도록 돕고 있다. 클라이언트는 자극에 대해 단순히 반응하는 것뿐만 아니라, 문제를 처리하며 역동적인 사회구조 속에서 어떤 목표를 달성하고자 노력하고 있다. 즉, 클라이언트 자신이 문제해결자로서 자신의 문제를 해결하는 것이다.

문제해결모델에서는 클라이언트를 지원하고 훈련하여 스스로 문제해결을 할 수 있는 능력이 있다는 것을 자각할 수 있도록 돕고 있다. 사회복지실천에서 사회복지사가 클라이언트와 상호작용을 하며, 클라이언트의 즉각적 문제에 대한 해결책을 원조하며 훈련하고, 클라이언트가 자아기능을 강화할 수 있도록 지원하고, 원조한다.

결론적으로 문제해결모델의 특성은 자아개념을 중시하면서 클라이언트 자신이 문제해결자임을 강조하고, 인간은 누구나 안전을 유지·회복하며, 문제해결에 의식적·무의식적으로 관여하는 존재라고 보는 것이다. 사회복지분야에서는 진단주의나 기능주의의 영향을 강하게 받고 있는 절충주의의 대표작이라 할 수 있다.

4) 생활모델

생활모델은 1970년 초부터 저메인(Germain, 1973)이 주장한 모델로, 생태체계학적 관점을 이론의 준거 틀로 도입하여 개발한 모델이다. 클라이언트와 그 환경 간의 양면에 초점을 맞추기 위해 환경적 상호관계를 사용하는 사회복지실천의 접근방법이다.

사회복지실천에서의 생활모델은 개인과 환경 간 상호 교류 속에서의 균형과 적응을 강조한다. 명칭은 생활모델로 불리지만 기술적인 의미에서의 모델을 의미하지는 않고, 오히려 생활모델화된 실천이라고 하는 게 바람직하다. 그리고 이 이론은 생태체계적 관점을 그 출발점으로 한다. 즉, 생활모델은 생태적 관점에서 나온 실천모델로서, 사람과 환경을 통합적으로 보고, 개인과 환경 또는 이 두 가지 모두를 변화시키는 데 필요한 이론과 실천 간의 격차를 줄이는 사회복지실천의 중요한 과제를 지금까지의 어떤 모델보다도 잘 수행한 모델이다. 따라서, 사회복지사와 클라이언트는 인간과 환경 간의 상호작용에 관련된 생활을 통해서 새로운 균형 상태를 창출하고자 하며, 더 나아가 적응능력과 자율성을 획득하게 된다.

생활모델은 문제를 병리적 상태의 반영이 아닌 전체의 부분들 간 상호작용의 결과로 보고 있다. 여기서 문제란 성격장애가 아닌 스트레스를 만들어 내고, 대처능력을 과중하게 부담시키는 생활상의 문제로 정의한다. 그래서 생활의 맥락에서 문제를 파악하는 데 관심을 두고, 문제를 개인의 장애로만 파악하지 않는다. 이와 같이 생활모델은 문제를 개인의 장애로서만 파악하지 않고, 생활환경 내에서 파악하며, 개인이 환경과의 적응적 교류와 균형이 깨어지면 스트레스(긴장)가 발생한다고 하였다. 따라서, 생활모델은 생활 그 자체를 모델로 하고, 이것이 지니고 있는 성장과 발달 및 문제해결의 힘을 동원하고, 촉진시키기 위하여 넓은 범주의 접근을 모색하는 데 그 특징이 있다(권향임 외, 2018: 115－116).

모든 스트레스 상황이 반드시 스트레스를 유발하는 것은 아니며, 스트레스 유발 여부는 개인적·환경적 상황 그리고 특정 사건에 대한 인지방법에 의해 결정된다. 생활모델에서는 외부세계를 통제할 수 있는 인지능력을 강조하며, 사회복지실천의 목적을 환경과 개인의 상호 교류가 적응적으로 되기 위해 개인의 적응능력을 강화하고 환경에 영향을 주는 것으로 보고 있다.

생활모델에서의 주요 목표는 인간 생활상의 문제를 해결하고, 인간의 적응능력을 지지 및 강화하며 스트레스를 경감시키고, 대처를 위한 사회자원을 동원하는 데 있다. 따라서, 사회복지사는 클라이언트와 환경 간의 상호작용과 관련된 생활을 통해 새로운 균형을 창출하고, 더 나아가 적응 능력과 자율성을 획득하도록 노력한다.

생활모델의 특징은 다음과 같다(이경준 외, 2020: 149).

① 클라이언트의 다양성 존중 : 클라이언트의 사회경제적 지위, 종교, 성, 연령 등을 있는 그대로 수용하고 존중한다.

② 클라이언트와 사회복지사의 동반자적 관계 강조 : 클라이언트는 자신의 삶에 대해 전문가라고 보며, 클라이언트와 사회복지사의 관계를 동반자적인 것으로 본다.

③ 통합된 양식과 방법 및 기술사용 : 인간과 환경의 상호작용에 초점을 두고 개인, 집단, 지역사회 등 제반 체계에 개입할 수 있도록 실천원칙과 기술을 통합한다.

④ 개인과 집단의 강점을 강조 : 생활에서 발생하는 스트레스는 인간과 환경 사이의 적응적 교류의 균형이 깨지면서 발생하는 것이어서, 개인과 집단이 소유한 잠재능력을 발휘하고 환경의 긴장요인을 줄여 성장과 촉진적 교류를 회복하고자 한다.

5) 임파워먼트모델

(1) 임파워먼트모델의 정의

임파워먼트(empowerment)는 오늘날 사회복지에서 매우 널리 알려진 용어 중의 하나이다. 그러나 임파워먼트라는 용어는 다소 모호할 뿐 아니라, 급진적 행동주의 맑시스트(Marxist)에서부터 보수적인 자본주의에 이르기까지 서로 다른 의미로 사용되고 있다. 자유방임주의 경제와 최소한의 정부를 지지하는 보수적인 자본주의자들에 따르면, 임파워먼트는 더 나은 삶을 만들기 위한 사람들의 노력에 간섭하지 않는 것이다. 반면, 급진적인 맑시스트에 의하면, 임파워먼트는 복지국가의 틀 속에서 체계적으로 배제당해 온 사람들의 손안으로 힘을 이동시키는 과정이다. 이런 시대적 상황 속에서 임파워먼트 패러다임은 억압받는 사람들의 편에서 사회정의를 실현하는 사회복지의 주요 관점으로 이해되어 왔으며, 사회정의, 인간의 강점, 억압받는 자의 회복력과 관련이 있는 것으로 이해되고 있다(김보기 외, 2019a: 129).

미국과 영국의 임파워먼트에 대한 여러 정의들에 따르면, 인간이 환경 속에서 개인적·대인관계적·정치적 힘을 증가시킴으로써 삶에 대한 통제권을 획득하고 변화를 가져오려는 것이다. 임파워먼트는 과정이기도 하고 결과일 수도 있기 때문에, 과정과 결과 모두를 포함하는 개념이다(최혜지 외, 2021: 116).

결론적으로 임파워먼트는 소외되고 권리를 박탈당한 클라이언트들의 집단을 대상으로 문제해결능력을 증가시키고, 자신과 환경에 대한 통제력을 갖도록 자원, 서비스, 기회, 정보 등을 연결시키는 것이다. 따라서, 개인과 환경 간의 상호작용에서 발생하는 부조화, 불균형을 해결하려는 한 방법으로서 임파워먼트(empowerment)를 사회복지의 개입방법으로 활용하게 된다.

(2) 임파워먼트모델의 과정

임파워먼트 과정에 대한 기존 연구들을 살펴보면, 임파워먼트 과정과 여러 측면들이 4가지로 제시되고 있다(Gutierrez, 1992 ; Simon, 1995).

첫째, 태도, 가치, 믿음의 변화과정이다. 개인적으로 자기효용에 대한 믿음의 변화가 임파워먼트 과정에 영향을 미친다. 임파워먼트 접근으로 나타나는 자기효용이란 자신의 이익을 위해 행동할 수 있도록 동기화하는 자신에 대한 감정, 자기가치에 대한 확신, 자기통제에 대한 확신 등을 포함하는 것이다.

둘째, 집단의식의 성장과정이다. 집단에 참여함으로써 타인에게 영향력을 행사할 수 있는 경험 및 사회적 지지와 상호원조를 경험하게 된다. 이러한 집단의 경험은 환경에 대한 새로운 시각과 일상생활의 대처기술을 익힐 수 있게 하며 집단적인 결속력과 응집을 경험하게 된다. 이로써, 무력감을 느끼는 클라이언트들은 개인의 문제를 집단의 문제로 인식하게 하며, 이는 공동운명에 대한 인식과 자각을 증가시킨다.

셋째, 비판적 사고와 행동을 위해 지식과 기술을 증가시키는 과정이다. 집단활동을 통해 성원 간의 문제를 공유하게 되고, 서로 지지하면서 문제의 내·외부양상에 대해 비판적으로 사고할 수 있게 된다. 이러한 과정을 통해 자신의 문제가 타인의 문제와 유사하다는 것을 알게 되며, 필요한 자원과 기회를 획득하기 위해 역량을 강화시키며 문제해결에 초점을 둔다. 이 단계에서는 사회적 위축을 벗어나기 위한 다양한 모색이 시도되며, 사람들 간의 관계망, 조직화에 대한 관심이 증가되며 이를 바탕으로 조직적 파워의 형성을 준비한다.

넷째, 행동화 과정이다. 의식의 변화에 따라 반응적으로 행동하면서 행동전략으로 발전되며, 내적·외적으로 영향을 미치는 지식, 자원, 기술이 증가된다. 이런 과정을 통해 타인과 공유하는 목표와 사회변화를 이루기 위해 타인과 협력하는 행동이 구체화된다.

결론적으로 임파워먼트 과정은 미시적으로부터 거시적 수준으로의 변화를 유도하며, 이러한 과정은 심리적 위축에서 벗어나 사회적 자원의 획득을 위한 활동, 연계형성, 기회의 확대 등으로 이어진다. 따라서, 전개과정은 일직선상으로 단선적인 것이 아니라, 상호적으로 순환적으로 이루어지며, 단계별 구분이 다소 불명확하게 전개되는 특징이 있다.

(3) 임파워먼트모델의 개입 기술

협력적인 원조관계에서 클라이언트의 역량을 강화하기 위해서 사회복지사는 5가지 중요한 기술을 갖춰야 한다(김보기 외, 2019a: 133－134).

첫째, 클라이언트가 문제를 규정하는 것을 받아들이는 것이 중요한 요소이다. 클라이언트의 문제 규정을 받아들임으로써 사회복지사는 클라이언트가 상황을 이해하고 규정할 능력이 있다는 것을 인정하는 것이다. 이 기법은 클라이언트를 원조관계에서 힘을 발휘하고 통제력을 행사할 수 있는 위치로 이해한다.

둘째, 클라이언트의 장점을 명확히 하고 찾아낸다. 임파워먼트 접근에서 가장 강조되는 것은 강점기반의 사정이다. 강점중심의 접근은 문제와 대처에 대한 클라이언트의 관점을 강조하다. 이러한 원칙은 임파워먼트 실천에서 강조되는 개인과 환경에 대한 이중초점을 유지하게 되며, 클라이언트의 대처능력과 동기화를 유도하고 클라이언트가 스스로 위기를 다루고 스스로에 대해 믿음을 갖도록 지지하는 프로그램을 구성할 수 있게 한다. 실천가는 클라이언트의 현재의 기능수준과 개인적 또는 대인관계적 힘의 근원을 알 수 있게 된다. 클라이언트의 장점은 일반적 대화를 통해 쉽게 찾아질 수 있다.

셋째, 클라이언트가 힘의 불균형 문제를 자각하게 하는 것이 핵심적인 기법이다. 사회복지사의 자각이 선행되면, 일시적인 실천이 상황과 전체로서의 사회에서 힘의 분배 간의 관계를 종합적으로 이해할 수 있게 된다. 사회복지사가 힘의 근원을 자각하면, 클라이언트를 자각시키기 위해 유사한 기법을 실행한다. 한 가지 간접적인 기법은 현재의 상황에 대한 사회구조적 근원을 조사하고 규정하려는 목적을 가지고 클라이언트와 대화를 진행하는 것이다. 보다 직접적인 기법은 클라이언트가 설정된 상황이나 실제 상황에서 스스로 상황을 분석해 보도록 하는 것이다. 이러한 분석의 결과는 클라이언트의 잠재적인 힘의 근원과 그들이 동기화될 수 있는 방법을 이해할 수 있는 기반이 되는 것이다.

넷째, 특별한 기술을 지도함으로써 클라이언트가 개인적·사회적·정치적 수준에서 보다 영향력 있게 되도록 하는 자원을 개발하도록 돕는다. 임파워먼트 실천에서 규정하고 있는 기술영역은 문제해결, 지역사회 또는 조직변화 기술, 양육, 구직, 자기방어와 같은 '생활기술'과 주장, 사회적 경쟁, 자기옹호와 같은 '대인기술'을 포함한다. 이러한 기술을 지도할 때의 사회복지사는 사회복지사와 클라이언트가 극복하려는 힘의 관계가 반복되지 않도록 교사보다는 자문가 또는 촉진가의 역할을 해야 한다.

다섯째, 자원을 동원하거나 클라이언트를 옹호하는 기법이다. 이는 임파워먼트에 대한 적절한 자원이 부족한 경우에 필요하다. 이러한 기법에는 사회복지사가 클라이언트를 위한 구체적인 자원과 정보를 모으는 것뿐 아니라, 필요할 때면 그들의 편에서 옹호하는 것까지 포함된다. 옹호가 무력감을 강화시키기 때문에 임파워먼트의 목표와 상충된다고 주장하기도 하지만, 클라이언트를 포함하여 협력적인 방법으로 과업을 수행할 수 있고 새로운 기술을 습득할 기회를 제공하기도 한다. 옹호와 자원동원을 통해 사회복지사와 클라이언트는 더 큰 사회적 구조가 임파워먼트의 완성을 위해 필요한 것을 제공하도록 할 수 있다.

(4) 사회복지실천과의 연관성

사회복지사와 클라이언트 사이에 형성된 관계는 개입의 성공 열쇠이다. 임파워먼트를 기반으로 한 실천에서는 전문가가 지시자보다는 '촉진자' 또는 자원이 되는 '역량의 공유'와 '참여자 주도'의 과정으로 원조과정을 재규정하도록 요구한다. 역할과 책임은 상호적이며 공유된다. 사회복지실천에서 클라이언트와 사회복지사는 동반자로 행동한다. 우선 협력적인 원조관계에서 클라이언트의 역량을 강화하기 위해서 사회복지사는 다섯 가지의 중요한 기술을 갖추어야 한다.

① 클라이언트가 문제를 규정하는 것을 받아들이는 것
② 클라이언트의 장점을 명확히 하고 찾아내는 것
③ 클라이언트가 힘의 불균형 문제를 자각하게 하는 것
④ 특별한 기술을 통해 클라이언트가 개인적·사회적·정치적 수준에서 보다 영향력 있게 되도록 자원을 개발하도록 돕는 것
⑤ 자원을 동원하거나 클라이언트를 옹호하는 것

3. 사회복지실천과의 관계

1) 관계의 개념

사회복지실천에서의 관계(relationship)는 사회복지사와 클라이언트의 관계를 의미하며, 전문적인 관계를 말한다. 즉, 친구나 동료 등과 같이 어울리는 일반적인 관계가 아니라, 사회복지사가 클라이언트에게 개입을 하기 위하여 전문가로서 분명한 목적과 의도를 가지고 클라이언트와 관계 맺는 것을 의미하는 것이다(김철진 외, 2016: 130). 여기서 우리말로 '관계'로 번역되는 'relation'과 'relationship'을 구별할 필요가 있다. 즉, relation은 둘 사이의 형식적이고 단순한 관계를 의미한다. 반면에, relationship은 내용적인 관계를 말한다. 예를 들어, 공무원이 민원인의 요구를 해결할 때, 둘 사이의 관계는 공무원과 민원인이라는 relation이다. 하지만 공무원이 민원인의 상태, 즉 학식정도, 행정이해력, 민원 내용에 대한 숙지상태 등을 파악하여 맞춤상담으로 민원을 해결해 준다면 이는 relationship이다. 또 다른 예로, 누군가 길을 물었을 때, 단순히 길만 가르쳐준다면 이때의 행인과 주민 사이는 relation이다. 하지만 질문자가 외지인이라 판단하고 탑승 절차, 요금 정도, 주변 상황 등을 소개해 준다면 둘 사이의 관계는 relation이 아닌 relationship이다. 따라서, 사회복지실천에서 사회복지사와 클라이언트의 관계는 전문적인 관계이므로 relationship이다(김보기 외, 2019a: 175).

『케이스워크 관계』
(1970년 출판)

비에스텍(Felix P. Biestek)의 저서 『케이스워크 관계(*The Case Work Relationship*, 2018)』에 따르면, 사회복지실천의 노력은 개인 간 상호작용과정(interaction process) 속에서 발생한다. 관계는 클라이언트가 환경에 잘 적응하도록 도우려는 목적을 달성하기 위한 사회복지사와 클라이언트 사이의 태도와 감정의 역동적 상호작용이다. 이러한 상호작용은 사회복지사와 클라이언트 간의 친밀한 관계 이상을 의미한다. 생태체계관점을 지닌 사회복지사는 클라이언트뿐 아니라, 동료, 지역사회 관계자, 각종 전문가 및 클라이언트의 주변 주요 인물들(가족, 친구 및 이웃)과의 상호작용도 중요하게 여긴다. 따라서, 사회복지실천의 상호작용은 사회복지사와 클라이언트 간의 일대일(one to one)의 관계에서 일어날 수도 있고, 다중의 사람들로 구성된 체계(예, 가족, 팀, 집단)와의 관계에서도 일어날 수 있다(최혜지 외, 2021: 171).

사회복지실천은 사회복지사(social worker)와 클라이언트(client)의 관계(relationship)를 통해서 이루어진다. 즉, 사회복지실천에서 관계의 의미는 사회복지사와 클라이언트의 관계로 한정된 개념이며, 본질적으로 도움을 요청하는 클라이언트와 도움을 제공하는 사회복지사 간의 통제적(또는 제한적) 관계를 의미한다. 따라서, 두 사람의 관계형성이 사회복지실천의 핵심적인 요인이 된다. 즉, 사회복지사와 클라이언트의 관계가 사회복지서비스의 결과에 매우 중요한 영향을 미치게 된다. 따라서, 사회복지사는 관계의 의미와 전문적인 관계의 특성을 잘 이해하고 이를 바탕으로 효과적인 관계형성을 할 수 있는 능력을 갖추어야 한다(김효선 외, 2018: 178).

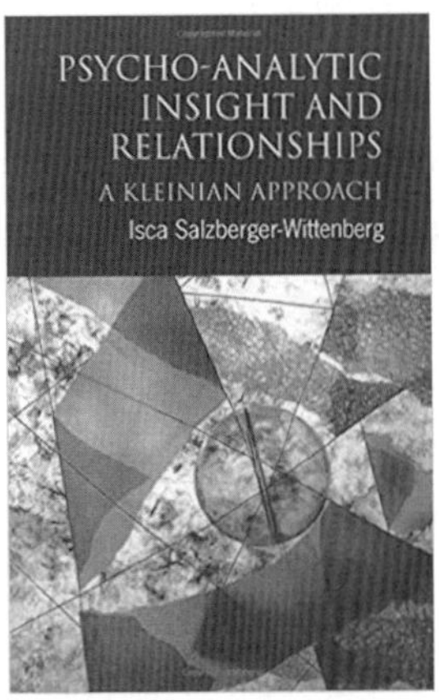

『정신분석적 통찰과 관계』
(1973년 출판)

잘쯔베르거-비텐베르크(Isca Salzberger-Wittenberg)의 저서 『정신분석적 통찰과 관계: 클라인적 접근(*Psychoanalytic Insight and Relationships: A Kleinian Approach*, 1973)』에 따르면, 관계라는 용어는 사회복지실천에서 중요한 역사적 의미를 가지고 있다. 이런 의미에서 관계는 두 사람이 서로에게 영향을 미치고, 그 과정 속에서 모두 배우고 변화하는 양방향의 과정이다.

사회복지실천에서 클라이언트와 사회복지사의 관계형성은 사회복지사만의 노력이 아니라, 상호신뢰와 협력을 바탕으로 이루어진다. 따라서, 사회복지실천에서의 관계는 사회복지사와 클라이언트가 함께 클라이언트의 문제를 해결하는 연결통로이며, 클라이언트가 자신의 환경에 좀 더 나은 적응을 할 수 있도록 돕는 중요한 매개체이다.

2) 라포형성

사회복지실천에서 관계란 사회복지사와 클라이언트 사이의 관계를 의미하며, 사회복지사와 클라이언트 사이의 상호작용 산물로서 '라포(rapport)'라고 한다. 즉, 라포란 사회복지사와 클라이언트가 사고와 감정을 공유하면서 서로 이해하여 조화롭게 일치된 상태를 말한다(조학래, 2019: 142). 사회복지실천에서 꼭 필요한 요소인 관계는 '좋은 라포' 또는 '결합력이 잘 형성된 상태'로 표현되어 왔다. 이러한 좋은 관계의 개발은 사회복지 원조활동(helping endeavor)에 꼭 필요 한 요소로 인식된다(최혜지 외, 2021: 172).

라포형성(rapport building)은 의사소통에서 상대방과 형성되는 친밀감 또는 신뢰관계를 말하는 데, 사회복지실천에서 사회복지사와 클라이언트 사이의 라포형성은 클라이언트의 복지를 위한 사회복지사의 진실한 관심과 도우려는 열망을 통해 이루어진다. 즉, 사회복지사가 먼저 자신을 개방하는 태도를 보이면 클라이언트도 자신을 효과적으로 드러내게 된다. 이때 중요한 것은, 사회복지사의 자기노출 수준을 적절히 조절하여 항상 클라이언트로부터 초점이 벗어나지 않도록 하는 것이다. 따라서, 라포형성은 클라이언트의 문제해결과정을 촉진하여 목표를 달성하는 데 도움이 된다.

일반적으로 라포형성은 비언어적인 것과 언어적인 방법이 있는데, 사회복지사는 이 두 가지를 병행해야 한다. 라포형성을 위해서는 안정된 물리적인 환경도 필요하지만, 무엇보다 중요한 것은 사회복지사의 행동이다. 사회복지사가 클라이언트의 행동에 맞추어 반응하는 것은, 라포형성의 지름길이다. 사회복지사의 언어적 의사소통방법도 라포형성에 영향을 미친다.

사회복지사는 클라이언트와 가족구성원들이 자주 인용하는 단어나 표현을 주의 깊게 살피는 것이 유익하다. 즉, 클라이언트와 가족구성원들에게 익숙하지 않은 단어나 표현을 사회복지사가 반복하여 사용한다면, 라포형성은 어려울 것이다(조학래, 2019: 143).

클라이언트에 대한 존중을 표현하는 것도 라포형성에 매우 중요하다. 존중을 표현하는 방법은 약속시간을 지키거나 클라이언트의 이름을 기억하는 등 기본적인 예의를 갖추는 사회복지사의 태도에서 나온다(Hepworth & Larsen, 2018). 사회복지실천에서 사회복지사와 클라이언트 사이의 라포가 형성되면, 클라이언트는 마음을 열고 사회복지사와 함께 자신의 문제해결을 위해 적극적으로 협력한다.

3) 전문적 관계의 특성

사회복지실천에 있어서의 관계는 일반적인 관계가 아니라, 클라이언트의 문제해결을 돕기 위한 전문가와 클라이언트와의 전문적인 대인관계이다. 이러한 전문적인 관계는 일반적인 대인관계와 달리 항상 클라이언트의 입장에서 출발하여야 하며, 전반적인 과정에 대하여 전문가로서의 책임을 지게 된다.

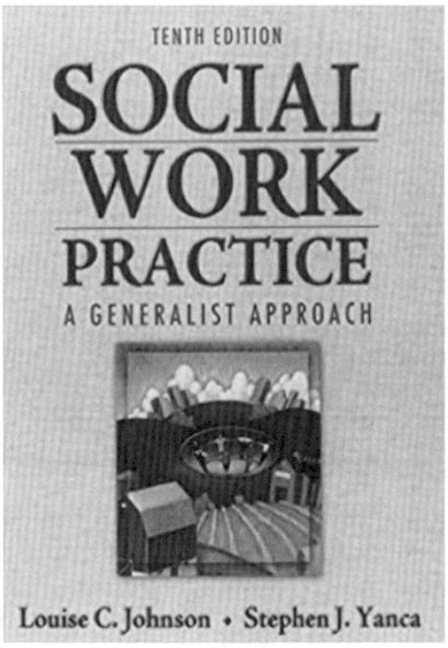

『사회복지실습』
(2009년 출판)

존슨과 얀카(Louise Johnson & Stephen Yanca)의 저서 『사회복지실습: 일반접근방식(*Social Work Practice: A Generalist Approach*, 2009)』에서 주장하는 전문적인 관계의 특성은 다음과 같다.

첫째, 서로 합의된 의도적인 목적을 갖고 있다. 이는 클라이언트의 문제해결이라는 목적을 갖고 보다 나은 원조를 진행하기 위한 관계를 형성해야 한다.

둘째, 클라이언트와 구체적으로 한정된 기간을 갖고 관계를 맺는다. 목적이 달성되었거나 목적이 달성될 수 없다고 생각될 때, 전문적 관계는 종결된다.

셋째, 클라이언트의 욕구 중심적 관계이다. 사회복지사는 자신의 이익보다 클라이언트의 이익을 위해 자신을 헌신하여야 한다. 따라서, 사회복지사는 타인의 욕구에 민감할 수 있도록 객관성과 자아인식에 기초한 관계를 형성해야 한다.

넷째, 사회복지사는 권위를 지닌다. 이러한 권위는 클라이언트를 돕기 위한 특화된 지식 및 기술, 그리고 전문직의 윤리강령에 바탕을 둔 권위를 말한다.

다섯째, 통제된 관계이다. 현재 진행 중인 사례에 대해 객관성을 유지하고, 자기 자신의 감정, 반응, 충동을 자각하고, 그 책임을 진다는 의미에서 통제된 관계이다.

4. 사회복지실천현장모델

1) 개별사회사업의 모델

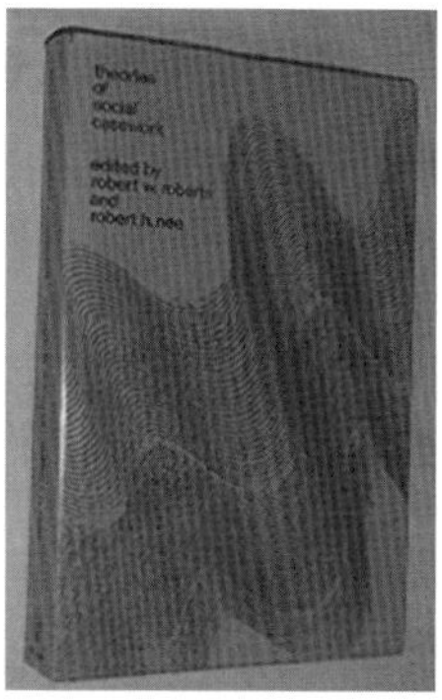

『사회적 케이스워크 이론』
(1970년 출판)

개별사회사업의 모델개별사회사업 방법의 주요 모델은 사회복지사와 클라이언트가 일대일로 사례과정을 이끌어 가는 것이 특징이다. 개별사회사업의 모델은 다음과 같다. 로버트와 니(Robert W. Roberts & Robert H. Nee)가 1970년 그들의 저서 『사회적 케이스워크 이론(*Theories of Social Casework*)』에서 주장하는 개별사회사업의 모델은 다음과 같다(Roberts & Nee, 1970 ; 최옥채, 2016: 251-252).

(1) 심리사회접근모델

심리사회접근모델의 관점은 체계이론에 근거하고 있다. 이 접근에서 시도하는 진단과 치료는 인간과 그의 외부환경과 상호작용에 중점을 두고 있다. 아울러 이 모델에서는 개입이 클라이언트의 욕구에 의해 달라져야 한다는 점을 강조하고 있다. 따라서, 사회복지사는 클라이언트의 복지향상을 위해 합의한 내용에 따라 클라이언트를 수용해야 하고, 클라이언트의 욕구를 우선하는 '타인 중심' 관계이어야 하며, 편견을 버리고 클라이언트를 과학적 형체로 이해해야 한다.

(2) 기능주의모델

기능주의모델은 인간의 본질에 관한 이해, 사회복지실천의 목적에 관한 이해,

과정의 개념에 관한 이해를 강조한다. 기능주의적 접근은 성장심리학에 근거하기 때문에 변화를 사회복지사 중심이 아닌 클라이언트 중심으로 보았으며, 사회복지실천의 목적은 클라이언트에게 주어진 건강한 개인적·사회적 조건을 위해 영향을 주는 것이고, 사회복지실천기관을 통해 전체 과정을 돕는 과정임을 강조하였다.

(3) 문제해결모델

문제해결과정은 클라이언트의 곤경을 해결하기 위해 사람이나 대상 및 환경을 조작하는 것이 아니고, 활동적인 사회복지사와 클라이언트와 주변 환경 간 이루어지는 교류를 발전적으로 증진시켜 나가는 것을 의미한다. 치료에 중점을 두지 않고 주변의 자원을 적극 활용하여 문제해결기능을 강화하는 데 전력한다. 이 모델에서 강조하는 요점 중 하나는 문제를 느끼고 문제를 안고 다니며, 문제를 경험하고 있는 자는 바로 도움을 얻고자 하는 클라이언트라는 사실이다. 문제해결모델은 클라이언트가 지니는 문제의 해결은 클라이언트를 통하고, 클라이언트와 함께 클라이언트의 힘을 빌려 가능하다는 점을 강조한다.

(4) 행동수정모델

행동수정모델은 행동수정에 관한 지식과 실천의 대두와 함께 개별사회복지사들이 이 분야에 관심을 두면서 자연스럽게 개발된 것이다. 클라이언트의 특정 행동을 변화시키거나 지속시키기 위해 개별사회복지사들이 행동수정모델을 활용하게 되었다. 예컨대, 아동들에게 과제나 일상을 모범적으로 하면 스티커를 주고, 일정 수의 스티커를 가져오면 스케치북을 주는 것이 바로 이 모델을 적용한 것이다. 이 모델에서는 클라이언트의 부적절한 행동이나 사고를 변화시키기 위해 행동주의 이론에서 강조하고 있는 학습이론의 원리를 토대로 하고 있다.

(5) 위기개입모델

단기개별사회사업의 실제에서 위기이론과 이 이론의 적용에 갑자기 관심을 갖게 된 것은, 1960년대 이후이다. 이론적으로 위기개입은 정신분석이론을 비롯하여 인간행동의 여러 이론을 기초로 하고 있다. 위기개입의 목표는 클라이언트가 당면하고 있는 위기를 해소하는 데 있다. 클라이언트가 직면하고 있는 위기를 심리적으로 해소해 가고, 그래서 적어도 클라이언트가 위기 기간 이전에 보존하고 있었던 기능수행의 수준까지 회복시키는 것이다.

2) 지역사회복지실천의 모델

사회제도의 발전과 변화에 관심을 기울이며, 문제확인, 원인진단 해결책 수립 등과 주민의 조직 및 행동을 끌어내는 데 필요한 전략의 고안 등 조직을 꾀하는 활동으로써, 미국에서나 다른 나라에서도 도시나 농촌을 막론하고, 의도적이며 목적적인 지역사회의 변화에 최소한 세 가지 접근법이 있다고 본다.

지역사회복지실천을 다음과 같은 세 가지 모델로 분류하였다(Rothman, 2005).

(1) 지역사회개발모델

지역사회개발(community development)은 지역사회의 최대한의 창의와 지역민의 적극적인 참여로 전체 지역사회의 경제적·사회적 발전을 도모하기 위한 사업을 말한다. 지역사회개발모델(community development model)은 지역사회구성원의 자발적 참여와 역량개발을 통해 지역사회문제를 해결하고자 하는 것으로, 지역사회복지의 가장 전형적인 모델이다. 지역사회문제나 욕구를 다룰 때 구성원들이 지역사회의 문제를 스스로 해결할 수 있는 능력을 강화시키는 데 역점을 둔다. 즉, 지역사회 구성원들의 의식개선과 역량강화를 통해 지역사회의 전반적인 역량을 개선하고 지역사회가 갖는 통합능력을 제고하고자 하는 모형이다. 주로 지역복지관의 지역개발사업, 성인교육활동 등이 여기에 해당된다.

(2) 사회계획모델

사회계획(social planning)은 사회, 지역사회, 또는 조직체를 보다 향상시키기 위하여 현재의 문제 또는 예상되는 미래의 문제를 파악하고 해결책을 제시하는 의도적이고 비교적 광범위한 노력을 말한다. 사회계획모델(social planning model)은 지역사회가 갖는 문제를 해결하는 데 있어서 합리적이고 전문적인 역량에 기초하여 효율적으로 문제를 해결할 수 있는 가장 적합한 방안을 마련하고자 하는 모형이다. 전문가가 개입하여 지역사회복지실천 과정을 주도하고, 복지욕구가 있는 지역사회의 구성원에게 물자와 서비스를 제공한다. 즉, 최근의 복잡한 현대산업사회의 변화를 위해 거대한 관료적인 기관들을 움직일 수 있도록 고도의 전문성을 갖춘 인력을 필요로 하며, 사회문제해결을 위한 기술적인 과정을 강조한다.

(3) 사회행동모델

사회행동(social action)은 넓은 의미에서의 사회복지활동의 하나로, 대상의 요구에 따라 복지관계자의 조직화를 도모하고, 여론을 환기시켜, 입법, 행정기관에 압력행동을 전개해 기존의 법제도의 개폐, 복지자원의 확충 및 창설 그리고 사회복지의 운영개선 등을 지향하는 조직 활동을 말한다. 사회행동모델(social action model)은 지역사회의 억압 받고 소외된 구성원이 사회경제적으로 보다 나은 대우를 받을 수 있도록 하려는 접근모델로, 의식화, 조직화, 권리요구와 같은 적극적인 방법을 사용하여 불평등 및 기회제한의 문제 등을 개선하는 활동을 전개하며, 이런 활동을 통해 지역사회의 정의를 실현하고자 한다. 이는 곧 차별받던 지역사회 구성원의 의지 및 역량을 강화하여 이들이 스스로 자신의 권리를 찾아 나설 수 있도록 도와준다. 지역사회의 불우계층을 사회정의와 민주주의에 입각해 보다 많은 자원과 향상된 처우를 지역사회에 요구할 수 있도록 지원한다. 일반적으로 소수인종집단, 여권신장운동, 노동운동조합, 소비자보호운동, 환경보호운동 등이 포함된다.

3) 지역사회 대상 사회복지실천의 적용

지역사회는 사회복지실천의 중요한 자원으로서 깊은 의미를 가진다. 사회복지사는 지역사회 안의 중요한 인적·물적 자원을 발굴하고 동원해야 하며, 지역사회가 인간행동에 미치는 영향도 지역사회의 물리적·사회적 환경에 초점을 두어야 한다. 즉, 클라이언트 중심의 집, 건물, 농촌마을, 도시지역 같은 물리적 환경에 거주하는 사람의 생활양식, 연령, 성, 문화적 양식에 적합한 방식으로 가정생활, 대인관계, 직장생활, 종교생활을 하는 사회적 환경을 지원해야 한다. 지역사회복지실천은 클라이언트와 사회복지사, 그리고 자원봉사자나 후원자 등의 참여자가 함께 어우러져 이루어진다. 특히, 장애인, 어르신 등을 위한 장기적이고 다양한 서비스가 강조됨에 따라 여러 기관과 개인의 참여가 불가피한 상황이 확대되고 있다(표갑수 외, 2017: 328).

연습문제
EXERCISE

01 사회복지실천의 특성으로 옳지 않은 것은?

① 클라이언트의 문제를 대신 해결해 주는 활동이다.
② 사회정책을 개발하고 수정하는 데 기여한다.
③ 사람과 자원체계가 연결될 수 있도록 돕는다.
④ 인간의 삶의 질 향상을 목적으로 한다.
⑤ 사회복지 실천기술을 활용한다.

02 통합적 접근방법에서 사회복지사가 직접 수행하지 않는 것은?

① 다양한 실천모델의 적용
② 종합 심리검사의 실시 및 평가
⑤ 가족 특성 이해를 위한 가계도 작성
④ 클라이언트 주변체계의 자원 발굴 및 동원
⑤ 클라이언트 주변체계 이해를 위한 생태도 작성

03 클라이언트와 관계를 형성하는 기술이 아닌 것은?

① 클라이언트의 감정을 충분히 이해하고 있다는 것을 언어적·비언어적으로 전달한다.
② 클라이언트의 감정을 수용한다.
③ 진실성을 가지고 클라이언트를 대한다.
④ 클라이언트가 침묵하면 다음 주제로 넘어간다.
⑤ 사회복지사가 적절히 자기노출을 한다.

04 간접개입에 해당하는 것은?

① 위 클래스 이용 청소년의 부모를 상담하였다.
② 예비부모 교육집단을 운영하였다.
③ 사례관리에서 재사정을 통해 서비스를 조정하였다.
④ 문제행동을 보이는 아동에게 행동수정 요법을 적용하였다.
⑤ 게임 중독 문제가 있는 철우네 가족을 대상으로 가족치료를 하였다.

정답 1. ① 2. ② 3. ④ 4. ③

Chapter 10

사회복지실천기술

학습목표

1. 실천과 실천기술의 구분 이해
2. 실천기술과 상담과의 연계
3. 사례연구

학습내용

1. 사회복지실천기술의 개념
2. 사회복지실천기술의 내용
3. 사회복지실천기술의 주요 기술
4. 대상 실천기술

개요

사회복지실천기술은 클라이언트와의 관계에서 사회복지실천의 가치와 지식에 기초하여 클라이언트와 관련된 특별한 상황의 변화를 위하여 심리사회적 개입을 할 수 있는 사회복지사의 능력이다. 따라서, 사회복지사의 역할에 대한 성패는 사회복지실천기술을 얼마나 숙지하고 있으며, 이를 현장에서 활용하는가에 달려 있다. 여기에서는 사회복지실천기술을 학습하고자 한다.

Chapter 10

사회복지실천기술

1. 사회복지실천기술의 개념

'기술(skill)'에 대한 사전적 정의는 어떤 것(업무, 일, 게임, 스포츠 등)을 할 수 있도록 가능하게 하는 지식과 능력이다. 사회복지사가 업무를 수행하기 위해서는 실천을 위한 가치 및 전문지식이 있어야 하는 데, 사회복지실천이 이루어지기 위해서는 사회복지사의 실천기술이 실제로 발휘되어야 가능하다. 실천기술은 사회복지실천을 가능하게 할 수 있는 결정적인 사회복지사가 갖추어야 할 업무능력이라는 측면에서 그 중요성을 한층 더 강조하게 된다.

사회복지실천기술에 대해서 여러 이론가들의 정의를 살펴보면 다음과 같다(김보기 외, 2021b: 26－27).

첫째, 사회복지실천기술의 정의를 '숙련성' 또는 '수행능력' 등에 초점을 두는 견해이다. 바커(Barker, 2013)에 따르면, 사회복지사의 기술은 대화나 클라이언트의 문제, 욕구, 능력에 대한 사정, 자원개발과 사회구조를 변화시키는 데 있어서의 숙련성이다. 스몰리(Smally, 1967)에 따르면, 사회복지사가 특정 프로그램이나 서비스의 목적을 달성하기 위해서 과정(Process)을 진척시키는 데 필요한 방법을 사용할 수 있는 능력이다. 쉬퍼 등(Sheafor et al., 1998)에 따르면, 사회복지 실천기술은 지식과 개입 기법을 효과적으로 사용할 수 있는 능력이다.

둘째, '행동과업'을 강조하는 견해이다. 헨리(Henry, 1981)에 따르면, 사회복지실천 기술은 특정 시간에, 특정 목적을 위해서, 특정 방식으로 사회복지사가 사용하는 일련의 행동 또는 과업이다. 존슨과 얀카(Johnson & Yanca, 2015)에 따르면, 그는 사회복지실천기술을 관심과 욕구에 맞추어, 지식과 가치를 행동으로 전환하는 사회복지실천의 구성요소로 보고, 특정 목표나 활동을 향한 복잡한 행위체제라고 정의한다. 이러한 정의는 실천기술을 '행동하는 지식'으로 기술한 필립스(Phillips, 1957)와도 잘 부합하고 있다.

셋째, 사회복지실천기술의 특성을 중심으로 하는 견해이다. 카우노버(Counover, 2016)에 따르면, 사회복지실천기술은 ① 사회복지실천의 지식, 가치, 윤리, 의무로부터 나와야 하며, ② 사회복지사에 필요한 핵심적 자질과 일치해야 하며, ③ 전문적 통합성의 특징을 반영해야 하며, ④ 실천의 단계나 과정의 맥락이 고려된 사회복지 실천목적과 부합하여야 한다. 그가 설명한 사회복지실천기술의 특성은 사회복지실천기술이 어떤 특정 기법 및 방법을 익히는 작업만으로는 이루어질 수 없는 전문적 행위임을 재확인시켜준다.

그러므로 사회복지사는 인간과 사회에 관한 다양한 기초지식을 배경으로 클라이언트와 관계를 맺기 위해 요구되는 대인관계기술과 도움을 제공하기 위한 의사소통기술이 요구된다. 문제해결을 위한 기술로 클라이언트가 찾아왔을 때, 제시된 문제를 파악하고 요구되는 정보를 찾아내어 개입의 목적과 방법을 파악해 내는 기술이 필요하다.

이러한 기술은 지속적인 개입을 위한 준비 틀을 제공하는 것이다. 이렇게 문제의 사정과 개입의 목표를 결정하고 개입을 통해서 문제를 해결해 나가는 기술은 어떤 종류의 실천이든 간에 기본적으로 요구되는 기술이다.

이러한 정의를 바탕으로 한 사회복지실천기술의 특징은 다음과 같다(황인옥, 2020: 10-11).

첫째, 사회복지실천기술은 사회복지실천의 가치와 지식에 근거를 두어야 한다.

둘째, 사회복지실천은 상황에 따라 다른 기술을 적용하기 때문에 특정 상황에 맞는 실천기술을 선택하고 활용하는 능력이 필요하다.

셋째, 사회복지실천기술은 특정 이론에만 근거한 것이 아니기 때문에, 다양한 이론이나 방법적 요소를 특정 상황이나 문제에 맞게 적절하게 선택해서 사용할 수 있어야 한다.

넷째, 사회복지실천기술은 지식을 기반으로 하기 때문에 개발될 수 있고, 학습이 가능하다.

2. 사회복지실천기술의 내용

1) 실천기술의 기초 기술

미국사회복지교육협의회(CSWE, 1994)는 사회복지실천기술을 인지적 기술(cognitive skills)과 상호작용적 기술(interactive skills) 두 가지 유형으로 구분하고 있다. 즉, 인지적 기술은 상황 속의 사람을 생각하고 사람과 상황에 관련된 이해를 개발하고, 활용해야 할 지식을 명백히하고, 그리고 중재를 위한 계획을 수립하고 평가하는 데 사용되는 기술이다. 또한 상호작용적 기술은 관계적 기술이라고도 하며, 개인, 가족, 그리고 지역사회와 함께 일하면서 이해를 전달하고, 계획을 수립하고, 행동계획을 평가하는 데 사용되는 기술이다(김현호 외, 2017: 12). 이러한 의미에서 기초적인 사회복지실천기술은 <표 10－1>과 같다.

이러한 기술들은 사회복지실천 상황에 따라 각각 세분화하여 사용되기도 하지만, 통합적으로 사용되는 경우가 많다. 또한 이러한 기술들은 사회복지사가 종합적으로 잘 활용할 때 긍정적인 원조관계가 형성되며, 긍정적인 원조관계는 사회복지실천결과에 많은 영향을 줄 수 있다.

〈표 10-1〉 사회복지실천기술의 기초 기술

구분	내용
면담기술	의사소통 및 관여기술(engagement skills)
사정기술	개인과 환경의 상호작용 맥락에서 문제나 어려움을 발견하는 기술
개입기술	문제나 어려움을 해결하는 기술
팀워크기술	다른 전문기관과 협동으로 문제를 해결하는 기술
지지망 구축기술	개입효과의 지속성을 유지함으로써 클라이언트의 자립 유도기술
협상기술	클라이언트의 복지와 관련된 주변 체계화의 협상기술
평가 및 종결 기술	클라이언트와 사회복지사의 협력적 노력결과를 평가하고, 클라이언트의 자립생활을 위해 종결하는 기술

자료: 김보기(2021b: 29).

2) 전문적 지식

사회복지실천의 전문가인 사회복지사에게 필요한 전문지식은 클라이언트에 대한 이해부터 실천과정 및 사회정책에 이르기까지 다양하다. 그 내용은 다음과 같다(Jonhnson et al., 1997).

(1) 인간행동과 발달에 관한 지식

인간의 행동적 특성을 이해하고 환경의 상호적 영향력을 파악하기 위한 인간의 정서적·심리적·사회적 발달단계와 환경의 물리적·사회적·문화적 특성 등과 관련된 지식이다.

(2) 인간관계와 상호작용에 관한 지식

개인, 가족, 집단, 지역사회 내의 조직이나 기관들 간의 관계와 상호작용을 촉진시키며, 효과적인 의사소통에 필요한 지식이다.

(3) 사회복지실천이론과 모델에 관한 지식

다양한 실천상황에 적합한 전문적 원조관계 및 실천과정의 개입방법과 전략 등을 선택하는 데 필요한 지식이다. 예를 들어, 아동의 비적응적 행동을 수정하려고 개입하는 경우 행동수정모델을 적용하고, 적응의 어려움을 겪는 결혼여성이민자, 탈북민, 조손가정 등에서 생활의 안정을 지속적으로 원조할 때는 사례관리모델을 적용하고, 그리고 알코올중독을 앓고 있는 부모와 자녀 간의 갈등을 해결하고 가정의 안정을 원조할 때는 심리사회적모델을 적용하여 개입할 수 있을 것이다.

(4) 특정 분야나 대상자집단에 관한 지식

특정 클라이언트 집단이나 실천상황, 기관 등에 관해 알고 있는 지식이다. 이러한 지식은 사회복지사가 특정 분야(군사회사업, 탈북민 지원사업, 학교사회사업, 다문화가정지원사업 등)의 대상자에 대한 이해와 실천현장의 실무에 도움이 되어 보다 효율적으로 원조할 수 있다.

(5) 사회정책과 서비스에 관한 지식

도움이 필요한 대상자에게 서비스를 제공하는 전문가와 기관을 포함하여 사회복지서비스 전달체계에 관한 지식이다. 또한 사회정책이 변화해 온 역사적 맥락과 개인의 기능에 대한 사회정책의 영향력, 사회복지정책을 발전시키기 위한 사회복지사의 역할 등에 관한 지식도 필요한 경우가 있다.

(6) 사회복지사 자신에 관한 지식

사회복지실천에서 전문가인 사회복지사의 감정이나 가치, 태도, 행동 등은 클라이언트체계를 변화시킬 수 있으므로 책임감을 갖고 스스로의 역량을 강화할 수 있어야 한다.

3) 사회복지실천기술의 적용 원칙

클라이언트들은 자신에게 다가온 어려움이나 도전을 해결하기 위해 사회복지사를 찾게 된다. 사회복지사들은 그들에게 정서적이고 실질적인 도움을 주기 위하여 훈련을 받아야만 한다. 사회복지사들은 다양한 시설에서 다양한 활동을 하고 있다. 정신장애인의 보호시설에서 활동하기도 하고, 성폭력이나 학대를 당하고 경찰이나 시설에 보호된 어린아이들을 돌보기도 한다. 육체적 질병을 앓고 있는 사람들을 관리해 주기도 하고, 폭력을 당한 가정을 돌보기도 한다. 보육센터나 주간보호센터 등에서 활동하기도 한다. 또는 학교에 나가 부모와 자녀 간의 의사소통을 돕기 위해 상담과 교육을 하기도 하고, 자살과 같은 위기에 개입하기도 한다.

사회복지실천기술을 적용하는 데 있어서 기본적인 준거 틀은 다음과 같다(조미숙 외, 2020: 46-47).

(1) 인간-첫 번째 언어

개인 또는 집단을 일컬을 때는 항상 휴머니티(humanity)가 조건, 이슈, 문제, 질병 이전에 먼저 고려되어야 한다. 즉, 정신지체여성(mentally retarded woman), 혈우병 환자(hemophiliac), AIDS아동(AIDS babies)이라는 용어보다는 정신지체를 가진 여성(woman with mental retardation), 혈우병을 가진 사람(person with hemophilia), 인체면역결핍바이러스(human immunodeficiency virus, HIV)를 가지고 있는 아동(children living with HIV)과 같은 용어를 사용하는 것을 볼 수 있을 것이다. 낙인은 강력한 사회적·정치적 결과를 가져온다. 따라서, 사회복지사는 그런 용어의 사용에 있어서 사람을 우선으로 하고, 그의 특성을 부차적으로 보아야 한다. 이것은 사회복지사에게 중요한 가치이고, 동시에 사회복지사는 언어 사용에 있어서도 사회복지의 신념을 표현해야만 한다.

(2) 진실한 자아의 사용

사회복지실천기술이나 과업만큼 원조관계, 의사소통, 존경과 라포(rapport)를 강조한다. 지금까지 살펴본 바와 같이, 진정한 사회복지실천은 사려 깊고 적절한 의사소통을 하며, 진실하게 염려하는 사회복지사와 함께 동반자 관계를 형성한 클라이언트 사이에서만 일어난다. 인간을 대상으로 하는 서비스 분야에서, 관심은 치료만큼 중요하다. 자신은 항상 입장을 바꾸어, 자신이 도움이 필요할 경우 어떻게 대접받기를 원하는지, 자신이 사랑하는 사람이 어떻게 대접받기를 원할 것인지를 늘 기억해야 한다. 그리고 도움을 받는다는 것이 어떻게 느껴질 것인지를 기억해야 한다. 적절하게 행해질 때 사회복지실천기술은 더욱 풍성해질 것이다.

(3) 다양성에 대한 존중

도움을 찾는 사람들 간의 보편성과 다양성은 매우 중요하다. 개인들 사이의 공통적인 욕구나 유형을 파악하는 것은, 사회복지사에게 유용한 정보를 주는 것이 사실이다. 그러나 보편성(commonalities)만 추구하는 것은 개인, 그룹 또는 문화를 고정관념화할 수 있고, 일반적 차원에 근거하여 이해하려는 한계를 가진다. 다시 말해서 개인들 간의 다양성이 규명되고 이해되고 확인되어야 한다는 점이다. 따라서, 도움을 요청하게 될 사람들 간에는 무엇이 공통적이며, 다른지를 제시해 보아야 한다. 다양성에 대한 존중과 이해는 사회복지실천기술에서 매우 중요한 가치로 자리매김되고 있다.

(4) 강점의 발견

개인, 부부, 가족, 그룹 그리고 지역사회의 자원과 강점에 우선적으로 초점을 맞추는 것이 부족한 부분, 장애, 약점에 초점을 맞추는 것보다 문제해결과정을 보다 활기차게 한다. 사람들이 자신의 강점을 깨달아 갈수록 자신의 강점을 보다 잘 강화시켜 나갈 수 있다. 더욱이 강점이 규명되고, 인정되면서 사람들은 자신에 대해 좋은 느낌을 갖게 되고, 장애와 약점을 극복할 수 있게 된다. 사회복지사는 사람들이 자신의 강점을 깨달도록 도와주어야 하며, 내적·외적 자원을 규명하도록 노력해야 한다.

문제나 위기를 가진 사람들은 자신들의 장애나 실패를 깨닫는 데만 익숙해져 있다. 그런 사람들에게 성공과 강점에 대해 인지할 수 있도록 돕는 사람이 바로 사회복지사라고 할 수 있다. 사회복지사는 사람들로 하여금 자신들이 가지고 있으리라고는 전혀 인지하지 못했던 강점을 규명해내야 한다. 강점에 초점을 두는 것이 클라이언트가 만나는 어려움이나 도전을 무시한다는 것은 아니다. 따라서, 문제를 부정하는 것만큼 가능성을 부정하는 것도 잘못된 것이다.

그러므로 강점관점에 의거한 사회복지실천은 타인의 삶을 잘못된 것, 부족한 것, 비정상적인 것으로 보는 시도, 즉 부정적 측면에 초점을 두는 것을 수정하려는 시도이다.

3. 사회복지실천기술의 주요 기술

사회복지실천 이론과 모델은 클라이언트의 문제에 대한 인식과 사회문제에 대한 분석을 서로 다른 시각에서 제공하는 다수의 이론들과 모델을 포함한다(도광조, 2018: 150). 사회복지실천현장에서 일하는 사회복지사는 본인이 의식하든지 의식하지 못하든지 어떤 모델에 입각하여 활동을 하고 있다. 따라서, 사회복지사가 사회복지실천현장에서 전문적 원조를 적절히 제공하기 위해서는 이상적으로 모든 실천모델을 잘 알고 있어서, 사회복지사가 아는 모델에 클라이언트의 문제를 대입하는 것이 아니라, 클라이언트의 문제해결에 가장 적절하고 효과적인 모델을 선택하여 클라이언트의 문제해결과정에 전문적이고 과학적인 도움을 제공할 수 있어야 한다(신성자 외, 2017: 130).

여러 가지 사회복지실천모델 중에서도 클라이언트의 생활 문제해결을 위해 가장 보편적으로 활용되고 있는 모델이면서도, 효과적이고 접근이 용이한 모델은 다음과 같다.

1) 정신역동모델의 실천기술

이 실천기술은 주로 자유연상, 꿈의 해석, 전이, 훈습 등의 기법을 이용한다. 그 내용은 다음과 같다(정서영 외, 2020: 70-76 ; 홍봉수 외, 2019: 76-78).

(1) 자유연상

자유연상(free association)은 클라이언트의 마음속에 떠오르는 것을 자유롭게 말하게 하는 개입기술이다. 클라이언트가 편안히 쉬는 자세를 하고 눈을 감게 한 다음 특정한 자극을 주지 않고 마음에 떠오르는 것을 차례차례 말하게 한다. 마음에 떠오르는 생각들에 대해 일어나는 모든 비판을 중지하도록 지침을 준다. 떠오르는 모든 것들을 있는 그대로 말하는 것이 자유연상에 중요하며, 별로 중요하지 않다고 또는 연관이 없다고 생각되더라도, 억제해 버리지 말고 이야기하는 것이 중요함을 설명해 준다. 자유연상기법을 통해 클라이언트들은 자기 꿈의 밑에 깔려 있는 의미에 도달하게 되며, 무의식 또는 무의식적 갈등에 접근할 수 있다. 치료에 대한 저항이 나타날 때마다 치료자는 그에 타당한 해석을 한다. 초기의 기억 탐색, 중요한 경험과 느낌 재생, 인간관계의 재활성화에 초점을 두며, 치료시간은 1회 40분, 1주 1회, 약 2년 치료를 진행한다.

(2) 꿈의 해석

수면 중에는 자아방어가 약화되므로 억압된 욕망과 감정이 의식 표면에 떠오르게 된다. 꿈의 분석은 이러한 꿈의 속성을 이용하여 무의식적 자료를 발굴하고 정리함으로써, 클라이언트로 하여금 자신의 내면세계와 문제영역에 대해 통찰을 얻도록 도와주는 중요한 절차이다. 꿈은 억압된 소원들로 구성되어 있는 것으로 무의식의 세계로 통하는 길이다. 꿈의 내용은 첫째, 가장되어 있고 숨겨져 있으며 상징적이고 무의식적인 동기로 구성되어 있고, 너무나 고통스럽고 위협적이기 때문에 보다 용납될 수 있는 내용으로 변형되어 꿈으로 나타나는 잠재적 내용과, 둘째, 꿈속에 나타나는 꿈의 내용인 현시적 내용이다. 꿈은 '무의식의 내용을 알 수 있는 왕도(royal road)'라고 하며, 전체 수면의 2%를 차지하는 꿈의 해석은 삶을 방해하는 잠재의식의 요인들을 찾아내는 것이다. 우리가 경험하는 발현몽에서는 직접 중요한 심리적 의미를 파악하기 힘들고 꿈의 해석은 잠재몽의 내용을 밝혀나가는 것이다. 잠재몽은 잠자는 사람을 깨우려고 위협하는 무의식에 있는 소망, 욕구,

관념이 꿈의 진정한 내용이며, 수면 중에 통제를 이완시킴으로써, 전에 억압되었던 자료들, 즉 본능적 요구, 유아기 기억, 환상, 신체적 감각주입, 생활의 전반적 상황, 그날 있었던 일(생각. 감정) 등이 꿈속에 나타나는 것이다.

(3) 저항의 해석

저항(resistance)은 불안으로부터 자신을 방어하는 경향을 말한다. 정신분석 초기에 클라이언트는 억압된 감정이나 생각을 회상할 수 없거나, 또는 그 표현을 주저하는 경향을 보인다. 사회복지사는 클라이언트의 주의를 집중하게 하고, 저항 가운데서도 가장 분명한 저항현상을 해석한다. 저항해석의 목적은 클라이언트가 저항의 이유를 각성하고 저항을 처리하여 치료과정에 협조할 수 있도록 도우려는 것이다. 저항은 치료과정에서 무의식을 의식화하는 것을 방해하는 환자의 모든 태도, 행동 및 언어를 총칭하며, 저항은 즉시 규명·해석되어야 하고, 환자 스스로 어떤 상황에서든 그 대처방법을 결정하고 배우며 익혀나가야 한다. 수용적이고 무비판적인 치료태도는 저항을 감소시키고 환자의 생각과 감정을 표출하게 하는 방법이다.

(4) 해석

해석(interpretation)은 치료관계에서 나타나는 클라이언트 행동의 의미를 설명하고 때로는 가르치기도 하는 것으로, 행동에 대한 단순한 설명이 아닌 자아가 더 깊은 무의식의 자료를 탐색할 수 있도록, 즉 자기통찰을 하도록 도와주는 기능을 한다. 자유연상, 꿈, 저항, 전이를 분석할 때 사용되는 기본 절차로서, 자아로 하여금 무의식적 재료를 의식화하는 것을 촉진시킴으로써, 클라이언트는 무의식적 재료에 대한 통찰을 갖게 된다. 올바른 해석이 이루어지기까지 걸리는 준비기간과 해석(interpretation)을 통해 통찰에 이르고, 이것을 행동화하기까지 이 모든 과정을 통틀어 '해석과정'이라고 한다. 이러한 해석과정은 클라이언트를 어떤 특정 사실이나 경험에 직면(confrontation)하게 하고, 직면한 사실이나 사건, 의미 등의 초점을 잡아 명료화(clarification)하고, 지금까지 유주한 사실을 클라이언트에게 말로 전달하며, 클라이언트가 억압된 것을 받아들이고 분석과정에서 해석된 것을 통합하고 그

과정에서 생겨난 저항을 극복하는 훈습(working-through)으로 구성된다. 적절한 해석을 하기 위해 치료자는 클라이언트의 준비상태를 민감하게 지각하고 있어야 한다. 왜냐하면 해석의 영향력이나 그 변화의 힘은 클라이언트의 준비정도에 따라 달라질 수 있기 때문이다.

해석을 위한 규칙으로는 다음과 같다.

첫째, 클라이언트가 저항 또는 방어적 태도를 취할 때 그 이면의 숨겨진 원인을 해석하기 전에 클라이언트의 방어나 저항행동 그 자체를 지적하고 설명해 주어야 한다.

둘째, 클라이언트가 표현한 감정의 대상적인 이면을 이해할 수 있어야 한다.

2) 심리사회모델의 실천기술

심리사회모델(Psychosocial Model)은 1920년대 후반, 개별사회사업(case work)을 최초로 체계화한 리치몬드(Mary Ellen Richmond, 1861-1928)에 기원을 두고 있으며, 1930년대 한킨스(Frank Hamilton Hankins, 1877-1970)에 의해 '심리사회(psycho-social)'라는 용어가 처음으로 언급되었고, 1964년 홀리스(Florence Hollis)의 저서 『케이스워크: 심리사회치료(*Casework: a Psychosocial Therapy*)』를 통해 '심리사회'라는 개념이 사회복지실천을 위한 하나의 접근방법으로 발전, 집대성되고 체계화되었다.

심리사회모델은 사회복지실천에 개입하기 위해 클라이언트의 수용이나 클라이언트의 자기결정, 그리고 클라이언트와 사회복지사 간의 관계형성 등 심리적인 요인을 중요시하게 된다. 또한 심리사회적 요인에 의한 클라이언트와 사회복지사 간의 의사소통기술에 따른 관계(라포)형성 등이 중요시된다(김현호 외, 2017: 268-270). 이러한 심리사회모델의 실천기술은 다음과 같다(오봉욱 외, 2020: 49-52).

(1) 지지하기 기법

지지하기(sustainment)는 사회복지사가 클라이언트를 수용하고 원조하려는 생각과 문제해결능력에 대한 확신을 표현함으로써 클라이언트의 불안감을 줄이고 자기존중감은 증진하기 위한 과정으로, 심리사회모델에 따른 사회복지사의 활동 가운데 가장 기본적이고 핵심적인 실천기법이라고 할 수 있다. 특히, 클라이언트가 죄책감과 수치감을 느끼거나 두려워하고 분노를 느끼는 경우에 사회복지사는 지지기법을 적극 사용함으로써 클라이언트를 이해하고 있음을 보여주어야 한다. 지지과정은 언어적 의사소통뿐만 아니라, 따뜻한 표정, 어깨를 두드리는 등의 비언어적 방법을 포함하며, 클라이언트의 당면한 문제에 대해 실질적인 도움 등을 제공함으로써, 사회복지사가 클라이언트를 수용하고 지지함을 나타낼 수 있다.

(2) 직접적 영향

직접적 영향(direct influence)은 클라이언트의 행동을 향상시키기 위하여 조언이나 제안 등을 통해 사회복지사의 생각한 바를 이루기 위한 과정이다. 클라이언트가 자신의 생각에 따라 문제해결을 위한 결정에 도달하는 것이 바람직하지만, 때로는 사회복지사가 결정에 직접적으로 영향을 미칠 수 있다. 사회복지사의 영향은 다양한 방법으로 이루어지는데, 의견을 제시하는 것에서부터 제안, 클라이언트가 갖고 있는 생각의 강조, 강력한 주장, 직접적 개입 등의 방법을 포함한다.

(3) 탐색-기술-환기

탐색(exploration)과 기술(description)은 클라이언트의 문제와 관련하여 클라이언트, 클라이언트의 환경 또는 클라이언트와 환경의 상호작용에 관한 사실을 진술하고 설명하도록 원조하는 것이며, 환기(ventilation)는 사실과 관련된 감정을 끄집어 냄으로써 카타르시스를 경험하도록 원조하는 것이다. 탐색-기술-환기는 서로 연관되어 있는데, 사실을 기술하거나 설명하는 과정에서 자연히 감정이 표현되기 때문이다.

심리사회모델은 특히 분노 상실감, 죄책감, 불안 등의 감정에 주의를 기울인다. 이런 감정들은 말로 표현되었을 때 강도가 현격히 줄어들 수 있는데, 무엇보다 타이밍이 중요하다. 즉, 방어하지 않고 편안하게 자신의 감정을 표현할 수 있는 준비가 되었을 때에야 비로소 환기를 경험할 수 있다. 때로는 클라이언트가 환기를 경험하는 것 자체로 문제가 해결되는 경우도 있다.

3) 인지행동모델의 실천기술

인지행동모델은 개입과정에서 행동수정기법을 주로 사용하되, 기본적으로 인지적 접근을 중심 틀로 하는 형태를 가진다. 인지행동모델은 구조화된 접근과 체계적인 개입과정으로 인해 클라이언트와 사회복지사 모두에게 쉽게 받아들여지는 모델이며, 사례에 적용 가능성이 높기 때문에 사회복지사에게 매우 유용한 실천기술을 제공한다.

사회복지사는 인지행동적 접근을 통해 개입의 효과를 비교적 단기간에 알 수 있을뿐더러 단일설계 방법 등으로 개입의 효과에 대한 객관적 평가가 가능하다. 따라서, 인지행동모델은 최근 사회복지사에게 중요한 개념으로 부각되고 있는 증거기반실천(Evidence-Based Practice, EBP) 방법의 하나로서 유용하다(Cooper & Lesser, 2008). 인지행동모델에는 클라이언트 특성 및 문제행동의 정도에 따라 여러 기법이 있지만, 여기에서는 대표적인 몇 가지를 살펴보고자 한다(장수미 외, 2017: 66-74 ; 박병금 외, 2016: 154-159).

(1) 인지재구조화

인지재구조화(cognitive restructuring)는 클라이언트가 자신의 기능에 부정적인 영향을 미치는 역기능적 사고와 관념을 인식할 수 있도록 돕고, 이를 현실에 맞는 신념과 행동으로 대치하여 기능을 향상시킬 수 있도록 하는 기술이다. 인지재구조화를 적용하기에 효과적인 문제는 낮은 자아존중감, 대인관계에 대한 왜곡된 인식, 지식과 타인의 삶에 대한 비현실적 기대, 비이성적 두려움, 불안과 우울, 분노와 충동의 부적절한 통제, 자기주장의 결여 등이 있다. 인지재구조화는 모델링, 행동시연, 이완훈련, 자기주장훈련, 약물치료, 체계적 둔감화와 같은 기술과 함께 사용되는데, 이는 단독으로 사용될 때보다 더 효과적이기 때문이다.

(2) 주장훈련

주장훈련(assertiveness training)은 클라이언트의 자기주장 능력을 증진시키는 기술로서, 자신의 생각이나 감정, 권리를 적절하게 표현하거나 전달하는 데 어려움을 겪는 클라이언트를 대상으로 한다. 먼저, 사회복지사는 클라이언트가 공격적(aggressive)·주장적(assertive)·수동적(passive) 표현의 차이를 정확히 구별할 수 있도록 돕는다. 이를 위해 연습할 수 있는 활동으로 다음 각 장면에서의 반응이 공격적·주장적·수동적인지 클라이언트에게 질문해 본다. 실제로 해 보면, 생각보다 많은 클라이언트가 각 상황에서 적절한 의사소통 방식이 무엇인지 혼란스러워함을 알 수 있다.

주장훈련은 모델링(modeling)을 활용한다. 모델링은 사회복지사 또는 자원봉사자, 집단구성원 등이 클라이언트가 취할 행동을 시범적으로 보여주고, 클라이언트가 따라 할 수 있도록 격려하는 것이다. 구체적인 단계는 ① 변화가 필요한 구체적인 행동을 파악하고, ② 모델을 제시하고, ③ 역할극을 통해 클라이언트가 모델의 행동을 따라 해 보고, ④ 사회복지사 및 집단구성원이 피드백을 제시함으로써 바람직한 행동을 강화하는 형태로 이루어진다. 예를 들어, 권위적인 아버지에게 자기주장을 하기 어려운 딸의 경우, 모델링기법을 활용하여 행동 습득을 유도한다. 이때 아버지와 딸의 역할을 바꾸어 역할전환을 해 봄으로써 문제를 좀 더 구체적으로 파악하고 상대방의 어려움을 생각해 보도록 할 수 있다.

(3) 사회기술훈련

사회기술훈련은 클라이언트에게 현재의 환경 속에서 기대되는 역할수행이나 관계문제, 그리고 생활주기상의 문제에 효과적으로 기능하기 위해 필요한 기술을 학습하도록 돕는 과정이다. 사회적 부적응행동의 예방적 접근에 효과가 있으며, 자존감 손상문제나 대인관계기술 결핍, 사회적 역할수행문제 등과 관련된 사회적 역기능문제에 대한 치료적 접근에 도움이 된다. 사회기술훈련에는 다양한 기법이 활용되는데, 모델링, 역할연습, 행동시연, 강화, 코칭, 문제해결기술에 대한 교육, 숙제부여 등을 포함하며, 주로 집단프로그램으로 이루어진다.

(4) 체계적 둔감화

체계적 둔감화(systematic desensitization)는 불안을 일으키는 자극을 가장 약한 정도에서 가장 강한 자극으로 옮겨 가며, 점차 자극에 대한 반응 강도를 감소시켜 나가는 기법이다. 체계적 둔감화기법은 객관적 위협이나 위험이 없는데도 심한 불안을 느끼는 클라이언트를 대상으로 한다. 각종 불안증, 공포증, 말더듬이, 성적 불안증, 여러 가지 신경증적 증상을 가진 클라이언트에게 적용할 수 있다. 사람은 누구나 새롭고 낯선 상황에 직면했을 때 불안하고 긴장하게 된다. 예컨대, 처음으로 많은 사람 앞에서 발표를 해야 할 때, 가슴이 떨리고 눈앞이 캄캄해지는 경험을 할 수 있다. 대부분의 사람은 같은 상황을 몇 번 경험해 보면, 점차 익숙해지고 처음보다 덜 떨게 된다. 하지만 그런 상황에 처할수록 더 불안해지고 생각하는 것만으로도 불안이 커지는 사람도 있다.

4) 과제중심모델의 실천기술

과제(과업)중심모델(task-centered model)은 1970년대 초 시카고대학교(The University of Chicago)의 리드와 엡스타인(William James Reid & Laura Epstein)이 1972년 그들의 저서 『과업중심실천(*Task-Centered Practice*)』에서 개발한 모델로서, 펄먼(H. Perlman, 2017)의 문제해결접근의 요소, 스텃(E. Studt, 1968)의 클라이언트 과제에 대한 개념 및 케이스워크 기법 등의 영향을 받았다.

이 모델은 그동안의 심리치료에서 장기간을 필요로 했던 정신분석이나 정신역동 치료방법에서 벗어나, 현재 갈등에 초점을 맞추어 시간제한적인 단기치료에 대한 관심이 고조되면서, 보다 집중적인 구조화된 개입형태를 바라는 경향에서 과제중심모델이 등장하게 되었다. 또한 이 모델은 장기치료가 반드시 단기치료보다 우세하지 않다는 점과 이론보다는 경험적 자료를 통해 개입의 기초를 마련하려는 움직임 등으로 등장하게 되었다(황인옥, 2020a: 108-109).

과제중심모델의 개입기법은 크게 간접적 행동변화 기법과 직접적 행동변화기법으로 구분된다. 그 내용은 다음과 같다(황인옥, 2020: 117-119 ; 조미숙, 2020: 154-155).

(1) 간접적 행동변화 기법

① 의사소통기술

과제중심 접근은 단기 계약 기간 동안에 클라이언트가 선택한 목표를 성취할 수 있도록 원조하는 서비스이다. 따라서, 클라이언트가 무엇을 추구하고 바라고 있는가를 클라이언트와 함께 언어화하는 것이 이 모델에서 가장 중요하다.

② 탐색

탐색은 모든 대인관계 치료모델에서 사용하는 기본적인 기법으로서, 클라이언트로부터 자료 및 정보를 이끌어 내려는 실천가들의 노력을 말한다. 탐색은 두 가지 목적을 가지는데, 하나는 클라이언트에 관한 정보를 얻어내는 것이고, 또 하나는 의사소통의 내용을 문제와 관련시켜 초점화하는 것이다.

③ 구조화

클라이언트와의 상호작용 구조와 방향에 대한 사회복지사의 의사소통으로 구성된다. 구조화의 첫 단계는 치료 시작 시기에 시행했던 치료의 성격과 목적, 치료의 조직화와 관련된 문제, 과제, 시간제한 등 클라이언트에게 다시 들려주는 작업으로부터 시작된다. 구조화의 두 번째 단계는 클라이언트를 위한 특별 치료 계획을 구체화하는 사회복지사의 노력으로 구성된다. 세 번째 단계는 사회복지사가 클라이언트의 의사소통에 대한 명확한 지침을 제공하는 것 등과 같이 조작적 과제들을 구조화하는 작업들로 구성된다.

④ 상황분석

문제의 상황은 문제를 유지시키는 원인과 문제를 다룰 때 동원될 수 있는 자원으로 구성된다. 상황요인은 물리적·인지적, 가족·지역사회 체계가 포함된 다차원적 틀 속에서 이루어지며, 표적문제와 관련하여 검토된다. 상황분석에서 실천가는 클라이언트로 하여금 자원을 찾아 활용할 뿐만 아니라, 장애물을 확인하여 해결하도록 돕는다.

(2) 직접적 행동변화 기법

직접적 기법으로는 인식증진, 지시, 격려가 활용된다. 탐색과 구조화는 잠재적·간접적인 행동변화를 가져오지만, 직접적인 기법은 클라이언트의 인지, 태도, 감정, 행동수정에 분명히 영향을 준다.

① 인식증진

과제중심모델의 인식의 증진은 심리치료의 해석, 명료화, 직면, 반성 등과 같은 수준의 기법에 해당된다. 인식증진은 클라이언트로 하여금 과제를 수행할 수 있도록 지원하는 데 큰 도움을 준다.

② 격려

클라이언트가 세운 계획이나 실행하려는 계획, 수행한 행동에 대해 찬성을 표하거나, 긍정적 반응을 표현하는 것을 말한다. 격려는 과제 클라이언트의 행동을 강화하고 자극하기 위해 사회복지사가 클라이언트의 행동에 대해 선택적으로 활용한다.

③ 지시

사회복지사가 과제와 관련된 가능한 행동에 대해 클라이언트에게 조언, 충고를 하는 것을 말한다. 지시는 격려와 달리, 클라이언트가 생각하지 못했던 가능한 행동을 제안하거나, 클라이언트가 생각하고 있는 내용에 대한 조언으로 이루어진다. 지시는 단기치료에 많이 사용되며, 오직 클라이언트의 과제의 진보를 촉진할 목적으로 사용된다.

5) 위기개입모델의 실천기술

위기는 곤경에 처한 사람이 성장 또는 더욱 악화될 가능성을 지닌 변환의 시기를 말한다. 즉, 위기는 위험하지만, 동시에 기회의 전환점이라는 뜻을 내포한다. 위기는 구체적이고 확인될 수 있는 사건에 의해 야기된다. 한 가지 사건에 의해 발생하기도 하고 사건이 누적되어 발생하기도 한다. 개인이 상황이나 사건을 지각하는 방법에 따라 사건을 위기로 경험하는지 안 하는지를 결정해 준다. 물론 어떤 사건들은 매우 외상적(성폭력, 잔인한 죽음의 목격, 유괴 등)이기 때문에, 이와 같은 사건을 경험한 사람들은 대부분 위기를 겪는다. 반면, 이혼, 새로운 곳으로의 이주, 자동차 사고 등의 사건이나 경험들은 개인이 상황을 어떻게 해석하느냐의 여부에 따라서 위기의 반응을 야기하기도 하고 야기하지 않을 수도 있다. 때때로 사회복지사는 위기(자살 위협 포함)에 대처해야 한다(조미숙 외, 2020: 159). 따라서, 사회복지사는 위기에 대처하는 필수적인 실천기술을 활용하여야 한다.

위기개입의 유형은 개별위기개입, 행동위기개입, 체계 위기개입, 생태계위기개입, 인지행동적 위기개입 등 다섯 가지로 범주화할 수 있다. 그 내용은 다음과 같다(조미숙 외, 2020: 169－173).

(1) 개별위기개입

개별위기개입모델에서는 위기를 기본적으로 개인의 불균형상태를 유발하는 스트레스로 본다. 위기에서 해체의 강도와 폭은 개인의 과거기능수준과 생활상황에 대처하는 그의 일반적 능력에 의해 좌우된다. 따라서, 위기에 관한 이 개념에서 취급하는 주요 변수는 개인의 성격이다. 이 모델에서 치료의 최저목표는 개인을 위기 이전의 기능수준으로 회복시키는 것이다. 치료는 구체적으로 퇴행을 저지하고 지지를 제공하는 데 목표를 둔다. 또한 치료는 통찰력을 가지게 하고 문제를 해결하는 방법을 습득하게 함으로써 유사한 스트레스에 대한 저항력을 강화시키는 데 목표를 둔다.

(2) 행동위기개입

행동위기개입모델의 지지자들에 따르면, 위기는 일상적인 대처방법으로 처리할 수 없는 새로운 자극에 의하여 유발된다. 또한 성공적인 위기해결을 위하여 구체적인 위기와 관련된 과업이 숙달되어야 한다. 행동위기개입모델은 의학적 또는 병리학 지향적인 틀을 활용하는 개별모델과는 달리, 1차적으로 교육적(과업숙달) 틀

내에서 위기해결을 시도한다.

개입은 실패의 가능성과 성격해체의 가능성을 저하시키기 위하여 구체적인 과업을 숙달함에 있어 개인을 돕는 것을 목표로 한다. 이 모델의 치료는 위기발생 후(2차적 예방)나 위기발생 이전(1차적 예방)에 시도될 수 있다. 2차적 차원에서의 예방은 구체적으로 현재 위기상황을 만족스럽게 해결하는 관점에서 이루어진다. 개입은 자극을 유발하는 주요 위기의 본질은 사정하고, 성공적으로 완성될 과업을 서술하며, 이와 같은 과업을 성취함에 있어서 실제적 원조를 포함한다. 1차적 예방은 위기자극의 유발을 예방하거나, 개인의 위기자극의 영향을 감소시키는 데 주안점을 둔다. 1차적 예방 프로그램은 지역의 모든 주민이나 특정 위험에 처한 집단에 대하여 광범위하게 적용된다.

(3) 체계위기개입

위기개입의 체계모델은 개인 및 위기자극이 존재하고 있는 사회적 맥락을 강조한다. 이렇게 강조하는 것은 다음과 같은 두 가지 이유 때문이다.

첫째, 스트레스적 사건에 대한 개인의 지각은 사건이 유발하는 사회적 맥락에 의하여 좌우된다.

둘째, 위기를 성공적으로 해결하는 개인의 능력은 지지적인 사회적 맥락 여하에 달려 있는 것으로 본다.

체계적 개입의 보다 큰 목표는 체계 내에서 장차 위기상황을 더욱 효과적으로 처리하기 위한 수단을 가지도록 하는 것이다. 그리고 체계개입은 체계 내의 상호작용유형을 개발하는 데 초점을 둔다. 이같이 스트레스적 사건을 더욱 효과적으로 처리할 수 있도록 지지적인 사회적 맥락을 개발시키는 것이다.

(4) 생태계위기개입

① 전자매체의 영향

전자매체는 통한 자연재난 등에 신속하고 효과적으로 대처하는 데 도움이 될 수 있는 다양한 정보체계에 접할 수 있도록 해 준다. 그리고 광범위한 전자 시스템을 통하여 위기개입에 필요한 정보를 수집할 수 있다.

② 체계의 상호의존성

사람들은 생태의 한 부분으로 영향을 주고받는다. 한 지역의 약물남용의 만연 그리고 한 도시의 붕괴는 그 영향이 그곳에 그치는 것이 아니라, 다른 지역에도 영향을 미칠 수 있다. 이러한 지역에서 생활하지 않는 사람은 그 문제로부터 영향을 받지 않기를 바라며, 사회적·재정적 비용을 지불하기를 원치 않는다. 그러나 그 비용의 지불을 연기하면 할수록 장래에 더욱더 많은 비용을 지불할 수도 있다.

③ 거시체계적 접근

미해결된 위기는 클라이언트의 개인적·사회적·재정적·환경적 자원을 파괴시킬 뿐만 아니라, 개인이 속하고 있는 전체의 생태체계에 영향을 미친다. 생태체계이론에 따르면, 재난을 겪는 사람들의 정서적 외상만을 취급해서는 부족하고 전체 체계의 안정과 회복을 위한 노력이 있어야 한다.

위기개입을 위한 체계접근법은 개인의 위기사건이 유발되고 있는 사회적 맥락을 강조한다. 이 접근법에서 위기에 대한 계통적 설명을 함에 있어서 사회환경의 중요성을 강조하는 점은, 정신역동적인 측면과 개인의 초점을 두는 전통적 모델과는 아주 대조적이다. 이는 생태계접근법이 개인의 내면적인 면을 무시한다는 것은 아니다. 이 접근법은 위기의 발생과 해결에서 개인과 가족의 영향을 소홀히 하는 것이 아니라, 개인과 환경의 주요 변수의 상호관련성에 관심을 기울인다. 즉, 위기이론가들은 개인의 인지적 체계뿐만 아니라, 사회관계와 문화 및 사회적 요인들을 다 같이 강조한다.

(5) 인지행동적 위기개입

인지행동적 접근법의 특성은 다음과 같다.

① 정신 내면적인 것으로, 먼저 개인의 자율적 사고와 도식에 초점을 둔다. 이 부분의 치료 활동은 개인의 신념체계, 자아에 대한 가정, 세계, 경험 그리

고 미래와 일반적인 지각을 다룬다. 치료의 두 번째 초점은 대인관계이며, 타인과 관련된 개인의 스타일을 다룬다. 치료의 세 번째 초점은 외적인 것으로 행동변화가 더 나은 대처에 영향을 미치는 것이다.

② 치료자로 하여금 치료를 가이드함에 있어서 활동적이 되고 지시적이 되도록 격려하기 때문에, 모델의 지시성이 중요시된다. 치료자의 직무는 재진술하고, 다시 계통적 설명을 하는 것 이상의 역할을 한다.

③ 치료의 공식화가 중요하다. 이것은 치료가 어느 방향으로 진행되는지에 대한 아이디어를 가지고 치료가 어떻게 진행되는지 아는 데 있어 클라이언트와 치료자에게 도움이 되는 개별문제 목록을 설정하게 한다. 이 구조는 위기에 처한 클라이언트에게는 필수적이다.

④ 위기개입을 위하여 치료의 단기적인 본질이 요구된다. 일반적으로 인지치료는 12~20세션으로 구성되며, 20주 이상 진행되지 않는 반면에, 위기상황의 치료는 더욱 신속히 할 필요가 있지만, 반드시 20주에 한정할 필요는 없다.

⑤ 협동을 해나가는 것이다. 치료자와 클라이언트는 하나의 팀으로 함께 활동해야 한다. 협동은 항상 동일 비율이 아니고, 위기에 직면한 클라이언트와는 적절하게 배분한다. 역기능적인 클라이언트일수록 치료에 있어 에너지가 덜 활용될 수 있다. 치료의 초점은 그들의 에너지를 최대한으로 활용하도록 하며, 보다 많은 에너지를 창출하게 한다.

⑥ 인지치료모델은 치료의 역동적 모델이라는 것이다. 필요에 있어서 역동적·인지적 접근법은 강화된 지식을 통하여 이해를 증진시키고, 사고, 신념, 태도에 대한 이해를 증진시키기 위하여 개인의 인지표현을 중요시한다.

⑦ 인지치료는 정신교육적인 치료모델이다. 인지적 치료는 치유모델과는 반대되는 것으로서 기술의 구축 또는 치료의 대처 모델이다.

⑧ 인지모델은 사회적·대인관계적 모델이다. 우리는 사회적 공백상태에 존재해 있지 않다. 클라이언트와 중요한 타인, 친구, 직장동료 등과의 관계는 모두 도식적으로 기반을 이루고 있으며, 치료의 중요한 초점이 된다.

6) 동기강화모델의 실천기술

동기강화상담은 1982년 노르웨이에서 약물중독 심리치료사들의 슈퍼바이저 역할을 하던 윌리엄 밀러(William Miller)에 의해 개발된 것으로, 내담자 중심적인 변화를 위한 체계적인 사회복지 개입 접근법이다.

기본적인 동기강화모델의 개입기술기법은 OARS인 개방형 질문하기, 인정하기(Affirmations), 반영하기(Reflections), 요약하기(Summaries)가 있다. 그 내용은 다음과 같다(조미숙 외, 2020: 196－197).

(1) 개방형 질문하기

개방형 질문하기(Open－ended Questions)는 사회복지사가 아닌 클라이언트의 시각에서 클라이언트의 어려움에 대한 정보를 수집하는 데 도움이 되는 질문형태로 질문하는 것을 말한다. 사회복지사는 열린 질문 또는 개방된 질문을 통해 클라이언트가 자신의 상황을 클라이언트의 생각이 잘 반영되도록 대답할 수 있도록 하는 질문을 하여 클라이언트의 시각에서 정보를 수집하여야 한다.

(2) 인정하기

인정하기(Affirmations)는 클라이언트가 가지고 있는 강점, 과거의 행동이나 태도 중에서 긍정적인 측면, 좋아진 점, 개선된 점에 대해 인정함으로써 지지하는 것을 말한다. 이를 통해 오랜 어려움 속 클라이언트의 자존감을 높일 수 있고, 사회복지사와 클라이언트의 관계형성에 도움을 줄 수 있다. 이를 긍정하기라고도 한다.

(3) 반영하기

반영하기(Reflections)는 사회복지사가 클라이언트의 말을 바꾸어서 한 번 더 말하거나, 클라이언트의 상황 속에서의 생각이나 감정상태에 대해 말을 하므로 사회복지사가 클라이언트의 말을 집중해서 듣고 있고, 공감과 이해를 하고 있음을 보여주는 것을 말한다. 반영하기는 동기강화모델의 가장 핵심적인 기술이다.

(4) 요약하기

요약하기(Summaries)는 상담하는 동안 나눈 대화내용을 상담이 진행되는 동안 간헐적으로, 또 마지막에 요약하여 전달하는 것이다. 이로 인해 클라이언트는 자신의 문제에 대해 객관적으로 인식할 수 있고, 사회복지사가 자신의 말을 잘 이해하고 있다는 것을 확인할 수도 있다.

기초기술(OARS)을 통하여 단기간 상담을 진행하면서 사회복지사는 클라이언트에게 스스로의 변화진술을 이끌어내야 한다. 위의 네 가지 기초 기술만을 이용한다면, 클라이언트가 문제에 고착될 가능성이 있기 때문에, 마지막으로 변화진술 끌어내기를 하는 것이 양가감정을 해결하는 데 좋다. 클라이언트 스스로 변화에 대한 스스로의 능력, 계획, 이유 등에 대해서 말하도록 하면, 클라이언트의 변화에 대한 의지를 끌어낼 수 있다. 또한 사회복지사는 클라이언트의 변화 진술을 통해 클라이언트의 향후 계획과 방향성에 대해 알 수 있으며, 이를 더 잘 도와줄 수 있다.

여기서 핵심적인 개입기법은 변화대화(change talk)이다. 이는 치료자가 아닌 내담자 스스로가 변화에 대한 욕망, 능력, 이유, 필요성 등에 대해 이야기하는 것을 말한다. 변화 대화를 통해 내담자는 불일치감을 느끼게 되어 스스로 변화해야 한다고 느끼며, 이에 내면의 불일치감을 일치감으로 바꾸려는 변화 동기가 유발된다. 이러한 변화 대화에는 현상유지의 단점 말하기, 변화의 장점 말하기, 변화 가능성에 대한 낙관적인 자세에 대해 스스로가 생각하고 표현하기, 변화하고자 하는 의도와 열망, 의지력, 실천의욕에 대해 표현하는 것이 포함된다.

위와 같은 원리와 기법을 통해 클라이언트는 숙고·준비·실행 단계를 거치며, 강화된 동기를 유지하게 된다. 클라이언트의 내재적 힘을 믿고, 클라이언트 중심 개입모델인 동기강화모델은 다른 모델들과 통합하여 적용될 수 있고, 단시간에도 큰 효과성을 띠는 증거기반 실천모델인 만큼 사회복지실천현장에서 유용하게 사용될 모델이다. 그러나 클라이언트와 사회복지사 간의 준비수준이 서로 맞지 않는 경우에 효과를 기대하기 어렵다는 것이 단점으로 작용한다. 또한 모델의 적용방식이 클라이언트 위주이기 때문에 저항행동이 심할 경우에도 효과를 기대하기 어렵다. 따라서, 미래의 사회복지사인 우리는 이 모델의 적용기술을 익혀두어야 필요가 있다.

4. 대상 실천기술

1) 개인

개인 대상 사회복지실천은 개인적이고 사회적인 문제를 해결할 수 있도록 돕는 데 그 목적이 있다. 즉, 개별사회사업은 개인이 사회에 적응할 수 있도록 돕는 것과 개인의 특수한 욕구에 따라 서비스를 받을 수 있도록 돕는 것을 모두 포함한다(Zastrow, 2015). 개인의 보다 나은 적응과 변화를 위해 개인의 능력이나 지역사회 자원을 활용할 수 있도록 돕는 것은, 개별사회사업의 궁극적 목적이다. 개별사회사업의 정의와 그 개념을 이해하고 목적과 특성에 따른 실천적 의미를 파악하기 위해서는 근본적으로 개인 대상 체계에 대한 사회복지의 실천적 구성요소들에 대한 고찰이 필요하다. 또한 그러한 구성요소들의 이해가 전제되어야 개인 대상 실천접근을 위한 필요성과 합리성이 파악된다(김보기 외, 2019a: 154).

개별사회복지실천은 개인이 가진 문제에 관심을 두고, 사회복지사와 클라이언트의 긴밀한 관계 속에서 개입이 이루어지게 되는 사회복지실천의 방법이다. 개별 클라이언트를 대상으로 하는 사회복지실천의 특징은 다음과 같다(홍봉수 외, 2019: 178).

첫째, 개별 클라이언트 체계를 중심으로 이루어진다. 개별 대상의 사회복지실천은 개별 클라이언트 체계가 갖는 문제에 초점을 두고 개별화된 원조과정을 진행하는 특징이 있다. 따라서, 개인의 존엄성과 자기결정권을 강조하는 사회복지실천의 기본적 가치가 개별 클라이언트와의 협력적인 문제해결과정에 반영되어 클라이언트의 선택권을 중요시하게 되며, 개인의 개별적인욕구와 특성, 상황에 알맞은 방법과 전략을 활용하도록 한다.

둘째, 클라이언트와 사회복지사의 전문적 관계를 강조한다. 즉, 사회복지사는 클라이언트와의 일대일 관계 속에서 관계(rapport)를 맺고, 의사소통 기술을 도구로 활용해 클라이언트의 문제해결 과정에 개입하는 특징이 있다.

셋째, 개인의 문제해결을 위해 다양한 개입모델을 활용한다. 개별 대상의 실천에서는 다양한 학문적 배경을 가진 실천모델을 활용해 개인의 변화 및 개인과 환경의 상호작용을 변화시키고자 한다.

2) 가족

사회복지실천에서 가족에 대한 접근은 모든 가족이 사회적 체계라는 사고에 근거한다. 이러한 관점은 그동안 개인문제로 받아들여졌던 문제들을 관계와 사회적 상호작용이라는 측면에서 파악할 수 있게 한다. 가족은 가족구성원 개개인뿐만 아니라, 집단, 조직, 지역사회 등 그들이 상호작용하는 광범위한 환경체계에까지 영향을 미치므로 사회복지사는 가족문제를 다룰 때 '어떤 일이, 왜 일어나는가'가 아니라, '무슨 일이 일어나고 있는가'에 관심을 두고 개입해야 한다. 더불어 사회복지사는 실천의 대상인 가족이 갖는 다양한 유형과 특징에 대해서 충분히 파악하고, 가족이 직면한 복잡한 문제와 상황을 체계적인 관점에서 사정할 수 있어야 한다. 이를 바탕으로, 가족문제를 효과적으로 해결할 수 있는 전문적인 지식과 기술을 충분히 갖추는 동시에, 성적·인지적 관점에서 사회적으로 형성된 성역할과 가족 역동성을 가족구성원이 이해하도록 도우며, 가족구성원들이 효과적인 선택을 할 수 있도록 가족의 역량을 강화해야 한다(김보기 외, 2021b: 134).

가족복지실천은 가족구성원 개개인은 물론 가족 전체를 한 단위로 하면서 보호, 보장, 강화를 도모하는 조직적 제반 활동이다. 가족은 사회복지실천의 기본 단위로서 가족 중심 사회복지실천은 지속적으로 발달하여 왔다. 가족이라는 복합성, 포괄성 때문에 가족복지실천은 다른 분야인 아동, 노인, 장애인, 여성문제 등의 분야와 겹치게 된다. 그런데 특정 대상을 취급하는 다른 분야와 달리 가족복지는 가족구성원 개개인은 물론 가족 전체를 취급하는 것이 특징이라고 할 수 있다. 가족복지실천의 주요 대상이 될 수 있는 가족은 한부모가족, 배우자학대가족, 비행청소년가족, 장애인가족, 알코올중독자가족, 치매노인가족 등이 포함되기 때문이다(천정웅 외, 2019: 263).

그러므로 가족체계 안에 있는 구성원 전부는 상호 간에 영향을 미치고 있으며, 그와 동시에 구성원 각자와 전체로서의 가족은 다른 사회환경체계의 영향을 받는다. 따라서, 가족구성원, 가족, 더 큰 사회체계의 욕구와 이들 간의 상호작용을 고려하여 사회복지실천이 형성되어야 한다.

3) 집단

집단을 활용한 사회복지실천은 1890년대부터 시작되었다. 즉, 인보관운동, 성인교육, YMCA 등과 같은 기관 내에서 시작되었다. 역사적으로 집단을 서비스의 단위로 재인식한 대부분의 기관들은 사회적 변화를 위해 노력한 기관들이다. 이 기관들은 빈민들의 사회적 조건을 변화시키고, 서비스 제공을 통해 사람들의 민주·사회적 및 도덕적 특성을 발달시킬 수 있도록 환경과 사회에 영향력 있는 변인들을 확인하는 데 목표를 두었다. 빈곤지역에 위한 인보관과 청소년기관에서 시민들의 교육, 사회화, 지역사회에 대한 적응을 도모하고, 상호지지의 관계를 형성하며, 사회변화를 위한 힘의 결집이 필요하였기에 주로 집단을 중심으로 한 사회복지실천이 전개되었고, 이 때문에 집단사회복지실천이 발달되었다(이영호 외, 2018: 323).

집단사회복지실천은 집단이 개인에게 미치는 영향을 중요시하며, 개인 및 집단의 목표달성을 위해 집단과정을 활용한다. 집단사회복지실천은 사회적 기능의 향상과 사회적으로 바람직한 목표의 달성을 위해 집단 속의 사람을 대상으로 하는 사회복지실천의 한 방법이다.

인간은 성장해 가는 동안 다양한 집단을 경험하게 된다. 인간은 집단을 떠나서는 생활할 수 없으며 성장과 발달을 가져올 수도 없다. 급격한 사회변화로 인해 사회적 소외, 소속감의 상실, 가족 기능의 저하와 같은 문제에 직면해 있는 현대인에게 집단은 직·간접적으로 영향을 미치는 중요한 체계이다. 집단의 사회복지실천은 의도적으로 집단의 경험을 제공하여 다양한 욕구를 충족시키고, 개인의 문제해결 및 자기 성장을 가져올 수 있도록 하는 전문적인 노력이다. 집단구성원은 상호간에 영향을 미침으로써 변화를 경험하고, 집단은 구성원 개개인의 활동에 의해 변화된다. 집단은 또한 다른 집단에 의해 영향을 받으며, 지역사회나 국가의 기대, 가치관, 문화 등에 영향을 받는다(정은, 2014: 331).

그러므로 집단을 이끄는 사회복지 전문가는 그 실천의 대상인 집단의 다양한 유형과 특징에 대하여 전문적인 지식과 기술을 습득하고, 집단구성원이 직면한 복잡한 문제와 상황을 체계적인 관점에서 사정하며, 효과적으로 해결할 수 있도록 부단히 노력하여 성장과 변화를 꾀해야 한다.

연습문제
EXERCISE

01 다음 중 다양한 실천현장에서 근무하게 될 신입 사회복지사의 자질로 아닌 것은?

① 개인적인 성품이나 인간성
② 사회복지 마인드(전문적 윤리와 태도)
③ 문서작업 능력
④ 프로그램 개발 및 평가
⑤ 전문성을 갖추지 못한 인간미

02 사회복지실천의 이념적 배경 중 사회통제와 관련이 깊은 것은?

① 인도주의 ② 박애정신
③ 개인주의 ④ 사회진화론 ⑤ 다양화

03 학교 주변의 유흥업소의 이전을 바라는 서명운동을 할 경우 사회복지사의 역할은?

① 옹호자 ② 조직가
③ 조력가 ④ 행동가 ⑤ 협상가

04 집단역학(group dynamics)의 구성요소가 아닌 것은?

① 긴장과 갈등 ② 가치와 규범 ③ 집단목적
④ 의사소통유형 ⑤ 지식 및 정보습득

05 다음 중 개방형 질문인 것은?

① 오늘 많이 피곤해 보이시네요.
② 어떤 이야기를 나누셨나요?
③ 자녀의 학교선생님은 체벌을 많이 합니까?
④ 오늘 방 청소를 했나요?
⑤ 따님과 얘기해 보셨나요?

정답 1. ⑤ 2. ④ 3. ④ 4. ⑤ 5. ②

PART III

사회복지의 현장

Chapter 11

생애주기 복지

학습목표

1. 생애주기 내용 숙지
2. 생애주기와 복지의 연관성 파악
3. 복지 사례연구

학습내용

1. 아동복지
2. 청소년복지
3. 노인복지

개요

일반적으로 생애주기는 8단계로 구분할 수 있다. 생애주기는 태내기, 영아기, 유아기, 아동기, 청소년기, 성인기, 중년기, 노년기로 구분할 수 있다. 따라서, 각 단계별로 차별화된 복지가 필요하며, 이를 위해서는 사례연구가 선행되어야 한다. 여기에서는 아동기, 청소년기, 노년기를 중심으로 각 단계별 복지내용을 학습하고자 한다.

Chapter 11

생애주기 복지

1. 아동복지

1) 아동복지의 개념

아동복지는 '아동'과 '복지'라는 두 용어의 합성어로서, 영어로는 'child welfare'로 표기된다. 어원적인 측면에서 아동복지는 '아동이 편안히 잘 지내는 상태'를 뜻한다. 그러나 아동이 편안히 잘 지내는 상태가 어떤 것이냐에 대한 정의, 즉 아동복지에 대한 정의는 학자마다 다르다.

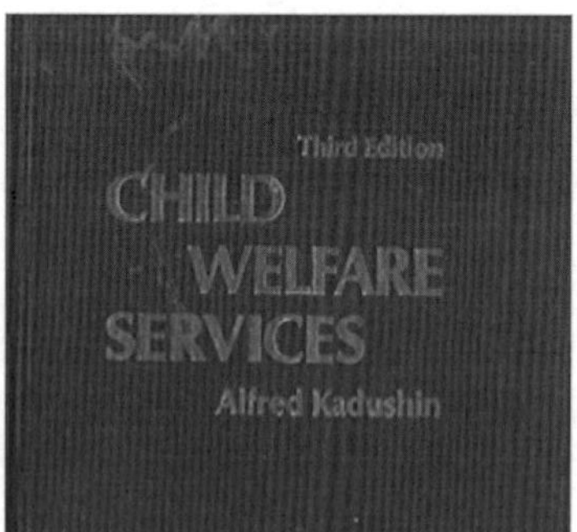

『아동복지서비스』
(1980년 출판)

미국의 대표적인 아동복지학자인 카두신(Alfred Kadushin)은 1967년 그의 저서 『아동복지서비스(*Child Welfare Services*)』에서, 미국아동연맹의 정의를 기초로 아동복지를 잔여적 의미의 사회적 서비스의 한 형태로 정의한다. 즉, 아동복지는 부모가 아동양육의 책임을 충족시킬 수 없거나, 또는 그 지역사회가 아동과 가족이 요구하는 보호와 자원을 제공할 수 없을 때, 아동이나 청소년에 대하여 제공되는 사회적 서비스와 관련이 있다. 따라서,

아동복지서비스는 부모가 그 역할 수행에 어려움을 겪고 있는 기능들을 지지·보조 또는 대리하거나, 현존의 사회제도를 수정하거나, 새로운 제도를 조직함으로써, 아동과 그 가족의 조건을 향상시키는 것을 목표로 한다(Kadushin, 1980).

사회적·경제적 활동으로서의 아동복지를 강조한 프리들랜더와 앱트(Friedlander & Apte, 1974)는 "아동복지는 빈곤, 방치, 유기, 질병, 결함 등을 지닌 아동 또는 환경에 적응하지 못하는 비행아동에게만 관심을 두는 것이 아니라, 모든 아동이 신체적·지적·정서적 발달에서 안전하며 행복할 수 있도록 위험으로부터 보호하기 위하여 공공과 민간의 기관에서 실시하는 사회적·경제적·보건적 제반활동을 의미한다."고 정의하고 있다.

미국 『사회사업연감(*Social Year Work Book*, 1960)』에서는 아동복지의 행동이나 활동 분야에 초점을 둔 정의를 제시한다. 즉, 행동분야로서의 아동복지는 아동이 행복하게 살며, 그들의 생활에서 잠재력을 최대한 발휘할 수 있는 건강하고 건전한 개인으로 성장·발달할 수 있도록 함을 목적으로 하는 광범위한 활동을 포함한다. 또한 아동복지는 가정생활을 유지·강화하면서 건전한 아동발달을 가져올 수 있는 지역사회생활을 영위하게 하는 데 관심이 있다.

마이어(Meyer, 1985)는 아동복지를 지속적인 사회체계의 하나로, 아동의 복지를 증진시키기 위한 사회제도이자 하나의 전문직으로서 사회사업의 한 분야로 정의하면서, 사회사업 전문직의 한 분야로 아동복지를 강조한다.

이와 같은 아동복지에 관한 정의들은 가족의 기능을 보충하는 잔여적 의미의 개념(카두신의 정의), 서비스의 개념(프리들랜더와 앱트의 정의), 활동분야의 개념(『사회사업연감』의 정의), 사회체계 및 독립된 사회제도로서의 개념(마이어와 우리나라 사회복지사전의 정의)을 내포하고 있음을 알 수 있다. 현대사회에서 복지는 가족이나 시장경제의 역할에 부수적인 잔여적 개념이 아니라, 다른 사회제도와 동등한 위치의 독립된 사회제도적 의미로 받아들이는 것이 일반적인 추세다. 따라서, 제도적 관점에서 아동복지를 정의하고, 아울러 사회체계 및 서비스의 관점에서 아동복지에 대한 정의를 제시하고자 한다.

사회제도는 사회구성원의 기본적인 욕구를 충족시키며, 여러 가지 활동을 가능하게 하는 관습화되고 공식화된 방법과 절차를 의미한다. 그리고 하나의 제도로서 사회복지가 수행하는 기능은 사회구성원 간에 서로 도와주는 상호부조(mutual support)의 기능이다. 이러한 사회제도적인 측면에서 아동복지를 정의하면, 아동복지란 사회구성원으로서 아동의 기본적인 욕구를 충족시키고 건전한 성장과 발달을 도모하기 위하여 여러 가지 활동을 가능하게 하는 공적인 방법과 절차라고 할 수 있다. 여기에서 공적인 방법과 절차에는 아동복지와 관련된 법령, 공공과 민간의 조직, 사회복지 전문직과 같이 제도화된 실천방법 등이 포함된다.

사회체계적 관점에서 아동복지는 사회체계의 한 하위체계로 간주된다. 복지의 기초이론인 생태체계론에 따르면, 인간의 생활환경은 다양한 체계로 구성되어 있으며, 복지의 대상인 인간조직도 다양한 하위체계로 구성된다. 복지 역시 하나의 체계이며, 아동복지는 복지의 하위체계로서 정치·경제·사회·문화·교육 등의 인접 체계와 끊임없이 상호작용하고 영향을 주고받으며 변화한다.

서비스의 관점에서 아동복지는 아동을 실천대상으로 하는 프로그램과 서비스를 포함한다. 이러한 프로그램과 서비스에는 소득 보장, 영유아 보육, 입양, 가정위탁, 시설보호, 재가복지, 강제보호서비스, 학교사회 복지서비스 등이 포함된다. 이러한 아동복지서비스는 공적·사적인 자원과 인력을 바탕으로 수행된다.

한편, 우리나라의 『사회복지용어사전』(2009)에 따르면, 아동복지란 아동의 건강한 삶을 보장하기 위한 국가와 사회 그리고 민간단체의 다양한 노력들, 즉 법과 정책 그리고 행정뿐 아니라, 전문가에 의한 구체적인 서비스를 총칭하는 말이다. 현대의 아동복지라는 용어는 보다 넓은 의미를 가지는 것으로, 아동의 신체적·인지적·정서적 발달에 관하여 모든 아동의 복지를 지키며 보호하고자 하는 공사단체의 사회적·경제적·보건적 활동과 일체를 이루는 것이라고 정의하고 있다. 따라서, 현재 우리나라에서는 제도적이며 보편적 서비스로서의 복지의 개념이 아동복지의 일반적 정의로 수용되고 있다(이순형 외, 2013: 16-18).

2) 아동복지의 필요성

과거에 아동은 권리가 거의 없고 의무만을 지닌 '성인 축소판(miniature adult)'으로 여겨졌지만, 현대에 와서 아동은 성인과 다른 아동만의 독자적 발달 특성에 따른 특별한 관심과 보호가 필요한 존재로 인식되고 있다. 이는 아동에 관한 과학적 연구를 촉발했고, 아동복지의 필요성을 확인시켰다.

인구사회학적 변화도 아동복지에 대한 사회적 책임 강화의 필요성을 대두시켰다. 최근 우리 사회의 저출산·고령화는 생산가능인구의 감소와 평균노동연령의 상승, 저축 · 소비 · 투자 위축 등으로 연결되어 경기를 침체시키고, 국가경쟁력을 약화할 수 있으므로, 출산율을 높이는 아동복지 정책이 필요해졌다.

우리나라는 세계적으로 매우 낮은 수준의 출산율을 기록하고 있는데, 이는 자녀양육 부담이 큰 사회현실 때문이라고 할 수 있다. 여성의 경제활동 참여가 많아지고 가족규모가 작아지면서 가정의 돌봄기능이 축소되었지만, 공보육 제도가 보편화되어 있지 않은 상황에서 가정의 자녀 양육부담은 더 커졌고, 이에 따라 자녀 양육부담을 덜 수 있는 보육정책 마련이 시급해졌다.

경제적 변화도 아동의 삶에 큰 영향을 미친다. '신자유주의(neoliberalism)'를 표방한 '세계화(globalization)'로 개인 빈곤 격차는 더욱 벌어졌다. 우리나라는 1990년대 이전까지 고성장을 유지해 왔지만, 1997년 IMF(International Monetary Fund) 외환위기 이후 다양한 사회문제가 드러났다. 즉, 실업률이 높아졌고, 노동시장 유연화로 일용직과 임시노동자 수가 늘었으며, 소득 양극화가 심화되었다. 사회안전망이 부재한 상태에서 고용불안과 실업은 개인 삶의 질을 급속히 하락시켰고, 경제위기 극복과정에서 나타난 부정적 영향은 대부분 저소득 · 취약계층에 집중되었다. 정부는 사회복지지출을 늘리고 사회안전망 구축을 위한 대책을 마련했지만, 사후처방적이고 소극적인 개입은 빈곤문제를 해결하지 못하였으며, 가족 빈곤은 아동의 건강한 성장을 저해하는 위기요인이 되므로, 이에 대한 아동복지 대책이 필요해졌다.

한편, 최근에는 이혼과 사별 등 가족해체로 한부모가족이 증가했으며, 재혼가정과 입양가정, 위탁가정, 다문화가정 등 새로운 형태의 가족도 나타났다. 이혼은 아동 양육의 책임과 역할을 모호하게 하고 자녀의 안정된 삶을 위협할 뿐 아니라, 정서적 문제를 일으킬 수 있다. 새롭게 구성된 가족인 재혼가정과 입양가정, 위탁가정은 가족구성원 변동에 따른 혼란과 적응 부담이 크고, 다문화가정 역시 문화 차이에 따른 어려움을 겪을 수 있다. 가정의 유형이 다양화하면서 아동복지와 관련된 문제가 더욱 복잡해지고 욕구는 다양해졌으며, 이에 따라 아동복지의 영역과 대상도 확대되고 있다(노혜련 외, 2015: 16－18).

3) 아동복지 대상

아동복지의 대상은 모든 아동이다. 모든 아동들은 같은 환경 속에서 성장하는 것이 아니고, 아동마다 저마다의 성격적 특성과 능력 및 욕구가 있다. 아동복지는 각기 다양한 상황과 속성을 가진 아동들의 개별적인 욕구들을 충족시켜 주어야 하며, 한편으로 아동 대다수가 지니고 있는 문제들을 해결해 주어야 한다. 따라서, 아동복지 서비스가 보다 현실성 있게 실현되기 위해서 아동복지의 대상 아동들을 어떻게 분류하고 정의하는가가 중요하다.

일반적으로 행정주의 편의상 아동복지 서비스의 대상을 보호대상아동과 일반아동으로 구분한다. 그러나 모든 아동은 부모의 보호를 필요로 하는 미성숙한 존재이기 때문에 부모가 아동복지 대상에 포함되어야 한다. 과거 아동복지의 주요 대상은 보호필요아동이었으나, 현대에 와서는 보편적 서비스로 일반아동을 포함하고 있다. 보호필요아동이나 일반아동 모두 부모의 보호와 양육을 통해 비로소 건강한 성장과 발달이 가능하다는 점에서, 아동복지는 보호필요아동이나 일반아동뿐 아니라, 아동의 부모도 복지의 대상에 포함시켜야 한다. 따라서, 아동복지 서비스는 아동을 직접 대상으로 할 뿐만 아니라, 그 부모를 대상으로 실시하기도 한다. 즉, 아동복지의 대상은 보호대상아동과 일반아동, 그리고 부모라고 할 수 있다. 아동복지 대상은 다음과 같다(한성심·송주미, 2014: 78－81).

(1) 보호대상아동

① 가정환경상의 문제를 지닌 보호대상아동

모든 아동은 자기가 태어난 가정에서 부모의 사랑을 받으며, 건강하게 자라는 것이 가장 바람직하다. 그러나 여러 가지 이유로 인해, 가정환경이 양육의 기능을 충분하게 수행할 수 없을 경우, 아동과 그 가족은 보호를 받아야 한다. 이러한 가정의 형태로는 빈곤가정, 결손 및 부모부재 가정, 병리가정 등이 있다.

가. 빈곤가정

빈곤가정은 최저생계비 미만의 저소득으로 인하여 아동의 성장과 발달에 필요한 영양, 보건, 교육 등의 기회가 결핍되거나 박탈당한 경우를 초래하므로 아동양육상 많은 어려움을 겪는다. 빈곤가정의 부모 역시 자녀의 양육은 물론 자신의 삶을 영위하는 데 있어 좌절과 불만족을 경험하고 있다. 우리나라의 경우 빈곤가정을 위한 사회보장제도가 있으나, 이들 가정의 아동에 대한 구체적인 대책은 없는 실정이다. 국가의 경제력이 향상되었다 하더라도, 빈곤가정은 여전히 존재하고 있으며, 이들의 자녀양육 환경은 지속적이고 신속한 대책이 필요하다.

나. 결손 및 부재 가정

결손가정은 이혼 또는 사망으로 인하여 부모의 일방 또는 쌍방이 없는 가정이며, 부재가정이란 해외 취업 또는 교도소 복역, 질병 등으로 인한 장기입원 등으로 인해 부모 중 한쪽이 장기간 동거하지 않는 가정을 말한다. 부모와 함께 동거하더라도 부모의 역할을 제대로 수행하지 않는다면, 넓은 의미의 부모부재가정이라고 할 수 있다. 결손가정과 부재가정의 아동은 일반가정의 아동보다 욕구불만, 정서불안에 빠지기 쉬우며 한부모의 지나친 애정이나 무관심으로 인해 성격적 결함이 생길 가능성이 있다. 가족구조상의 결손은 그 기능상의 변화를 가져오게 하여 가족으로서의 제 역할을 감당하기 어려운 상황이 종종 발생하게 된다. 현대 가족의 특징 중 하나인 가족해체 현상의 증가와 더불어 결손 및 부재 가정 아동의 수가 점차 증가함을 고려한다면 이들에 대한 올바른 이해와 대책이 시급하다.

다. 병리가정

병리가정은 문제가정이라 불리기도 하는 데, 사회집단으로서의 가족조직이 약화되고 기능상의 장애를 일으키는 가족을 말한다. 병리가족은 가족의 구조적인 결손이 없음에도 불구하고, 가족관계의 갈등으로 인해 또는 역기능적인 가족구조로 인해 가족구성원 상호 간의 역할수행이 바람직하지 못하게 이루어지며, 부적응과 부조화를 경험하게 되고, 가족의 해체를 불러오기도 한다. 이러한 병리적 가족의 형태로는 부부갈등, 별거 및 이혼으로 인한 문제, 유기, 학대 등이 있으며, 아동의 성장과 발달에 매우 치명적이고 부정적인 영향을 주게 된다.

② 발달상의 장애를 지닌 보호대상아동

장애아동은 선천적이든 후천적이든 신체적·정신적 능력의 결여 때문에 개인 또는 사회생활에 필요한 것을 스스로 확보할 수 없는 아동을 말하는 데, 신체장애아동, 정서장애아동, 정신지체아동 등이 있다. 장애를 지닌 아동은 본인의 장애와 관련된 의료적 처지는 물론 사회구성원으로 어울려 살아가기 위해서는 적절한 교육과 훈련이 필요하다. 이를 위해서는 관련 정책을 통해 장애아동과 그 가족이 무료 또는 최소한의 비용으로 치료와 교육을 받을 수 있고, 가정에서 장애아동을 적절히 돌볼 수 있도록 경제적 지원을 해야 할 것이며, 교육기관, 의료기관, 상담기관 등을 통해 전문적 서비스가 제공되어야 할 것이다.

③ 사회적·법적 보호가 필요한 아동

가정환경상의 문제를 지닌 아동과 장애아동 역시 법적·제도적 대책을 필요로 한다. 그러나 문제의 특성상 사회적·법적 보호의 대책이 무엇보다 중요시되는 아동의 상황은 가출 및 비행아동, 미혼모와 그 자녀 등이다. 미혼모와 그 자녀 특히 10대 미혼모의 증가는 커다란 사회문제로 자리 잡고 있으며, 입양 대상 아동의 대부분을 차지하게 된다. 따라서, 미혼모와 그 자녀를 위한 법률상담, 의료혜택, 직업 및 교육상담, 생계비 보호, 정서적 문제를 해결하도록 돕기 위한 심리치료 서비스 등이 제공되어야 한다. 가출 또는 비행아동들은 법적인 문제해결과 상담서비스가 요구되므로, 우선적으로 법과 사회적 보호의 차원에서 보호를 받아야 한다. 소년원이나 소년교도소 등의 법집행기관들은 비행아동의 선도 및 교화를 위한 양질의 복지서비스를 개발하여야 하며, 비행아동들의 반복비행을 예방하기 위한 다양한 대책이 마련되어야 한다.

(2) 일반아동

일반아동은 특별한 보호가 필요하지 않은 일반 가정의 아동을 말한다. 그러나 아동복지의 궁극적 목표가 모든 아동들의 보다 행복한 생활의 보장이라고 한다면, 보호대상아동 외에 일반아동에 대해서도 관심을 두지 않으면 안 된다. 일반아동은 잠재적으로 문제를 표출할 가능성이 있는 아동이기도 하고, 또한 그들의 생활이 이상적인 상태에 있다고도 볼 수 없기 때문이다. 단지 현재 뚜렷한 문제를 지니지 않고 있다는 것이지 그들의 기본적인 욕구가 모두 충족되어 있다고 할 수 없다. 따라서, 아동으로서의 기본적인 욕구를 충족시킬 수 있는 권리보장을 위해 부모와 사회는 지속적으로 노력하여야 한다. 아동들이 가지게 될 문제를 예방하기 위해 노력하여야 하고, 아동집단의 권리보호를 위해 환경을 감시하고 바로잡아야 하며, 아동의 이익을 대변하는 전문가집단의 요구에 귀 기울여야 하고, 아동들을 위한 제도적 장치를 확립하여야 하며, 아동에 대한 인식과 아동관을 새로이 하여 아동들도 사회구성원으로 당당하게 살아갈 수 있는 사회를 만들어야 한다.

아동의 환경 중 1차적이면서 가장 중요한 환경은 부모이다. 부모는 아동복지에서 아동 외에 가장 먼저 관심을 두어야 하는 복지대상이다. 따라서, 아동의 행복을 보장하기 위해서는 부모로서 자녀양육의 책임에 대한 준비 및 이를 위한 상담과 지도 프로그램을 모든 계층의 부모에게 제공해야 한다. 부모교육은 아동을 건전하게 키우기 위한 부모들에 대한 교육으로서 아동발달의 이해, 자녀와의 대화기법, 부모역할과 가정환경의 중요성 등을 주지시켜 자녀양육에 도움이 되도록 하는데 목적이 있다. 즉, 부모로서 갖추어야 할 지식과 기술에 대한 교육을 통해, 아동은 물론 부모 자신의 성장에도 도움을 줄 수 있어야 한다. 부모를 통한 아동복지의 실현은 곧 아동욕구 및 문제의 해결인 것이다.

2. 청소년복지

1) 청소년의 개념

역사적으로 청소년이란 용어가 등장하기 시작한 것은 산업화 이후이다. 이 용어는 산업혁명과 더불어 의무교육이 실시됨으로써, 인간의 발달단계에서 청소년기를 고유한 발달시기로 인식하게 하는 데 결정적인 영향을 미쳤다. 산업화는 기본적으로 교육받은 노동력이 요구되었으며, 학교교육의 의무화는 청소년들이 노동시장에 유입되지 않고 경제활동에서 제외되는 특권을 주었는데, 이러한 요인들이 본격적으로 청소년기를 인식하게 되는 계기가 되었다(홍봉선 외, 2019: 23-24).

청소년을 정의하기 위해서 일반적으로 다음과 같은 방법이 사용되고 있다.

첫째, 어원적 관점에 따른 구분이다. 'adolescent'와 'youth'를 구분한다. 즉, 'adolescent'는 '성장하다'라는 의미에서 비롯된 것으로 생리학적 발달과 깊은 관련이 있다. 'adolescent'는 육체적으로 급격한 성장을 보이고, 정신적으로는 부모로부터 독립함과 동시에 자아가 형성되는 시기로서의 특징을 지니는 것을 그 바탕으로 하되, 아동기에서 성인기로 이행하는 과도기적 성격을 띤다. 따라서, 기성세대의 가치나 규범을 수용하는 수동적 존재로 보는 경향이 있다. 그러나 최근에는 육체적 성장뿐만 아니라, 사회심리적 성장도 포함하는 것으로 이해한다. 'youth'는 사회적 성격이 'adolescent'보다 강하다. 'youth'는 사회심리적 생활국면의 성격에 주목하여 사회적 맥락에서 접근하고 이해하는 입장이라고 할 수 있다. 따라서, 'youth'는 청소년기를 아동기와 성인기 사이에 존재하는 과도기로서가 아닌 고유한 인생발달과정의 한 단계로 파악한다. 국내에서는 이 두 단어가 혼용되고 있으나, 대개는 'youth'에 더 치중하고 있다(조성연 외, 2012: 12-13).

둘째, 사회적 통용의 개념으로 구분하는 방법이다. 대부분의 동양권 국가에서는 '소년', '소녀', '미성년', '중·고생', '10대', '1318' 등 다양한 용어를 각각의 환경에 따라 사용하고 있다. 이는 어원적인 성격보다는 발달적·제도적 성격이 복합적으로 작용하여 사회적 통용의 용어로 관행화된 성격이 짙다. 최근에는 이러한 동향도 수정되어 매우 구체적으로 접근하고 있는데, 그 대표적인 예가 이른바 말하는 '1318'이다. 즉, 중학생이 되는 시작연령과 고등학생이 끝나는 연령을 연결시키는 '1318'로 범주화하고 있다. 문제는 이렇게 중·고등학생, 청소년, '1318'이 동일하다는 등식으로 명확하지만 좁게 사용할 경우, 법적 정의와 충돌하여 청소년 지도와 보호에서 여러 가지 문제가 발생하기 쉽다는 것이다. 또한 학계에서도 사회적 통용의 정의를 일부 수용하고 있는데, 대표적으로 아동의 권리에 관한 국제협약을 청소년의 권리에 대한 준거로 채택하고 있다는 점이다. 마찬가지로 이러한 학계의 관점을 제도권에서도 수용하여 청소년복지정책에 반영하고 있다.

셋째, 연령에 따른 법적 개념이다. 일반적으로 13세 이상 18세 미만인 자를 청소년으로 구분하지만, 청소년 관련법에서는 다양하게 정의하고 있다. 청소년 관련법에서 나타나듯이 청소년의 정의와 호칭과 연령 등을 정비할 필요가 있다. 청소년기본법, 청소년 관련법에서 청소년에 대한 연령을 다양하게 규정함으로써 발생되는 문제를 최소화해야 한다.

넷째, 청소년기에 나타나는 신체적 특성으로 구분하는 방법이다. 가장 일반적인 방법이지만, 개인에게 나타나는 시기들이 각각 상이하기 때문에 보편적인 기준을 제시하는 데 한계가 있다. 더욱이 청소년기가 언제 끝나는지는 분명하지 않은데, 이는 사춘기 때 나타나는 신체적 특성으로 청소년의 시작은 쉽게 알 수 있다고 하더라도, 청소년기가 끝나는 시점은 신체적인 징후로 판단되기보다는 그 사회에서의 역할 기대를 충족시키고 책임질 수 있는 시점으로 간주되기 때문이다(신명희 외, 2013: 292-293). 이렇듯 청소년의 정의가 어원, 사회적 관행, 제도적 규정, 발달적 근거 등의 관점에서 혼재하는 것은 청소년의 지도와 청소년의 복지정책, 그리고 실천에서 일관성, 합리성, 적법성 등과 관련하여 복잡한 문제를 발생시킨다(이소희 외, 2005: 23).

그러므로 청소년 관련법에 대해 사회통념적 시각에서 청소년과 관련된 용어와 연령을 제도적 규정의 차원에서 청소년의 개념과 일치시킴으로써 효과적인 청소년정책이 수립될 수 있도록 사회적 합의를 이루고, 그 결과에 따라 실행에 옮겨야 한다.

청소년 관련법상의 연령은 <표 11-1>과 같다.

〈표 11-1〉 청소년 관련법상의 연령

관련 법률	호칭	연령 구분
아동복지법	아동	18세 미만의 자
청소년기본법	청소년	9세 이상 24세 이하의 자
청소년보호법	청소년	19세 미만의 자
청소년 성보호에 관한 법률	청소년	19세 미만의 자
청소년활동진흥법	청소년	9세 이상 24세 이하의 자
청소년복지지원법	청소년	9세 이상 24세 이하의 자
민법	미성년	19세 미만인 자(19세 성년)
형법	형사미성년	14세가 되지 아니한 자
근로기준법	연소자	18세 미만의 자
모·부자복지법	아동	18세 미만의 자 (취학 중인 때에는 20세 미만)
국민기초생활 보장법	아동	18세 미만의 자
소년법	소년	19세 미만의 자
영화 및 비디오물의 진흥에 관한 법률	청소년	18세 미만의 자 (고교 재학 중인 자 포함)

자료: 김보기 외(2016: 71) 재구성.

청소년문제의 배경을 살펴보면, 부모에게 의존적이거나 자아에 대한 정체감을 형성해가는 시기의 청소년은 사회구조 및 가족구조의 변화에 민감할 수밖에 없다. 한국사회는 산업화와 도시화로 인한 가족구조의 변화 및 부모역할의 혼동 또는 부재, 경제발전 및 부의 축적 등으로 인한 물질만능주의, 가족유대감의 약화로 인한 가족해체현상 등 급격한 환경의 변화를 겪고 있다. 이러한 변화의 소용돌이 속에서 청소년은 피동적으로 사회구조적 문제의 희생자로 또는 사회문제의 원인을 제공하는 주체로서의 문제의 중심에서 이끌려 다니는 현상이 계속되고 있다(김근홍 외, 2013: 187). 한국사회는 1960년 이후 사회 각 분야에서 급격한 변화를 초래하였다. 특히, 산업화로 인한 전통사회의 해체와 세대 간의 가치관 차이는 심각한 청소년문제를 야기시켰다.

청소년문제의 원인을 살펴보면 다음과 같다.

첫째, 가족형태의 변화이다. 전통적인 농업 위주의 가족형태는 청소년을 안정적으로 성장시킬 수 있는 토대가 되었으나, 핵가족화는 가족 간 영향력이 부족한 상황에서 공식적인 인간관계를 조기에 형성하게 되었다. 이는 또한 자녀들이 안정적으로 가정 내에서 휴식, 학습 등을 할 수 있는 기회를 제한한다. 또한 실직, 빈곤 등과 같이 사회경제적으로 계층이 낮은 경우 더 큰 환경적 스트레스와 좌절을 경험하는 경우, 부모와의 관계, 부부관계 등 가족관계에 문제가 있는 경우, 경제적 어려움, 실직, 가정불화 등 가정 내 위기요인으로 인해 가족구성원 간에 갈등이 존재하거나 가족 간에 상호작용이 약할 경우에 청소년문제는 발생할 개연성이 더욱 높아진다.

둘째, 취업모의 증가에 따른 보육의 문제이다. 자녀를 가진, 특히 영유아기의 자녀를 가진 여성의 취업이 급격히 증가하고 있다. 과거에는 기혼 여성의 취업이 저소득층에서 생계를 위한 수단으로 이루어졌지만, 오늘날에 와서는 중산층 이상의 고학력 여성에게서도 취업하는 경향이 두드러지고 있다. 이와는 달리, 이혼한 별거가정, 실직가정의 주부들도 생계를 위해 취업하기 때문에 자녀양육이 가정에서 이루어지지 못하고 있는 실정이다. 따라서, 보육에 따른 문제가 발생할 수밖에 없는 사회구조적 현실에 놓여 있다(표갑수, 2014: 250).

셋째, 성인 중심의 가치관 문제이다. 산업화로 인해 가족구조를 변화시켰을 뿐만 아니라, 가치관의 변화를 초래하였다. 현격한 가치관의 변화로는 지나친 경쟁심, 성 개방 및 인명경시 풍조와 물질주의 사고방식의 팽배 및 가족 이기주의를 들 수 있다. 그 실례로, 미혼모의 증가에 따른 자녀의 유기나 친권 포기, 금품을 노린 유괴, 청소년에 대한 성폭력 등이 있으며, 이는 최근 심각한 사회문제로 대두되었다.

현대사회는 자녀의 성취 및 안녕과 마찬가지로 부모 자신의 성취와 안녕도 동시에 강조한다. 과거와 같이 자녀의 성취를 위해 부모가 희생을 감수하는 경향이 줄어들고, 자신의 이익만을 위해 자녀를 방임하고 가출하거나, 이혼하는 경향이 늘어나 청소년문제를 발생하게 한다.

2) 청소년의 특성

사춘기(puberty)로 시작되는 청소년기는 신체적 변화가 일어나는 생물학적 변화로 인해 그 시작이 분명한 반면, 끝나는 시점은 행동적·문화적·심리적 성숙의 개인차로 인하여 사람마다 다양하다. 청소년기는 사춘기의 여러 가지 육체적·심리적 변화로 부모－자녀 관계도 가장 힘들어지고 청소년 자신도 동요하는 시기이다. 따라서, 이 시기를 '질풍노도의 시기(time of storm and stress)'라고도 한다(신명희 외, 2013: 292).

(1) 신체적 특성

청소년기는 급격한 신체의 발달과 제2차 성장이 강하게 나타나는 시기이다. 즉, 신체적으로는 거의 성인과 같은 체격을 갖추고, 생리적으로는 호르몬의 방출이 가능한 시기이며, 여자의 경우에는 초경을 하는 등 남녀 모두 성과 관련하여 성인의 역할이 가능하게 된다.

청소년기의 신체적 특성은 다음과 같다.

첫째, 청소년기의 신체발달은 사춘기의 발달현상으로 설명된다. 그 이유는, 사춘기가 호르몬의 변화로 급격한 신체적·성적 성숙이 이루어지는 시기이기 때문이다. 청소년은 신체의 각 부분이 같은 비율로 골고루 성장하지 않는 관계와 자아정체감의 형성으로 외모에 관심이 많다(최선화 외, 2015: 300). 청소년기는 자신의 신체와 용모에 대해 관심을 가지고 급격히 변화하는 신체적 특징에 대해 민감하게 반응한다. 그들은 자신의 신체에 대해 자신이 얼마나 만족하는가 하는 느낌뿐만 아니라, 다른 사람의 반응에 의해서도 크게 좌우된다. 그러나 청소년의 신체에 대한 지나친 관심은 자신의 신체에 대해 왜곡하게 만들 수 있다. 또한 청소년의 외모에 대한 불만족은 인종과 민족과 국가에 따라 다양하게 표출된다. 따라서, 외모를 아름답게 가꾸기 위한 부작용으로 거식증과 폭식증을 일으켜 섭식장애를 가져오기도 한다(신명희 외, 2013: 307－308).

둘째, 성적 성숙으로 인하여 성에 대한 호기심과 욕구가 많아진다. 이것은 기성세대의 보수성의 영향인 사회적 압력으로 인하여 부자연스럽게 그리고 음성적으로 이루어지는 경우가 많으며, 왜곡된 성 정보의 수집으로 성에 대한 호기심과 욕구가 잘못 처리되는 경우가 많다. 즉, 청소년들은 갑작스럽게 나타나는 생리적 변화로 놀라움·당황스러움·수치감·불안함 등을 느끼지만, 동시에 정상적으로 성적 발달이 이루어지고 있다는 것에 안도감을 느끼며, 한편으로는 자신의 성적 기능에 기대감을 가지기도 한다. 그래서 청소년들은 그들의 성 발달과 관련하여 매우 복잡한 반응을 보이고 행동하는 것이다(이소희 외, 2005: 37). 성적 욕구, 즉 성 충동, 자위행위 등에 대한 어려움을 느끼고 있다. 대부분의 청소년들은 자위행위를 한다. 그들은 성적 충동을 충족시킬 수도 없을뿐더러 강한 성적 에너지의 욕구를 완전히 물리칠 수도 없다. 일반적으로 소년은 소녀보다 사춘기 이후에 성과 관련된 절박한 경험을 하게 되며, 자위행위는 청소년에게 죄의식과 불안을 일으키게 한다. 자위행위에 대한 통제의 필요성을 인식하면서도 이에 대한 충동조절에 실패한 청소년은 자기 자신의 무의지력을 자책하는 자기비하 등으로 자기존중감을 잃게 되고 이것은 청소년의 성격형성과 인격발달에도 영향을 미친다.

(2) 사회심리적 특성

청소년기는 신체적 성숙과 정신적 미성숙으로 인하여 심리정서적인 면에서 극도로 불안정한 시기임에도 불구하고, 학업 등 청소년기에 해야 할 각종 의무적 사항이 존재하기 때문에, 그에 따른 사회적 압력은 인간발달에 있어서 그 어느 시기보다 높은 시기로서, 청소년은 태생적으로 문제행동을 잉태하고 있다. 따라서, 청소년의 심리적 발달상의 특징에 대한 이해는 곧 이들이 한 인간으로서, 성장, 성숙되어가는 과정을 이해하는 데 필수적인 기초가 된다.

청소년기에 나타나는 사회심리적인 특성은 다음과 같다.

첫째, 자아정체감(self-identity)을 형성하는 시기이다. 청소년은 자신의 객관적 모습에 관심을 가지는 시기이며, 평생 자신의 사고와 행동의 기준이 되는 인생관 및 세계관을 이 시기에 집중적으로 형성한다(최선화 외, 2015: 301). 따라서, 자아정체감에 대한 이해는 바로 청소년에 대한 심리사회적 발달에 대한 이해로 볼 수 있다는 것이다. 청소년기에 자아정체감이 문제가 되는 가장 큰 이유는, 생애주기 가운데 이 시기만큼 자아정체감의 위기와 확산에 위협을 받는 시기가 없기 때문이다. 즉, 청소년기는 자기선택과 자기정의의 시기인 것이다. 자기선택의 프로세스를 통하여, 가장 풍부한 활력원(인생의 보람)이 되고 자기가치를 높게 하는 자아정체감을 자기의 것으로 할 수 있는가에 따라 그 인물이 가장 그 사람다운 인생을 보낼 수 있는가의 여부가 가름되는 것이다(박아청, 2008: 128-129).

둘째, 부모로부터 개별화되고자 한다. 개별화는 청소년이 부모와 정서적인 유대를 지속하면서 자신을 부모와 다른 독특한 한 사람의 인격체로 인식하고 경험해 가는 심리적인 과정이다(홍봉선·남미애, 2013: 23). 청소년기는 부모에의 정서적 의존에서 벗어나려고 하는 특징이 있으며, 부모나 교사의 의견을 유일한 가치의 기준으로 믿고 행동해 왔다. 그러나 청소년기에 접어들면서 미숙하나마 자신의 가치관을 가지게 되고 그것만을 고집하기도 한다. 자신을 미숙하다고 여기고 인정하지 않는 기성세대의 비합리적인 면을 발견하고 비판적이게 되면서, 기성세대의 말보다 친구의 말을 더 신뢰하고, 긍정적인 말보다는 부정적인 말에, 순리적인 말보다는 자극적인 말에 더 공감을 느낀다(최선화 외, 2015: 301).

셋째, 정서적으로 불안정하다. 즉, 감정의 기복이 심하다. 사소한 일에 예민하고 쉽게 우울하며 낙담에 빠지기도 한다. 화를 잘 내기도 하고 불안정하게 보인다. 또한 호기심과 모방성이 강하다. 주변의 모든 일에 관심을 보이며 참여하고 싶어하며, 생각보다는 행동이 앞서는 경우도 많다. 자신의 우상을 만들어 맹목적으로 추종하는 경향이 있다. 경우에 따라서는 지나치게 남을 의식하기 때문에, 마음과 행동이 자유롭지 못하고 특히 이성 앞에서 부끄러움을 많이 느낀다(홍봉선·남미애, 2013: 22-23).

다섯째, 또래집단(peer group)을 지향하는 경향이 있다. 청소년기에는 부모보다 또래집단으로부터 더 정서적으로 지지받고자 하며, 또래를 통해 자신이 똑같은 또래임을 확인하고 안정감을 느끼며 자신의 가치를 인정한다. 따라서, 또래집단에게 버림받지 않기 위해, 또는 소중한 친구를 위해 부모와의 약속도 어렵지 않게 저버릴 수 있다. 또한 또래집단에게 인기가 많은 것이 우선이며, 다양한 모험을 감행한다. 청소년의 자아정체감 형성, 민감성, 모방성, 또래집단 지향성의 특성 때문에 이 시기에는 좋은 책, 좋은 교우관계가 절대적으로 중요하고, 그것에 의해 자신의 인생 방향이 결정될 가능성 또한 높다(최선화 외, 2015: 301).

여섯째, 주변인(marginal man)의 특성이 있다. 주변은 둘 또는 그 이상의 갈등적·사회문화적 체계들 속에서 다양한 가치를 내면화시킴으로써, 어느 한 가치에도 만족하지 못하는 사람을 일컫는다. 청소년은 성인의 주보호대상인 영유아 또는 어린 아동도 아니고, 그렇다고 사회를 주도하는 기성세대도 아니다. 다시 말해서 청소년들은 가운데 끼어있는 샌드위치와 같은 집단(teenagers are betwixt and between)이다. 이들은 때로 성인의 방식을 따르려고 하지만, 법적으로는 아동(children)으로 간주된다. 이들은 취업을 원할지 모르지만, 이들은 여전히 학생 신분으로 남아 있어야 한다(Giddens, 2021).

3) 청소년복지의 개념

청소년복지는 청소년과 복지의 합성어이다. 단순하게 접근하면 '청소년'과 '복지'라는 정의를 바탕으로 수평적으로 연결 지어 정의할 수도 있을 것이다. 그러나 엄격하게 보면, 이 청소년과 복지라는 두 개념도 그리 단순명료하지는 않다. 그것은 복지라는 상태는 이상적·현실적, 추상적·구체적 등과 같이 다면적이면서 동시에 다소 상반된 개념을 포괄하고 있을 뿐 아니라, 청소년도 개인차가 크기 때문에 모든 청소년을 일괄 처리하듯 묶어서 정의할 수 없기 때문이다. 더욱이 종전에는 아동복지 분야에 청소년이 포함되어 있었으나, 최근에는 분리되는 경향이 강해졌기 때문이다.

청소년복지는 대상범위와 주체 및 제공되는 서비스의 수준에 따라 넓게 또는 좁게 정의되고 있다. 중요한 것은, 청소년복지는 아동이 지니는 개체적·성생리적, 사회적·역사적 특성을 유기적으로 고려하면서 개념화하는 것이다.

이러한 관점을 취할 때에도, 청소년복지실천의 입장에서 중요한 개념은 법제적 개념이다. 그것은 청소년복지가 사회적 책임에 의해 이루어지는 제도적 조치이기 때문이다.

(1) 좁은 의미의 청소년복지

좁은 의미의 청소년복지는 요보호청소년을 중심으로 한 복지실천을 말한다. 비교적 개인이나 민간단체를 중심으로 이루어지는 실천을 의미한다. 여기서 요보호청소년은 주로 구조적으로나 기능적으로 부적절한 양육환경에서 자라는 청소년이나 발달상의 문제 또는 장애를 가진 청소년이다. 예를 들어, 빈곤가정이나 폭력 및 해체가정의 청소년, 소년소녀가장이 된 청소년, 선천적 또는 후천적 요인에 의하여 정상적으로 성장하지 못하고 신체기능상에 장애가 있는 청소년, 원조교제나 혼전임신 등으로 행동상의 문제를 지닌 청소년들을 들 수 있다.

좁은 의미의 청소년복지는 전반적으로 사회복지가 잘 발달되지 못한 시대나 국가에서 채택했으나, 근래에 들어서는 삶의 질에 대한 인식의 증가로 대다수의 국민을 대상으로 한 넓은 의미의 정의를 채택하는 경향이 높아졌다.

(2) 넓은 의미의 청소년복지

넓은 의미의 청소년복지는 일반 청소년과 그 가족을 대상으로 다양한 복지주체들이 서로 유기적 관련하에 체계적으로 복지실천을 전개하는 것을 말한다. 여기서 일반 청소년은 요보호청소년에 대응하는 대상으로서 특별한 외부의 도움을 필요하지 않는 청소년을 말한다. 그러나 실천적 성격의 복지를 채택하게 되면 모든 청소년을 위한 복지실천은 요보호청소년을 위한 복지실천을 포함하게 된다. 따라서, 넓은 의미의 청소년복지 대상은 일반 청소년과 요보호청소년을 구분하지 않는, 곧 모든 청소년이다. 청소년복지는 모든 청소년들의 기본적 욕구를 충족시킬 뿐만 아니라, 정신적·정서적·신체적으로 최상의 발달을 이루도록 육성하기 위해서 청소년에게 직접적으로 또는 가정이나 사회를 통해서 간접적으로 제공되는 모든 사회적 활동을 말한다.

오늘날은 청소년을 포함한 모든 국민의 복지보장을 하나의 권리로 보고 있으며, 이와 관련하여 그 책임주체를 국가로 간주하기 때문에 대부분의 나라에서는 넓은 의미의 청소년복지 정의를 수용하고 있다고 볼 수 있다.

(3) 법제적 관점에서 청소년복지의 개념

아동복지, 청소년복지, 노인복지, 장애인복지, 가족복지 등의 세부 분야를 포함하는 사회복지 분야는 법과 밀접한 관계를 지닌다. 즉, 사회복지 관련법은 현대사회에서 스스로 자신의 생활을 영위하지 못하는 사회적 약자들에 대하여 제한적으로 도움을 제공하는 노력의 총화와 관련된 법규범이라고 보고 있다.

이렇게 볼 때, 법적 입장에서의 청소년복지는 상위 분야인 사회복지의 법적 의미로부터 쉽게 파악할 수 있다. 국가의 정책이나 제도는 법적 근거가 있어야 비로소 공식적 제도로 존재할 수 있듯이(Calvert, 1978 : 1), 사회복지제도가 진정한 '법관계'로 존재할 때 비로소 국가와 국민 사이에 사회복지에 관한 권리-의무관계가 형성된다고 한 점과 만약 사회복지급여나 서비스가 지배계급의 사회통제적 음모에 의해서 단순하게 '주어지는' 것이라면 그것은 하나의 '권력관계'에 따르는 부산물일 뿐이며, 하나의 '시혜적 조치'라면 그것은 단순한 '사실관계'에 지나지 않기 때문이다.

특히, 성문법주의에 입각한 우리나라의 경우, 법적 근거를 지니지 못한 사회복지제도는 인정할 수 없다. 결국 사회복지 입법은 자본주의 사회의 발전과 함께 이루어졌으며, 그 내용과 범위는 자본주의가 가져온 사회문제, 특히 사회적 약자의 사회생활문제를 해결하려는 관점에서 생성되었다. 이렇게 볼 때, 청소년복지도 동일한 맥락에서 이해할 수 있다. 실제로 오늘날 대부분의 나라에서 실시되는 청소년복지는 법적 근거에 따르며, 우리나라에서도 그러하다.

4) 청소년문제

청소년들이 신체적·정신적 변화와 더불어 경험하는 사회적·문화적 환경의 상호작용과정에서 느끼게 되는 갈등과 문제가 발생한다. 그 내용은 다음과 같다(김정열 외, 2021: 48-49).

첫째, 청소년기는 자기정체(self-identity)의식이 뚜렷하지 않은 과도기적 상태에 있기 때문에 때로는 기성세대에 대해 반항하기도 하고 스스로 심한 좌절감을 맛보기도 한다. 또한 사회에서의 자기 위치와 역할이 분명하지 않기 때문에 자칫 소외감에 젖기도 한다.

둘째, 청소년기는 전통적 가치관에 대한 저항의식을 가지고 있다. 오늘날의 청소년들은 급격한 사회변화와 물질문명, 개인주의적 사회구조의 발달로 전통적인 인간관계의 질서는 물론 부모에 대한 태도마저 달리하고 있다.

셋째, 청소년기는 규범의 갈등으로 시달림을 받고 있다. 규범갈등이 심하면, 아노미(anomie) 상태에 빠지기 쉽다. 다시 말해서 규범이란 행동의 지침인데 지켜야 할 것이 너무 많거나 자주 바뀌어 일정하지 못하면, 자연히 무규범 상태에 빠지게 된다. 규범을 지키기 어려울 때는 소속감을 잃게 되고, 그래서 무능력해지며 어떤 일에도 관심을 집중하기 어렵게 된다.

넷째, 청소년기는 진취적이고 능동적이지 못하고, 이기적이고 의존적인 경향을 나타낸다. 부모의 지나친 보호와 학교의 암기 위주의 틀에 박힌 교육과 사회구조 등에도 상당한 원인이 있지만, 일반적으로 청소년들은 인생을 쉽게 살아가려는 경향이 있다.

다섯째 청소년들의 욕구수준의 상승을 들 수 있다. 청소년은 대중매체의 발달과 소비문화의 발달로 자신의 능력 이상의 꿈을 상승시키고 있다. 따라서, 이룰 수 없는 욕구 때문에 쉽게 좌절을 맛보게 되고, 좌절감은 때로 무방향적 행동과 극단주의에 빠지게 된다.

이와 같이 청소년들은 자신의 청소년기 발달과업을 성취하는 과정에서 경험하게 되는 갈등과 문제점을 순조롭게 해결하지 못하는 경우 사리판단을 잘못하여 비행을 저지르거나 경우에 따라서는 극단적인 행동을 저지르기도 한다. 물론 청소년들은 그들 자신만의 독특한 문화를 통하여 갈등을 해소하기도 하고, 심리적 욕구를 충족하기도 하며, 외적 행동과 내적 행동을 통하여 그들의 문제를 해결하고자 노력한다. 하지만 청소년은 신체적·정서적·사회적 모든 면에서 과도기적 단계에 있기 때문에 그들 스스로의 해결책이 체계적이지 못할 수도 있고, 자칫 잘못된 방향에서 해결책을 찾을 수 있다. 따라서, 청소년기 발달에 따른 문제에 대한 부모, 교사의 적극적인 도움이 필요하며, 문제해결을 위한 청소년복지적 접근이 필요하다.

3. 노인복지

1) 노인의 개념

'노인'이라는 용어는 말 그대로 나이 들어 늙은 사람이라는 의미이다. 이때 늙어 간다는 것, 즉 노화는 생물적 · 심리적 · 사회적 기능이 쇠퇴해 간다는 의미를 지닌다. 따라서, 노인이라는 용어는 나이가 들어 여러 기능이 저하된 사람임을 의미한다. 그러나 일상생활, 학술연구, 각종 정책 등에서 노인을 호칭하는 말은 단지 노인이라는 단어에만 국한되지 않고 노년, 고령자 등으로 다양하게 쓰이고 있다. 먼저 '노인'이라는 용어는 나이 든 사람에 대한 일반적 호칭으로 가장 널리 사용되고 있다. '노년'이라는 용어는 노인이라는 용어가 지닌 부정적 의미를 줄이기 위한 시도로 제안된 용어지만, 주로 노년기라는 생애주기에 있어서 인간발달단계상의 마지막 단계를 의미한다. '고령자'라는 용어는 노인만을 지칭한다기보다는 장년층에서 노년층에 해당된 보다 넓은 인구를 통칭하는 경우에 주로 사용된다. 이 외에도 우리나라에서는 가족관계에서 활용하는 용어를 확장하여 할아버지, 할머니라는 용어로 부르기도 하며, 비하적인 의미를 지니니 용어가 다양하게 사용하고 있다. 노인에 대한 존경의 의미를 담고 있는 용어로 우리의 옛글에서는 '아주 큰 아버지와 같은 존재'라는 의미를 지닌 '한아비'라는 용어를 사용하였으며, 최근 노인복지 실천현장에서는 '어르신'이라는 용어를 사용하고 있다.

미국에서는 60년대 노인들이 직접 지위향상운동을 벌여 종래 노인의 호칭인 old people, aged person 대신 senior citizen으로 부르도록 하였고, 일본에서는 고년자(高年者) 또는 50－60대를 익어 열매가 맺는다는 뜻으로 '실년(實年)'이라는 새로운 단어를 만들어 쓰고 있으며, 중국에서는 숙년(熟年), 장년(長年), 존년(尊年) 등으로 사용하기도 한다.

이러한 견해들은 노인의 명칭을 규정하는 데 있어서 뚜렷한 기준이 없기 때문에, 학자에 따라 문화적·사회적 배경이나 국가에 따라 많은 차이가 있음을 알 수 있다.

이렇게 노인에 대한 개념은 정신연령과 신체연령이 개인에 따라 다를 뿐 아니라, 역연령과 생리적 연령이 일치하지 않기 때문에 정확한 해답은 아직 얻지 못하고 있다. 즉, 노년기 변화가 시작하는 시기는 개인의 차이가 매우 심하고 동일개체에 있어서도 각 기관에 의한 노화의 시작이 다르게 나타나기 때문에 정확하게 규정할 수 없지만, 학문적으로는 개인적 노화와 인구의 노령화를 구분하여 노인의 개념을 규정하고 있다.

노인이라는 단어는 인간이 어느 시점에서 늙어진 상태인 정태적 개념이고, 노년이란 늙음이 계속되는 동태적 개념이다. 또한 노화는 홀(G. S. Hall)이 청년기(adolescence)와 더불어 노년기를 규정할 때 처음으로 만들어낸 개념이다. 사회적으로 정년퇴직은 만 55세에서 60세 사이에 이루어지고 있으며, 우리나라는 만 65세 이상을 법정 노인복지 대상으로 정하고 일반적으로 구분하고 있지만, 대부분 스스로는 결코 자신이 노인이라는 생각을 하지 않는 경향이 있어 그만큼 노후생활이 길어지고 있으며, 정년 후 연령층이 증가하고 있는 것이 현실이다. 대체로 동양에서는 60세 전후를 노인으로 인정하나, 유럽이나 미국에서는 65세 전후를 노인이라고 보는 경향이 강하다. 그러나 이 같은 역연령 규정은 물리적 시간으로 정해진 것으로서 인간의 생리적 노화과정과는 일치하지 않는다고 보고, 이와 같은 견해는 인간의 일생을 성장과 발달에 따라 단계적으로 나누어본다는 의미를 지니고 있다고 할 수 있다.

이러한 관점 이외에도, 사회적 관점에서 노인 개념을 규정해본다면 일본에서는, 정년제에서 노인의 연령선을 찾아야 한다고 보았다. 왜냐하면 오늘날의 노인의 위치는 '사회적으로 활동을 하느냐', '하지 않느냐'와 밀접한 관련을 가지고 있다는 것이다. 즉, 직업생활로부터 은퇴 또는 노령연금을 지급받는 연령부터 노인이라고 칭하는 예가 많기 때문이다. 세계 최대의 시니어 커뮤니티인 미국은퇴자협회(American Association of Retired Persons, AARP)에서는 50세 이상을 대상으로 하고 있으며, 미국 정부의 사회복지부에서는 65세가 되어야 노인으로 인정하고 있다(김남희 외, 2014: 17-19).

일반적으로 노인에 대한 정의는 다음과 같다(임병우 외, 2021: 12-13).

첫째, 개인의 자각에 의하여 노인으로 규정된다. 본인이 느끼는 심리적 또는 신체적인 노화현상으로 문화 또는 환경 변화에 적절하게 적응하지 못하는 경우에 많이 느끼게 된다. 어떤 사람의 경우, 장년에 속하는 연령임에도 불구하고 자신을 노인이라고 자각하는 경우도 있고, 또 어떤 경우에는 누가 보아도 노년의 나이임에도 불구하고 자신은 노인이 아직 아니라고 자각하는 경우도 있다. 이러한 정의는 객관성이 결여되는 측면이 있다.

둘째, 역연령(chronological age)을 기준으로 하여 일정한 연령에 도달한 사람으로 정의된다. 일반적으로 '65세 이상의 자'를 노인으로 규정하고 있다. 노인의 생리적·신체적·사회적·심리적인 면의 노화의 제 특성을 상당한 정도로 잘 수용하고 있다. 또한 관찰하고 판단하는 데 용이하며 사회입법적인 면이나 행정적인 면의 편의성 때문에 가장 보편적으로 이용하고 있다. 우리나라에서는 아동의 나이를 18세 미만으로 규정하고 있는 「아동복지법」처럼 「노인복지법」에 노인의 정의를 나이로 규정하고 있지는 않다. 다만, 경로우대대상과 노인복지시실을 이용할 수 있는 나이로 60세와 65세로 언급하고 있으며, 「국민연금법」의 노령연금 수급권자를 60세 이상으로 규정하고 있다.

2) 노인복지의 개념

(1) 노인복지의 정의

노인복지는 노인의 생활안정과 복리(well-being)를 증진하기 위한 사회적 노력으로 사회복지의 한 분야이다. 따라서, 복지가 지닌 의미를 먼저 고찰하는 것이 노인복지의 개념을 정의하는 데 도움이 될 것이다.

사회복지의 한 분야인 노인복지에 관한 정의는 대상만 다를 뿐 사회복지의 정의와 크게 다르지 않다. 기존의 노인복지에 대한 여러 정의를 종합해 보면, 노인복지가 추구하는 목적은 인간다운 생활, 사회적응과 통합, 노인의 욕구충족과 문제의 예방, 해결 등이며, 노인복지를 실시하는 주체는 공공부문과 민간부문이라는 점에 대부분이 동의하고 있다. 따라서, 노인복지는 모든 노인이 최저수준 이상의 생활을 유지하고 사회욕구충족과 생활상의 문제를 예방·해결하며, 노후생활에 대한 적응과 사회통합을 이루는 데 필요한 급여와 서비스를 제공하는 공공부문과 민간부문의 조직적이고 전문적인 제반 활동이라고 정의할 수 있다.

노인복지가 지닌 특성을 대상과 주체, 목적, 수단, 방법으로 구분하여 살펴보면 다음과 같다.

첫째, 노인복지의 대상은 윌렌스키와 르보(Wilensky & Lebeaux, 1965)가 말하는 선별적 복지와 보편적 복지 중 어느 것을 선택하는가에 따라 달라질 수 있으나, 최근의 노인복지에서는 사회보호가 필요한 의존성 노인(dependent elderly)을 대상으로 하기보다는 일정 연령 이상의 모든 노인을 노인복지의 대상으로 규정하는 것이 일반적이다.

둘째, 노인복지의 주체는 민간부문에 속하는 개인과 가족, 시장, 그리고 공공부문에 속하는 중앙정부와 지방정부 모두가 노인복지의 주체가 된다.

셋째, 노인복지의 목적은 최저수준 이상의 생활유지, 사회욕구충족과 생활문제의 예방과 해결, 사회 적응과 통합의 성취라고 할 수 있다.

넷째, 노인복지의 수단은 현금 또는 현물 급여와 비물질적 서비스라고 할 수 있다.

다섯째, 노인복지의 방법은 조직적이고 전문적인 제반 활동으로, 사회복지의 두 가지 접근방법인 거시적 접근(정책)과 미시적 접근(임상적 실천)으로 나뉜다.

(2) 노인복지의 목적

대한민국 헌법 제34조에 따르면, 모든 국민은 인간다운 생활을 할 권리를 지니며, 국가는 노인의 복지향상을 위한 정책을 실시할 의무를 지닌다. 그리고 노인복지법 제2조에서는 노인의 안정된 생활, 자아실현을 위한 욕구의 충족과 사회통합의 유지라고 하는 노인복지의 기본 이념을 제시하고 있다. 이러한 헌법과 노인복지법에서 명시한 권리와 기본 이념에서 노인복지의 목적과 목표를 도출해 낼 수 있다. 노인복지의 목적은 헌법에 명시된 노인의 권리인 인간다운 생활을 영위하는 것이며, 이러한 목적을 달성하기 위한 목표는 노인복지법의 기본 이념에 명시된 안정된 생활유지, 자아실현을 위한 욕구충족, 사회통합의 유지라고 할 수 있다.

노인복지의 목적인 인간다운 생활은 신체, 심리, 사회적으로 편안하고 안락한 상태의 삶, 즉 의식주라는 기본 욕구를 충족하고 건강하고 문화적인 삶을 영위하는 것이라고 할 수 있다. 구체적으로는 신체, 심리, 사회적 욕구나 문제를 예방 또는 해결하고 창조적인 문화생활을 영위하는 것을 의미한다. 그리고 이를 좀 더 세분화하면, 노인복지가 추구하는 세부 목표인 안정된 생활유지, 자아실현의 욕구충족, 사회통합의 유지라고 할 수 있다. 그 내용은 다음과 같다(권중돈, 2022: 351-352).

노인복지의 첫 번째 목표인 노인의 안정된 생활유지는, 국민적 최저수준 이상 또는 최적 수준의 경제생활보장을 의미한다. 이때 국민적 최저수준은 한 국가의 경제수준, 정치상황 등 다양한 요인에 따라 달라질 수 있으며, 최저생계비를 책정하는 기준이나 방법에 대해 논란이 없는 것은 아니지만, 일반적으로는 최저생계비를 기준으로 한 빈곤선(poverty line)을 의미하는 경우가 대부분이다. 국가에서 공식적으로 활용하고 있는 최저생계비기준을 바탕으로 한 우리나라의 '빈곤선'은 지나치게 낮게 책정되어 있어, 인간다운 삶을 보장하는 데 많은 한계가 있다. 따라서, 노인의 인간다운 삶을 보장하려는 노인복지의 목표는 '국민적 최저수준 이상'이라는 소극적 생활보장의 기준보다는 '최적 수준의 생활보장'이라는 보다 적극적인 생활보장의 기준을 따라야 할 것이다.

노인복지의 두 번째 목표는, 자아실현의 욕구충족이다. 매슬로우(Maslow)에 따르면, 자아실현의 욕구는 생리적 욕구, 안전의 욕구, 소속과 애정에 대한 욕구, 자존감의 욕구라고 하는 인간 생존에 필수적인 기본 욕구보다 높은 수준의 욕구로서 성장욕구에 해당한다. 따라서, 노인복지가 노인의 자아실현의 욕구충족이라는 목적을 달성하기 위해서는 의식주라는 기본적인 생리적 욕구의 충족뿐만 아니라, 안전, 소속, 사랑, 자존감 등과 같은 심리사회적 욕구충족을 전제로 하며, 노년기의 신체적·심리적·사회적 발달과업을 성취하여 노후생활에 성공적으로 적응할 수 있도록 충분한 지원이 전제되어야 한다. 따라서, 노인복지는 노인이 지닌 기본적인 사회욕구의 충족뿐만 아니라, 성장에 대한 욕구충족을 지원하고, 다양한 생활 영역에서 야기되는 노인과 그 가족의 문제를 예방·해결하는 것을 목표로 한다고 할 수 있다.

노인복지의 세 번째 목표는, 사회통합의 유지이다. 사회통합은 가족, 집단, 조직, 지역사회 및 국가에 이르기까지 자신이 속한 사회체계에 심리사회적으로 유대감을 갖고 적응하는 것을 말한다. 노년기에는 가족 내·외부에서의 지위와 역할 상실로 인하여 고독과 사회적 소외를 경험하며, 주류사회의 주변인으로 전락할 가능성이 높아진다. 따라서, 노인복지는 노인의 사회적 소외를 완화하고, 주류사회의 구성원으로서의 지위와 역할을 부여하며, 노인이 사회활동에 적극적으로 참여함과 동시에 평생 동안 쌓아 온 지혜와 경험을 바탕으로 국가와 사회발전에 기여할 수 있는 기회를 부여할 수 있어야 한다.

3) 노인복지의 원칙

노인복지의 목표를 달성하기 위해서 지켜야 할 바람직한 원칙을 사회복지의 기본 가치에 근거하여 ① 인간 존엄성 및 개인 존중, ② 개별화, ③ 자기결정, ④ 권리와 책임, ⑤ 보편성과 선별성, ⑥ 개발적 기능, ⑦ 전체성, ⑧ 전문성, 그리고 ⑧ 노인의 시대적 욕구 반영 등을 제시하고 있다. 물론 이 제시된 항목들이 노인복지의 원칙에 매우 타당하다. 노인복지의 원칙은 국제연합(UN)이 1991년 유엔총회에서 채택한 노인을 위한 유엔 원칙(United Nations Principles for Older Persons)에 가장 잘 반영되어 있다. 이 원칙에 따르면, 국가는 노인복지사업을 추진함에 있어서 독립(independence), 참여(participation), 보호(care), 자아실현(self-fulfillment), 존엄(dignity)이라는 원칙을 반영하여야 한다(보건복지부, 2000). 이를 세부적으로 살펴보면 다음과 같다.

(1) 독립

① 소득, 가족과 지역사회의 지원 및 자조를 통하여 적절한 식량, 물, 주거, 의복 및 건강보호에 접근할 수 있어야 한다.

② 일을 할 수 있는 기회를 제공받거나, 다른 소득을 얻을 수 있는 기회에 접근할 수 있어야 한다.

③ 직장에서 언제 어떻게 그만둘 것인지에 대한 결정에 참여할 수 있어야 한다.

④ 적절한 교육과 훈련 프로그램에 접근할 수 있어야 한다.
⑤ 개인의 선호와 변화하는 능력에 맞추어, 안전하고 적응할 수 있는 환경에서 살 수 있어야 한다.
⑥ 가능한 한 오랫동안 가정에서 살 수 있어야 한다.

(2) 참여

① 사회에 통합되어야 하며, 노인의 복지에 직접 영향을 미치는 정책의 형성과 이행에 적극적으로 참여하고, 노인의 지식과 기술을 젊은 세대와 함께 공유하여야 한다.
② 지역사회 봉사를 위한 기회를 찾고 개발하여야 하며, 노인의 흥미와 능력에 알맞은 자원봉사자로서 봉사할 수 있어야 한다.
③ 노인을 위한 사회운동과 단체를 조직힐 수 있이야 힌다.

(3) 보호

① 각 사회의 문화가치체계에 따라 가족과 지역사회의 보살핌과 보호를 받아야 한다.
② 신체적, 정신적, 정서적 안녕의 최적 수준을 유지하거나 되찾도록 도와주고, 병을 예방하거나 그 시작을 지연하는 건강보호에 접근할 수 있어야 한다.
③ 노인의 자율과 보호를 고양하는 사회적·법률적 서비스에 접근할 수 있어야 한다.
④ 인간적이고 안전한 환경에서 보호, 재활, 사회적·정신적 격려를 제공하는 적정 수준의 시설보호를 이용할 수 있어야 한다.
⑤ 노인이 보호시설이나 치료시설에 거주할 때도 존엄, 신념, 욕구와 사생활을 존중받으며, 자신의 건강보호와 삶의 질을 결정하는 권리의 존중을 포함하는 인간의 권리와 기본적인 자유를 향유할 수 있어야 한다.

(4) 자아실현

① 노인의 잠재력을 완전히 개발하기 위한 기회를 추구하여야 한다.
② 사회의 교육적, 문화적, 정신적 자원, 그리고 여가에 관한 자원에 접근할 수 있어야 한다.

(5) 존엄

① 존엄과 안전 속에서 살 수 있어야 하며, 착취와 육체적, 정신적 학대에서 자유로워야 한다.
② 나이, 성, 인종이나 민족적인 배경, 장애나 여타 지위에 상관없이 공정하게 대우받아야 하며, 노인의 경제적인 기여와 관계없이 평가되어야 한다.

UN에서는 이러한 원칙을 재확인하고 전 세계적으로 진행되고 있는 인구고령화에 더욱 효과적으로 대처하기 위하여 2002년 4월에 스페인의 마드리드에서 제2차 세계고령화회의를 개최하고 '마드리드 고령화국제행동계획(Madrid International Plan of Action on Ageing)'을 채택하여 더욱 구체적인 과제와 세부 목표 및 행동지침을 제시하였다. 이 국제행동계획에서는 노인과 발전, 노년기까지의 건강과 안녕 증진, 역량을 강화하고 지원하는 환경의 확보라는 세 가지 방향을 설정하고, 각 분야의 과제를 선정하여 분야별 세부 목표와 행동지침을 제시하고 세계 전 국가에 이를 권고하고 있다(보건복지부, 2002. 8.).

4) 노인문제

사회적 의미에서 노인문제가 특수한 문제가 아니라, 사회 전반에 영향을 미칠 수 있는 문제로 등장하여 정책과 학문 분야에 자리를 잡게 된 것은, 현대화, 도시화, 산업화와 궤를 같이하는 비교적 최근의 일이다(김근홍 외, 2013: 254).

전 세계의 선진국에서는 여러 가지 노인문제가 등장하고 있다. 앞으로 인간의 수명이 길어짐에 따라, 노인이 어려움을 겪는 기간은 길어질 전망이다(노병일, 2013:

100). 이러한 노인문제의 증가 배경에는 산업화로 인한 가족형태 변화, 공공교육기회의 확대와 지식의 대량생산과 보급, 인터넷의 발전, 가부장제의 쇠퇴 등의 다양한 요인들이 작용하고 있다. 문제는 한국 사회에서 이러한 변화들이 모두 점진적으로 온 것이 아니라, 매우 급속히 왔기 때문에, 노인이 직면하는 다양한 문제들에 대해 대비할 여유가 없었고, 그 결과 일부의 노인들은 매우 심각한 상황에 직면하는 경우도 많이 나타난다.

박철현(2014: 349)에 따르면, 노인문제는 기본적으로 노인의 사회적 지위하락에서 출발한다. 다시 말해서 노인의 지위가 하락하지 않았더라면, 아마도 노인문제는 현대사회의 중요한 사회문제로 등장하지 않았을 것이다. 따라서, 이러한 문제를 감안하여 노인문제를 정의하면, 노인문제란 노인의 사회적 지위하락으로 인하여 사회생활에서 불편을 겪고 사회적 비용을 발생시키는 것으로, 사회의 영향력 있는 사람들이 사회문제로서 정의하는 상태이다. 따라서, 이 정의에 따르면 노인의 빈곤, 노인학대, 노인의 소외와 자살 등의 다양한 노인문제를 모두 포괄할 수 있다.

노인문제는 노인의 기본적 생존과 발전의 욕구 및 문제를 노인 자신이나 가족의 노력에 의해 해결하지 못하는 상태를 말하는 데, 경제적 어려움, 건강보호의 어려움, 고독 · 소외 · 갈등을 느끼는 현상, 역할상실과 여가선용의 어려움 등을 포함하는 현상을 말한다(표갑수, 2010: 127). 즉, 노인문제란 추상적 개념에 해당되는데, 학자와 시대 및 장소에 따라 다르게 정의되고 있으며, 청소년 비행 및 성 차별 문제같이 특정 현상을 말하는 것이 아니라, 복합적 양상을 보이기 때문에 한마디로 정의하기 어렵다. 하지만 다수의 노인들에게 공통적으로 나타나는 문제로 노인 자신이나 가족의 노력만으로 해결할 수 없는 문제라고 볼 수 있다.

사회문제화된 노인문제로 노인빈곤, 노인정신건강, 노인학대 등을 들 수 있다. 즉, 첫째, 노인빈곤과 관련된 논의이다. 노인빈곤의 주요 요인으로는, 고용, 건강, 지출 등과 관련된다. 이러한 노인빈곤은 노인의 삶에 크게 부정적인 영향을 미친다. 둘째, 노인의 정신건강과 관련된 논의이다. 노인은 여러 가지의 상실을 경험하기 때문에 정신건강이 열악할 가능성이 있다. 특히, 노년기에는 심리적·사회적으로 스트레스를 많이 경험하고 또한 뇌가 변화하기 때문에 노인은 정신건강 문제를 겪기 쉽다. 셋째, 노인학대와 관련된 논의이다. 노인학대는 노인에게 신체적·정서적·성적·경제적으로 어려움을 주는 행동이라고 볼 수 있다. 일반적으로 노인학대는 부모가 자녀와 함께 살거나 자녀에게 의지하는 경우에 가장 많이 발생한다(노병일, 2013: 100).

노인문제를 정리하면 다음과 같다.

첫째, 소득상실의 문제이다. 일반적으로 노인계층은 소득상실로 빈곤한 생활을 하고 있다. 소득상실의 원인을 살펴보면, 노동시장에서의 노동경쟁력 상실, 새로운 기술습득의 곤란, 사회보장제도의 미비, 도시화와 핵가족화로 인한 경제적 불안정 등이다.

둘째, 건강문제이다. 노인의 건강상태는 연령이 증가할수록 약화되는데, 만성질환으로 인해 장기간의 치료 및 요양을 필요로 하기도 한다.

셋째, 역할상실과 여가활동의 문제이다. 역할상실은 노인 개인의 자아개념 및 사회적 정체감에 대한 혼란을 가져오고, 노년기 사회적응에의 곤란을 유발한다.

넷째, 소외·고독 문제이다. 이 문제는 역할상실과 밀접한 관계를 갖는다. 도시화로 인해 이웃과의 사회적 연대가 약화됨으로 인하여 노인은 가정과 지역에서 고립된다. 심리적으로는 고독감과 소외감으로 어려움을 겪는다.

연습문제
EXERCISE

01 인생주기별 주요 발달과업의 연결이 옳은 것은?

① 영아기－직관적 사고, 애착발달, 자기중심성
② 아동기－부모로부터 독립, 자존감의 발달
③ 청소년기－형식적 조작사고 발달, 자아정체감 형성
④ 중년기－노부모 부양, 직업선택, 도덕성 발달
⑤ 노년기－만족스러운 직업성취, 가족 내 역할변화와 적응

02 아동기에 나타나는 심리적 특징은?

① 사회적 애착을 확립한다.
② 자신의 행동의 자율적 통제가 가능하다.
③ 사물이 눈에 보이지 않아도 그 존재에 대한 인식이 가능하다.
④ 친지들을 자신과 가까운 순서대로 말할 수 있다.
⑤ 성역할에 대한 인식이 생기면서 동성의 친구들과 어울린다.

03 청소년기의 특징과 거리가 먼 것은?

① 가장 급격한 체중의 변화를 보이는 시기가 청소년기이다.
② 열등감은 청소년의 성격이나 자아존중감, 대인관계 형성에 중요한 영향을 미치게 된다.
③ 청소년 후기는 청소년 전기부터 성인기 이전까지 사이를 의미하는 데, 이는 대략 18세에서 22－23세까지를 말한다.
④ 지금까지 청소년정책은 청소년을 미성숙한 보호대상으로 규정하여 비행이나 범죄를 예방하는 선도 보호정책으로 일관하거나, 청소년들을 현 사회의 구성원으로서 인정하지 않고 기본적인 인권이나 사회적 권리를 유보한 채, 전반적인 청소년의 삶의 질을 향상하는 노력은 소홀히 해 왔다.
⑤ 청소년에 대한 접근은 당면한 문제나 어려움을 극복할 수 있도록 돕는 것에서부터 청소년의 성장 가능성을 최대한 발현할 수 있도록 돕는 것까지를 포함한다.

정답 1. ③ 2. ④ 3. ①

Chapter 12

사회복지시설

학습목표

1. 사회복지시설 분류 파악
2. 사회복지시설 종류 파악
3. 개별 시설에 대한 성격 파악

학습내용

1. 사회복지시설의 분류
2. 사회복지시설의 종류

개요

사회복지시설은 기관의 기능 또는 목적에 따른 분류, 기관 설립주체 및 재원 조달방식, 서비스 제공방식, 주거서비스 제공 여부 등으로 분류할 수 있다. 또한 사회복지시설의 종류는 용도별로 다양하게 전개할 수 있다. 여기에서는 사회복지시설을 학습하고자 한다.

Chapter 12
사회복지시설

1. 사회복지시설의 분류

사회복지시설의 분류를 살펴보면, 기관의 기능 또는 목적에 따른 분류, 기관 설립주체 및 재원 조달방식, 서비스 제공방식, 주거서비스 제공 여부 등으로 분류할 수 있다. 그 내용은 다음과 같다(김효선 외, 2022: 122－136 ; 11－138. 조학래, 2019: 79－96).

1) 기관의 기능 또는 목적에 따른 분류

(1) 1차 현장

기관의 주된 기능과 목적은 사회복지서비스를 제공하는 것이다. 일반적으로 사회복지사들이 중심이 되어 활동한다. 예를 들어, 지역사회의 종합사회복지관, 장애인복지관, 노인복지관, 사회복귀시설 등이 있다.

(2) 2차 현장

기관의 일차적인 기능은 따로 있으며, 필요에 의해 사회복지서비스를 제공한다. 사회복지서비스가 기관의 목표 달성과 서비스의 효과성에 미치는 긍정적 영향이 인정되어 사회복지실천이 부분적으로 수행되는 실천현장을 말한다. 예를 들어, 학교, 병원, 교정시설기관, 보육시설, 기업, 의료기관, 동행정복지센터, 보건소, 모자보건센터, 노인요양시설 등이 있다.

2) 기관 설립주체 및 재원 조달방식에 따른 분류

설립주체에 따라 공적부분과 민간부분으로 구분되는데, 공적부분은 국가와 지방자치단체가 주체가 되고, 민간부분은 재단법인, 사단법인, 종교단체, 사회단체에서 운영하는 비영리기관으로서 기부금이나 후원금, 재단전입금, 기타 서비스 이용료 등을 재원으로 하여 운영된다.

(1) 공공기관

공공기관은 정부지원에 의해 운영되며, 중앙부처인 보건복지부가 국가예산을 광역자치단체인 서울특별시·광역시·도로 전달하면, 이들 기관은 다시 배정된 예산을 기초자치단체인 시·군·구로 하달한다. 다시 시·군·구는 배정된 예산에 따라 보다 구체적인 집행을 위하여 최일선 기관인 읍·면·동과 사회복지기관에 하달하여 사회복지 전문요원이나 사회복지기관의 직원들에 의해 이어지는 사회복지 전달체계를 형성하고 있으며, 사회복지서비스의 지원기관으로서 간접서비스를 제공하고 있다.

사회복지 전담공무원이 맡고 있는 업무를 살펴보면, 국민기초생활보장수급자 등 사회복지사업의 신청을 접수한다. 최저생계비, 신청자의 재산, 소득, 부양가족 등의 자료와 신청자와의 상담을 토대로 수급자를 선정한다. 수급자에게 생계, 주거, 교육, 장례, 출산 등의 급여를 지급한다. 장애인 차량지원, 경로당지원, 노인교통비지급, 소년소녀가장지원, 급식아동지원, 보육지원사업을 기획하고 실행한다. 자활이 가능한 대상자를 선정하고, 지역사회 사업장이나 관련 기관에 의뢰하여 근로할 수 있도록 지원하고 급료를 지급한다. 자원봉사자를 발굴하고 교육하며 배치한다. 지역 내 사회복지기관과 연계하고 자원봉사자를 연결한다.

(2) 민간기관

민간기관은 사회복지 관련 사업을 목적으로 하는 기관으로서, 사회복지법인이나 재단, 종교단체, 시민사회단체 등이 운영하는 비영리기관을 말한다. 민간기관은 서비스를 직접 제공하는 사회서비스기관과 간접서비스나 행정지원을 위해 조직된 협의체로 구분할 수 있다.

① 한국사회복지협의회

한국사회복지협의회는 「사회복지사업법」 제33조와 동법 시행령 제12조에 의거, 설립된 사회복지 공익법인으로서, 민간 사회복지증진을 위한 협의조정, 정책개발, 조사연구 교육훈련, 자원봉사활동의 진흥, 정보화 사업, 사회적 취약계층을 위한 사업 수행을 통해 우리나라의 사회복지증진과 발전에 기여하고 있다. 설립 목적은 사회복지에 관한 조사·연구와 각종 복지사업을 조성하고, 각종 사회복지사업과 활동을 조직적으로 협의·조정하며, 사회복지에 대한 국민의 참여를 촉진시킴으로써 우리나라의 사회복지증진과 발전에 기여하고 있다. 조직으로는 전국 단위의 한국사회복지협의회와 전국 17개 시·도 사회복지협의회를 두며, 기초단체에 시·군·구 사회복지협의회가 있다.

② 사회복지공동모금회

사회복지공동모금회는 「사회복지공동모금회법」 제2조는 사회복지공동모금을 사회복지사업, 기타 사회복지활동의 지원에 필요한 재원을 조성하기 위하여 기부금품을 모집하는 것으로 규정하고 있다. 사회복지공동모금회는 공동모금을 통하여 사회복지에 대한 국민의식을 개선하고, 국민의 자발적인 성금으로 조성된 재원을 효율적이고 공정하게 관리·운용함으로써, 사회복지증진에 이바지함을 목적으로 한다. 조직으로는 중앙회 산하에 전국 17개 지회가 있다.

③ 직능단체

사회복지관협회, 노인복지시설협회, 장애인복지관협회, 자활후견기관협회, 재가노인복지협회, 아동복지협회 등이 있다. 이러한 단체들은 서비스대상자들에게 직접적인 서비스를 제공하기보다는 민간사회복지 행정조직체로서 사회복지기관의 운영을 지원하고, 이를 통해 사회복지서비스 대상자들을 간접적으로 지원하는 역할을 담당하고 있다.

3) 서비스 제공방식에 따른 분류

(1) 행정기관 : 간접서비스 제공

행정기관은 사회복지서비스가 효과적으로 복지 대상자에게 전달되도록 사회복지기관 또는 시설에 행정·재정적 지원을 주요 업무로 하는 간접실천의 장이다.

사회복지행정을 담당하는 정부기관은 주요 정책관련 사무를 관장하는 중앙정부기관과 그 집행사무를 담당하는 지방정부기관으로 구분된다.

① 중앙정부

사회복지행정을 담당하는 중앙정부의 보건복지부와 여성가족부가 있다. 보건복지부는 아동, 장애인, 노인, 정신보건 등의 업무를 담당하며, 여성가족부는 청소년, 여성, 가족 등의 업무를 관장한다.

② 지방정부

지방정부의 사회복지 전달체계는 보건복지부에서 시·도, 시·군·구를 거쳐 읍·면·동의 공무원이나 사회복지 전담공무원을 통해 복지 대상자에게 서비스가 전달되는 형태로 이루어진다(최은희 외, 2017: 70-71).

(2) 서비스기관 : 직접서비스 제공

서비스기관은 주거서비스 제공 여부에 따라 생활시설과 이용시설로 구분한다.

① 생활시설

생활시설은 주거서비스를 포함한 사회복지서비스를 제공하는 기관을 말한다. 아동, 노인, 장애인, 모자가정, 성폭력 피해자, 노숙인 등에게 의·식·주 등에 대한 사회복지서비스를 24시간 제공하는 사회복지실천현장이다.

생활시설의 분류는 <표 12-1>과 같다.

〈표 12-1〉 서비스기관의 분류

대상	생활시설
아동	아동양육시설, 아동일시보호시설, 아동보호치료시설, 공동생활가정, 자립지원시설
청소년	청소년쉼터, 청소년자립지원관, 청소년치료재활센터
여성 가족	모·부자가족시설, 미혼모자가족복지시설, 일시지원복지시설, 성매매피해자지원시설, 성폭력피해자지원시설, 가정폭력피해자보호시설
장애인	장애유형별거주시설, 중증장애인거주시설, 장애영유아거주시설, 장애인단기거주시설, 장애인공동생활가정
노인	양로시설, 소인공동생활가정, 노인요양시설, 노인요양공동생활가정

자료: 박종란 외(2021 : 149).

② 이용시설

이용시설은 주거서비스는 제공하지 않으며, 자신의 집에 거주하는 클라이언트를 대상으로 사회복지서비스를 제공하는 기관을 말한다. 즉, 생활시설 생활인 또는 지역주민들을 이용하게 하여 사회복지서비스를 제공하는 사회복지실천현장으로 설치목적에 따라 분류된다.

이용시설의 분류는 <표 12-2>와 같다.

〈표 12-2〉 이용시설의 분류

대상	생활시설
아동	아동상담소, 아동전용시설, 지역아동센터, 아동보호전문기관, 가정위탁지원센터, 어린이집
청소년	청소년상담복지센터, 청소년방과후아카데미
여성 가족	한부모가족피해자보호시설, 다문화가족지원센터, 건강가정지원센터, 성폭력피해상담소, 가정폭력피해상담소, 여성긴급전화1366
장애인	장애인직업재활시설, 장애인지역사회재활시설

노인	재가노인복지시설, 노인복지관, 경로당, 노인교실, 노인보호전문기관

자료: 박종란 외(2021 : 151).

이외에도 지역사회복지시설로는 사회복지관, 자활센터 등이 있으며, 의료복지시설, 정신건강사회복지시설, 학교사회복지시설 등이 있다.

2. 사회복지시설의 종류

우리나라에서 설치되어 있는 사회복지시설은 다음과 같다.

1) 아동복지시설

(1) 아동복지시설의 종류

아동복지는 모든 아동이 건강하게 출생하여 행복하고 안전하게 성장·발달하도록 그 복지를 보장하는 데 목적을 둔 시설이다. 여기에는 아동의 적절한 보호, 건강, 주거, 교육, 소득 등 다양한 영역과 관련된 시설이 포함될 수 있다. 「아동복지법」 제52조에는 11종류의 아동복지시설이 명시되어 있다. 아동복지시설의 종류는 다음과 같다.

① 아동양육시설

아동양육시설은 보호를 필요로 하는 아동을 입소시켜 보호, 양육하는 것을 목적으로 하는 시설이다. 아동양육시설의 입소대상자는 보호자가 없거나, 보호자로부터 이탈된 아동, 보호자로부터 학대받은 아동, 보호자의 학대로 아동학대예방센터에 신고되어 동 센터가 시·도지사에게 보호조치를 의뢰한 아동, 기초생활보장수급자로서 보호자의 질병 및 가출 등으로 가정 내에서 보호하기 어려운 아동 등이다.

② 아동일시보호시설

보호를 필요로 하는 아동을 일시보호하고, 아동에 대한 향후의 양육대책수립 및 보호조치를 행하는 것을 목적으로 하는 시설이다. 본 시설에서는 보호자가 없거나, 보호자로부터 이탈된 아동, 보호자로부터 학대받은 아동, 보호자의 학대로 아동학대예방센터에 신고되어 시·도지사에게 보호조치를 의뢰한 아동, 기초생활보장수급자로서 보호자의 질병 및 가출 등으로 가정 내에서 보호하기 어려운 아동, 시·도지사 또는 시장·군수·구청장이 특별히 보호가 필요하다고 인정하는 아동 등을 입소대상으로 하고 있다.

③ 아동보호치료시설

불량행위를 하거나 불량행위를 할 우려가 있는 아동으로, 보호자가 없거나 친권자나 후견인이 입소를 신청한 아동 또는 가정법원, 지방법원소년부지원에서 보호위탁된 아동을 입소시켜 그들을 선도하여 건전한 사회인으로 육성하는 것을 목적으로 하는 시설이다.

아동보호치료시설에서는 대상자들이 안정된 생활을 할 수 있도록 환경개선 및 프로그램을 개발하고, 공동체 생활을 통해 기본적인 예의와 규칙적인 생활을 익힐 수 있는 생활관리서비스와 심리적 안정을 찾도록 하여 자발적 학습을 유도하고, 기초학습능력 향상과 검정고시 준비 등을 지원하는 학교서비스 등을 실시하는 한편, 상담 및 심리치료서비스, 사회정서활동서비스, 자립준비지원서비스 등을 시행한다.

④ 아동직업훈련시설

아동복지시설에 입소되어 있는 만 15세 이상의 아동과 생활이 어려운 가정의 아동에 대하여 자활에 필요한 지식과 기능을 습득시키는 것을 목적으로 하는 시설로서, 직업훈련, 학습지원, 정서지원 등의 지원활동을 수행한다.

⑤ 자립지원시설

아동복지시설에서 퇴소한 자에게 취업준비기간 또는 취업 후 일정 기간 보호함으로써 자립을 지원하는 것을 목적으로 하는 시설이다.

⑥ 아동상담소

아동상담소는 아동과 그 가족의 문제에 관한 상담, 치료, 예방 및 연구 등을 목적으로 하는 시설로서, 부모와 아동이 자기 가정 내에서 바람직한 관계를 가지며, 행복할 수 있도록 지지·강화해 주는 사업 등을 실시하게 된다.

⑦ 아동전용시설

어린이공원, 어린이놀이터, 아동회관, 체육, 연극, 영화, 과학실험전시시설, 아동휴게숙박시설, 야영장 등 아동에게 건전한 놀이·오락 기타 각종 편의를 제공하여 심신의 건강유지와 복지증진에 필요한 서비스를 제공하는 것을 목적으로 하는 시설이다.

⑧ 아동복지관

지역사회 아동의 건전육성을 위하여 심신의 건강유지와 복지증진에 필요한 서비스를 제공하는 것을 목적으로 하는 시설이다.

⑨ 공동생활가정(그룹홈)

아동·청소년 공동생활가정은 보호를 필요로 하는 아동청소년에게 가정과 같은 주거여건과 보호를 제공하여 건전한 사회인으로 성장하도록 지원하는 시설이다.

대규모 집단시설 위주의 보호에서 소규모 가정형태 보호로의 전환 강조 및 지역사회 중심의 아동보호를 위한 새로운 보호형태로 논의하다가, 1997년부터 시범사업을 실시하고, 2004년 1월에 아동복지법상 아동복지시설 종류로 추가되었다.

⑩ 지역아동센터(공부방)

지역사회 아동의 보호·교육, 건전한 놀이와 오락의 제공, 보호자와 지역사회의 연계 등 아동의 건전육성을 위하여 종합적인 아동복지서비스를 제공하는 시설이다. 곧 가정에서 부모에 의한 보호와 양육이 적절히 이루어지기 어려운 상황에 있거나, 가정의 경제적 어려움이나 가족기능의 취약 등 지역에서 보호를 필요로 하는 아동 및 청소년에게 지역사회 안에서 사회복지통합서비스를 제공하여 건강하고 안전한 보호를 목적으로 하는 시설로서, 보호 프로그램, 교육 프로그램, 문화 프로그램, 복지 프로그램, 지역사회연계 등의 서비스가 제공된다.

이외에도 아동단기보호시설은 일반 가정에 아동을 보호하기 곤란한 일시적 사정이 있는 경우, 아동을 단기간 보호하며, 가정의 복지에 필요한 지원조치를 하는 것을 목적으로 하는 시설이다.

(2) 사회복지사의 역할

아동복지시설에서 일하는 사회복지사는 효과적인 조력자의 역할을 수행하기 위해 아동의 욕구에 적합한 태도와 기술이 요구된다. 아동발달단계에 적합한 언어와 행동을 이해하고, 아동에게 효과적인 면접기술과 놀이를 통한 의사소통방법을 개발하고 필요한 도구를 준비해야 하며, 아동기에 꼭 필요한 안정감을 줄 수 있는 지지자로서의 역할이 중요하다. 또한 아동복지시설의 사회복지사는 가족, 학교 등 아동을 둘러싼 다양한 체계를 활용하게 되므로 중개자의 역할도 매우 중요하다. 아울러 아동양육시설, 아동일시보호시설 등 보호시설에서는 아동의 성장·변화를 전체적으로 관리하기 위한 사례관리자, 정서적 지원자, 바람직한 행동을 학습하도록 돕는 교사의 역할수행이 요구된다.

2) 노인복지시설

(1) 노인복지시설의 종류

노인복지는 모든 노인이 건강과 생활안정을 유지하도록 하는 데 필요한 자원을 제공하는 것과 관련된 공적·사적 차원에서의 조직적 활동이며, 이를 지원하는 노인복지시설의 종류는 「노인복지법」 제31조에 노인주거복지시설, 노인의료복지시설, 노인여가복지시설, 재가노인복지시설, 노인보호전문기관 등으로 분류하여 명시하고 있다. 구체적으로 노인복지시설은 다음과 같다.

① 노인주거시설

노인주거시설은 가정에서 생활할 능력이 없거나 부양할 가족이 없는 경우, 또는 건강상태가 좋지 않은 경우, 이를 지원하는 시설로서, 양로시설, 노인복지주택, 노인공동생활가정이 해당된다.

양로시설은 노인을 입소시켜 급식과 그 밖에 일상생활에 필요한 편의를 제공함을 목적으로 하는 시설로서, 생활보호대상자와 실비보호대상자 및 부양자로부터 적절한 부양을 받지 못하는 65세 이상의 자를 대상으로 하며, 단 입소자로부터 비용의 전부를 수납하여 운영하는 시설은 60세 이상도 입소 가능하다.

노인복지주택은 노인에게 주거시설을 분양 또는 임대하여 주거의 편의·생활지도·상담 및 안전관리 등 일상생활에 필요한 편의를 제공함을 목적으로 하는 시설로서, 단독취사 등 독립된 주거생활을 하는 데 지장이 없는 60세 이상의 자를 대상으로 하며, 입소대상자의 배우자는 65세 미만인 경우에도 입소대상자와 함께 입소할 수 있다.

노인공동생활가정은 2010년 신설되었는데, 노인들에게 가정과 같은 주거여건과 급식, 그 밖의 일상생활에 필요한 편의를 제공함을 목적으로 하는 시설로서 대상자는 양로시설과 동일하다.

② 노인의료복지시설

노인의료복지시설은 치료를 목적으로 한 노인복지시설로서, 노인요양시설, 노인요양공동생활가정, 노인전문병원이 해당된다.

노인전문요양원
(강원 횡성)

노인요양시설은 치매·중풍 등 노인성질환 등으로 심신에 상당한 장애가 발생하여 도움을 필요로 하는 노인을 입소시켜 급식·요양과 그 밖에 일상생활에 필요한 편의를 제공함을 목적으로 하는 시설로서, 장기요양급여 수급자, 기초수급권자로서 65세 이상의 자, 부양의무자로부터 적절한 부양을 받지 못하는 65세 이상의 자를 대상으로 하며, 입소자로부터 입소비용의 전부를 수납하여 운영하는 경우에는 60세 이상의 자를 포함하고 있다.

노인요양공동생활가정은 2010년부터 신설된 시설로서, 치매·중풍 등 노인성질환 등으로 심신에 상당한 장애가 발생하여 도움을 필요로 하는 노인에게 가정과 같은 주거여건과 급식·요양, 그 밖에 일상생활에 필요한 편의를 제공함을 목적으로 하는 시설이며, 그 대상은 노인요양시설과 동일하다.

노인전문병원은 주로 노인을 대상으로 의료를 행하는 시설로서, 노인성질환으로 치료 및 요양을 필요로 하는 자를 대상으로 한다.

③ 노인여가복지시설

노인의 여가활동과 사회참여를 지원하기 위한 시설로서, 노인복지회관, 경로당, 노인교실, 노인휴양소 등이 해당된다.

노인복지회관은 노인의 교양·취미생활 및 사회참여활동 등에 대한 각종 정보와 서비스를 제공하고, 건강증진 및 질병예방과 소득보장·재가복지, 그 밖에 노인의 복지증진에 필요한 서비스를 제공함을 목적으로 하는 시설이다.

경로당은 지역노인들이 자율적으로 친목도모·취미활동·공동작업장 운영 및 각종 정보교환과 기타 여가활동을 할 수 있도록 하는 장소를 제공함을 목적으로 하는 시설이다.

노인교실은 노인들에 대하여 사회활동 참여욕구를 충족시키기 위하여 건전한 취미생활·노인건강유지·소득보장 기타 일상생활과 관련한 학습 프로그램을 제공함을 목적으로 하는 시설이다.

노인휴양소는 노인들에 대하여 심신의 휴양과 관련한 위생시설·여가시설 기타 편의시설을 단기간 제공함을 목적으로 하는 시설이다.

④ 재가노인복지시설

재가노인복지시설은 경제적·정신적·신체적인 이유로 독립적인 일상생활을 영위하기 어려운 노인과 복지사각지대 노인들에게 방문요양 일상생활지원을 비롯한 각종 필요서비스를 제공함으로써, 지역사회 내에서 건강한 생활을 영위하는 데에 어려움이 없도록 예방적 복지 실현 및 사회 안전망 구축을 목적으로 한다. 구체적으로 방문요양서비스, 주·야간보호서비스, 단기보호서비스, 방문목욕서비스 중 한 가지 이상의 서비스를 제공하는 시설을 의미한다.

방문요양서비스는 가정에서 일상생활을 영위하고 있는 노인, 즉 재가노인으로서 신체적·정신적 장애로 어려움을 겪고 있는 노인에게 필요한 각종 편의를 제공하여 지역사회 안에서 건전하고 안정된 노후를 영위하도록 하는 서비스이다.

주·야간보호서비스는 부득이한 사유로 가족의 보호를 받을 수 없는 심신이 허약한 노인과 장애노인을 주간 또는 야간 동안 보호시설에 입소시켜 필요한 각종 편의를 제공하여 이들의 생활안정과 심신기능의 유지·향상을 도모하고, 그 가족의 신체적·정신적 부담을 덜어주기 위한 서비스를 의미한다.

단기보호서비스는 부득이한 사유로 가족의 보호를 받을 수 없어 일시적으로 보호가 필요한 심신이 허약한 노인과 장애노인을 보호시설에 단기간 입소시켜 보호함으로써, 노인 및 노인가정의 복지증진을 도모하기 위한 서비스이다.

방문목욕서비스는 목욕장비를 갖추고 재가노인을 방문하여 목욕을 제공하는 서비스를 의미한다.

이외에도 재가노인에게 제공하는 서비스로서 보건복지부령으로 정하는 서비스는 재가노인복지시설의 서비스로 포함될 수 있다.

⑤ 노인보호전문기관

노인보호전문기관은 급속한 인구 노령화와 핵가족화 등에 따라 가족 간 갈등 및 노인부양부담 증대 등으로 노인학대 사례가 계속 증가하여 이를 전문적이고 체계적으로 대처하여 노인권익을 보호하는 한편, 노인학대 예방 및 노인 인식개선 등을 통한 노인의 삶의 질을 향상·도모하는 데 목적을 둔 시설로서, 시·도지사가 노인보호전문기관을 지정·운영하게 된다. 여기서 노인학대라 함은, 노인에 대하여 신체적·정신적·정서적·성적 폭력 및 경제적 착취 또는 가혹행위를 하거나 유기 또는 방임을 하는 것을 의미한다.

노인보호전문기관의 주요 업무는 「노인복지법」 제39조의5에서 규정한 노인학대 예방사업으로 하되, 노인인식개선교육(경로효친교육 등 포함), 노인자살 예방교육, 사업시설 내 노인권리 보호 및 기타 노인의 권익보호를 위한 사업 등을 실시할 수 있다.

(2) 사회복지사의 역할

노인복지서비스 현장에서 사회복지사는 다양한 문제를 가진 노인들을 접하게 되는데, 기존의 노인에 대한 부정적인 이미지를 반영하는 연령차별주의를 극복하고 노인들이 성공적인 노화과정을 경험하도록 도와주어야 한다. 또한 노인복지분야에서 일하는 사회복지사들의 역할을 조력자, 교육자, 중개자, 중재자, 전문가 등의 역할로 설명하고 있다. 우선, 노년기의 정체성 상실 및 역할상실에서 오는 무력감에 공감하며 정서적으로 안정되게 꾸려갈 수 있도록 돕는 조력자로서 역할, 취업교육, 사회교육, 여가활동지도, 치매노인 가족교육 프로그램 등 다양한 교육 프로그램을 개발하고 지도하는 교사로서의 역할이 강조된다. 또한 특수 노인집단에게 필요한 프로그램과 서비스를 개발하며, 고령자취업알선센터, 의료시설과의 연계를 이루고, 무의탁노인이나 불우노인을 위한 후원자를 개발하는 미시적 차원에서의 중개자 역할이나 기관 차원에서의 중재자 역할이 필요하다.

이외에도 지역에서의 재가봉사 프로그램이 활성화되면서, 방문상담 및 재가서비스를 위한 현장개입과 사례관리 등을 위한 전문가 역할도 요구된다.

3) 한부모가족복지시설

(1) 한부모가족복지설의 종류

한부모가족 정보안내
(부산광역시)

한부모가족복지시설은 무주택 저소득 한부모가족을 일정 기간 보호하면서, 정신적·신체적 안정과 함께 자립의 기반을 마련할 수 있도록 지원하는 곳으로, 「한부모가족지원법」 제19조에 근거하여 모·부자보호시설, 모자자립시설, 미혼모자시설, 미혼모자공동생활가정, 미혼모공동생활가정, 모·부자공동생활가정, 일시지원복지시설, 한부모가족복지상담소 등이 포함된다. 구체적으로 한부모가족지원시설은 다음과 같다.

① 모·부자보호시설

모자보호시설은 「한부모가족지원법」 제4조에 따른 어머니로서, 만 18세 미만(취학 시 만 22세 미만)의 아동을 양육하는 무주택 저소득 모자가족을 대상으로 하며, 미혼모자시설(또는 미혼모자 공동생활가정) 퇴소자 중 스스로 아동을 양육하는 미혼모는 모자가족으로 시설입소대상자에 포함하고 있다.

부자보호시설은 「한부모가족지원법」 제4조에 따른 부로서 만 18세 미만(취학 시 만 22세 미만)의 아동을 양육하는 무주택 저소득 부자가족을 대상으로 하며, 세대주가 알코올, 마약 등으로 시설의 공동체 생활에 상당한 불편이 초래될 수 있다고 판단되는 경우에는 입소를 제한할 수 있다. 본 시설 입소대상은 아동 양육비 및 고등학교 학비 지원, 방과 후 아동지도, 아동식비 지급, 복지자금융자, 보육시설 보육료 감면 등의 지원을 제공받게 된다.

② 모자자립시설

모자자립시설은 부자보호시설에서 퇴소한 모자세대로서, 자립준비가 미흡한 세대를 우선 입소대상으로 하며, 「한부모가족지원법」 제4조에 따른 모로서, 만 18세 미만(취학 시 만 22세 미만)의 아동을 양육하는 저소득 무주택 모자가족이 입소대상이다.

본 시설 입소대상은 모·부자보호시설 입소대상과 동일한 지원을 제공받게 된다.

③ 미혼모자시설

미혼모자시설은 미혼의 임산부 및 출산 후(6월 미만) 일정 기간 아동의 양육지원이 요구되는 여성으로서, 분만혜택과 숙식보호를 필요로 하는 자를 대상으로 하며, 숙식 무료 제공과 함께 분만의료 혜택과 직업교육, 인성교육, 상담지도 등 자립지원을 제공한다.

④ 미혼모자공동생활가정, 미혼모공동생활가정, 모·부자공동생활가정

미혼모자공동생활가정은 2세 미만의 영유아를 양육하는 미혼모로서, 일정 기

간 숙식보호와 자립지원을 필요로 하는 자를 대상으로 한다.

미혼모공동생활가정은 출산 후 아이를 양육하지 아니하는 미혼모로서, 일정 기간 숙식보호와 자립지원을 필요로 하는 자를 대상으로 한다.

부자공동생활가정은 독립적인 가정생활이 어려운 부자가족으로서, 일정 기간 공동으로 가정을 이루어 생활하면서 자립을 준비하는 자를, 모자공동생활가정은 독립적인 가정생활이 어려운 모자가족으로서, 일정 기간 공동으로 가정을 이루어 생활하변서 자립을 준비하는 자를 대상으로 한다.

각 시설 모두 숙식 무료제공과 직업교육, 인성교육, 상담지도 등 자립지원을 제공하게 되며, 시설에 따라 아동 양육비와 만 4세 이하 자녀를 법정 저소득층 아동으로 포함시켜 보육료를 지원한다.

⑤ 일시지원복지시설, 한부모가족복지상담소

일시지원복지시설은 배우자(사실혼 관계에 있는 사람을 포함)가 있으나, 배우자의 물리적·정신적 학대로 아동의 건전한 양육이나 모의 건강에 지장을 초래할 우려가 있을 경우, 일시적 또는 일정 기간 동안 모와 아동 또는 모에게 주거와 생계를 지원하는 시설이다.

한부모가족복지상담소는 한부모가족에 대한 위기·자립 상담 또는 문제해결 지원 등을 목적으로 하는 시설이다.

(2) 사회복지사의 역할

한부모가족지원시설에서 활동하는 사회복지사는 위기상황에 처한 가족에 개입하여 상담, 가족관계 개선 등의 서비스를 제공하는 한편, 입소자 및 시설의 특성에 따라 인성교육 및 직업교육 및 자활지도, 출산지원, 아동양육지원 등 시설을 이용하는 가족이 보다 안정되고 자립적인 생활이 가능하도록 전반적인 지원을 하게 된다. 또한 한부모가족이나 미혼부모에 대해 사후적 조치뿐만 아니라, 성교육 프로그램, 가족관계 개선 프로그램 등 지역사회 내에서 예방적 교육 프로그램을 개발, 운영하는 역할을 담당할 수 있다.

4) 장애인복지시설

(1) 장애인복지시설의 종류

장애인복지는 장애인의 인간다운 삶과 권리보장을 위해 장애발생 예방과 장애인의 의료·교육·직업재활·생활환경개선 등의 노력과 장애인복지대책을 종합적으로 추진함으로써, 생활안정에 기여하는 등 장애인의 복지와 사회활동 참여증진을 통하여 사회통합에 이바지하는 것을 목적으로 하며, 이를 지원하기 위한 복지시설로서 「장애인복지법」 및 시행규칙에 장애인거주시설, 장애인지역사회재활시설, 장애인직업재활시설, 장애인유료시설 등으로 구분되어 명시되어 있다. 구체적으로 장애인복지시설은 다음과 같다.

① 장애인거주시설

장애인거주시설은 거주공간을 활용하여 일반가정에서 생활하기 어려운 장애인에게 일정 기간 동안 거주·요양·지원 등의 서비스를 제공하는 동시에, 지역사회생활을 지원하는 시설이다.

- 장애유형별생활시설 : 장애유형이 같거나 유사한 장애를 가진 사람들을 입소 또는 통원하게 하여 그들의 장애유형에 적합한 의료·교육·직업·심리·사회 등 재활서비스와 주거서비스를 제공하는 시설
- 중증장애인요양시설 : 장애의 정도가 심하여 항상 도움이 필요한 사람을 입소하게 하여 상담·치료 또는 요양 서비스를 제공하는 시설
- 장애영유아생활시설 : 6세 미만의 장애영유아를 입소 또는 통원하게 하여 보호함과 동시에, 그 재활에 필요한 의료·교육·심리·사회 등 재활서비스를 제공하는 시설 등으로 구분된다.

② 장애인 지역사회재활시설

장애인 지역사회재활시설은 장애인을 전문적으로 상담·치료·훈련하거나, 장애인의 일상생활, 여가활동 및 사회참여활동 등을 지원하는 시설로서 다음과 같이 구분된다.

- 장애인복지관 : 장애인에 대한 각종 상담 및 사회심리·교육·직업·의료재활 등 장애인의 지역사회생활에 필요한 종합적인 재활서비스를 제공하고, 장애에 대한 사회적 인식개선사업을 수행하는 시설
- 장애인의료재활시설 : 장애인을 입원 또는 통원하게 하여 상담, 진단·판정, 치료 등 의료재활서비스를 제공하는 시설
- 장애인주간보호시설 : 장애인을 주간에 일시보호하여 장애인에게 필요한 재활서비스를 제공하는 시설
- 장애인단기보호시설 : 장애인을 일정 기간 보호하여 장애인에게 필요한 재활서비스를 제공하는 시설
- 장애인공동생활가정 : 스스로 사회에 적응하기 곤란한 장애인들이 장애인복지 전문인력에 의한 지도와 보호를 받으며, 공동으로 생활하는 지역사회 내의 소규모 주거시설
- 장애인체육시설 : 장애인의 체력증진 또는 신체기능 회복활동을 지원하고, 이와 관련된 편의를 제공하는 시설
- 장애인수련시설 : 장애인의 문화·취미·오락활동 등을 통한 심신수련을 조장·지원하고, 이와 관련된 편의를 제공하는 시설
- 장애인심부름센터 : 이동에 상당한 제약이 있는 장애인에게 차량운행을 통한 직장 출·퇴근 및 외출보조나 그 밖의 이동서비스를 제공하는 시설
- 수화통역센터 : 의사소통에 지장이 있는 청각·언어장애인에게 수화통역 및 상담서비스를 제공하는 시설
- 점자도서관 : 시각장애인에게 점자간행물 및 녹음서를 열람하게 하는 시설
- 점자도서 및 녹음서 출판시설 : 시각장애인을 위한 점자간행물 및 녹음서를 출판하는 시설

③ 장애인직업재활시설

장애인직업재활시설은 일반 작업환경에서는 일하기 어려운 장애인이 특별히 준비된 작업환경에서 직업훈련을 받거나, 직업생활을 할 수 있도록 하는 시설로서, 장애인보호작업장과 장애인근로사업장이 있다.

장애인보호작업장은 직업능력이 낮은 장애인에게 직업적응능력 및 직무기능 향상훈련 등 직업재활훈련 프로그램을 제공하고, 보호가 가능한 조건에서 근로기회를 제공한다. 또한 이에 상응하는 노동의 대가로 임금을 지급하며, 장애인근로사업장이나 그 밖의 경쟁적인 고용시장으로 옮겨갈 수 있도록 돕는 역할을 하는 시설이다.

장애인근로사업장은 직업능력은 있으나, 이동 및 접근성이나 사회적 제약 등으로 취업이 어려운 장애인에게 근로의 기회를 제공하고, 최저임금 이상의 임금을 지급하며, 경쟁적인 고용시장으로 옮겨갈 수 있도록 돕는 역할을 하는 시설이다.

④ 장애인유료복지시설

장애인유료복지시설은 장애인생활시설로서 장애인에게 필요한 치료, 상담, 훈련 등 편의를 제공하고, 모든 비용을 입소한 자로부터 수납하여 운영하는 시설이다.

⑤ 장애인 생산품 판매시설

장애인 생산품의 판매활동 및 유통을 대행하고, 장애인 생산품이나 서비스·용역에 관한 상담, 홍보, 판로개척 및 정보제공 등 마케팅을 지원하는 시설이다.

(2) 사회복지사의 역할

장애인복지시설에서 일하는 사회복지사는 장애인과 가족에 대한 상담 및 자원과의 연계, 사례관리 등을 담당하게 된다. 특히, 장애인의 복합적 욕구를 충족시키기 위해 사례관리자로서, 의료·교육·고용·주거 등의 서비스에 대한 욕구를 사정하고, 적절한 자원과 서비스를 연결시키며, 서비스 과정을 조정, 모니터, 평가하는 재활상담가의 역할이 중시되며, 다른 전문인력들과의 협동이 강조된다. 또한 장애인의 인권보장과 사회통합을 위한 사회행동, 정책 및 프로그램 개발 등 보다 거시적인 차원에도 관여하게 된다.

5) 정신건강시설

(1) 정신건강시설의 종류

정신건강사회복지는 정신질환의 치료라는 공동의 목표를 위하여 정신적·정서적 장애로 고통을 받는 클라이언트의 건강회복으로 사회적응에 기여하여, 정신건강을 촉진하는 지역사회 내에서 활동하고 봉사함으로써 사회기능을 향상시키는 데 목적을 둔다.

이러한 정신건강사회복지가 실천되는 현장인 정신보건시설은 정신질환의 예방과 정신질환자의 의료 및 사회복귀를 도모함으로써 국민의 정신건강증진에 기여하기 위한 시설로서, 정신보건센터·정신의료기관·정신질환자 사회복귀시설·정신요양시설 등이 해당된다. 구체적으로 정신보건시설은 다음과 같다.

① 정신보건센터

정신보건센터는 지역사회 내에서 정신질환자의 조기발견, 상담, 치료, 재활서비스 제공 및 사회복귀 촉진과 같은 지역사회중심의 치료·재활체계 구축에 있어서 무엇보다도 중추적인 역할을 담당하는 기관이다.

각 시·군·구에 설치된 정신보건센터에서는 지역사회 내 정신보건사업의 기획 및 자원조정뿐만 아니라, 정신질환자 발견, 등록, 진료의뢰, 정신질환 예방교육 등의 사업을 수행하고 있다. 또한 지역사회 내 아동·청소년 정신보건서비스 제공체계를 구축하기 위해 아동·청소년 정신건강서비스 요구도 조사, 부모 및 교사교육, 치료·재활 프로그램 운영 등을 실시하고 있다.

② 정신의료기관

정신의료기관은 의료법에 의한 의료기관 중 주로 정신질환자의 진료를 행할 목적으로 「정신보건법」의 시설기준 등에 적합하게 설치된 병원과 의원 및 병원급 이상의 의료기관에 설치된 정신건강의학과를 말한다. 급성정신질환자를 정신의료기관에 입원 또는 외래치료함으로써 재활 및 사회복귀를 도모하는 데 목적을 두게 된다.

③ 정신질환자 사회복귀시설

정신질환자 사회복귀시설은 「정신보건법」에 의하여 설치된 시설로서, 정신질환자를 정신의료기관에 입원시키거나 정신요양시설에 입소시키지 아니하고, 사회적응훈련, 작업훈련 등 사회복귀촉진을 위한 훈련을 행하는 시설을 말한다.

④ 정신요양시설

정신요양시설은 정신보건법에 의하여 설치된 시설로서, 정신의료기관에서 의뢰된 정신질환자와 만성정신질환자를 입소시켜 요양과 사회복귀촉진을 위한 훈련을 행함으로써 이들의 삶의 질 향상 및 사회복귀를 도모하는 데 목적을 둔 시설이다.

(2) 사회복지사의 역할

정신건강사회복지사는 치료팀의 일원으로 협동하여 클라이언트가 깊숙이 갖고 있는 갈등과 감정을 표현하도록 직·간접적으로 치료하는 동시에, 클라이언트의 가족과 상면하여 신뢰할 수 있는 밀접한 인간관계를 통하여 그 가족이 질병에 대한 성질을 납득 또는 이해하여 클라이언트의 치료에 원만히 협력하도록 지도하며, 클라이언트의 질환과 관련이 있는 불건전한 상태에 있는 그 가족을 치료하여 주위환경을 개선·유지시키는 역할을 담당하게 된다.

각 시설별로 정신건강사회복지사의 주요 역할을 살펴보면 다음과 같다.

정신보건센터에서는 전통적 정신병원의 입원치료에서 다루지 못한 예방, 홍보, 사례관리, 재활서비스를 다루면서 집단이나 개인에게 직접적 서비스를 제공할 뿐만 아니라, 자문가·지도자·계획가로서, 지역사회기관 간의 관계를 향상시키고, 지역사회자원의 활성화를 통해 주민정신건강 향상에 기여하게 된다. 정신병·의원, 낮 병원 등 정신의료기관에서 활동하는 정신건강사회복지사는 클라이언트의 입원 전 단계에서는 입원 시의 사정 및 평가, 심리사회적 사정 및 가정환경조사 및 평가 등의 업무를 담당하고, 입원 중에는 치료과정으로 개별상담, 가족치료상담, 가족교육, 집단치료상담, 재활서비스, 사회기술훈련, 지역사회 자원 동원과 자원조직, 자원봉사자 교육 및 자원동원 등의 원조활동을 한다. 또한 퇴원과정에서는 퇴원계획 및 재활계획 상담지도, 퇴원환자의 욕구사정과 사회적응상태 평가, 지역사회기관과의 의뢰와 연결, 퇴원환자의 사후지도를 위한 가정방문 등의 업무를 담당하게 된다.

한편, 정신질환자 사회복귀시설에서는 재활상담, 사회기술훈련과 적응훈련, 일상생활과 대인관계훈련, 가족상담, 가정방문 등의 업무를 담당한다. 정신요양시설에서는 심리적·사회적 상담, 집단 프로그램의 개발 및 활용, 대인관계기술훈련, 일상생활교육과 훈련, 가족상담과 가정방문지도, 지역사회자원동원과 후원자 결성, 직업훈련과 취업보도, 정신요양시설의 개방화 추진 및 지역주민의 참여기회 확충 등의 역할을 담당하게 된다.

6) 노숙인복지시설

(1) 노숙인복지시설의 종류

노숙인복지시설은 노숙인 발생 예방 및 노숙인의 심신장애를 극복하여 정상적인 사회생활로 복귀할 수 있도록 신체적·심리적 치료와 재활기능을 담당하며, 실직 노숙인들에게 숙식서비스를 제공하여 생활안정 도모, 입소자들의 생활을 도와 취업의 기회를 제공하는 시설이다. 2011년 6월 「노숙인 등의 복지 및 자립지원에 관한 법률」(이하 노숙인복지법)이 공표됨에 따라 그동안 '부랑인 및 노숙인'으로 사용되던 용어를 '노숙인 등'으로 통일하고, 관련시설을 크게 노숙인복지시설과 노숙인종합지원센터로 구분하였다. 구체적으로 노숙인복지시설은 다음과 같다.

「노숙인복지법」에 따르면, 노숙인복지시설로 일시보호시설, 자활시설, 재활시설, 요양시설, 급식시설, 진료시설 등을 설치할 수 있도록 하였다. 이 가운데 노숙인쉼터에서 개편된 노숙인자활시설은 근로능력 및 의지가 있는 노숙인 등에 대한 자립지원(직업상담·훈련)을 담당하는 시설로 특성화되어 있으며, 기존의 부랑인시설은 치료·재활기능을 담당하는 노숙인재활시설로 특성화되었다.

(2) 사회복지사의 역할

노숙인시설에서 일하는 사회복지사는 일차적으로 노숙인 발견 시 개인 초기상담에 기초하여 필요한 정보 제공 및 야간 잠자리, 무료급식 제공과 같은 기초생활

지원과 위기 노숙인에게 거리상담 및 의료지원 등의 응급구호활동을 실시한다. 그리고 근본적으로 노숙인이 정상적이고 안정된 사회생활로 복귀할 수 있도록 심층상담 등을 통해 신체적·심리적 치료 서비스를 제공하며, 다양한 일자리 알선과 직업훈련 연계 등의 서비스를 제공하게 된다. 또한 노숙인의 상태나 요구를 파악하여 필요한 경우, 병원이나 요양원, 쉼터 등의 생활보호시설이나 임대주택 등 적절한 사회복지시설이나 주거환경서비스와 연계시켜야 한다.

7) 사회복지관

(1) 사회복지관의 개요

사회복지관은 지역사회를 기반으로 일정한 시설과 전문인력을 갖추고 지역주민의 참여와 협력을 통하여 지역사회복지문제를 예방하고 해결하기 위하여 종합적인 복지서비스를 제공하는 시설을 말한다. 여기서 지역사회복지란 주민의 복지증진과 삶의 질 향상을 위하여 지역사회 차원에서 전개하는 사회복지를 말한다.

사회복지관은 사회복지서비스 욕구를 가지고 있는 모든 지역사회주민을 대상으로 보호서비스, 재가복지서비스, 자립능력 배양을 위한 교육훈련 등 그들이 필요로 하는 복지서비스를 제공하고, 가족기능 강화 및 주민상호 간 연대감 조성을 통한 각종 지역사회문제를 예방·치료하는 종합적인 복지서비스 전달기구로서, 지역사회 주민의 복지증진을 위한 중심적 역할을 수행하여야 한다.

종합사회복지관(충남 천안)

사회복지관은 지역사회의 특성과 지역주민의 복지욕구에 대한 조사결과를 바탕으로 사업내용을 자율적으로 결정하되, 아래 분야별 단위사업 중에서 해당 사회복지관의 실정에 적합한 프로그램을 선정하여 수행한다. 다만, 우선사업 대상자들을 위해 8개 이상의 프로그램을 선정하여 수행하되, 우선사업으로 지정된 프로그램 중에서 분야별로 각 1개 이상을 포함하여야 한다. 이 경우, 관할 시·군·구청장이 지역적 특성을 감안하여 특히 필요하다고 인정한 때에는 사업분야 및 단위사업을 조정하거나, 별도의 사업을 개발·추진할 수 있다.

사회복지관이 행하는 사회복지사업은 인도주의와 서비스를 필요로 하는 자의 존엄유지를 전제로, 다음 각 호의 기본 원칙에 따라 수행되어야 한다. 그 내용은 다음과 같다.

① 지역성의 원칙

사회복지관은 지역사회의 특성과 지역주민의 문제나 욕구를 신속하게 파악하여 사업계획 수립 시 반영하여 지역사회의 문제를 해결하고, 이에 따른 서비스를 제공하여야 하며, 지역주민의 적극적 참여를 유도하여 주민의 능동적 역할과 책임의식을 조장하여야 한다.

② 전문성의 원칙

사회복지관은 다양한 지역사회문제에 대처하기 위해 일반적 프로그램과 특정한 문제를 해결할 수 있는 전문적 프로그램이 병행될 수 있도록 지식과 기술을 보유한 전문인력이 사업을 수행하도록 하고, 이들 인력에 대한 지속적인 재교육 등을 통해 전문성을 증진토록 하여야 한다.

③ 책임성의 원칙

사회복지관은 서비스 이용자의 욕구를 충족하고 지역사회문제를 해결함에 있어서 효과성을 극대화하기 위하여 최선의 노력을 기울여야 한다.

④ 자율성의 원칙

사회복지관은 다양한 복지서비스를 효율적으로 제공하기 위하여 사회복지관의 능력과 전문성이 최대한 발휘될 수 있도록 자율적으로 운영하여야 한다.

⑤ 통합성의 원칙

사회복지관은 사업을 수행함에 있어 지역 내 공공 및 민간 복지기관 간에 연계성과 통합성을 강화시켜 지역사회복지체계를 효율적이고 효과적으로 운영되도록 하여야 한다.

⑥ 자원활용의 원칙

사회복지관은 주민욕구의 다양성에 따라 다양한 기능인력과 재원을 필요로 하므로, 지역사회 내의 복지자원을 최대한 동원·활용하여야 한다.

⑦ 중립성의 원칙

사회복지관은 정치활동, 영리활동, 특정 종교활동 등에 이용되지 않게 중립성이 유지되어야 한다.

⑧ 투명성의 원칙

사회복지관은 자원을 효율적으로 이용하고 운영과정의 투명성을 유지하여야 한다.

(2) 사회복지사의 역할

지역사회복지관에서 일하는 사회복지사는 지역사회의 통합적 개인을 위해 개인, 집단, 지역사회, 전문가 집단까지 개입수준을 확대하며, 다음과 같이 다양한 역할수행을 하게 된다.

① 조력자, 중개자의 역할

자원과 의사결정과정에 참여하는 기술이 부족한 취약계층을 옹호하는 가치를 가지고, 저소득층과 소외된 사람들의 삶의 질을 향상시키기 위한 기술을 개발하고, 자원을 재조직화하는 전술을 습득하여 다른 조직체와 연대하는 방안들을 생각해야 한다. 지역사회 내 개인이나 가족을 대상으로 직접적인 서비스 제공, 또는 연결 및 교육하는 역할을 하게 된다.

구체적으로 국민기초생활보장 대상자의 상담 및 사후관리, 청소년문제 예방 및 치료를 위한 청소년상담 및 집단 프로그램, 방과 후 지역아동센터, 노인무료급식 및 목욕서비스, 재가장애인서비스, 저소득층 필요물품이나 후원금 전달, 지역 내 타 기관과의 연계를 통해 서비스 지원 등이 해당된다.

② 촉진자, 중재자, 훈련가의 역할

프로그램의 효율적 운영과 관리를 위한 방안이나 운영구조 개선 등을 통해 조직의 기능을 활성화시키는 촉진자의 역할과 지역 내 기관들 간의 연계와 공동사업을 통해 지역복지네트워크를 발전시키는 중재자의 역할을 수행할 수 있다. 또한 서비스의 질을 향상시키기 위한 직원교육과 슈퍼비전, 자원봉사자 교육과 같은 기관 내 인적 자원의 개발과 관리를 위한 훈련가로서의 역할을 수행한다.

③ 지역사회 차원에서의 역할

지역사회개발이나 지역문제 해결을 위한 주민참여와 공동체 의식을 증대시키기 위한 계획가와 현장개입가로서의 역할과 지역 내 특정 또는 소수집단의 이익을 대변하고, 이들이 당하는 불이익과 불합리한 제도의 문제점을 개선하기 위한 사회행동과 지역사회 인식을 개선하기 위한 역할을 수행한다.

④ 전문가 차원에서의 역할

복지관협회, 사회복지사협회와 같은 전문가 조직의 활동을 통해 정보 공유, 전문직 발전을 위한 다양한 활동에 참여하며, 지역 내 다른 복지기관들과의 협력을 통해 지역복지의 방향 설정, 효과적인 전달체계로의 변화를 위한 촉매자로서의 역할을 수행한다.

지역사회욕구조사, 단일사례연구 등 다양한 조사방법의 활용과 지역사회 프로그램의 개발과 평가를 위한 연구를 실시하여, 전문가로서 자기개발과 사회복지실무에 대한 지식과 기술을 발전시키기 위한 연구자, 조사자의 역할을 수행한다.

연습문제
EXERCISE

01 다음 중 1차 사회복지실천현장이 아닌 곳은?

① 아동양육시설 ② 노인복지시설
③ 장애인재활시설 ④ 공동생활가정 ⑤ 보건소

02 모자보호시설의 실천현장 분류로 가장 알맞은 것은?

① 이용시설 ② 생활시설 ③ 요양시설
④ 직업재활시설 ⑤ 사회복귀시설

03 사회복지실천현장의 분류기준과 그 예로 옳은 것은?

① 일차현장 보건소
② 이용시설공동생활가정
③ 민간기관지역아동센터
④ 공공기관사회복지협의회
⑤ 생활시설－노인주간보호시설

04 사회복지실천의 2차 기관은?

① 보호관찰소
② 공동생활가정
③ 아동복지시설
④ 장애인복지관
⑤ 종합사회복지관

05 사회복지실천에서 공식적 자원에 해당하는 것은?

① 친구 ② 자원봉사자 ③ 사회복지사
④ 종교기관 ⑤ 가족

정답 1. ⑤ 2. ② 3. ③ 4. ① 5. ③

Chapter 13
사회복지사

학습목표

1. 사회복지사의 역할 강조
2. 사회복지사의 질적 구성요소
3. 사회복지사의 위치 토의

학습내용

1. 사회복지사의 개념
2. 사회복지사의 질적 구성요소
3. 사회복지사의 실태분석
4. 사회복지사의 역할
5. 사회복지사 윤리기준

개요

사회복지사의 수행업무, 사회복지프로그램의 개발 및 운영업무, 시설거주자의 생활지도업무, 사회복지를 필요로 하는 사람에 대한 상담업무 등으로 규정하고 있다. 여기에서는 사회복지사에 관하여 학습하고자 한다.

Chapter 13

사회복지사

1. 사회복지사의 개념

1) 사회복지사의 정의

1970년대 사회복지사업종사자로 시작하여 1983년 5월 「사회복지사업법」이 개정되면서 사회복지사 또는 사회사업종사자의 명칭이 '사회복지사'로 규정되어 사회복지사 자격증이 발급되기 시작하였다. 이후 사회사업은 사회사업학의 학문적 체계에서 사용되었고, 사회복지사의 영문표기는 'Social Worker'로 사용하고 있다.

한국직업표준분류(KSCO)는 "사회복지사는 현대사회에서 발생하고 있는 청소년, 가족, 노인, 여성, 장애인 등 다양한 사회적·개인적 문제를 겪는 사람들에게 사회복지학 및 사회과학의 전문지식을 이용하여 문제를 진단·평가함으로써, 문제해결을 돕고 지원하는 업무를 담당하는 자"로 정의하고 있다. 미국사회복지사협회(NASW)에서는 사회복지사(social worker)를 개인, 집단, 지역사회의 복지를 촉진시키기 위해 활동을 수행하는 전문직으로 규정하였다.

우리나라는 「사회복지사업법」 제11조제1항의 규정에 의해 사회복지사는 "사회복지에 관한 전문 지식과 기술을 가진 자"로 규정하고 있다. 한국사회복지사협회에서는 "현대사회에서 발생하고 있는 청소년, 노인, 여성, 가족, 장애인 등 다양한 사회적, 개인적 문제를 겪는 사람들에게 사회복지학 및 사회과학의 전문지식을 이용하여 문제를 진단·평가함으로써 문제해결을 돕고 지원하는 업무를 담당하는 자를 말한다."고 정의하고 있다. 또한 "「사회복지사업법」이 정한 유일한 국가자격자로서, 법률이 정한 사회복지사업을 시행하는 것은 물론, 사회복지사 윤리강령에 따른 문제를 해결하는 전문가이다."(한국사회복지협회 홈페이지, 2022)라고 규정하고 있다.

사회복지사가 하는 일은 사람이 살아가면서 직면하게 되는 위기상황에 전문적으로 개입하여 사회복지서비스를 제공하는 것이다. 사회복지사는 대상자, 즉 클라이언트가 바라는 욕구를 충족시켜 주고, 그들이 각자 맡은 책임을 다할 수 있게 적절한 사회기능 수행의 향상을 돕는 일을 한다. 그리고 사회복지사는 사회복지서비스 제공 대상인 클라이언트의 욕구해결이라는 목적달성을 위한 매개체 역할과 클라이언트의 욕구와 자원을 연결시켜 주는 주체이다. 그리고 사회복지사는 클라이언트의 문제해결과 능력을 향상시키고 클라이언트에게 자원과 서비스 기회를 제공하는 연결체계를 이어 주며, 체계적인 효과를 증진시켜 사회정책의 개발과 개선을 위해 노력한다. 그렇기 때문에 사회복지실천현장에서 핵심 역할을 수행하고 있는 사회복지사의 역할이 더욱 부각되고 있다. 현대사회에서 점차적으로 심각해지고 있는 각종 사회문제의 해결을 위한 사회복지의 역할은 날로 중요해지고 있으며, 사회복지사의 역할 또한 전문직으로서의 그 중요성이 부각됨에 따라 다양한 측면에서의 사회복지사의 역할과 역량이 매우 중요한 문제로 강조되고 있다.

보건복지부와 한국사회복지사협회는 「2018년 사회복지사 자격관리 지침」에서 사회복지사는 '사회복지에 관한 전문 지식과 기술을 가진 자'이며, 수행업무는 사회복지사의 수행업무, 사회복지프로그램의 개발 및 운영업무, 시설거주자의 생활지도업무, 사회복지를 필요로 하는 사람에 대한 상담업무 등으로 규정하고 있다.

그러므로 사회복지사는 가치를 기반으로 지식과 기술을 사용하여 광범위한 문제를 다루기 위하여 다양한 역할을 수행한다.

2) 사회복지사의 역사

사회복지사라는 명칭의 고유성은 우리나라 사회복지의 역사를 통해 살펴볼 수 있다. 우리나라 사회복지는 개항 이후 외국 선교단체의 의료·교육 사업을 통해 사회사업의 활동이 시작되었으며, 1920년 9월에 최초의 사회복지관이 건립되었다. 이후 선교단체를 중심으로 사회사업활동이 지속되었으며, 이 당시는 고아원, 양로원 등 시설 중심의 자선사업이 이루어졌다. 해방 및 한국전쟁 이후에는 외원단체를 통해 응급구호사업이 실시되었으며, 전쟁고아의 구호 및 이재민 물자 지원 등 현물공급과 시설중심의 보호사업을 통해 활동했다.

이후 국가에서 실시한 사회보험(국민연금, 산업재해, 의료보험 등)을 중심으로 사회복지정책들이 만들어지고, 1970년대 「사회복지사업법」이 제정되면서 사회복지법인이 사회복지사업을 수행하도록 하였으며, 부랑인 보호사업을 중심으로 사회복지사들의 활동이 진행되었다. 이어 1989년 전국민의료보험의 시작과 더불어 사회복지사들의 활동이 점차 확대되면서 사회복지 전담공무원들의 활동이 시작되었다. 또한 도움을 필요로 하는 대상자들의 시설보호 위주에서 지역사회 내 보호방식으로의 인식전환과 지역사회복지관의 설치·운영에 따라 사회복지사들이 본격적으로 활동하게 되었다. 2000년대 이후 다양한 복지환경의 변화로 사회복지사들의 영역은 아동, 노인, 장애인, 여성, 다문화 등의 다양한 분야로 다각적인 확대가 이루어졌으며, 점차로 사회복지사의 중요성이 대두되기 시작하였다.

3) 사회복지사의 기능

일반적으로 역할이 마땅히 해야 할 개인이 맡은 책임이나 임무라고 한다면, 기능은 구실이나 작용을 뜻한다. 따라서, 사회복지사로서 어떻게 직업역할을 수행하는가의 방법은 개인에게 달려 있지만, 사회복지사로서 수행하도록 기대되는 기능을 이해하는 것은 매우 중요하다. 사회복지사에 의해 수행되는 실천의 역할들이 크고 다양하기 때문에 사회복지사로서 해야 할 역할과 관련된 기능을 수행하는 데 있어 전문가다운 능숙함을 요구받는다.

사회복지사들이 사회복지현장에서 만나는 대상자들은 기능적인 약점이나 병리만을 가진 경우는 드물고, 오랜 시간 빈곤했고, 저학력·저소득이고 손상된 가족구조를 경험했으며, 가족병리를 지속적으로 경험한 사례가 많다. 사회복지사는 무엇보다 '무엇을 하지 않아도 되는가'라는 실천의 방어적인 자세보다는 '어떤 역할과 기능이 적절한가'에 대한 능동적인 자세를 견지할 것을 요구하고 있다. 따라서, 사회복지사는 일반적인 조직과는 무엇이 다른지에 대해 차이점을 깊이 인식해야 하고, 그 인식을 바탕으로 직업현장에서 자신에게 요구되는 역할과 기능이 가능해진다고 할 수 있다.

사회복지실천현장의 6개 영역에서 근무하는 사회복지사의 직무특성과 관련한 사회복지사 기능을 살펴보면, 사회복지사는 행정가로서 통계 및 보고서 작성, 보고 및 행정처리, 서비스 내용 기록과 같은 문서관리기능 수행에 가장 많은 시간을 할애하고 있고, 그 다음이 구체적인 서비스 제공 및 프로그램 시행, 정보제공 등과 같은 직접적인 서비스 제공과 시행, 사정, 접수 등의 기능 수행을 통해 중개인, 상담가, 사례관리자 등의 역할을 수행하고 있는 것으로 유추해볼 수 있다. 반면, 업무량 개발자나 직원개발자와 같은 역할에 주어지는 인사관리, 기획 및 재정 관리와 같은 기능수행은 낮았다. 이러한 기능은 주로 담당자가 지정되어 있거나, 소수 관리자에게 집중되어 있기 때문인 것으로 보인다.

사회복지사는 전체로서의 인간에 대한 관심을 추구한다. 이는 대개의 전문직이 특정한 측면의 인간에 대해 관심을 가지는 것에 비해 넓은 관심 범위이므로 깊이는 모자랄 수 있다. 그렇다고 사회복지실천이 깊이가 없는 전문직을 의미하는 것은 아니다. 사회복지사는 다양한 분야에서 그 분야가 가지는 특유의 전문성을 살린다. 정신건강, 장애, 가족관계의 위기 등 각 실천분야에서는 매우 심도 있는 전문성을 발휘한다. 하지만 분야별 전문실천영역의 모든 내용을 사회복지사가 숙지해야 한다는 것은 비현실적이다. 하지만 전체로서의 인간을 이해하기 위해 필요한 만큼은 인구사회학적 특성(노인, 청년, 장년, 여성 등)에 대해, 건강과 장애의 요소에 대해, 직업과 사회활동에 대해, 지역사회와의 참여적 교류에 대해, 금융상황에 대해, 그리고 나아가 서비스를 제공할 주체의 조직과 특성에 대해, 거시적인 사회복지정책에 대해 적절한 지식을 보유하는 것이 모든 사회복지사에게 필요하고, 이것이 사회복지사의 핵심 역량이 될 것이다.

그러므로 사회복지사의 핵심 역량은 '전체로서의 인간'에서 찾아야 한다. 사회복지사가 다양한 영역에서 활동범위를 넓혀가는 원동력이 전체성에 있다고 할 수 있다. 즉, '전체로서의 인간'을 이해하고 개입하기에 필요한 만큼의 지식과 기술이 사회복지사의 핵심 역량이라고 볼 때, 사회복지사는 제대로 사회복지현장에서 기능하기 위해서 이 핵심 역량을 반드시 키워야 할 것이다.

2. 사회복지사의 질적 구성요소

업무능력을 향상시키기 위한 사회복지사의 질적 구성요소는 다음과 같다(박종란 외, 2021: 84-90).

1) 인권감수성

인권은 인간의 권리를 말하는 것으로 인간이라면 당연히 가지는 자연법상의 권리를 말한다. 이 권리는 어떤 국가나 법이 권리로 인정하여 주는 것과 상관없이 우리 모두에게 인정되는 실정법 이전의 권리로서 모든 인간들은 존중해야 할 의무가 있다.

인권감수성은 인권과 관련된 문제에 대해 민감하게 반응할 수 있는 능력을 의미한다. 인권감수성은 현대사회의 시민이라면 누구나 지녀야 하고, 이를 옹호하는 것은 사회복지사에게 요구되는 중요한 가치이다. 어떠한 사람이 인권을 옹호하는 행동은 인권에 대한 감수성, 인권에 대한 판단력, 인권에 대한 동기화, 인권옹호 행동과 관련된 성격 등 네 가지 심리적 과정을 거쳐야 한다. 인권감수성은 인권을 옹호하기 위한 첫 번째 과정이며, 인권의식보다는 구체적인 상황이나 장면에서 적용되는 개념이다.

사회복지사의 인권감수성은 사회복지 직무 특성상 매우 중요하다. 사회복지사의 주요 직무는 사회복지기관 이용자의 권리를 보호하고 권리를 실현하는 데 목적이 있다. 특히, 사회복지사가 이용자의 인권문제를 어떤 식으로 지각하고 해석하는가에 따라 사회복지시설 이용자의 인권문제가 달리 나타난다. 인권감수성의 개념은 인권에 대한 기술이나 태도가 아니라, 인권 관련 상황을 해석하고 지각하는 능력을 다룬다는 점에서 기존의 인권의식과는 차별화되는 개념이다.

그러므로 사회복지직무에서 사회복지시설 이용자의 인권옹호는 가장 대표적인 권리지향적인 활동이다. 사회복지시설 이용자의 권리옹호를 위해 사회복지사가 이용자에게 제기되는 인권상황의 제반 문제를 해결하는 데 인권감수성은 중요한 판단기준이 된다.

2) 서비스 질

서비스(service)는 상대방에게 제공하는 무형적이고, 소유권의 이전이 없는 행위나 효용을 제공하는 행위를 말한다. 또한 질(quality)은 추상적인 개념으로 표준화에 어려운 측면이 있다. 따라서, 서비스 질은 서비스를 받는 대상자가 느끼는 만족의 정도로 파악되거나, 수요자의 주관적인 기준에 의해 다양하게 평가될 수 있다는 측면에서 지각된 서비스 질로 정의되고 있다.

사회복지서비스 질은 클라이언트의 기대와 지각된 서비스의 차이로서 클라이언트에 의해 서비스 질에 대한 평가가 달라질 수 있고, 객관적인 입장보다는 주관적인 입장에서 지각한 서비스 질이라고 할 수 있다. 또한 사회복지서비스 질에 대한 수준을 결정하는 요인은 사회복지서비스 기관의 제공자와 운영방식 모두가 해당될 수 있다. 사회복지기관은 서비스가 필요한 지역주민들에게 서비스를 제공함으로써 사회전반의 복지를 제공하는 기능을 가지고 있다. 사회복지기관은 사회복지사들의 가치와 전문성, 기술을 통해 클라이언트의 기대에 부합되는 사회복지서비스를 제공하고 클라이언트의 욕구를 달성할 수 있도록 사회복지서비스를 제공한다. 따라서, 서비스 질은 사회복지사의 기술과 적절성을 담보로 하고 있다.

3) 직무스트레스

직무스트레스는 환경이나 직업에서 오는 개인능력 이상의 요구나 압력에 대해 적절하게 대응하지 못함으로써 발생하는 생리적·심리적·사회적 반응을 뜻한다. 직무스트레스 요인은 직장 내 환경에 관련되어 발생되는 스트레스 요인이고, 이는 직무수행과정의 스트레스 유발에 중요한 스트레스 원이 될 수 있다.

스트레스 원인의 증상이나 결과는 심리, 생리, 행동적 결과로, 개인의 능력을 초과하는 환경이나 상태로 부담을 요하는 사항일 때 무력감, 체념, 집중력 약화, 회피, 고민, 무관심 등의 심리적인 고통을 받게 된다. 이러한 심리적 고통은 객관적인 지각보다 주관적 지각에 의해 결정된다. 이러한 스트레스가 개인의 한계점을 넘게 되면 좌절, 우울, 불안, 긴장 등의 생리적 결과로 나타나고, 식욕감퇴나 체중변화, 음주습관 및 흡연 등의 행동장애로 발전할 수 있기 때문에 직무스트레스는 개인의 건강이나 업무의 성과에 직접적으로 영향을 준다.

직무스트레스는 직무만족에 직접적으로 영향을 주게 되는 요인으로, 직무스트레스 요인의 고유 성질에 따라 긍정적 영향 또는 부정적 영향을 주기도 한다. 조직의 요구가 한 개인에게 기회, 또는 제약이나 요구로 받아들여지느냐에 따라 스트레스가 긍정적, 또는 부정적으로 작용할 수 있다. 직무스트레스는 직무불만족, 생산성 저하, 조직몰입 방해, 결근과 이직률의 증가 등을 유발하게 되는 부정적인 측면이 많이 나타난다.

직무스트레스를 유발하는 환경에서 심리적 또는 신체적 요구를 직무스트레스라고 하는 데, 직무활동 등에서 발생되기 때문에 사람들이 직면하게 되는 환경, 직무, 상황 등과의 관계나 개인의 내적 요구 등이 다양하게 나타난다. 직무스트레스는 환경의 내용의 복잡함과 산업이 고도화될수록 더욱 심화되어 현대사회 조직체계의 심각한 문제로 대두되고 있다. 특히, 직장에서 직무환경과 관련되어 발생되는 다양한 스트레스는 점차 증가하고 있으며, 직무를 담당하고 있는 사람들은 많은 스트레스에 노출되어 있다.

직무스트레스는 정신과 신체 건강과 조직의 효과성에도 부정적 영향을 미치고 있고, 직무만족, 능률, 업무수행, 사기 등을 감소시킴으로써, 결과적으로 직무 질적 저하를 초래할 뿐 아니라, 나아가 조직의 효율성 및 생산성을 저해한다. 한 개인의 역할 변화가 효과적이든 비효과적이든 그 영향은 조직의 나머지 사람들의 기능에 변화를 주게 되고, 한 개인 또는 조직의 스트레스는 결국 조직 전체에 영향을 미치게 된다.

직무스트레스는 개인의 직무성과를 저하시키는 요인으로 심리적 불만족상태와 개인의 건강문제가 나타난다. 이렇듯 지속적인 직무스트레스는 직무수행에 부정적인 영향을 미치고 개인의 심리적 불균형으로 각종 질병을 야기할 수 있다. 직무스트레스로 인한 역기능적 문제의 예방을 위해 개인의 능력개발과 직무스트레스에 대한 적극적인 관리와 관심을 높이기 위해서 효과적인 대처방안이 마련되어야 할 것이다.

4) 자아탄력성

자아탄력성(ego-resiliency)의 개념에서 탄력성에 대한 사전적 의미를 보면, 다시 돌아오는 경향, 탄성, 회복력을 의미한다. 즉, 역경을 겪으면서 개인이 자신의 힘과 능력을 잃었지만, 이전의 적응수준으로 돌아오고 회복할 수 있는 능력이다. 자아탄력성은 최근에 관심을 가지고 있는 개념으로 빈곤이나 가정불화, 정신병력을 가진 부모 등의 위험요소에 노출된 아동·청소년을 대상으로 시작된 연구에서 나온 개념이었으나, 사회복지 분야에서도 많이 활용되고 있다.

자아탄력성은 상황에 따른 스트레스로 지각하고, 스트레스로 인해 불안과 우울에 대해 지각되더라도, 무력감에 대한 요소들을 소진시키고 자신을 보살펴 위험에 있는 요인에 대해 미리 잘 다루어 처리할 수 있는 심리적 능력이다. 즉, 자아탄력성이 직무만족도에 가장 강력한 영향을 미치는 변인이 될 수 있다. 자아탄력성이 높으면, 갈등과 위기상황 같은 부정적 환경 속에서도 평정심 유지를 위해 노력하고 자신의 원래 심리정서상태로 재빨리 회복하여 직무만족도를 높일 수 있다. 다시 말해서 자아탄력성이 높은 사람은 공격에 민감하지 않으며, 인간관계에서 발생하는 문제나 갈등을 해결하는 능력이 뛰어나다. 자아탄력성이 낮은 경우는 스트레스 상황이나 낯선 상황에서 융통성이 부족하여 적응의 효율성이 떨어진다. 이는 자아탄력성이 가지는 긍정적인 적응요소로서 복잡하고 스트레스적인 일상생활에 잘 적응하기 위해 지녀야 할 개인의 중요한 성격자원이라는 것을 뜻한다. 따라서,

스트레스에 직면해 있는 사회복지사에게 스트레스의 영향을 확인하여 그 영향을 완충시키거나 적응을 도와주는 보호요인으로 자아탄력성의 역할이 중요하다고 할 수 있다. 자아탄력적인 사람들은 어떤 상황을 스트레스로 지각하는 경우가 낮고 스트레스로 지각하더라도, 우울이나 예기불안을 경험하는 경향이 낮으며, 자아경직적인 사람들에 비해 우울이나 불안에 덜 취약하였다.

사회복지사의 자아탄력성은 직무스트레스 원이 스트레스 반응을 유발하는 것을 중재하는 변인으로 밝혀져 자아탄력성이 스트레스 원에 대한 부정적 영향을 조절하는 효과를 지니고 있다. 따라서, 자아탄력성은 사람의 생활 속에서 균형적이고 조화로운 관계를 유지하며, 합리적이고 이상적인 적응을 할 수 있는 긍정적인 자원이 되기 때문에, 사회복지사에게는 매우 중요한 변인이라고 할 수 있다.

사회복지사는 직무의 특성상 사회복지사 자신이 서비스의 도구가 되어 이용자와 긴밀한 상호작용에 의해 서비스가 전달되기 때문에, 다른 분야보다도 사회복지사 개인이 가져야 할 개인의 내적특성이 특히 고려되어야 한다.

그러므로 자아탄력성의 중요성을 인식하여 사회복지사에게도 자아탄력성을 적용하고, 사회복지사의 자아탄력성과 서비스 질에 관한 접근을 통해 사회복지사의 서비스 질에 미치는 경험적 연구가 필요하다.

3. 사회복지사의 실태분석

1) 사회복지사 자격제도

보건복지부와 한국사회복지사협회는 「2018년 사회복지사 자격관리 지침」에서 사회복지사는 '사회복지에 관한 전문 지식과 기술을 가진 자'이며, 수행업무는 사회복지사의 수행업무, 사회복지프로그램의 개발 및 운영업무, 시설거주자의 생활지도업무, 사회복지를 필요로 하는 사람에 대한 상담업무 등으로 규정하고 있다.

사회복지사업법 제11조(사회복지사 자격증의 발급 등)

① 보건복지부장관은 사회복지에 관한 전문 지식과 기술을 가진 사람에게 사회복지사 자격증을 발급할 수 있다.
② 제1항에 따른 사회복지사의 등급은 1급·2급·3급으로 하고 등급별 자격기준 및 자격증의 발급절차 등은 대통령령으로 정한다.
③ 사회복지사 1급 자격증을 받으려는 사람은 국가시험에 합격하여야 한다.
④ 보건복지부장관은 제2항에 따른 사회복지사 자격증을 발급받거나 재발급받으려는 사람에게 보건복지부령으로 정하는 바에 따라 수수료를 내게 할 수 있다.

2) 사회복지사 등급 자격기준

[1급]

(1) 정의

① 2급 자격기준에 해당하는 자로서 사회복지사 1급 국가시험에 합격한 자
② 고등교육법에 의한 대학에서 전공·학과에 관계없이 보건복지부령이 정하는 「사회복지학 전공교과목과 사회복지관련 교과목」(필수 10과목, 선택 7과목 이상)을 이수하고 학사학위를 취득하면 응시가능

(2) 1급 국가시험

① 시험 시행시기 : 국가시험 일정은 시행기관인 한국산업인력공단(www.q-net.or.kr/1644-8000)이 계획하며, 매년 일정이 조금씩 변경될 수 있다. 대략 10, 11월 정도에 시험공고가 발표되며, 다음 해 1, 2월경 시행한다.
② 시험방법

시험과목 수	문제 수	배점	총점	문제형식
3과목(8영역)	200	1점 / 1문제	200점	객관식 5지 선택형

③ 시험과목 및 시험시간

구분	시험과목		입실시간	시험시간
1교시	사회복지기초 (50문항)	• 인간행동과 사회환경(25문항) • 사회복지조사론(25문항)	09:00	09:30~10:20 (50분)
휴식시간 10:20~10:40(20분)				
2교시	사회복지실천 (75문항)	• 사회복지실천론(25문항) • 사회복지실천기술론(25문항) • 지역사회복지론(25문항	10:40	10:50~12:05 (75분)
점심시간 12:05~12:50(45분)				
3교시	사회복지정책과 제도 (75문항)	• 사회복지정책론(25문항) • 사회복지행정론(25문항) • 사회복지법제론(25문항)	12:50	13:00~14:15 (75분)

[2급]

(1) 정의

① 전공· 학과에 관계없이 보건복지부령이 정하는 「사회복지학 전공교과목과 사회복지관련 교과목」(필수 10과목, 선택 7과목 이상)을 이수하고 학사(전문학사 포함)학위를 취득한 자

② 「고등교육법」에 의한 대학원에서 사회복지학 또는 사회사업학을 전공하고 석사 또는 박사학위를 취득하면 자격 취득

※ 다만, 대학에서 사회복지학 또는 사회사업학을 전공하지 아니하고 동 석사 학위를 취득한 자는 보건복지부령이 정하는 '사회복지학 전공교과목과 사회복지 관련 교과목' 중 사회복지현장실습을 포함하여(개정된 사항 : 2004. 7.31. 이후 입학생부터 해당) 필수과목 6과목 이상(대학에서 이수한 교과목을 포함하되 대학원에서 4과목 이상을 이수하여야 함)과 선택과목 2과목 이상을 각각 이수하고 학위를 취득하여야 함. 박사학위자는 사회복지 전공자에 한해 교과목 이수 불문, 학위취득 시 자격 획득

(2) 이수교과목(학사 및 전문학사 기준)

<table>
<tr><th>구분</th><th colspan="2">교과목</th></tr>
<tr><td>필수과목</td><td colspan="2">사회복지학개론, 인간행동과 사회환경, 사회복지정책론, 사회복지법제와 실천, 사회복지실천론, 사회복지실천기술론, 사회복지조사론, 사회복지행정론, 지역사회복지론, 사회복지현장실습(10과목)</td></tr>
<tr><td rowspan="2">선택과목</td><td>2020학년도 이전</td><td>2020학년도 이후</td></tr>
<tr><td>가족복지론, 교정복지론, 노인복지론, 사회문제론, 사회보장론, 사회복지발달사, 사회복지윤리와 철학, 사회복지자료분석론, 사회복지지도감독론, 산업복지론, 아동복지론, 여성복지론, 의료사회사업론, 자원봉사론, 장애인복지론, 정신건강론, 정신건강사회복지론, 청소년복지론, 프로그램 개발과 평가, 학교사회사업론
(20과목)</td><td>(7과목 추가)
가족상담 및 가족치료, 국제사회복지론, 복지국가론, 빈곤론, 사례관리론, 사회복지와 문화다양성, 사회복지와 인권
(27과목)</td></tr>
<tr><td rowspan="2">명칭변경</td><td>사회복지발달사</td><td>사회복지역사</td></tr>
<tr><td>의료사회사업론</td><td>의료사회복지론</td></tr>
<tr><td>실습시간</td><td>실습 120시간</td><td>현장실습 160시간(+40시간)
강의 30시간(신설, 1회 2시간 15회)</td></tr>
<tr><td>선택과목 추가</td><td>2020학년도 이전 입학자
4과목(12학점) 이수</td><td>2020학년도 이후 7과목
(21학점, 9학점 추가) 이수</td></tr>
</table>

3) 사회복지사 자격증 발급 현황

한국사회복지사협회의 「사회복지사 자격증 발급현황(2020.11.30)」에 따르면, 1996년 21,244명이었던 사회복지사 자격증 취득자는 2000년에는 42,292명으로 99.0%로 증가했으며, 2005년에는 129,999명으로 207.4% 증가, 2010년에는 412,815명으로 217.6% 증가, 2015년에는 789,071명으로 증가세를 보이고 있다. 또한 2021년 1,299,413명으로 2020년에 비해서 7.7%의 증가세를 보였다. 이러한 결과로 미루어 볼 때, 초기의 폭발적인 자격증 취득자의 증가는 최근 들어 주춤해지는 경향을 보이고 있다.

〈표 13-1〉 최근 5년간 자격증 교부 누계

(단위: 건, %)

구분	계	1급		2급		3급	
		누계	당해년도	누계	당해년도	누계	당해년도
2016	864,269	133,205	9,528	717,782	65,508	13,282	162
2017	938,040	138,808	5,603	785,787	68,005	13,445	163
2018	1,019,647	146,119	7,311	859,964	74,177	13,564	119
2019	1,107,119	153,866	7,747	939,688	79,724	16,656	1
2020	1,206,180	162,189	8,427	1,027,317	90,631	13,568	3
2021	1,299,413	178,649	16,356	1,107,190	76,871	13,574	6

단, 3급은 2019.1.1.부터 자격폐지
자료: 「2021 사회복지사 통계연감」(2021.12.).

4. 사회복지사의 역할

사회복지사는 클라이언트의 문제나 욕구를 파악하여 적절한 개입을 할 수 있는 능력이 있어야 한다. 또한 지역 내의 사회자원 및 관계망에 대한 지식을 가지고 클라이언트와 기관 및 단체와 효율적 의사소통을 할 수 있어야 한다. 사회복지사는 기관(단체)의 성격과 담당하는 업무에 따라 한 가지 역할을 주로 수행하기도 하지만, 서로 다른 역할을 동시에 수행해야 하는 경우가 많으므로 상황에 맞는 적절한 소임을 수행해야 한다. 사회복지사의 역할은 다음과 같다(박종란 외, 2021: 99－106 ; 김혜영 외, 2021: 108－123 ; 양정빈 외, 2020: 132－143).

1) 서비스 직접 제공

사회복지사는 실천현장에서 변화를 가져오기 위해 클라이언트에게 직접서비스를 제공한다. 즉, ① 자존감을 회복시키기 위해 지지와 격려 제공, ② 가치나 태도를 변화시키기 위한 교육, ③ 정보 제공, ④ TV 프로그램이나 영화 등의 매체

활용, ⑤ 집단 프로그램을 계획·진행, ⑥ 가족치료나 집단과정에서 참여자들 간 의견 중재 등 다양한 역할을 수행한다.

상담자로서의 역할, 촉진자(facilitator)로서의 역할, 정보제공자로서의 역할, 교육자로서의 역할, 프로그램 진행자로서의 역할 등이 직접서비스 제공자의 역할에 포함될 수 있다. 부모기술훈련, 사회기술훈련, 사회적응훈련 등에서 교육자로서의 역할과 프로그램 진행자로서의 역할이 수행된다. 또한 문제해결을 위한 변화가 얼마나, 어떤 상태로 이루어지고 있는지를 모니터링하는 것도 클라이언트의 변화를 위해 필수적인 기능이다.

사회복지사가 클라이언트와 직접 대면하여 서비스를 제공하는 것을 의미하는 것으로, 가능하게 하는 자, 조력자, 교육자 등의 역할을 한다. 그 내용은 다음과 같다.

(1) 조성자

조성자(enabler)로서의 사회복지사 역할은 클라이언트 자신의 감정을 더욱더 잘 이해하고, 행동을 수정하며, 문제상황에 대처하도록 도움으로써, 그들의 사회적 기능을 향상시킨다.

(2) 조력자

조력자로서의 사회복지사 역할은 클라이언트의 위기상황에서 다양한 스트레스에 대처하도록 돕는다. 조력자의 기술은 희망을 전하고, 저항이나 양가감정을 줄여 주며, 감정을 인식하고 관리하며, 개인의 강점이나 사회적 자원을 발굴하고 지지해 주는 것 등이다.

(3) 교육자

교육자로서의 사회복지사 역할은 클라이언트와 다른 체계에 정보를 제공하며, 기술을 가르치는 일을 포함한다. 효과적인 교육자가 되기 위해 사회복지사는 정보를 명확히 전달하고 이해시키기 위한 효율적 의사소통이 필요하다.

2) 체계 연결

사회복지사가 실천현장에서 변화를 가져오기 위해 클라이언트에게 그의 주변 환경과의 관계와 관련하여 서비스를 제공한다. 클라이언트는 종종 기존의 사회복지기관이 제공하지 못하는 자원들을 필요로 한다. 그리고 다른 유용한 자원들에 대한 정보가 부족하거나 그것을 이용할 능력이 부족하다. 사회복지사는 사람들을 다른 자원들과 연결하는 역할을 수행한다. 체계와 연결하는 역할과 관련해 사회복지사는 다음과 같은 역할을 수행한다.

(1) 중개자

중개자(broker)는 도움을 필요로 하는 클라이언트와 자원 및 서비스를 연결하는 역할이다. 사람을 자원과 연결시키기 위해서는 지역사회의 자원에 대해 잘 파악하고 있어야 적절하게 의뢰할 수 있다. 클라이언트에게 식량이나 주거, 법률적 도움이나 다른 필요한 자원을 얻도록 도와주는 역할이다. 연결 담당자와 좋은 업무관계를 유지하면서 자원체계의 정책을 잘 파악하고 있는 것이 성공적 의뢰의 필수요소이다.

(2) 옹호자

옹호는 사회복지 전문직이 생겨난 이래 줄곧 수행해 온 역할이다. 특히, 클라이언트 집단에 대한 옹호는 자원연결의 측면에서 볼 때, 클라이언트를 대신하여 자원과 서비스를 획득하는 활동과정을 의미한다. 옹호자(advocator)는 클라이언트 개인이나 가족의 권리를 옹호하고 정책적 변화를 모색하기 위한 활동을 하며, 클라이언트들이 적절한 서비스를 받을 수 있는 권리를 확보하거나 유지하도록 해야 한다. 또한 기관 내 프로그램이나 정책을 변화시키기 위해 적극적인 역할을 수행한다. 따라서, 옹호자의 역할은 클라이언트를 위해 일을 진행하고 대변하는 것이기 때문에, 특히 클라이언트가 필요한 것을 얻을 힘이 거의 없을 때 적절하다.

(3) 중재자

중재자(mediator)는 미시체계, 중범위체계, 거시체계 간의 논쟁이나 갈등을 해결하는 역할을 담당한다. 견해가 다른 개인이나 집단 간의 의사소통을 향상하고 타협하도록 돕는 중재자는 중립을 유지하며, 논쟁에서 어느 한쪽 편도 들지 않는다. 중재자는 자신의 위치를 분명히 하고, 의사를 잘못 전달하는지 인식하며, 관련 당사자가 입장을 명확히 밝히도록 도와주는 역할이다. 중재자는 중립을 유지하며, 서비스 전달과정에서 존재하는 장애물을 제거하는 역할을 수행해야 한다.

(4) 사례관리자 / 조정자

사례관리자(case manager)는 클라이언트를 다른 체계에 의뢰할 때 능력, 기술, 지식, 자원 등이 부족하면, 사회복지사가 사례관리자의 역할을 수행해야 한다. 조정자(coordinator)는 클라이언트의 욕구를 평가하고, 다른 자원에서 제공된 필수 재화와 서비스 전달을 연결·조정하고, 클라이언트가 적절한 방식으로 서비스를 제공받을 수 있도록 개입한다. 따라서, 조정자의 대표적인 역할을 하는 것이 사례관리자이다.

3) 체계 유지와 강화

사회복지사가 실천현장에서 변화를 가져오기 위해 사회복지기관의 직원으로서 서비스 전달의 효율성을 떨어뜨리는 기관 내의 구조, 정책적·기능적 관계를 평가할 책임이 있다. 이는 클라이언트에 대한 간접서비스를 제공하는 기능이다.

(1) 팀구성원

사회복지사는 많은 기관 및 공공기관(예, 정신건강, 건강보호, 사회적응 세팅)에서 클라이언트의 문제와 서비스 전달에 협력하는 임상팀의 일원으로 활동하게 된다. 팀 구성은 내과의사, 심리학자, 정신과의사, 사회복지사, 간호사, 재활상담가, 교사, 작업치료사, 레크리에이션 치료사 등으로 이루어진다.

(2) 촉진자

촉진자(facilitator)는 집단의 지도자 역할을 담당한다. 사회복지사는 가족치료집단이나 과업집단, 교육집단, 자조집단, 감수성 훈련집단, 그 밖의 다른 목적을 가진 집단에 개입한다. 촉진자 역할은 거시적 실천에도 적용할 수 있다. 이때 사회복지사는 사람을 모으고, 의사전달 통로를 만들고, 활동이나 자원을 전달하며, 전문지식이나 기술에 접할 수 있도록 하여 변화 노력을 촉진해야 하는 책임이 있다.

(3) 조직분석가

조직분석가(organizational analyst)는 서비스 전달에 부정적 영향을 미치는 기관의 구조와 정책절차 등을 분석하고 지적하는 역할이다. 이 역할을 수행하기 위해서는 조직이론과 행정이론에 대한 지식을 갖추고 있어야 한다.

(4) 자문가

사회복지사는 자문가(consultant)로서 자문을 제공하고 받는 역할을 모두 수행할 수 있다. 즉, 사회복지사가 전문지식을 가지고 자문제공자로서 해야 할 역할도 하지만, 때로는 약물남용, 아동학대, 성 문제 등과 같은 전문지식이 필요한 문제에 대해서는 그 분야의 전문가로부터 조언을 받아야 한다. 따라서, 자문은 사회복지사나 서비스 제공자가 전문가로서 클라이언트에 대한 지식·기술·태도·문제를 존중하는 태도를 증가시키고 발전시키며, 수정하고 자유롭게 함으로써 클라이언트에게 더 효과적으로 서비스를 전달할 수 있게 하는 과정이다.

5. 사회복지사 윤리기준

1) 사회복지사의 기본적 윤리기준

(1) 전문가로서의 자세

① 사회복지사는 전문가로서의 품위와 자질을 유지하고, 자신이 맡고 있는 업무에 대해 책임을 진다.

② 사회복지사는 클라이언트의 종교·인종·성·연령·국적·결혼상태·성 취향·경제적 지위·정치적 신념·정신, 신체적 장애·기타 개인적 선호, 특징, 조건, 지위를 이유로 차별 대우를 하지 않는다.

③ 사회복지사는 전문가로서 성실하고 공정하게 업무를 수행하며, 이 과정에서 어떠한 부당한 압력에도 타협하지 않는다.

④ 사회복지사는 사회정의의 실현과 클라이언트의 복지증진에 헌신하며, 이를 위한 환경조성을 국가와 사회에 요구해야 한다.

⑤ 사회복지사는 전문적 가치와 판단에 따라 업무를 수행함에 있어, 기관 내외로부터 부당한 간섭이나 압력을 받지 않는다.

⑥ 사회복지사는 자신의 이익을 위해 사회복지 전문직의 가치와 권위를 훼손해서는 안 된다.

⑦ 사회복지사는 한국사회복지사협회 등 전문가단체 활동에 적극 참여하여, 사회정의 실현과 사회복지사의 권익옹호를 위해 노력해야 한다.

(2) 전문성 개발을 위한 노력

① 사회복지사는 클라이언트에게 최상의 서비스를 제공하기 위해, 지식과 기술을 개발하는 데 최선을 다하며, 이를 활용하고 전파할 책임이 있다.

② 클라이언트를 대상으로 연구하는 사회복지사는 저들의 권리를 보장하기 위해, 자발적이고 고지된 동의를 얻어야 한다.

③ 연구과정에서 얻은 정보는 비밀보장의 원칙에서 다루어져야 하고, 이 과정에서 클라이언트는 신체적, 정신적 불편이나 위험·위해 등으로부터 보호

되어야 한다.

④ 사회복지사는 전문성을 개발하기 위해 노력하되, 이를 이유로 서비스의 제공을 소홀히 해서는 안 된다.

⑤ 사회복지사는 한국사회복지사협회 등이 실시하는 제반 교육에 적극 참여하여야 한다.

(3) 경제적 이득에 대한 태도

① 사회복지사는 클라이언트의 지불능력에 상관없이 서비스를 제공해야 한다. 이를 이유로 차별대우를 해서는 안 된다.

② 사회복지사는 필요한 경우에 제공된 서비스에 대해, 공정하고 합리적으로 이용료를 책정해야 한다.

③ 사회복지사는 업무와 관련하여 정당하지 않은 방법으로 경제적 이득을 취하여서는 안 된다.

2) 사회복지사의 클라이언트에 대한 윤리기준

(1) 클라이언트와의 관계

① 사회복지사는 클라이언트의 권익옹호를 최우선의 가치로 삼고 행동한다.

② 사회복지사는 클라이언트에 대하여 인간으로서의 존엄성을 존중해야 하며, 전문적 기술과 능력을 최대한 발휘한다.

③ 사회복지사는 클라이언트가 자기결정권을 최대한 행사할 수 있도록 도와야 하며, 저들의 이익을 최대한 대변해야 한다.

④ 사회복지사는 클라이언트의 사생활을 존중하고 보호하며, 직무수행과정에서 얻은 정보에 대해 철저하게 비밀을 유지해야 한다.

⑤ 사회복지사는 클라이언트가 받는 서비스의 범위와 내용에 대해, 정확하고 충분한 정보를 제공함으로써 알 권리를 인정하고 존중해야 한다.

⑥ 사회복지사는 문서·사진·컴퓨터 파일 등의 형태로 된 클라이언트의 정보에 대해 비밀보장의 한계·정보를 얻어야 하는 목적 및 활용에 대해 구체

적으로 알려야 하며, 정보공개 시에는 동의를 얻어야 한다.

⑦ 사회복지사는 개인적 이익을 위해 클라이언트와의 전문적 관계를 이용하여서는 안 된다.

⑧ 사회복지사는 어떠한 상황에서도 클라이언트와 부적절한 성적 관계를 가져서는 안 된다.

⑨ 사회복지사는 사회복지증진을 위한 환경조성에 클라이언트를 동반자로 인정하고 함께 일해야 한다.

(2) 동료의 클라이언트와의 관계

① 사회복지사는 적법하고도 적절한 논의 없이 동료 또는 다른 기관의 클라이언트와 전문적 관계를 맺어서는 안 된다.

② 사회복지사는 긴급한 사정으로 인해 동료의 클라이언트를 맡게 된 경우, 자신의 의뢰인처럼 관심을 갖고 서비스를 제공한다.

3) 사회복지사의 동료에 대한 윤리기준

(1) 동료

① 사회복지사는 존중과 신뢰로서 동료를 대하며, 전문가로서의 지위와 인격을 훼손하는 언행을 하지 않는다.

② 사회복지사는 사회복지 전문직의 이익과 권익을 증진시키기 위해 동료와 협력해야 한다.

③ 사회복지사는 동료의 윤리적이고 전문적인 행위를 촉진시켜야 하며, 이에 반하는 경우에는 제반 법률규정이나 윤리기준에 따라 대처해야 한다.

④ 사회복지사가 전문적인 판단과 실천이 미흡하여 문제를 야기했을 때에는, 적절한 조치를 취하여 클라이언트의 이익을 보호해야 한다.

⑤ 사회복지사는 전문직 내 다른 구성원이 행한 비윤리적 행위에 대해, 제반 법률 규정이나 윤리기준에 따라 조치를 취해야 한다.

⑥ 사회복지사는 동료 및 타 전문직 동료의 직무 가치와 내용을 인정·이해하

며, 상호 간에 민주적인 직무관계를 이루도록 노력해야 한다.

(2) 슈퍼바이저

① 슈퍼바이저는 개인적인 이익의 추구를 위해 자신의 지위를 이용해서는 안 된다.
② 슈퍼바이저는 전문적 기준에 의해 공정하게 책임을 수행하며, 사회복지사·수련생 및 실습생에 대한 평가는 공유해야 한다.
③ 사회복지사는 슈퍼바이저의 전문적 지도와 조언을 존중해야 하며, 슈퍼바이저는 사회복지사의 전문적 업무수행을 도와주어야 한다.
④ 슈퍼바이저는 사회복지사·수련생 및 실습생에 대해 인격적·성적으로 수치심을 주는 행위를 해서는 안 된다.

4) 사회복지사의 사회에 대한 윤리기준

(1) 사회복지사는 인권존중과 인간평등을 위해 헌신해야 하며, 사회적 약자를 옹호하고 대변하는 일을 주도해야 한다.
(2) 사회복지사는 필요한 사회서비스를 개발하기 위한 사회정책의 수립·발전·입법·집행에 적극적으로 참여하고 지원해야 한다.
(3) 사회복지사는 사회환경을 개선하고, 사회정의를 증진시키기 위한 사회정책의 수립·발전·입법·집행을 요구하고 옹호해야 한다.
(4) 사회복지사는 자신이 일하는 지역사회의 문제를 이해하고, 그것을 해결하는 일에 적극적으로 참여해야 한다.

5) 사회복지사의 기관에 대한 윤리기준

(1) 사회복지사는 기관의 정책과 사업 목표의 달성·서비스의 효율성과 효과성의 증진을 위해 노력함으로써, 클라이언트에게 이익이 되도록 해야 한다.
(2) 사회복지사는 기관의 부당한 정책이나 요구에 대하여, 전문직의 가치와 지식을 근거로 이에 대응하고 즉시 사회복지윤리위원회에 보고해야 한다.

(3) 사회복지사는 소속기관 활동에 적극 참여함으로써, 기관의 성장발전을 위해 노력해야 한다.

6) 사회복지윤리위원회의 구성과 운영

(1) 한국사회복지사협회는 사회복지윤리위원회를 구성하여, 사회복지윤리실천의 질적인 향상을 도모하여야 한다.
(2) 사회복지윤리위원회는 윤리강령을 위배하거나 침해하는 행위를 접수받아, 공식적인 절차를 통해 대처하여야 한다.
(3) 사회복지사는 한국사회복사협회의 윤리적 권고와 결정을 존중하여야 한다.

7) 사회복지사 선서

나는 모든 사람들이 인간다운 삶을 누릴 수 있도록,
인간존엄성과 사회정의의 신념을 바탕으로,
개인·가족·집단·조직·지역사회·전체 사회와 함께한다.
나는 언제나 소외되고 고통 받는 사람들의 편에 서서,
저들의 인권과 권익을 지키며,
사회의 불의와 부정을 거부하고,
개인이익보다 공공이익을 앞세운다.
나는 사회복지사 윤리강령을 준수함으로써,
도덕성과 책임성을 갖춘 사회복지사로 헌신한다.
나는 나의 자유의지에 따라 명예를 걸고 이를 엄숙하게 선서합니다.

연습문제
EXERCISE

01 사회복지사 역할의 예로 옳은 것은?

① 옹호자 : 장애인의 교통 접근권 확보를 위한 관계법 개정 제안
② 중재자 : 학교폭력 가해학생에게 비폭력 대화기술훈련
③ 협상가 : 사회복지사의 사례발표회에서 슈퍼비전 제공
④ 중개자 : 십대 미혼모를 위한 교육 프로그램 운영
⑤ 교육자 : 게임중독 청소년에게 상담 프로그램 개발

02 다음 중 사회복지 선택과목이 아닌 것은?

① 사회복지사상 ② 빈곤론
③ 의료사회복지 ④ 복지국가론 ⑤ 노인복지론

03 사회복지사의 질적 구성요소가 아닌 것은?

① 인권감수성
② 서비스 질
③ 직무스트레스
④ 자아탄력성
⑤ 서비스 직접 연결

04 다음 중 사회복지 1급 자격기준이 아닌 것은?

① 2급 자격기준에 해당하는 자로서 사회복지사 1급 국가시험에 합격한 자
② 고등교육법에 의한 대학에서 전공·학과에 관계없이 보건복지부령이 정하는 '사회복지학 전공교과목과 사회복지관련 교과목'(필수 10과목, 선택 7과목 이상)을 이수하고 학사학위를 취득하면 응시가능
③ 사회복지사 1급 자격시험은 연 1회 실시하고 있다.
④ 사회복지사 1급 자격시험의 과목은 8개 과목으로 시행하고 있다.
⑤ 자격시험의 과목 중 사회복지현장실습은 160시간 실습으로 대체한다.

정답 1. ① 2. ① 3. ⑤ 4. ⑤

참고문헌

1. 국내 문헌

강상경(2018). 『인간행동과 사회환경』. 서울: 학지사.

강용규 외(2020). 『사회복지개론』. 경기: 지식공동체.

강정희(2021). 『사회복지법제와 실천』. 서울: 박영사.

고광신 외(2017). 『사회복지정책론』. 서울: 동문사.

고명석(2019). 『사회복지와 인권』. 서울: 동문사.

고세훈(2000). 『복지국가의 이해』. 서울: 고려대학교출판부.

고수현 외(2016). 『사회복지행정론』. 경기: 양성원.

고수현 외(2022a). 『사회복지개론』. 서울: 동문사.

고수현 외(2022b). 『사회복지조사론』. 서울: 동문사.

고수현(2020). 『사회복지법제와 실천』. 경기: 정민사.

고재욱 외(2016). 『사회복지행정론』. 경기: 정민사.

구혜영(2015). 『인간행동과 사회환경』. 서울: 신정.

권승(2021). 『사회복지개론』. 서울: 박영사.

권중돈(2021). 『인간행동과 사회복지실천』. 서울: 학지사.

권중돈(2022). 『노인복지론』. 서울: 학지사.

길귀숙 외(2015). 『사회복지실천기술론』. 경기: 양서원.

길귀숙 외(2018). 『사회복지실천론』. 경기: 양서원.

김경우 외(2021). 『사회복지개론』. 서울: 동문사.

김경은 외(2020). 『인간행동과 사회환경』. 경기: 양성원.

김구(2021). 『사회복지법제와 실천』. 경기: 어가.

김근홍 외(2013). 『사회문제론』. 서울: 신정.

김기원(2019). 『사회복지법제와 실천』. 서울: 학지사.

김기원(2020). 『사회복지정책론』. 서울: 학지사.

김동기 외 (2021). 『사회복지조사론』. 서울: 학지사.

김보기 외(2019a). 『사회복지실천론』. 경기: 양성원.
김보기 외(2019b). 『인간행동과 사회환경』. 경기: 양성원.
김보기 외(2020). 『사회복지와 문화다양성』. 서울: 동문사.
김보기 외(2021a). 『가족상담 및 가족치료』. 서울: 조은.
김보기 외(2021b). 『사회복지실천기술론』. 서울: 정원.
김보기 외(2022a). 『사회복지정책론』. 서울: 박영스토리.
김보기 외(2022b). 『복지국가론』. 서울: 동문사.
김수목 외(2021). 『사회복지행정론』. 서울: 조은.
김양미(2022). 『사회복지법제와 실천』. 경기: 공동체.
김영미 외(2021). 『사회복지개론』. 경기: 양서원.
김영종 외(2022). 『사회복지개론』. 서울: 학지사.
김영종(2017). 『사회복지행정론』. 서울: 학지사.
김영화 외(2020). 『사회정의 실현을 위한 사회복지정책론』. 경기: 공동체.
김정열 외(2021). 『청소년복지론』. 경기: 지식공동체.
김제선 외(2021). 『사회복지개론』. 경기: 어가.
김철진 외(2016). 『사회복지실천론』. 서울: 형지사.
김태성 외(2010, 2019). 『복지국가론』. 경기: 나남.
김현호 외(2017). 『지역사회복지론』. 경기: 양서원.
김현호 외(2017). 『사회복지실천기술론』. 경기: 정민사.
김형수 외(2018). 『사회복지행정론』. 경기: 정민사.
김효선 외(2022). 『사회복지실천론』. 경기: 공동체.
노기남 외(2020). 『사회복지법제와 실천』. 서울: 동문사.
노병일(2018). 『사회문제론』. 경기: 양서원.
노병일(2019). 『사회복지정책론』. 경기: 공동체.
노병일(2020). 『사회보장론』. 경기: 공동체.
노안영·강영신(2011). 『성격심리학』. 서울: 학지사.
류기덕 외(2022). 『사회복지개론』. 경기: 공동체.
류기형 외(2018). 『사회복지개론』. 경기: 양서원.
류연규(2021). 『사회복지정책론』. 서울: 신정.
박경일(2020). 『사회복지정책론』. 경기: 공동체.
박계자 외(2022). 『프로이트 정신분석상담』. 서울: 조은.
박광덕(2021). 『사회복지개론』. 경기: 양서원.

박병금 외(2016). 『사회복지실천기술론』. 경기: 정민사.
박병금·최은희(2016). 『사회복지실천기술론』. 경기: 정민사.
박병현(2015). 『사회복지정책론』. 경기: 정민사.
박아청(2008). 『청소년과 아이덴티티』. 경기: 교육과학사.
박언하 외(2019). 『인간행동과 사회환경』. 서울: 동문사.
박옥희 외(2020). 『사회복지조사론』. 서울: 학지사.
박원진 외(2018). 『사회복지행정론』. 경기: 양성원.
박종란 외(2021). 『사회복지현장실습』. 서울: 정원.
박주현(2021). 『사회복지정책론』. 서울: 어가.
박진화 외(2020). 『사회복지법제와 실천』. 경기: 지식공동체.
박철현 외(2021). 『사회문제론』. 서울: 박영사.
박태정(2020). 『사회복지역사』. 경기: 공동체.
박희숙·강민희(2017). 『인간행동과 사회환경』. 서울: 창지사.
백윤철 외(2020). 『사회복지법제와 실천』. 서울: 박영사.
서동명(2020). 『사회복지법제와 실천』. 서울: 신정.
서보준 외(2018). 『사회복지조사』. 경기: 정민사.
서보준 외(2018a). 『사회복지정책론』. 경기: 지식공동체.
서보준 외(2020). 『사회복지개론』. 경기: 지식공동체.
서보준(2021). 『사회복지행정론』. 경기: 양성원.
서정민 외(2020). 『사회복지조사론』. 서울: 동문사.
신명희 외(2013). 『발달심리학론』. 서울: 학지사.
손병덕 외(2019). 『인간행동과 사회환경』. 서울: 학지사.
손병덕 외(2021). 『사회복지개론』. 서울: 학지사.
손병덕(2020). 『사회복지정책론』. 서울: 학지사
송진영(2020). 『사회복지조사론』. 경기: 지식공동체.
신기원 외(2016). 『인간행동과 사회환경』. 경기: 공동체.
신성자 외(2017). 『사회복지실천기술론』. 경기: 양성원.
신복기 외(2020). 『사회복지행정론』. 경기: 공동체.
심상용 외(2021). 『사회복지역사』. 서울: 학지사
심상용(2017). 『사회복지행정론』. 서울: 학지사.
안범희(2011). 『성격심리학』. 서울: 하우.
양옥경 외(2018). 『사회복지실천론』. 경기: 나남.

양정하 외(2017). 『지역사회복지론』. 서울: 공동체.
양정하 외(2020). 『사회복지정책론』. 경기: 양서원.
엄명용 외(2018). 『사회복지실천의 이해』. 서울: 학지사.
엄태완 외(2020). 『인간행동과 사회환경』. 경기: 공동체.
염일열 외(2021). 『사회복지실천기술론』. 서울: 동문사.
오봉욱 외(2020). 『사회복지실천기술론』. 서울: 동문사.
오봉욱 외(2022). 『사회복지개론』. 서울: 동문사.
오세영(2021). 『사회복지정책론』. 서울: 신정.
오종희 외(2021). 『사회복지개론』. 경기: 정민사.
오종희 외(2021). 『사회복지행정론』. 서울: 학지사.
우수명 외(2021). 『지역사회복지론』. 경기: 지식공동체.
원석조 외(2021). 『사회복지개론』. 경기: 양서원.
원석조(2019). 『사회복지발달사』. 경기: 공동체.
원석조(2020). 『사회복지정책론』. 경기: 공동체.
유동철·홍재봉(2017). 『지역사회복지론』. 경기: 양서원.
유영준(2021). 『사회복지조사론의 이해』. 서울: 학지사.
윤가현 외(2019). 『심리학의 이해』. 서울: 학지사.
이경준 외(2020). 『사회복지실천론』. 서울: 동문사.
임병우 외(2021). 『노인복지론』. 경기: 지식공동체.
이민훈 외(2021). 『사회복지시설 정보와 창업』. 경기: 어가.
정종화 외(2021). 『사회복지현장의 이해』. 서울: 동문사.
조학래(2019, 2021). 『사회복지실천론』. 서울: 신정.
이봉재(2018). 『사회복지조사론』. 서울: 신정.
이세형(2019). 『사회복지조사론』. 경기: 양성원.
이소희 외(2005). 『복지국가론』. 경기: 나남.
이영호 외(2018). 『인간행동과 사회환경』. 경기: 공동체.
이용재(2020). 『사회복지법제와 실천』. 경기: 양서원.
이우언 외(2017). 『인간행동과 사회환경』. 서울: 동문사.
이정서 외(2021). 『사회복지행정론』. 경기: 정민사.
이정자 외(2022). 『사회복지개론』. 서울: 조은
이주희 외(2013). 『심리학의 이해』. 경기: 공동체.
임정문 외(2020a). 『노인복지론』. 서울: 동문사.

임정문 외(2020b). 『사회복지정책론』. 서울: 동문사.
임정문 외(2021). 『사회복지개론』. 서울: 동문사.
장갑수 외(2019). 『사회복지역사』. 경기: 양성원.
장미리 외(2022). 『인간행동과 사회환경』. 서울: 박영스토리.
장미리 외(2023a). 『사회복지학개론』. 서울: 박영스토리.
장미리 외(2023b). 『사회복지학기술론』. 서울: 박영스토리.
장수미 외(2017). 『사회복지실천기술론』. 서울: 학지사.
장수한 외(2017). 『인간행동과 사회환경』. 경기: 공동체.
장혜령 외(2021). 『사회복지조사론』. 서울: 조은
전해황 외(2016, 2021). 『사회복지행정론』. 경기: 양서원.
정무성 외(2019). 『현대사회복지개론』. 서울: 신정.
정서영 외(2017a). 『인간행동과 사회환경』. 경기: 양서원.
정서영 외(2017b). 『상담이론과 실제』. 경기: 양서원.
정서영 외(2018). 『상담심리학』. 경기: 양성원.
정서영 외(2020). 『상담이론과 실제』. 서울: 하나의학사.
정영일 외(2021). 『조사방법론』. 서울: 한국방송통신대학교출판문화원.
정옥분(2015). 『전 생애 인간발달의 이론』. 서울: 학지사.
조미숙 외(2020). 『사회복지실천기술론』. 서울: 동문사.
조미숙 외(2020). 『사회복지실천론』. 서울: 동문사.
조성연(2021). 『21세기 청소년복지론』. 서울: 창지사.
조추용 외(2021). 『사회복지정책론』. 서울: 신정.
조학래(2019). 『사회복지실천론』. 서울: 신정.
조학래(2020). 『사회복지조사의 이해』. 서울: 신정.
주경필(2021). 『사회복지실천론』. 서울: 한국방송통신대학교출판문화원.
지은구·조성숙(2012). 『지역사회복지론』. 서울: 학지사.
최덕경 외(2015). 『사회복지실천론』. 경기: 공동체.
최선화(2018). 『변화하는 사회복지』. 서울: 학지사.
최세영 외(2020). 『사회복지조사론』. 경기: 어가.
최세영 외(2021). 『사회복지실천론』. 경기: 어가.
최옥채 외(2017). 『사회복지실천론』. 경기: 양서원.
최옥채 외(2021). 『인간행동과 사회환경』. 경기: 양서원.
최원규 외(2021). 『사회복지역사』. 서울: 학지사.

최일섭 외(2018). 『사회복지개론』. 서울: 지식공동체.
최해경(2017). 『사회복지실천론』. 서울: 학지사.
최혜지 외(2021). 『사회복지실천론』. 서울: 학지사.
표갑수 외(2017). 『사회복지실천론』. 서울: 신정.
표갑수 외(2021). 『인간행동과 사회환경』. 서울: 신정.
표갑수 외(2010). 『사회문제와 사회복지』. 경기: 학지사.
한신애 외(2018). 『사회복지개론』. 경기: 양서원.
허완중(2020). 『헌법으뜸편(기본권론)』. 서울: 박영사.
홍봉선 외(2019). 『청소년복지론』. 경기: 공동체.
홍봉수 외(2017). 『사회복지개론』. 서울: 공동체.
홍봉수 외(2019). 『사회복지실천기술론』. 경기: 공동체.
홍봉수 외(2021). 『사회복지법제와 실천』. 경기: 지식공동체.
홍봉수(2018). 『사회복지조사론』. 경기: 공동체.
황인옥(2020). 『사회복지실천론기술론』. 경기: 지식공동체.
황인옥(2022a). 『사회복지개론』. 서울: 동문사.
황인옥(2022b). 『사회복지조사론』. 서울: 동문사.
황희숙 외(2020). 『사회복지개론』. 서울: 형설출판사.

2. 외국문헌

Abel–Smith, B.(1994). The Beveridge Report: Its origins and outcomes. In *Beveridge and Social Security: An International Retrospective*. edited by J. Hills, J. Ditch, and H. Glennerster. Oxford, UK: Oxford University Press.

Abel–Smith, B.(2015). *Social security: Government program*. http://global.britannica.com/topic/social–security–government–program.

Barker, R. L.(1991, 2013). *The social work dictionary* (6th edition). NASW Press.

Berger, R. L., & Federico, R. C.(1982). *Human behavior: A social work perspective*. London: Longman.

Berlin, I.(1969). *Two Concepts of Liberty*. in I. Berlin(ed.) *Four Essays on Liberty*. NY: Oxford University Press, 118—172.

Berlin, I.(2002). *Liberty: Incorporating Four Essays on Liberty* (2nd Edition). Oxford University Press.

Biestek, F. P.(1957, 2018). *The Case Work Relationship*. London: George Allen & Unwin.

Brody, R., & Nair, M. D(2013). *Effectively Managing Human Service Organizations* (4th ed.). C.A.: Sage Publications, Inc.

Collier, D., & Messick, R. E.(1975). Prerequisites versus diffusion; Testing alternative explanations of social security adoption. *American Political Science Review, 69(1)* : 299–315.

Compton, B. et al.(2004). *Social Work Processes* (6th ed.). Cengage Learning.

Cooper, M., & Lesser, J.(2014). *Clinical social work practice: An integrated approach* (5th ed.). Pearson.

Corey, G.(2016). *Theory and Practice of Counseling and Psychotherapy* (10th ed.). Cengage Learning.

Cournoyer, B. R.(2016). *The Social Work Skills Workbook* (8th Edition). Cengage Learning.

Dunham, A.(1970). *The New Community Organization*. New York: Thomas Y. Crowell Co.

Erikson, E. H. et al.(1994). *Vital Involvement in Old Age*. New York: W. W. Norton & Company.

Erikson, E. H.(1950, 1993a). *Childhood and Society*. New York: W. W. Norton &

Company.

Erikson, E. H.(1959, 1994a). *Identity and the Life Cycle* (Kindle Edition). New York: W. W. Norton & Company.

Erikson, E. H.(1962). *Young Man Luther.* Peter Smith Pub Inc.

Erikson, E. H.(1963, 1978). *Childhood and Society.* New York: W. W. Norton & Co.

Erikson, E. H.(1965, 1994b). *Identity: Youth and Crisis.* New York: W. W. Norton & Company.

Erikson, E. H.(1970, 1993b). *Gandhi's Truth: On the Origins of Militant Nonviolence.* New York: W. W. Norton & Company.

Erikson, E. H.(1974, 1979). *Dimensions of a New Identity.* New York: W. W. Norton & Company.

Erikson, E. H.(1975). *Life History and Historical Moment.* NY: Norton.

Erikson, E. H.(1978). *Adulthood.* New York: W. W. Norton & Co Inc.

Erikson, E. H.(1993c). *Young Man Luther: A Study in Psychoanalysis and History.* New York: W. W. Norton & Company.

Erikson, E. H., & Coles, R.(2001). *The Erik Erikson Reader.* New York: W. W. Norton & Company.

Erikson, E. H., & Erikson, J. M.(1982, 1997). *The Life Cycle Completed* (Extended Version). New York: W. W. Norton & Company.

Erikson, E. H., & Kakar, S.(1993). Identity and Adulthood. Oxford University Press.

Esping-Andersen, G.(1990). *The Three Worlds of Welfare Capitalism* (1st edition Kindle Edition). Polity Press.

Evans, M. and Piachaud, D.(1996). Social security in Britain: The challenge of needs versus costs. In *Challenges to Social Security: An International Exploration.* edited by J. Midgley and M. B. Tracy. Westport, CT: Auburn.

Fitzpatrick, T.(2011). *Welfare Theory: An Introduction to the Theoretical Debates in Social Policy* (2nd Edition, Kindle Edition). Bloomsbury Academic.

Freud, A.(1900, 2022). *Die Traumdeutung* (German Edition). Grols Verlag.

Freud, A.(1936, 1946). *The ego and the mechanisms of defense.* New York: nternational Universities Press.

Freud, A.(1943). *Infants without families: The case for and against residential nurseries.* London: G. Allen & Unwin.

Freud, A.(1965, 2018). *Normality and pathology in childhood: Assessments of development* (1st Edition, Kindle Edition). Routledge.

Freud, A.(1966–1980). *The Writings of Anna Freud* (8 Volumes). New York: Indiana University of Pennsylvania.

Freud, A.(1968). *Indications for child analysis and other papers, 1945–1956.* International Universities Press.

Freud, A.(1968). *The writings of Freud, A.* New York: International Universities Press.

Freud, A.(1974). *Introduction to psychoanalysis' Lectures for child analysts and teachers, 1922–1935.* New York: International Universities Press.

Freud, A., & Burlingham, D.(1942). Young children in wartime: *A year's work in a residential nursery.* London: G. Allen & Unwin.

Freud, S.(1905, 2021). *Three essays on the theory of sexuality* (Special Edition). Independently published.

Freud, S.(1908, 1959). Character and anal eroticism (J. Riviere, trans.). *Collected Papers (Vol. 2).* New York: Basic Books.

Freud, S.(1913, 1959). The excretory functions in psychoanalysis and folklore (J. Riviere, trans.). *Collected Papers (Vol. 2).* New York: Basic Books.

Freud, S.(1920, 2020). *Beyond the pleasure principle.* Digireads.com Publishing.

Freud, S.(1923, 2018). *The Ego and the Id.* (Dover Thrift Editions). Dover Publications.

Freud, S.(1924a, 1989). The dissolution of the Oedipus complex. In P. Gay (Ed.). *The Freud reader.* New York: W. W. Norton (Original work published in 1924), 661–666.

Freud, S.(1924b, 1959). The passing of the Oedipus complex (J. Riviere, trans.). *Collected Papers (Vol. 2).* New York: Basic Books.

Freud, S.(1925, 1961). Some psychological consequences of the anatomical distinction between the sexes. In J. Strachey (Ed., & trans.). *The Standard Edition of the Complete Psychological Works of Sigmund Freud (Vol. 19).* London: Hogarth Press.

Freud, S.(1940, 2014). *An outline of psychoanalysis* (Kindle Edition). Brown Press

Freud, S.(1943). *A general introduction to psychoanalysis* (J. Riviere Ed., & Trans.). New York: Garden City Publishing Co.

Freud, S.(1949, 1977). Three essays on the theory of sexuality. In A. Richards (Ed.).

On sexuality: Three essays on the theory of sexuality and other works. London and Harmondsworth: Penguin Books, 31-170.

Freud, S.(1964). Why War? In J. Strachey (Ed.). *Standard Edition of the Complete Psychological Works of Sigmund Freud (Vol. 22)*. London: Hogarth Press.

Freud, S.(1966). *Introductory Lectures on Psychoanalysis*. N.Y.: Norton.

Furniss, N. and T. Tilton.(1977, 1979). *The Case for the Welfare State: From social security to social equality*. Bloomington: India Univ. Press.

Garland, D.(2016). *The Welfare State: A Very Short Introduction* (1st edition). Oxford University Press.

George V. and Wilding, P.(1984). *Impact of Social Policy*. London: Routledge and Kegan Paul.

George, V and Wilding, P.(1985, 2013). *Ideology and Social Welfare*. Routledge.

George, V. and Wilding, P.(1993, 1994). *Welfare and Ideology* (Revised edition). Hertfordshire. UK: Harvester Wheatsheaf.

George, V. and Wilding, P.(1994). *Globalisation and Human Welfare* (2002nd Edition, Kindle Edition). Red Globe Press.

George, V.(2018). *Social Security: Beveridge and After* (1st Edition, Kindle Edition). Routledge.

Germain, C. B., & Gitterman, A.(1980). *The life model of social work practice*. NY: Colombia University Press.

Germain, C. B., & Gitterman, A.(1987). Ecological Perspectives. In Minanhan et al.(Eds.). *Encyclopedia of Social Work*. MD: National Association of Social Workers.

Germain, C. B.(1973). An ecological perspective in casework practice. *Social Casework, 54(6)*.

Germain, C. B.(1979). Ecology and social work. In C. B. Germain(Eds.). *Social work practice: People and environments*. NY: Columbia University Press, 1-22.

Germain, C. B.(1984). *Social Work Practice in Health Care-An Ecological Perspective*. New York: The Free Press.

Germain, C. B.(2002). An ecological perspective on social work in the schools. In R. Constable, S. McDonald & J. P. Flynn(Eds.). S*chool social work: Practice, policy, and research perspectives* (5th ed.). Chicago: Lyceum, 25-35.

Giddens, A.(1988, 2008). *The Third Way: The Renewal of Social Democracy*.

Cambridge: Polity Press.

Giddens, A.(1991). *The Consequences of Modernity* (1st Edition Polity Press). Stanford University Press.

Giddens, A.(2000, 2013). *The Third Way and its Critics* (1st Edition, Kindle Edition). Polity Press.

Giddens, A.(2001). *The Global Third Way Debate*. Cambridge: Polity Press.

Giddens, A.(2013a). *Social Theory and Modern Sociology* (1st Edition, Kindle Edition). Polity Press.

Giddens, A.(2021). *Sociology* (9th edition). Polity Press.

Giddens, A.(2021a). *Essential Concepts in Sociology* (3rd Edition, Kindle Edition). Polity Press.

Gil, D.(1992). *Unravelling Social Policy: Theory, Analysis, and Political Action towards Social Equality* (Subsequent edition). Cambridge. Mass.: Schenkman Publishing Company.

Gilbert, N. and Specht, H.(1974, 1998). *Dimensions of Social Welfare Policy*. Englewood.

Gilbert, N. and Terrell, P.(2014). *Dimensions of Social Welfare Policy*. Pearson.

Gilbert, N.(1983). *Capitalism and the Welfare State: Dilemmas of Social Benevolence*. New Haven: Yale University Press.

Gilbert, N.(2004). *Transformation of the Welfare State: The Silent Surrender of Public Responsibility*. Oxford: Oxford University Press.

Goldstein, H.(1973). *Social Work Practice: A Unitary Approach*. Columbia: Univ. of South Carolina Press.

Gutierrez, G.(1992). Poverty from the perspective of the liberalization theory. in Hubert Campfens(ed.) *New Reality of Poverty and Struggle for Social Transformation*. Vienna, International Association of Schools of Social Work.

Gutierrez, L. M.(1989). *Empowerment in social work practice: Considerations for practice and education*. Paper presented at the annual meeting of the Council on Social Work Education. Chicago.

Gutierrez, L. M.(1994). Beyond coping: An empowerment perspective on stressful life events. *Journal of Sociology and Social Welfare, 27(3)* : 201−219.

Gutierrez, L. M.(1990). Working with women of color: an empowerment perspective.

Social Work, 35 : 149–154.

Hall, M. P.(1952, 2013). *The Social Services of Modern England* (1st Edition, Kindle). Routledge.

Hollis, F.(1964, 1972). *Casework: A Psychosocial Therapy* (Second Edition). Random House, Incorporated.

International Labor Organization(1984). *Into the Twenty–First Century: The Development of Social Security.* Geneva: ILO.

Jansson, B.(1984). *Theory and Practice of Social Welfare Policy: Analysis, Processes and Current Issues.* California: Wadsworth Publishing Company.

Johnson, D.(2015). *Social Welfare: Politics and Public Policy* (8th Edition). Pearson.

Johnson, F. E. et al.(1997). Chapter 3, Rapport empathy, and reflection. In M. Hersen & V. Van Hasselt(eds.), *Basic Interviewing: A Practical Guide for Counselors and Clinicians.* Mahwah, NJ: Lawrence Erlbaum Associates Pub.

Johnson, L. C., & Yanca, S. J.(1989, 2009). *Social Work Practice: A Generalist Approach* (10th eds.), Boston: Person Education, Inc.

Johnson, P. J., & Rubin, A.(1983). Case management in mental health: A social work Domain? *Social work*, 28(1).

Kadushin, A.(1967, 1980). *Child Welfare Services* (3rd Edition,). NY: Macmillan.

Kahn, A.(1979). *Social Policy and Social Services.* New York: Random House.

Levy, C. S.(1973). *The Value Base of Social Work.* Human Sciences Pr.

Lowe, R.(1993). *The Welfare State in Britain since 1945.* London: Palgrave Macmillan.

Marshall, T. H.(1963). *Sociology at The Crossroads and other Essays.* London: Heinemann.

Midgley, J., & Tracy, M. B.(1996). *Challenges facing social security In Challenges to Social Security: An International Exploration.* Praeger.

Mishra. R.(1984). *The Welfare State in Crisis: Social Thought and Social Change.* Sussex: Wheatsheaf Books.

Norlin, J. M. et al.(2008). *Human Behavior and the Social Environment: Social System Theory* (6th ed.). N.Y.: Pearson.

O'Brien, M., & Penna, S.(1998). *Theorising Welfare: Enlightenment and Modern Society* (1st Edition, Kindle Edition) SAGE Publications Ltd.

O'Connor, J.(1973, 2001, 2017). *The Fiscal Crisis of the State* (1st Edition, Kindle

Edition). Routledge.

Pampel, F. C. and Williamson, J. B.(1989, 1992). *Age, Class, Politics, and the Welfare State*. Cambridge: Cambridge Univ. Press.

Perlman, H. H.(1957, 1965). *Social Casework: A Problem–Solving Process–A Fresh, Unifying Approach to Casework Practice*. University Of Chicago Press.

Perlman. H. H.(1974, 1986, 2017). The problem–solving model. In F. Turner(Eds.). *Social Work Treatment: Interlocking theoretical approaches* (6th ed.). Oxford University Press.

Phillips, H.(1957). *Essentials of Social Group Skills*. New York: Columbia University Press.

Piaget, J.(1923). Le langage et la pensée chez l'anfant. Switzerland: Delachaux & Niestlé. Piaget, J.(1924). *Le Jugement et la raisonnement chez l'anfant*. Switzerland: Delachaux & Niestle.

Piaget, J.(1948). *La Naissance de l'intelligence chez l'enfant*. Switzerland: Delachaux & Niestle.

Piaget, J.(1952, 2013). *The Origins of Intelligence in Children*. New York: Norton.

Piaget, J.(1954, 2013). *The Construction Of Reality In The Child* (The International Library of Psychology). New York: Routledge.

Piaget, J.(1956, 2013). *The Children's Conception of Space*. Routledge.

Piaget, J.(1963, 2001). *The Psychology of Intelligence (Routledge Classics) (Volume 92)*. New York: Routledge.

Piaget, J.(1973). *The Child and Reality: Problems of Genetic Psychology*. New York: Grossman Publishers.

Piaget, J.(1985). *The Equilibration of Cognitive Structures: The Central Problem of Intellectual Development*. Chicago: University of Chicago Press.

Piaget, J.(2015). *The Child's Conception Of The World*. CreateSpace Independent Publishing Platform.

Piaget, J., & Inhelder, B.(1969, 2019). *The Psychology of the Child* (Kindle Edition). New York: Basic Books.

Pincus, A., & Minahan, A.(1973). *Social Work Practice: Model and method*. E. Peacock Publishers. Inc.

Piven, F. F., & Cloward, R. A.(1971, 1993). *Regulating the Poor: The Functions of*

Public Welfare (Updated ed. edition). Vintage.

Rawls, J. B.(1971, 2005). *A Theory of Justice* (reissue edition). Belknap Press of Harvard University Press.

Reid, K. E.(1996). *Social Work Practice with Groups: A Clinical Perspective* (2nd ed.). Pacific Grove, CA: Brooks Cole.

Reid, W. J., & Epstein, L.(ed.)(1972, 1977). *Task-Centered Practice*. NY: Columbia University Press.

Richmond, M. E.(1917, 2018). *Social diagnosis*. Forgotten Books.

Richmond, M. E.(1922, 2015). *What is Social Case Work? an Introductory Description*. Palala Press.

Roberts, R. W., & Nee, R. H.(1970). *Theories of Social Casework*. Chicago: The University of Chicago Press.

Rogers, C. R.(1951, 2020). *Client-Centered Therapy* (Audiobook) Hachette Audio UK.

Rogers, C. R.(1954). *Psychotherapy and Personality Change*. Chicago: Univ. Press.

Rogers, C. R.(1957). The Necessary and Sufficient Conditions of Therapeutic Personality Change. *Journal of Counseling Psychology, 21* : 95-103.

Rogers, C. R.(1959). A Theory of Personality and Interpersonal Relationships as Developed in the Client-centered Framework. In S. Koch (ed.). *Psychology, A Study of Science: Formulations of the Person and the Social Context, 3* : 184-256. NY: McGraw-Hill.

Rogers, C. R.(1965, 2020). Client Centered Therapy. Hachette Audio UK Rogers, C. R.(1967). Autobiography. In E. Boring, & G. Lindzey (eds.). NY: Appleton-Cenairy-Crofts. *A History of Psychology in Autobiography, 5* : 341-384.

Rogers, C. R.(1969, 1987). *Freedom to Learn: A view of what education might become*. Columbus: Charles Merrill.

Rogers, C. R.(1961). *On Becoming a person A therapist's view of psychotherapy*. Boston: Houghtin Minfflin.

Rogers, C. R.(1977). *Carl Rogers on Personal Power: Inner Strength and Its Revolutionary Impact*. NY: Delacote.

Rogers, C. R.(1980). *A Way of Being*. Boston: Houghton Mifflin.

Rogers. C. R.(1942, 2007). *Counseling and Psychotherapy*. Rogers Press.

Romanyshyn, J. M.(1971). *Social Welfare: Charity to Justice*. Random House.

Rothman, J.(1995, 2005). Approaches to community intervention. In J. Rothman, J. L. & Erlich, J. E. Tropman (Eds.). *Strategies of community intervention*. Itasca. IL: F. E. Peacock.

Rothman, J.(2007). Multi Modes of intervention at the macro level. *Journal of community practice, 75(4)* : 11-40.

Salzberger-Wittenberg, I.(1970, 1973). *Psychoanalytic Insight and Relationships: A Kleinian Approach* (Library of Social Work). Routledge & Kegan Paul Books. (Library of Social Work). Routledge & Kegan Paul Books.

Saville, J.(1957-1958). The Welfare State: an historical approach. *New Reasoner, 3(25)*.

Sheafor, B. W. et al.(1997, 2017). *Techniques and Guidelines for Social Work Practice* (10th ed.). New York: Pearson.

Simon, B. L.(1994). *The Empowerment Tradition in American Social Work: A History*. New York: Columbia University Press.

Simon, R A.(1971). *Decision Making and Organizational Design, In Organization Theory*. New York: Penguin Books.

Skidmore, M. G. T. et al.(1991). *Introduction to Social Work* (5th. ed.). NJ: Prentice-Hall.

Skidmore, R. A.(1994). *Social Work Administration: Dynamic Management and Human Relationship* (3rd Edition). Pearson Education.

Titmuss. R. M.(1960). *The Irresponsible Society*. Fabian Society.

Titmuss. R. M.(1967). *Choice and "The Welfare State"*. Fabian Society.

Titmuss. R. M.(1968). *Commitment to Welfare*. Pantheon Books.

Titmuss. R. M.(1950, 1976). *Problems of Social Policy*. Greenwood Pub Group.

Titmuss. R. M.(2018). *Birth Poverty and Wealth-a Study of Infant Mortality*. Palala Press.

Titmuss. R. M.(2019). *The Gift Relationship: From Human Blood to Social Policy* (First edition). Policy Press.

Townsend, P.(1979). *Poverty in the United Kingdom: A survey of household resources and standards of living*. Harmonds Worth, Penguin.

Smally, R. E.(1967). *Theory for Social Work Practice*. New York: Columbia University

Press.

Swain, P.(2002). *In the shadow of the law: The legal context of social work practice.* Sydney: The Federation Press.

Temple, W.(1941). *Citizen and Churchman* (2nd Edition). London: Eyre And Spottiswoode.

Titmuss. R. M.(1974). *Social Policy: An introduction.* London: George Allen & Unwin.

Townsend, P.(1979). *Poverty in the United Kingdom: A survey of household resources and standards of living.* Harmonds Worth, Penguin.

Wagner, A.(1891). *Über soziale Finanz und Steuerpolitik, Archiv Für Soziale Gesetzgebung und Statistik Bd.* IV.

Weinbach, R. W.(1993, 2014). *The Social Worker as Manager—A Practical Guide to Success* (7th ed.). Pearson Education.

Wempe, B.(2017). *T. H. Green's Theory of Positive Freedom* (3rd edition). Imprint Academic.

Wilensky, H. L.(1958). *Industrial society and social welfare: The impact of industrialization on the supply and organization of social welfare services in the United States.* Russell Sage Foundation.

찾아보기

[ㄱ]

(ㅅ)

(ㅇ)

(ㅈ)

(ㅊ)

저자소개

장미리

가천대학교 경영대학원 석사
상명대학교 경영학 박사(Ph.D cand.)
동방문화대학원대학교 경영학 박사(Ph.D)
대한신학대학원대학교 사회복지학과 석사(M.A), 박사(Ph.D)
미리요양보호사교육원 대표 / 대성교육신문 대표
글로벌문화예술연맹 경기도 회장 / 서정대학교 글로벌융합복지과 겸임교수
명지대학교 복지경영학과 특임교수 / 명지대학교 경영대학원 복지경영학과 교수
＜저서＞ 사회복지학개론, 사회복지기술론, 인간행동과 사회환경, 지역사회복지론

김란종

한성대학교 행정대학원 마약알콜학과 석사
한성대학교 일반대학원 정책학 박사
사) 한국행정개혁학회 위원 / 한국마약복지부회장
목포과학대학교 평생복지학과 외래교수
＜저서＞ 사회복지학개론, 인간행동과 사회환경

김순옥

한성대학교 행정대학원 사회복지학 석사
한성대학교 일반대학원 정책학 박사
서울사랑상담복지연구소 대표 / 사) 한국행정개혁학회 위원
사) 한국적성찾기국민실천본부위원
YMCA사회교육위원 / 사) 우리복지 이사
명지대학교 복지경영학과 객원교수
한국열린사이버대학교 아동보육학과 특임교수
호원대학교 컴퓨터정보보안학과 초빙교수
＜저서＞ 사회복지학개론, 인간행동과 사회환경, 아동권리와 복지

김정애

성산효대학원대학교 사회복지학 석사
성산효대학원대학교 사회복지학 박사
보습학원 원장
한국크리스천 영재학교 교장(대안학교)
성산효대학원대학교 HYO복지학과 초빙교수
＜저서＞ 사회복지학개론

양효석

가천대학교 회계학과 졸업
대한신학대학원대학교 사회복지학과 석사, 박사(Ph.D)
사랑나눔재가복지센터 센터장
사랑나눔요양보호사교육원 원장
글로벌평생교육원 원장 / 서정대학교 교수
호원대학교 교수 / 경복대학교 겸임교수
＜저서＞ 사회복지학개론, 인간행동과 사회환경

진 희

서울한영대학교 일반대학원 사회복지학과 박사과정
대림대학교 취업컨설팅 출강 / 광명시 진로 인성 출강
씨제이에스교육센터 강사 / 인베스트교육개발원 파트너 강사
광면비젼센터 파견강사 / 덕성여자대학교(평생교육원) 주임교수
교원자격증(전산) / 청소년 심리상담사, 심리상담사
Berwester technical center Hillsbourough community public school complete
Univ. of. Florida IFAS / Hilsbrorough Community Community EAP
＜저서＞ 사회복지학개론

사회복지학개론

초판발행 2023년 3월 5일

지은이 장미리 · 김란종 · 김순옥 · 김정애 · 양효석 · 진 희
펴낸이 노 현

편 집 김다혜
기획/마케팅 조정빈
표지디자인 우윤희
제 작 고철민 · 조영환

펴낸곳 ㈜ 피와이메이트
서울특별시 금천구 가산디지털2로 53, 한라시그마밸리 210호(가산동)
등록 2014. 2. 12. 제2018-000080호
전 화 02)733-6771
f a x 02)736-4818
e-mail pys@pybook.co.kr
homepage www.pybook.co.kr
ISBN 979-11-6519-381-2 93330

정 가 26,000원

박영스토리는 박영사와 함께하는 브랜드입니다.